蒋介石
家书日记文墨 选录

曾景忠 编注

团结出版社

图书在版编目（CIP）数据

蒋介石家书日记文墨选录/曾景忠编注.—北京：团结出版社，2009.12（2024.3重印）
ISBN 978-7-80214-923-6

Ⅰ.①蒋… Ⅱ.①曾… Ⅲ.①蒋介石（1887～1975）－书信集②蒋介石（1887～1975）－日记 Ⅳ.①K827=7

中国版本图书馆 CIP 数据核字（2009）第 198608 号

出　版：团结出版社
　　　　（北京市东城区东皇城根南街 84 号　邮编：100006）
电　话：（010）65228880　65244790（出版社）
　　　　（010）65238766　85113874　65133603（发行部）
　　　　（010）65133603（邮购）
网　址：http://www.tjpress.com
E-mail：zb65244790@vip.163.com
　　　　tjcbsfxb@163.com（发行部邮购）
经　销：全国新华书店
印　装：三河市东方印刷有限公司

开　本：170mm×230mm　16 开
印　张：29.75
字　数：462 千字
版　次：2009 年 12 月　第 1 版
印　次：2024 年 3 月　第 3 次印刷

书　号：978-7-80214-923-6
定　价：98.00 元
　　　　（版权所属，盗版必究）

蒋介石的母亲王采玉像

蒋介石母亲之墓。上有孙中山所题"蒋母之墓",两侧是蒋介石所撰对联:"祸及贤慈,当日顽梗悔已晚;愧为逆子,终身沉痛恨靡涯。"

夫君爱鉴：昨日闻西安之变，真忧万分焉。思吾兄平生以身许国，大公无私，凡所作为无不竟为自己个人权利着想，即此一点才足以慰且扣日示保吾兄平日主张惟兄以整个国家为前提，故年来竭力整顿军备团结国力以求贯彻抗日主张，此公忠为国之心必为全国人民所谅解，目下吾兄所处境况真相若何，望即示知以慰焦思。妹日夕祈祷上帝赐福吾兄，亦祈求兄平日脱离恶境，请主宰赐子安慰。为国珍重，为祷临书神往不尽，欲言专此奉达，敬祝

康健

妻 美龄 廿五年十二月十三日

西安事变中，宋美龄写给蒋介石的信

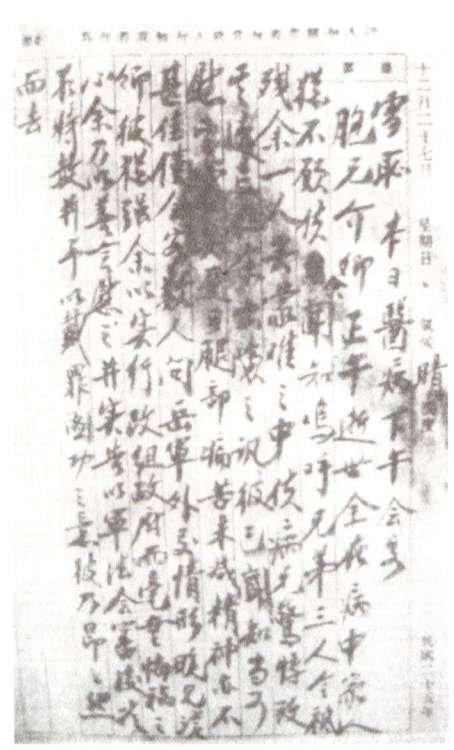

蒋介石于西安事变后（1936年12月27日）所写的日记

國民政府用牋

此語出草廬廬學案余平生最愛讀者"至本"二字原文本為知言為余此修正

窮理至本則知止

集義養氣則有定

中華民國三十六年一月二十二日春節

書此以示經兒願玩索之 中正

1947年春节蒋介石为蒋经国所书

蒋介石为蒋经国五十生辰所书

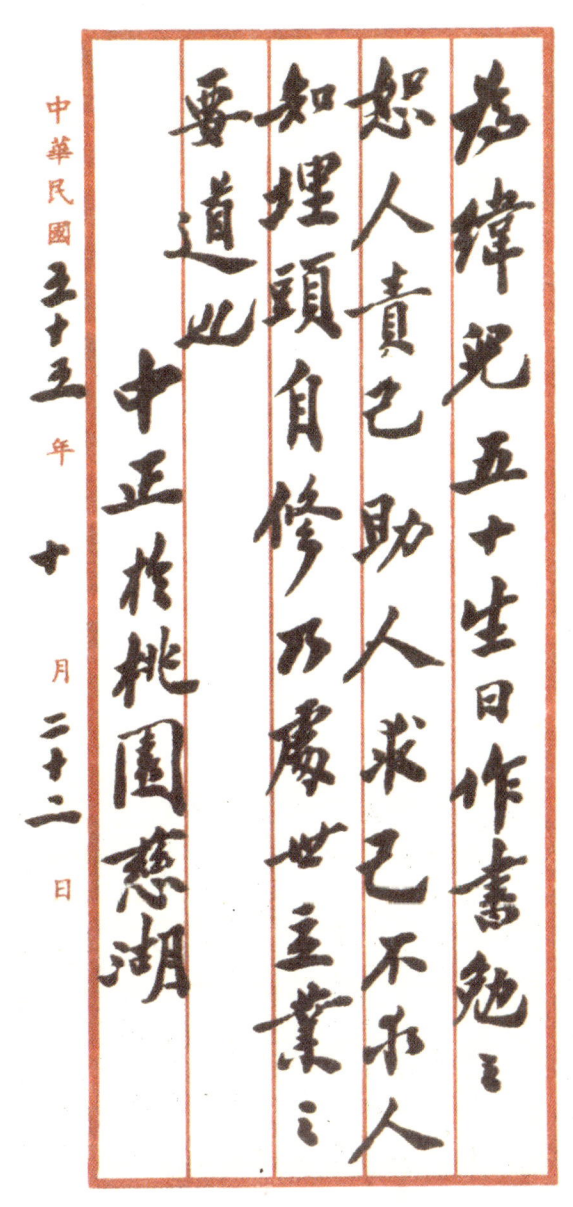

蒋介石为次子蒋纬国五十岁生日所书

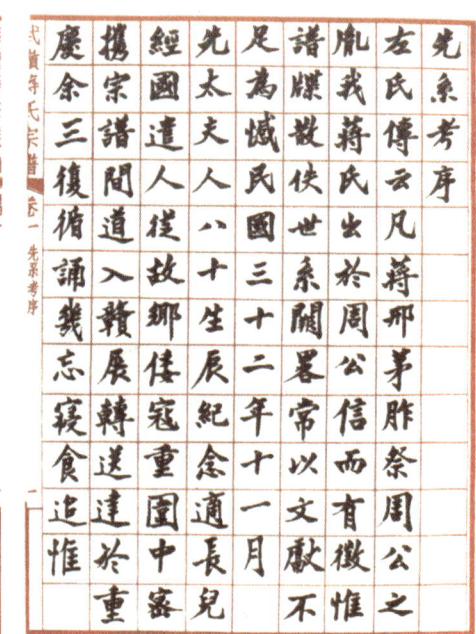

1948年6月11日蒋介石为蒋氏宗谱手写的《先系考序》

1937年6月4日蒋介石写给蒋经国的信

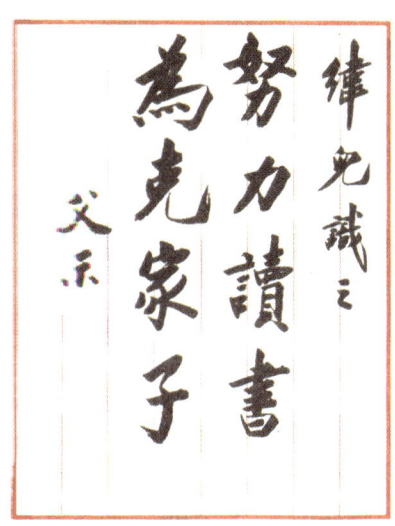

蒋介石写给蒋纬国的条示

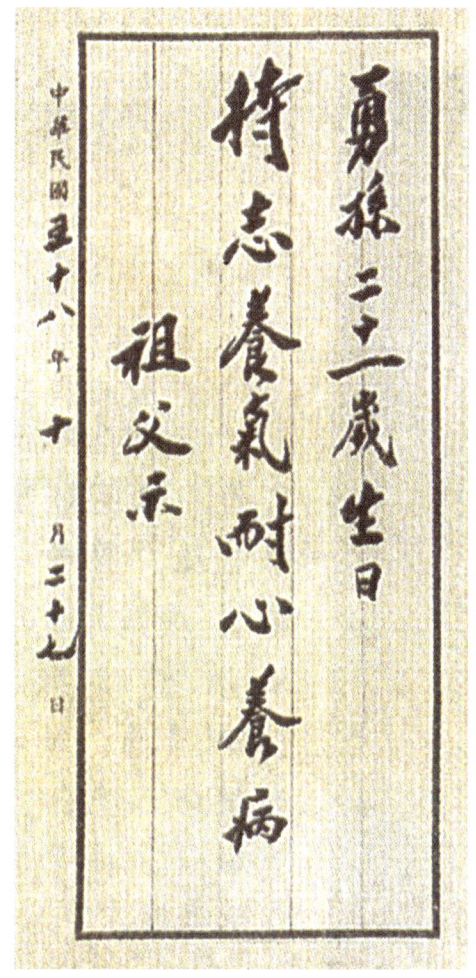

在一次野外训练中,蒋孝勇摔伤了脚踝,祖父蒋介石写了"持志养气,耐心养病"来勉励他。

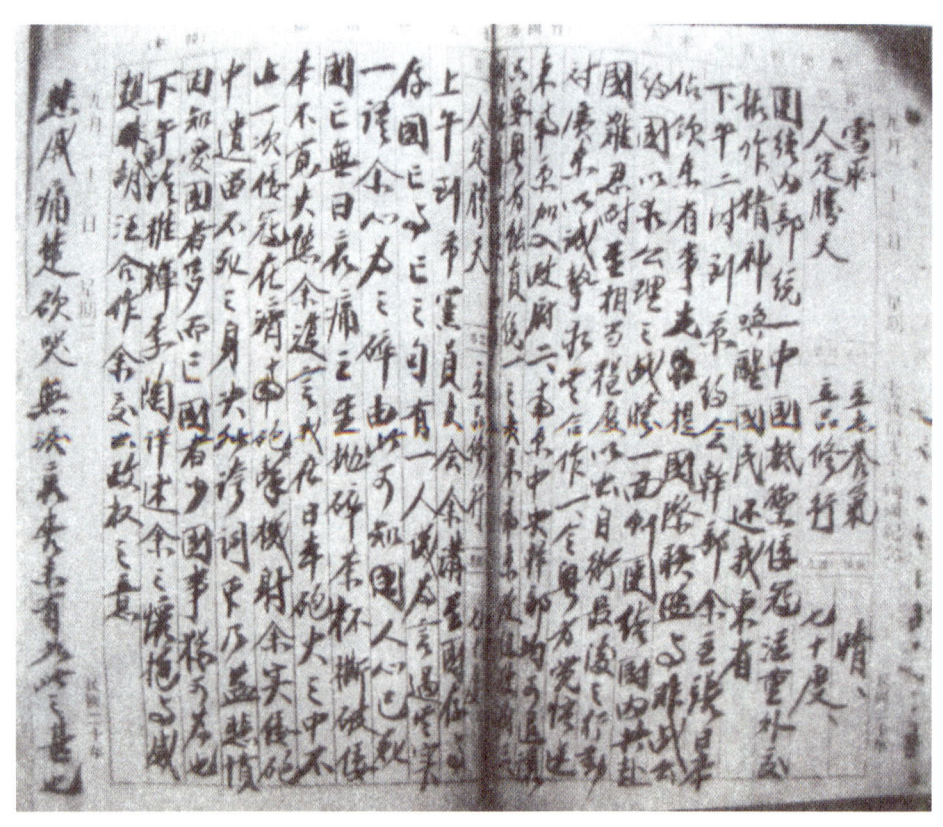

1931年9月21日蒋介石日记的影印件

 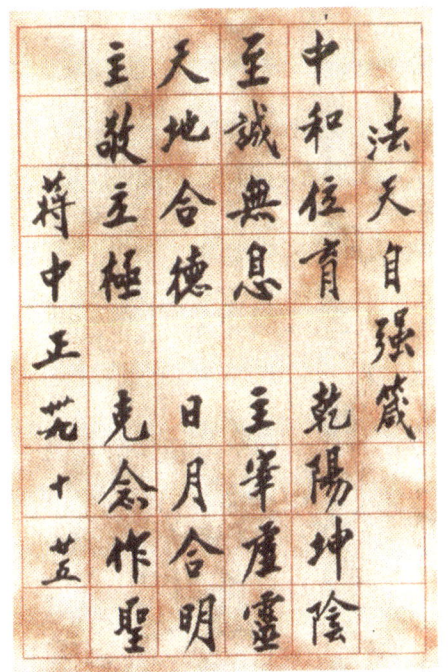

1950年10月25日蒋介石手书四箴

蒋介石正在为宋美龄的画作题词

蒋介石为宋美龄所绘松竹图题词:"夫人归自美国久未作画,此为近年第一帧松竹图也。"

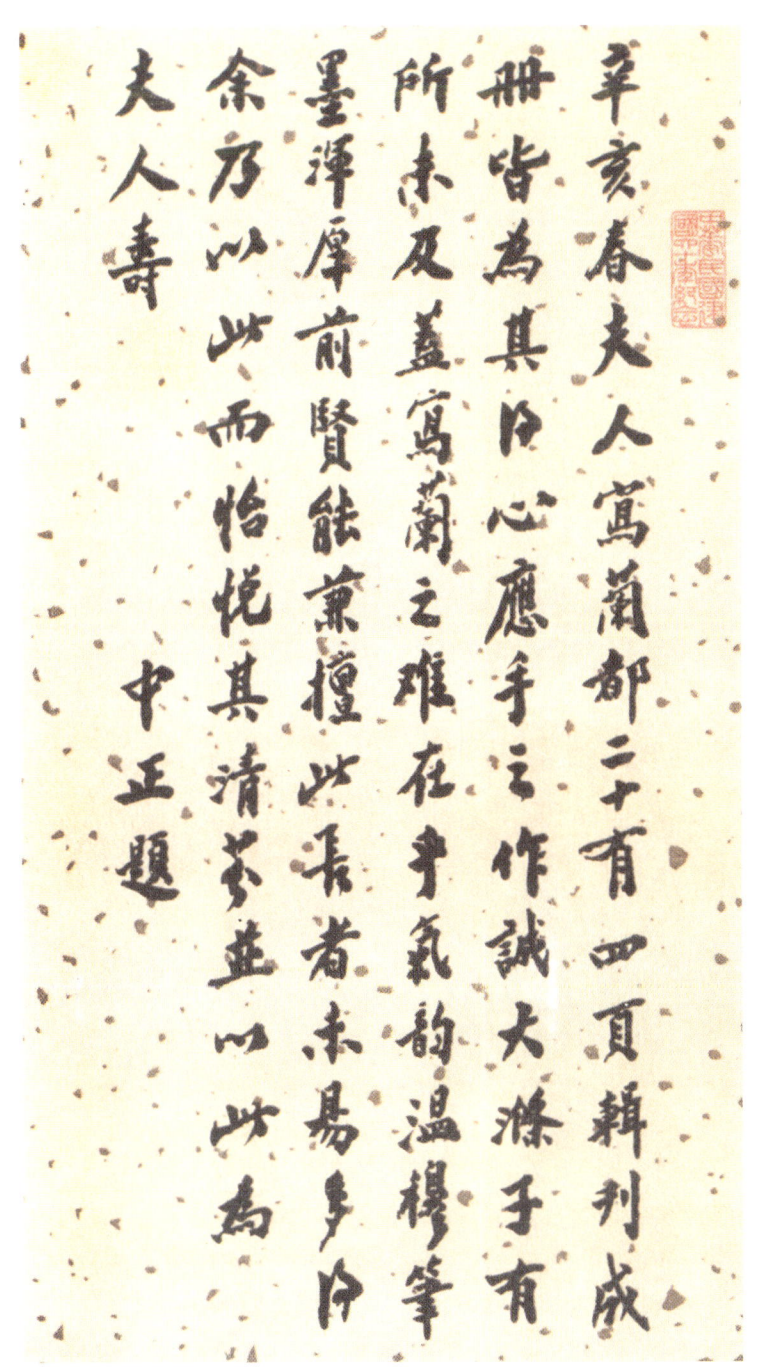

蒋介石为宋美龄的画册《兰册》题词，并以此为夫人贺寿

蒋介石题赞宋美龄这幅纪念蒋母王太夫人一百零三岁诞辰的画作"雄健浑厚酷肖雪窦中峰"（故乡奉化溪口的雪窦山），落款用的是"瑞元敬题"，怀乡思亲之情跃然纸上。

蒋介石为宋美龄画作题词:"风清时觉香来远,坐对浑忘暑气侵。乙未仲秋,夫人画荷第一幅。"

蒋介石为宋美龄所绘牡丹图题道:"夫人写牡丹秾艳之神而以清腴出之,不易得也。"

再版前言

《蒋介石家书日记文墨选录》一书,于2010年初由团结出版社出版。它是1949年后60年来中国大陆首次出版的蒋介石著述选录。由于蒋介石是中国近代历史上一位极其重要的人物,本书出版后,受到社会的关注和读者的欢迎。海峡两岸许多媒体作了报道和评论。

中国新闻社2010年2月8日报道此书出版的信息,标题是:《蒋介石个人著述首次在大陆出版,偏重于家庭婚姻》。《团结报》2010年2月11日报道此书出版的信息,并简要介绍了该书的内容。中央电视台第二频道对本书出版也作了报道。

台湾,"中央社"2010年2月8日电讯:《中国大陆六十年来首次出版蒋介石个人著述》。《中国时报》2010年2月9日评价此书出版的意义,其标题为:《蒋介石著作解禁 开放指标》。新华社对此书在台湾引发的反应表示关注,该社编的《参考消息》报于2010年2月23日第9版刊载《台报报道 蒋介石著作大陆解禁具指标意义》一文,予以报道。

《澳门日报》2010年2月10日报道此书出版的信息,标题为:《六十

年来首次 大陆出版蒋介石著述》。

北京Global Time（《环球时报》英文版），于2010年2月10日介绍此书的出版，称其"Humanizing Chiang Kai-shek（人性化蒋介石）"。

北京《环球人物》杂志2010年第16期刊发《本刊首家披露原版家书 蒋介石真实的情史家事》一栏，除报道此书出版的信息外，同时发表了一组有关蒋介石历史的文章。

非常感谢读者和新闻媒体对拙编的关注、重视！

不过，有细心的读者发现，本书中的蒋介石日记摘抄，与以往某些出版物中蒋氏日记摘录在文字上存在差异。其原因，据蒋氏日记《困勉记》导论（潘光哲、黄自进作）说："五记（蒋氏日记类钞五种）编者基本上虽未改变蒋中正日记原稿本的本来旨意，却又进行修辞增补，自非蒋中正日记原稿的本来样貌。"加之不同摘抄者详略各异，在编辑过程中发现，同一天的日记常有两种甚至三种版本。

现在，团结出版社准备本书再版。虽然蒋介石日记现已在美国斯坦福大学胡佛研究所公开，供读者阅读，但至今尚未出版。故本书中选录的蒋氏日记内容，还不便全部按照研究者抄录的蒋氏日记进行更改。现只能就蒋介石与宋美龄的婚恋感情，和1949年部分作了补充增删。其他个别重要差误缺失，参照蒋氏日记抄件进行修正。例如，1923年8月16日，蒋介石访苏从上海启程，原记述为："两儿及骁、甘二侄，洁如皆在大东（旅社）送行"，现据蒋介石日记抄件改为："两儿及果、骁、甘三侄，洁如皆在大东（旅社）送行。"又如，补充1925年10月1日日记所载："十时回寓，复经儿信，准其赴俄留学也。"蒋经国赴苏留学是一重要情节。蒋经国有了留学苏联的打算后，报告他父亲，征求同意。蒋介石批准了其子的留苏计划。这一重要情节，显然是值得补充进书里去的。感谢近代史研究所民国史研究人员赴美抄录蒋介石日记资料，本书得以参照他们的抄件修正补充。

本书这次再版，除修正文字上的差错外，在以下几个方面作了增补：1. 增加了蒋介石与宋美龄婚恋感情相关内容。2. 1949年蒋氏日记，按照蒋介石日记抄件更改增删。3. 增加"书翰忆述"一卷。4. "诗联杂著"卷增添了收录。5. 图片部分作了调整和增补。

冀望本书新版，能使读者对蒋介石的历史和思想心理以及文笔特点有进一步的了解。

本书编者

2023年9月

前　言

蒋介石为中国近代史上一位非常重要的人物。中国台湾地区有关他的史料、传记等著作出版甚多。改革开放以来，随着中华民国史研究的兴起，中国大陆对蒋介石的研究也有相当程度的开展。但由于政治原因，至今蒋介石的著作尚未出版过。本书试行选辑了蒋介石的部分书信、日记和追忆亲人的文章等结集成书，供关心蒋介石历史的一般读者阅读，亦可供研究者参考。

本书的大部分内容，是在蒋介石的政治军事活动之外，选取能反映他的思想、心理、性格特点的自述性文字，偏重于他的家族、家庭、婚姻、师友交往和对人物的评价、零星的撰述等。虽然选有他在重大历史事件发生时的部分日记，但也着眼于能反映他的心理活动、个性、修养、处事作风等方面的内容。

本书收录的"家书"部分，主要有三方面的内容。一为蒋介石与他前后几个妻子间的书信，记载了他的家庭婚姻关系。二为西安事变中、抗日战争时期和1949年蒋介石与宋美龄之间的书信电函,记录了那段历史时期中国政治、外交的一些场景。三为蒋介石对儿子蒋经国、蒋纬国以及孙儿进行教导的书信,从中可以看出他对子孙的教育内容和教育方法。家书附录中辑录了蒋经国所撰《我所受的庭训》,比较系统地叙述了他受乃父教导的情况。

本书选录的蒋介石日记,包括两部分。第一部分是蒋介石早期日记中有关婚姻家庭情况内容的摘录,以及早期(1919年—1926年)政治、军事活动内容的摘录,并附有其记述在永丰舰随侍孙中山经过的《孙大总统广州蒙难记》。第二部分收录了民国时期几个重大历史事件,九一八事变、西安事变、卢沟桥事变发生和1949年退出大陆时蒋介石的日记。人们从中可以看出,蒋介石是如何应对这些严重影响中华民族历史命运的突发事变的,特别是可以窥见他的思想心理活动。本书收录的蒋介石《西安事变日记》,系根据大陆和台湾两位学者抄录的版本编定的,另附有事变结束后蒋所著《西安半月记》、宋美龄撰《西安事变回忆录》,供阅读参考。

本书"家族追思"部分,收录的是蒋介石对蒋氏家族谱系的考序和他对母亲、兄弟和外祖父、外祖母痛悼的一些纪念文。文中所述真切地反映出蒋对家族骨肉亲人的深挚感情。

本书"人物纪怀"部分收录了蒋介石纪念孙中山和其他民国重要人物的文章。

书中"诗联杂著"部分还收录了蒋介石少量的诗作联语之类的作品。

作为人物史料,本书所收资料虽然尽可能避开蒋介石后期的具有强烈政治内容的史料,但所收内容难以避免地涉及他的政治立场。蒋介石的反共态度是众所周知的。在本书编辑中,对于其中特别突出的诅咒辱骂性的反共词语作了若干删节处理,但为了保持史料中文气的连贯和蒋介石的真实立场与面目，有的地方只能存真，相信读者在阅读中能作鉴别和分析。蒋介石是一个有待历史评价的人物。编辑此书并非直接对蒋氏作评价，而只是为读者了解他提供一些史料。希望广大读者对蒋氏著述采取分析研究的态度加以阅读。

本书编辑中对每一部分史料的背景作了简要介绍，对史料中一些人名、地名、事件等作了注释。如有不当之处，敬请识者指正。

本书编者

2009年11月

目 录

卷一 家书辑录

一、蒋介石与毛福梅离异书函（1921年）···3

二、蒋介石致姚冶诚函（1921年11月—1922年3月，7件）·················4

三、《陈洁如回忆录》中蒋介石致陈洁如函···6

    附一　关于蒋介石出国期间给陈洁如的五封家书的真伪问题·············12

    附二　蒋介石致张静江函（1926年7月30日）···································19

四、蒋介石与宋美龄婚前交往信函和结缡文书······································20

五、西安事变期间，蒋介石与宋美龄来往信函和蒋介石的遗嘱·········26

六、抗日战争中，宋美龄访美期间蒋介石与宋美龄来往电函

    （1942年11月28日—1943年6月25日，44件）·····························29

七、宋美龄访美期间与蒋经国、蒋介石之来往函电摘抄

    （1948年12月—1949年2月）···55

八、蒋介石谕蒋经国、蒋纬国家书（1920年2月9日—1970年6月15日，

    52件）···57

九、蒋介石谕孙儿的家书···83

十、蒋介石对蒋经国电函之批示墨迹、题词影印件（11件）⋯⋯⋯⋯ 86

附录一　蒋经国《我所受的庭训》（1956年10月30日）⋯⋯⋯ 96

附录二　宋美龄致蒋经国函（1978年4月1日）⋯⋯⋯⋯⋯⋯ 104

附录三　蒋经国呈蒋介石、宋美龄函墨迹（11件）⋯⋯⋯⋯⋯ 105

卷二　日记选录

一、蒋介石日记中有关家庭婚姻内容摘录（1916年—1931年）⋯⋯⋯⋯ 126

二、蒋介石日记中有关蒋宋婚恋感情内容摘录（1927年—1928年）⋯⋯ 143

三、蒋介石早期日记中有关政治活动内容摘录
　　（1919年6月—1926年12月）⋯⋯⋯⋯⋯⋯⋯⋯⋯⋯⋯⋯⋯ 157

四、蒋介石早期日记中有关军事活动内容摘录
　　（1919年1月—1922年12月）⋯⋯⋯⋯⋯⋯⋯⋯⋯⋯⋯⋯⋯ 181

五、蒋介石《孙大总统广州蒙难记》⋯⋯⋯⋯⋯⋯⋯⋯⋯⋯⋯⋯⋯ 216

六、蒋介石率孙逸仙博士代表团赴苏考察行程活动日记
　　（1923年8月—12月）⋯⋯⋯⋯⋯⋯⋯⋯⋯⋯⋯⋯⋯⋯⋯⋯ 239

七、蒋介石九一八事变日记（1931年9月）⋯⋯⋯⋯⋯⋯⋯⋯⋯⋯ 253

八、蒋介石西安事变日记（1936年12月10日—31日）⋯⋯⋯⋯⋯ 260

　　附　蒋介石《西安半月记》⋯⋯⋯⋯⋯⋯⋯⋯⋯⋯⋯⋯⋯⋯ 276

　　　　宋美龄《西安事变回忆录》⋯⋯⋯⋯⋯⋯⋯⋯⋯⋯⋯⋯ 296

九、蒋介石卢沟桥事变日记（1937年7月8日—31日）⋯⋯⋯⋯⋯ 316

十、蒋介石一九四九年日记摘录·····················331

卷三 家族追思

为武岭蒋氏宗谱手书先系考序（1948年6月11日于南京）·····360
哭母文（1921年6月15日于溪口）·····361
先妣王太夫人事略（1921年6月25日于溪口）·····362
先妣王太夫人哀思录感言（1923年8月）·····364
慈庵记（1923年12月17日于溪口）·····365
先妣王太夫人百岁诞辰纪念文（1964年11月9日）·····366
亡弟瑞青哀状（1918年4月10日于汕头）·····368
祭长兄锡侯先生文（1937年4月15日于溪口）·····370
外王父品斋王公传（1932年6月13日于庐山牯牛岭）·····371
外王母姚太夫人传（1932年11月8日）·····372
报国与思亲——五十生日感言（1936年10月31日于洛阳）·····373

卷四 人物纪怀

祭总理文（1925年3月30日于广东兴宁军次）·····379
克复北平祭告总理文（1928年7月6日于北平）·····380
孙中山先生的革命理想与战后世界（1942年11月17日于重庆）·····384
中山楼文化堂落成纪念文（1966年11月12日）·····386
美国纽约圣若望大学中山堂落成贺词（1973年9月8日）·····388
祭陈英士先生文（1916年5月20日于上海）·····388
祭廖党代表仲恺文（1925年8月31日于广州）·····389

致祭谭延闿院长文（1930年10月18日于南京）……390
林故主席百年诞辰纪念文（1968年2月11日）……391
追念孔故资政庸之先生事略（1967年9月2日）……394
致吴稚晖先生祝贺八十寿函（1944年3月22日于重庆）……397
吴敬恒先生百年诞辰纪念文（1964年3月25日）……397
黄膺白先生家传序（1945年11月28日于重庆）……400

卷五　书翰忆述

上总理书（1921年3月5日）……405
《增补曾胡治兵语录》序……406
致黄郛电函二则……408
武岭乐亭记（1925年6月18日）……409
革命思想起源和早期革命活动……410
《自反录》序……413
游石仓记……414

卷六　诗联杂著

家书辑录

卷一

本书辑录的蒋介石家书包括以下几个部分：

一是有关蒋介石与原配妻子毛福梅离异的书函，和与后娶的姚冶诚、陈洁如二人的通信。

二是蒋介石与宋美龄之间的通信。其中包括蒋介石与宋美龄婚前的来往信函、蒋宋结婚相关的文书、西安事变期间蒋介石与宋美龄之间的通信；抗日战争时期宋美龄借赴美治病之机与美方会谈交涉过程中，蒋介石与宋美龄之间的大量来往电函；宋美龄1948年赴美后，与蒋经国、蒋介石间来往电函之摘录。就内容而言，蒋介石与宋美龄之间的通信，大部分已超出了家事的范围，而是商讨交流国事了。

三是蒋介石写给其子蒋经国、蒋纬国（绝大部分是写给蒋经国的）的大量信函，内容是教导儿子如何读书学习，以及如何注重身体保健、道德修养的。

四是蒋介石和宋美龄写给孙儿蒋孝武、蒋孝勇的信。

此外，收录有蒋介石对蒋经国电函批示的影印件、题词等。

附录在家书篇中的，还有蒋经国写给父母亲信件的手迹和蒋经国所著《我所受的庭训》、宋美龄致蒋经国的一封信。

蒋介石是中国近代史上一个极其重要的人物。过去人们多关注蒋介石的政治、军事、外交等重大活动，对其婚姻、家庭关系和纯属于个人隐私的精神生活层面，了解相对较少。当然，在这方面以前也出版过一些著述，也有过叙述和分析。但是，真相究竟如何，读者亲自阅读蒋介石与其家人之间交流的信函，能够直接、真切地窥视到蒋介石的心灵世界。

至于蒋介石与宋美龄之间的通信和来往电函，则是重要史料，更可供历史研究者参考。

一、蒋介石与毛福梅离异书函（1921年）

蒋介石与原配夫人毛福梅于1901年成婚。毛福梅长蒋氏五岁，蒋系奉母命与毛氏结缡。蒋介石长期在外读书活动，与毛氏缺乏感情，并移情于外。他对毛氏由冷落而嫌弃。因碍于母亲王采玉，与毛氏勉强维持关系。1921年6月，蒋母病逝。11月，丧礼完毕。蒋介石乃发出离异声明。

毛福梅为蒋经国生母。蒋介石与毛氏离异后，毛氏仍住在蒋家。抗日战争时期，1939年12月12日，毛氏遭日军飞机轰炸，遇难身亡。

（一）蒋介石致毛懋卿[①]函
1921年4月4日

十年来，闻步声，见人影，即成刺激。顿生怨痛者，亦勉强从事，尚未有何等决心必欲夫妻分离也。不幸时至今日，家庭不成家庭，夫固不成认妻，妻亦不得认夫，甚至与吾慈母水火难灭之至情，亦生牵累。是则夫不夫，妻不妻，而再加以母不认子，则何有人生之乐趣也。……吾今日所下离婚决心乃经十年之痛苦，受十年之刺激以成者，非发自今日临时之气愤，亦非出自轻浮之武断，须知我出此言，致此函，乃以至沉痛、极悲哀的心情，作最不忍心之言也。高明如兄，谅能为代谋幸福，免我终身之苦痛。

（二）蒋介石与毛福梅离异书[②]
1921年11月28日

余葬母既毕，为人子者，一生之大事已尽，此后乃可一心致力于革命，更无其他之挂系。余今与尔等生母之离异，余以后之成败生死，家庭自不致因我而再有波累。余十八岁立志革命以来，本已早置生死荣辱于度外。惟每念老母在堂，

[①] 蒋介石原配夫人毛福梅之兄。
[②] 蒋介石以留示经国、纬国二子书的方式，表示与妻毛福梅离异。

总不使以余不肖之罪戾,牵连家中之老少,故每于革命临难决死之前,必托友好代致留母遗禀,以冀余死后聊解亲心于万一。今后可无此念,而望尔兄弟二人,亲亲和爱,承志继先,以报尔祖母在生抚育深恩,亦即所以代余慰藉慈亲在天之灵也。余此去何日与尔等重叙天伦,实不可知。余所望于尔等者,惟此而已。特此条示经、纬两儿,谨志毋忘,并留为永久纪念。

二、蒋介石致姚冶诚函(1921年11月—1922年3月,7件)

姚冶诚为蒋介石侧室夫人。蒋介石于1916年与姚氏结识,后带回奉化溪口家中。蒋介石将收养的戴季陶之子,即蒋纬国,交姚冶诚抚养。蒋介石嫌姚氏嗜赌,不知治家,痛斥而不改,渐渐疏离。1927年蒋介石与宋美龄成婚前,与姚氏关系算已了结。姚冶诚与蒋纬国感情深厚,直至1966年在台湾病逝。

(一)1921年11月30日

冶诚:

前示纬儿两函,想已收到。兄定□日由港起程赴桂,路上约须半月工夫,甚寂闷也。清□如何,深以为念。乡间倘不太平,可往城中陈先生家度岁,待正月杪再回溪口可也。在家无事,请每星期写一封信寄来。如有要事,可托上海发电报。经、纬两儿想必玩笑如常。此信写于香港浅水湾酒店。(十一月三十日)①

(二)1922年1月6日

兄明日由梧赴桂,前寄数函,想已收阅矣。恒祥、瑞昌、富元等随行,皆平安,嘱其家勿念。如过年时,他家要多借数元,请应付之。葛竹四、五两舅父

---

① 据《蒋介石年谱初稿》载,1921年6月14日蒋介石的母亲病逝后,蒋在奉化守丧。孙中山在粤桂间准备北伐,屡召蒋南下赶赴戎机。至11月下旬,蒋氏安葬母亲事毕,决心再出,誓终身辅佐孙中山。蒋"处理家务,与妻毛氏、妾姚氏宣告脱离家庭关系,并析定二公子家产。从此信所署日期看,11月30日,蒋已到香港"。12月初从香港出发,路途不足两周,12日,"遄赴桂林"。

处,亦须各寄去数十元。(一月六日)

(三)1922年1月19日

我昨日到桂林,即见展堂①、汝为②诸兄,又见孙③先生畅谈一切。自辞家以来,已一月有余,心中不堪郁闷之苦,至此始得开怀也。(一月十九日)

(四)1922年2月19日

我在此地,心甚烦闷,恨不得立即回家享福。你十二月二十日所发一信,我前星期已接到了,由溪口到桂林之邮信,约须二十天也。桂地气候不大冷,自立春以后,已觉得很暖了,但是交通甚觉不便。我的旧病,亦时常发作,颇可忧虑。我这一回,总算来得顶不好了,但是已经来了,再没有速即返家的法子,只得跟着孙先生,做一天算一天就是了。清明快要到了,我母坟头应种的树和家宅里应种的树,前信已经写明白了。种好之后,请你再详细报告我,使我可以安心。我乡风俗,新坟是要早些拜扫的。我们不必沿此俗例,只要清明前三日就是了。别处祖公、父亲及青弟的坟,亦要去上。经、纬两个兄弟同行才好。我近日照相片二张,很有光彩,明日就可以寄给你了。(二月十九日)

(五)1922年2月28日

我有十天不写信给你了,像煞是很久的样子,想必你同纬儿皆平安强健么。前回信里所说种树的事情,正屋檐下离开二尺的地方,最好种已经长大的梧桐树和杨柳树,但不知种得活否。我常想回乡来拜扫母亲的坟墓,但是事情甚忙,恐怕不能抽身也。我很想纬儿的照相看,你将来到奉化城或宁波城去的时候,顺便拍一个来,寄给我看看吧。(二月二十八日)

(六)1922年3月10日

我前日子写给纬儿一封信,想必已收到了么。我昨日接你正月廿三夜所写

---

① 展堂,胡汉民的字。
② 汝为,许崇智的字。
③ 孙中山。

一封信，悲喜交集得不得了。我清明节很想回家扫墓，但是没有工夫，总不能回来。你接着我这封信时，请你不必等我回来扫墓了，你同经、纬两儿自去拜扫就是了。我近来身体颇好，但是我性情孤僻，终不能同新朋友相合，只有几位老朋友，孙先生呀，许汝为呀，皆是更加亲密。我大约下月初就要动身到湖南去了，你有邮信，寄广东省长公署古①厅长转交就是了。纬儿可以教他认字听讲了，天天到学堂里去看看，就是不去念书，也有益处的。你若是把我这个儿子养育得好，将来我还要谢谢你呢。完了。（三月十日）

（七）1922年6月29日

冶诚妹鉴：

兄今日已平安到粤，请勿念。通信地址，一时尚不能定，容后续知。你近日谅必可往普陀避暑么？纬儿想必同行？

此致，

元②字十一、六、二十九

（以上录自《蒋介石年谱初编》及习贤德《蒋介石日记中的感情世界》〔文载《传记文学》第90卷第2期〕）

三、《陈洁如回忆录》中蒋介石致陈洁如函

陈洁如比蒋介石小19岁。蒋介石认识陈洁如，系由张静江介绍。当时陈洁如非常年幼，才13岁，但蒋介石却热烈追求她。陈洁如与蒋介石于1921年结婚。蒋介石对陈洁如颇有感情。但后来为了与宋美龄结婚，1927年蒋介石打发陈到美国留学，与陈脱离关系。

这里辑录的《陈洁如回忆录》中所记蒋介石致陈洁如信，共7件。开头一

---

① 古应芬。
② 蒋介石原名瑞元。

件为蒋氏对陈的求爱信。其后5件为蒋介石1923年冬访苏途中和在苏联期间给陈洁如写的信。这些信中介绍了赴苏途中的境况、苏联见闻,叙述了他对陈洁如的思念之情。信中谈到:列宁病重,不能晋见;曾与加里宁、季诺维也夫、托洛茨基等重要领导人相见,及对这些人的印象;对俄国革命成功的原因和苏联缺点的分析;苏联军队中的党代表制度;俄国的教育状况;他对共产国际批评中国国民党的决议案极为不满;与苏联外交人民委员齐契林讨论中国国共两党关系。最后一件信中蒋介石谈的是,他主张每天举行纪念总理(孙中山)的仪式,诵读《总理遗嘱》,但苏联顾问鲍罗廷等人不大愿意参加这种活动。

陈洁如原名陈凤,故蒋介石信中亲切地称陈洁如为"阿凤"。后蒋在日记中称陈洁如为"璐妹"。

但有研究者考订《陈洁如回忆录》中"介石出国给我的五封家书"是伪造的。故将这一考订文中的有关部分节录于后,供读者参阅。另有蒋介石1926年7月30日致张静江函,谈及对陈洁如的看法并提及让她出国学习问题,亦附录于此。

(一)1919年

亲爱的阿凤[①]:

中国革命尚待完成,但是我,一个革命者,感觉心神沮丧,不能以我的全部精力,贡献于我们的国家。我终日仰望你予我必需的慰藉与鼓励,以安定我的不乐之心。我只要你答允我一件事,然后我才能重新得到力量,以为革命效力。如果你答应宽恕我,并让我与你会面,那么我未来的一切工作和我对国家的所有贡献,均将是由你间接促成。我确信你是深爱中国的。你爱我们的国家,就不会只顾一己,而吝予给国家的一位革命者些许快乐。你如继续拒绝同我谈话或见面,就将减损这位革命者的高昂士气和精神。我如得不到你的答复,就不会安下心来。我将我的心置于你的裙边之下。请告诉我你将宽恕我,并很快再同我谈话。让我今天就看见你吧!

蒋介石

---

① 阿凤,为陈洁如乳名。

附　陈洁如的复信

来信收到。只要你不再打电话或写信来烦我，你就会适时得到宽恕。

陈凤

（二）1923年8月25日

我最亲爱的妻：

　　我于今天中午到达满洲里。我必须说我十分想念你。我高兴看到这座小城。此地只住有一千户人家，大致上华人俄人各半。各方面情况都还很落后。每班火车到达时，都要接受彻底检查。我们都将换火车，因为车厢不能过境。有人带领我们这团人去看了边境实况，他们很有礼貌。我很惊异地发现那只是一条狭长的路段，没有值勤卫兵守卫，凡人均可自由越境进出。我抵莫斯科后，会马上再写信给你。请不要为我担心。我很愉快，正期待学习很多东西。我一天从早至午至夜，都在想念你。

介石
民国十二年八月二十五日

（三）1923年9月2日

我最亲爱的妻：

　　我已安抵莫斯科。这里的海关非常严格，我们的行李都被彻底搜查。令我最惊讶的是这里的欧洲风味，诸事都与亚洲不同。我将往访彼得格勒，然后返回此间。我并将参观各种组织，研究它们的情况，还要拜会若干与中国有关系的人员。我很引以为憾的是列宁病得很重，事实上，他已陷入昏迷状态，访客不得晋见。我真想，假如此行你能一路陪我多么好。附上两张快照。请注意：我身上穿的是你给我的那件披风，那就是说，我在想念你！

热爱你的介石
民国十二年九月二日

（四）1923年9月12日

我最亲爱的妻：

附奉在莫斯科拍的几张照片。你会高兴看见我穿着那件披风，其意义就是我爱你。至今我在俄国见到的第一位大人物是外交事务人民委员长齐趣林[①]先生。我们讨论过共产党及国民党的事情，我很用心地想使他了解，中国人民非常担心俄国在外蒙的活动。我曾与加里宁、季诺维也夫、托洛茨基及其他重要领导人士晤商。加里宁现任苏维埃主席，看起来他似是一位诚恳的乡农。在我问他俄国以外的大事时，他竟说他不知如何回答。在一个农民统治的国度里，竟然出了这样一个国会议长！

我对托洛斯基先生[②]感觉兴趣，他认为一个革命者的最基本资格，是忍耐与活动，缺一不可。托洛斯基在俄国是一重要人物。我向他提到将外蒙古归还中国的重要性，但他对此不予置评。

我记下来的"俄国革命成功三大原因"如下：

一、工人了解革命之必要性。

二、农民欲拥有一块土地。

三、俄国一百五十个不同民族获得自治权及加入苏联的权利。

其三项缺点如下：

一、工厂被没收后，就再无经理人员。

二、国家将所有小工厂接管后，专营的效果过于严苛。

三、利润分配仍有困难。

最近的重建情况如下：

一、广泛的儿童义务教育。

二、所有工人接受军事训练。

三、小型工厂租给私人。

余容再叙。

爱你的介石
民国十二年九月十二日

[①] 一般译为齐契林。

[②] 通译为托洛茨基。

（五）1923年9月20日

我最亲爱的妻：

今天我去会见了军事训练总监，从他那里，我学到了非常多的红军组织情形。这种组织的政治方面，由党所派的代表掌理。为求获一实务示范，我去考察了党代表在陆军中的工作情形。我发现在红军第一四四步兵团中，部队长只能掌管军事指挥的事。至于政治及精神训练，以及一般知识的讲解等，完全交由党代表主办。军官和党代表的职责权力，都有明白区分。这种制度实行得很好。我与教育事务人民委员长晤谈后，曾记下如下几点：

俄国教育的趋势

一、教育制度之划一。

二、增加技术学校。

三、接近现实生活。

四、特别注重工人学校。

五、废除宗教。

六、男女同校。

七、学生治校。

除考察陆海空军外，我也参观了其他不同地方，以求获取有关社会服务及共产党活动与组织各方面的了解。我也出席过若干群众大会，其中之一竟有二十二万人参加。我另参加过若干小委员会会议和讨论小组，还有正式招待会和宴会。宴会后再观赏戏剧表演。我还研究过工业农业组织，参观了莫斯科以外的几座新模范村。

我已买了马克思所著《资本论》来读。此书上半部似颇难读，但下半部则深奥且引人入胜。下封信中再告诉你更多消息。

热爱你的介石
民国十二年九月二十日

（六）1923年11月20日

我亲爱的妻：

在俄国，今天我有一大惊喜，也有两次最不愉快的震惊。我在外交部看到我们领袖孙先生写的三封信，一封给列宁，一封给托洛斯基，另一封给齐趣林。在这三封信中，我们领袖都提到我，而且很抬举我。

至于震惊方面，第一次发生在我于十月十日国庆日演讲中华革命党历史的第二天。有些曾听我演讲的中国学生粗鲁地批评我的演讲，说我将领袖讲得好像他是一个神，而那篇演讲也使人以为我是一个英雄崇拜者。当我听到这话之时，我对这些无礼的年轻人感到很烦恼。他们不知道尊敬自己国家领袖的重要。他们自称为中国人，而又藐视自己的领袖，这岂非一大讽刺！另一次震惊发生于我看到第三国际批评国民党的那项决议案之时。我看过后，愤怒地大声说："呸！看它讲些什么！怎可能对一个友党无知至此。"他们的见解如此褊狭，怎能冀望成为世界革命的核心？

我打算于十一月二十九日离开莫斯科，可能于十二月十五日左右抵上海。我正在算日子，期待与你重聚。我很好，不要为我担心。

爱你的介石
民国十二年十一月二十日

（七）1927年1月中旬

我的爱妻：

你必已看到我们武汉大胜的消息。我现在已到汉口，正为巩固我们的形势而忙碌异常。一俟各部队重新整编之后，我将前往南昌及九江，然后将派人接你前来欢聚。来这边的最好途径，是搭乘太古公司江轮。我巴不得你现在就在此地给我慰藉。近来本党中有许多分歧现象，等见面时，我再告诉你，这种现象仍不出偏见、嫉妒和争权夺势的那些老套。

由于武汉是我们迄今所获得的最大胜利，我坚持要实施几项新办法。每天早晨，我们举行一项纪念仪式，以纪念我们伟大的总理孙先生。这仪式有些像黄埔军校所举行的那样，只是更为隆重一些，而且配有军乐队。士兵、军官和官员们全体立正，向孙先生遗像行三鞠躬礼，而我站在台上，则朗读他的遗嘱。我每读一句，台下听众即跟着重读那一句。读毕，我们静默三分钟。然后，我们讨论军事情势及其他问题。

鲍罗廷和他的顾问们，还有些别人，表现出不大愿意参加这些晨间仪式的态度，但我仍坚持他们参加，并向他们解释孙先生是我们中华民国的伟大领袖，必须要这样崇敬他。

有一件令我惊喜的事，就是我收到宋美龄一通电报，为我的胜利致贺，并称我为英雄。我已复电致谢。

我离此前往南昌以前，将再写信给你。在这期间，盼你多多想我。我身体很好，但不免疲累之感。代我问候令堂、令兄和朋友们。我真心热爱着你。

中正

（以上录自《陈洁如回忆录》）

附一　关于蒋介石出国期间给陈洁如的五封家书的真伪问题

《陈洁如回忆录》中说，一九二三年"介石和我已在广州住了几个月，现在又要踏上旅途。这次旅行是为要履行孙先生与俄国协议的最后一点，就是称为'孙中山先生派赴苏俄考察团'的考察之旅。……因此须先回上海……我们于七月二十八日离开广州，一九二三年八月二日抵上海"。

事实果真如此么？请看蒋介石一九二三年的记载。

四月四日　……启程如甬……四时后，抵江北岸寓庐。

四月六日　上午，看纬儿玩耍。下午，携纬国母子观剧。

四月七日　（抵沪）上午，诣洁如。

四月八日　上午，经儿来见。下午，偕洁如游吴淞，即回。

四月九日　晚，洁如来旅社。

四月十二日　见冶诚讯，心殊激忿。妒妇诚难养也。下午，洁如来旅社。

四月十三日　下午，洁如来旅社。

四月十四日　晚，洁如来旅社。

四月十五日，蒋中正由沪乘轮南下赴粤，二十日抵广州，却是孑然一身，并无洁如同行。因为在四月二十二日"寄笺洁如"。以后在五月十四、十七、二十一日,连续"寄洁如书",且信是直接由穗城发往沪市的。

六月八日,蒋介石致电张静江,询问陈洁如之病,语甚焦急。后来接到陈洁如发自上海的信,"知病已痊,甚慰"。

七月十日"晨,写致冶诚、洁如各笺",告诉洁如即将回沪的消息。蒋于十四日离粤,十七日下午抵沪,旋即"洁如来省"。

七月十八日"今日在旅社与洁如闲谈"。

因此,《陈洁如回忆录》中说陈蒋同在广州住了几个月,又一同回上海云云,显然是瞎编的。

是年八月五日,蒋介石奉孙中山意旨,与汪精卫、张继等和苏俄代表马林商筹"孙逸仙博士代表团赴俄"事项。十六日,蒋介石便率沈定一、张太雷、王登云等在沪乘"神田丸"启程赴俄。

《陈洁如回忆录》中说"介石出国给我的五封家书",写信的时间分别是八月二十五日、九月二日、九月十三日、九月二十日、十一月二十日。

其实,蒋介石在俄期间共给陈洁如写了七封信,《蒋介石日记》中有清楚的记述,写信的时间与《陈洁如回忆录》所述不同。分别为:

八月二十三日(写自哈尔滨)

"寓书与经国、冶诚、洁如。"

九月五日(写自莫斯科)

"晨,寄谕经纬两儿致洁如书。"

九月十四日(写自莫斯科)

"下午,寄书经纬二儿暨洁如。"

十月三日(写自莫斯科)

"上午,寄洁如书。给经儿谕。"

十月十五日(写自莫斯科)

"……复谕经纬给笺洁如。"

十月三十一日(写自莫斯科)

"上午,发洁如经纬各讯。"

十一月二十七日(写自莫斯科)

"致经儿长幅书,分致洁如与纬儿书。"

如果回忆录中五封信是真实的，在陈洁如手中，而陈洁如在撰写回忆录时，既引用全信，必不会将信中日期抄错。

《陈洁如回忆录》中详载了蒋介石给陈洁如五封家书的全文：

第一封信（八月二十五日）

我最亲爱的妻：我于今天中午到达满洲里。我必须说我十分想念你。我高兴看到这座小城。此地只住有一千户人家，大致上华人俄人各半。各方面情况都还很落后。每班火车到达时，都要接受彻底检查。我们都将换火车，因为车厢不能过境。有人带领我们这团人去看了边境实况，他们很有礼貌。我很惊异地发现那只是一条狭长的路段，没有值勤卫兵守卫，凡人均可自由越境进出。我抵莫斯科后，会马上再写信给你……

介石　民国十二年八月二十五日

这封信的内容是伪造的，出处即源于蒋介石的年谱与日记。毛思诚在撰写《民国十五年前的蒋介石先生》中都有记述。《蒋介石年谱》记载：

三时五十分，至满洲里，即中俄两国分界处。居民约仅千家，华俄混杂。凡火车过此，必经一度检查，并换车辆，代表来站招待，陪同视察国境。其疆界为一长塍，各无封人掌守，出入任自由……

将以上内容前标上"亲爱的妻"，后面加以落款，不就成了给陈洁如的第一封信吗？

第二封信（九月二日）

我最亲爱的妻：我已安抵莫斯科。这里的海关非常严格，我们的行李都被彻底搜查。令我最惊讶的是这里的欧洲风味，诸事都与亚洲不同。我将往访彼得格勒，然后返回此间。我并将参观各种组织，研究它们的情况，还要拜会若干与中国有关系的人员。我很引以为憾的是列宁病得很重，事实上，他已陷入昏迷状态，访客不得晋见。我真想，假如此行你能一路陪我多么好。附上两张快照。请注意：我身上穿的是你给我的那件披风，那就是说，我在想念你！

介石　民国十二年八月二十五日

《蒋介石年谱》记载：

二日，晨六时后过一小站。十时，至阿林柯伦独夫站。十一时半至就路加也福站，其地风景市廛皆呈欧化，若已至莫斯科者。午后一时，到达苏俄京城莫斯科。

三日，闻俄国革命党首领苏维埃共和国之创造者列宁，积劳成疾，不能谒晤，深致感容。下午，代表团往见东方部长。

以上内容杂凑在一起，就成了第二封信的内容。

第三封信（九月十二日）

我最亲爱的妻：附奉在莫斯科拍的几张照片。你会高兴看见我穿着那件披风，其意义就是我爱你。至今我在俄国见到的第一位大人物是外交事务人民委员长齐趣林[①]先生。我们讨论过共产党及国民党的事情，我很用心地想使他了解，中国人民非常担心俄国在外蒙的活动。我曾与加里宁、季诺维也夫、托洛茨基及其他重要领导人士晤商。加里宁现任苏维埃主席，看起来他似是一位诚恳的乡农。在我问他俄国以外的大事时，他竟说他不知如何回答。在一个农民统治的国度里，竟然出了这样一个国会议长！

我对托洛斯基先生感觉兴趣，他认为一个革命者的最基本资格，是忍耐与活动，缺一不可。托洛斯基在俄国是一重要人物。我向他提到将外蒙古归还中国的重要性，但他对此不予置评。

我记下来的"俄国革命成功三大原因"如下：

一、工人了解革命之必要性。

二、农民欲拥有一块土地。

三、俄国一百五十个不同民族获得自治权及加入苏联的权利。

其三项缺点如下：

一、工厂被没收后，就再无经理人员。

二、国家将所有小工厂接管后，专营的效果过于严苛。

三、利润分配仍有困难。

最近的重建情况如下：

一、广泛的儿童义务教育。

二、所有工人接受军事训练。

[①] 一般译为齐契林。

三、小型工厂租给私人。

余容再叙。

爱你的介石　十二年九月十二日

《蒋介石年谱》记载：

九月五日，见外交委员长齐采令。

七日，上午，往见共产党秘书长罗素达克，听谈革命史况，约二小时余。其革命成功之点有三：一、工人知革命之必要。二、农人要求共产党（准拥有一块土地）。三、准俄国一百五十民族自治组成联邦制。而其缺点亦有三：一、工厂充公后无人管理。二、小工厂尽归国有，集中主义过甚。三、利益分配困难。又言现在建设情形。一、儿童教育严密。二、工人皆受军队教育。三、小工厂租给私人。云云……

九月九日，上午，往访党部之东方局长胡定康。下午，访陆军部次长司克亮斯克，讨研中国现势。又会见参谋总长加密热夫。

十月二十一日，下午，往会齐采令，谈蒙古自治问题，及其根本办法，无结果而散。

十一月十六日，往见苏维埃议长加利宁，一诚笃农民也。问渠国外大势，不知所答。其劳农专政国之代议士哉。

十一月十九日，公与托尔斯基书。……"华人怀疑俄国侵略蒙古一点，务为避免。"

十一月二十七日，见托尔斯基，其人慷爽活泼。为言革命党之要素：忍耐与活动二者，不可缺一。

从以上史实，可以明显地看出这是一封经过伪造的信，其采用了时空错位的衔接手法，将九月五日至十一月二十七日这八十四天中发生的事情，总结在十天中完成。回忆录中，例如：九月十二日写信的这一天，离蒋介石拜见托洛斯基的日子竟相距七十六天。除非蒋介石有预卜先知的本领，不然怎能预先知道与托洛斯基谈话的内容与立场呢？

第四封信（九月二十日）

我最亲爱的妻：今天我去会见了军事训练总监，从他那里，我学到了非常多的红军组织情形。这种组织的政治方面，由党所派的代表掌理。为求获一实务示范，我去考察了党代表在陆军中的工作情形。我发现在红军第一四四步兵团中，部队长只能掌管军事指挥的事，至于政治及精神训练，以及一般知识的讲解等，完全交由党代表主办。军官和党代表的职责权力，都有明白区分。这种制度实行得很好。我与教育事务人民委员长晤谈后，曾记下如下几点：

俄国教育的趋势

一、教育制度之划一。

二、增加技术学校。

三、接近现实生活。

四、特别注重工人学校。

五、废除宗教。

六、男女同校。

七、学生治校。

除考察陆海空军外，我也参观了其他不同地方，以求获取有关社会服务及共产党活动与组织各方面的了解。我也出席过若干群众大会，其中之一竟有22万人参加。我另参加过若干小委员会会议和讨论小组，还有正式招待会和宴会。宴会后再观赏戏剧表演。我还研究过工业农业组织，参观了莫斯科以外的几座新模范村。

我已买了马克斯所著《资本论》来读。此书上半部似颇难读，但下半部则深奥且引人入胜。下封信中再告诉你更多消息。

热爱你的介石　十二月九月二十日

《蒋介石年谱》记载：

九月十一日，往访教练总监彼得禄夫斯克，知俄国军队组织之内容，每团都由党部派一政治委员常住，参与主要任务，命令经其署名方能生效。……

九月十七日，视察步兵第一四四团。其优点在全团上下亲爱。团长专任军事指挥，政治及智识上事务与精神讲话，则由党代表任之。

十一月二十一日，会教育总长鲁那哈斯基。其言教育方针：一、统一教育制。二、多办专门学校。三、接近实际生活。四、注重劳工学校。五、废除宗教。六、男女同学。七、学生管理学校。

九月十九日……下午，参观步兵第二学校。……

九月二十日，参观军用化学学校。……

九月二十二日，往高级射击学校参观。……

九月二十五日，试趁旅行飞机，较昨乘军用机为稳。……

九月二日……途遇社会党群众运动，集团约二十二万人。……

九月七日……晚，观剧于前皇家戏园。……

九月二十七日，参观海军大学校及海军学校，海军机器学校。

十月二十九日，参观电灯泡制造厂及发电厂，其中工人俱乐部，学课及手工音乐补习室。……尤以社会科学为最注重。其余各贩卖合作社、图书室、阅报室，无不应有尽有，而以职工会及少年共产党部主其政。……

十月三十日，参观西乡"太太儿"等处农村。……先入其村苏维埃，如吾乡之乡自治会，再观其小学校及消费合作社。……

看马克斯学说上半部，颇欲厌去。至下半部，则生玄悟而不忍释卷矣。

由上可见，第四封信还是采用时空大错位之法，将上下二月间发生的事情，连缀起来。既然陈洁如是个不谙政治的女孩，蒋介石何苦对牛弹琴，喋喋不休、不厌其烦地大谈苏俄的政治得失呢？

第五封信（十一月二十日）

我亲爱的妻：在俄国，今天我有一大惊喜，也有两次最不愉快的震惊。我在外交部看到我们领袖孙先生写的三封信，一封给列宁，一封给托洛斯基，另一封给齐趣林。在这三封信中，我们领袖都提到我，而且很抬举我。至于震惊方面，第一次发生在我于十月十日国庆日演讲中华革命党历史的第二天。有些曾听我讲演的中国学生粗鲁地批评我的演讲，说我将领袖讲得好像他是一个神，而那篇演讲也使人以为我是一个英雄崇拜者。当我听到这话之时，我对这些无礼的年轻人感到很烦恼。他们不知道尊敬自己国家领袖的重要。他们自称为中国人，而又藐视自己的领袖，这岂非一大讽刺。另一次震惊发生于我看到第三国际批评国民党的那项决议案之时。我看过后，愤怒地大声说："呸！看它讲些什么！怎可能对一个友党无知至此。"他们的见解如此褊狭，怎能冀望成为世界革命的核心？

我打算于十一月二十九日离开莫斯科，可能于十二月十五日左右抵上海。我正在算日子，期待与你重聚。我很好，不要为我担心。

爱你的介石　十二年十一月二十日

《蒋介石年谱》记载：

十月十三日，往外交部，会独霍夫斯基，得见总理致列宁、托洛斯基及齐采林三书。中多对己推重语，为之涕零。……

十月十日……晚，留学莫京中国留学生全体集合宾馆，庆祝双十节，公讲述革命党历史。……越日，闻有人訾其演说为有崇拜个人之弊。因以中国青年自大之心，及其愿为外人支配，而不知尊重祖国领袖，甚为吾党惧焉。

十一月二十八日，审阅第三国际对国民党决议文。怫然曰："吁，观其论调，不认知友党如此，应愧自居为世界革命之中心。"

十二月十五日，上午七时，船入吴淞口，九时抵沪埠。……

试问蒋介石在十一月二一（十）日给陈洁如写信时，能告诉陈在十一月二十八日审阅第三国际对国民党的决议案吗？又如何在十几天之前告诉陈洁如准确到沪的时间？

此外，从《蒋介石日记》、信函的称谓也能看出以上五封信是伪造的。

蒋介石在日记中，凡涉及毛福梅之处均称"毛妻""毛氏"；对姚冶诚则称"冶妹""姚妾"；对宋美龄称"妻""爱妻"，未婚时称"美龄"；对陈洁如则呼之为"洁如""璐君""璐妹"，从未见"亲爱的妻"这样的呼法。笔者亦敢断定，蒋氏在对陈的称谓上肯定不会用"妻"的称呼。

（摘自唐华《〈陈洁如回忆录〉质疑》〔文载《民国档案》1993年第1期〕，个别错漏处在括注内补正。）

附二　蒋介石致张静江函（1926年7月30日）

二兄大鉴：

洁如之游心比年岁而增大，既不愿学习，又不知治家，家中事纷乱万状。此次行李应用者皆不检点，而无用者皆携来，徒增担夫之劳。请属其不管闲事，安心学习五年，或出洋留学，将来为我之助。如现在下去，必无结果也，乃害其一生耳。如何？

今日在乐昌休息，有怀，随笔书之。

弟中正　顿首
中华民国十五年七月三十日

四、蒋介石与宋美龄婚前交往信函和结缡文书

蒋介石虽早有妻室配偶，但均不合他的理想。自1922年见到孙中山夫人宋庆龄之小妹宋美龄后，为其容貌、修养、风度倾倒，抱有强烈追求之念，并曾请孙中山说合。但蒋介石追求宋美龄之念头，因宋氏家族中一些人的反对而挫折。

孙中山逝世后，随着蒋介石逐渐成为国民党的领导核心，和国民革命军北伐战争节节胜利，作为国民革命军总司令的蒋介石在中国政治舞台的地位日隆。在宋美龄长姐宋蔼龄的支持和撮合下，蒋、宋间的"英雄—美人"型姻缘，在1927年梦想成真。因国民革命阵营内部的矛盾分化，蒋介石于1927年8月被迫下野。蒋介石加速实现与宋美龄成婚的步伐。他赴日本，向宋美龄的母亲倪桂珍求婚，终于得到允准。他与以前的妻妾脱离关系，为与宋美龄完婚清除了障碍。1927年12月1日，蒋介石与宋美龄在上海举行了隆重的结婚仪式，蒋宋联姻终于获得成功。

宋氏三姐妹与中国政治舞台上出现的三个非常出色人物的婚姻，是中国婚姻史上的奇观。尤其是宋庆龄与孙中山的结合和宋美龄与蒋介石的结合，更具异常显耀的光彩。

（一）宋美龄致蒋介石函
1927年1月

亲爱的大哥：

我已几个月没有见到你，聆听你的教益。你在军务倥偬之中，给我来电，邀请我陪同家姊及家人往访武（武昌）汉（汉口），以参观我们国民党的新猷。为此，我很感激。但是，我已于前天离开广州，前往上海探视家母。大姊仍在广州，不久可能返回上海。一俟得暇，我必当陪她参观长江各城。我趁庸之[①]前往

[①] 孔祥熙。

汉口之便，聊草数语，敬候起居。

美龄

（二）蒋介石致宋蔼龄函
1927年3月19日

亲爱的大姐：

敬请陪同令堂、孙夫人、令妹三小姐（美龄）、令公子令侃及令媛等前来牯岭居住。无论如何，请勿续留汉口。今夜我将离开九江，明日抵达安庆。我已悉美龄前此未来牯岭的原因（由于我的妻子）。你回到汉口之后，请询明三妹（美龄）的态度。你如来函，盼交专差径送安庆。嗣后每周我们均可派专差递送信件，以免有所遗失。你赞同此议吗？

中正

（三）蒋介石致宋美龄函
1927年3月19日

美龄女士：

我料想令姐已代转我给你的专函。今夜，我将离开九江向前进发，途中将在安庆停留数日，以等待你的回信。我收到你的信后，将上前线。

你的态度如何？请来函详示。你可否赠我一帧最近的玉照，以使我得以经常见到你的芳影？我的想法是：令堂、孙夫人、孔夫人暨男女公子，以及你自己应当即速离开汉口，赴牯岭定居，如此较为妥适。你因我仍在江西，以为不便来与我晤面（由于我的妻子）。但我今已离开江西，你大可不必再存此种令你不安的疑虑。

中正
1927年3月19日

（四）蒋介石致宋美龄函
1927年8月

余今无意政治活动，惟念生平倾慕之人，厥惟女士。前在粤时，曾使人向令兄姊处示意，均未得要领，当时或因政治关系。顾余今退而为山野之人矣，举世所弃，万念灰绝。曩日百对战疆，叱咤自喜，迄今思之，所谓功业宛如幻梦。独如女士才华荣德，恋恋终不能忘，但不知此举世所弃之下野武人，女士视之，谓如何耳？

（五）蒋中正家事启事

各同志对于中正家事，多有来函质疑者，因未及遍复，特此奉告如下：

民国十年，元配毛氏与中正正式离婚。其他两氏，本无婚约，现已与中正脱离关系。现除家有二子外，并无妻女。惟传闻失实，易滋淆惑，特此奉复。

（刊载于上海《民国日报》1927年9月28日、29日、30日；天津《益世报》1927年10月19日）

（六）有关蒋介石澄清婚姻关系的报道二则

1. 1927年9月《旧金山报》报道

蒋氏对结婚事保持沉默

否认其妻在美，但不谈再婚事

美联社1927年9月19日上海电讯 据载，前国民革命军总司令蒋介石将军于最近在奉化之一次记者访问中，宣称本月稍早自中国搭乘杰克逊总统号前往旧金山之妇人[①]，并非其妻。蒋对指述此妇即为其妻之讯息，认之为"政敌之虚构"，旨在以任何手段，使其难堪。蒋并称，他不认识该电讯中所述及之"蒋介石夫人"。

2. 1927年9月下旬《纽约时报》报道

蒋氏指责政敌捏造其已有妻室之谣传

渠正计划与宋女士结婚之时，此事再度盛传，渠表愤慨

婚事尚未确定 宋女士须获其母同意，否则将不出嫁

蒋氏将赴日征求同意

---

① 指陈洁如。

9月24日上海电讯——蒋介石对于外间所传现在美国之某位年轻妇女系其妻室之报导,指控此乃虚构,并为此指责其政敌。

这位已引退之国民党领袖昨日已自宁波返回上海。但其此次返沪,系以爱神,而非战神,为其守护神灵。正如前所宣布,彼希望与宋美龄女士结婚,并即将前往日本神户拜见宋女士之母,以征求女方家长同意此一计议中之婚姻。如能结婚,新人夫妇计划在美国度其蜜月,在华府至少停留一年。

蒋氏今日下午,身着宽适之中国长袍,在法租界闲适地品茗。彼对前述报导所引致之其未婚妻处境,较之对其本身所可能因此遭受政治伤害,尤感愤慨。彼对余若干陈述,足以显示当今中国之两方面情况——政治阴谋及其所引起之枝节,及中国新旧习俗间之斗争。

彼称:"有关本人第一位妻室及近时赴美之某一年轻妇人之报导,被人广为宣扬之目的,不但在于诬陷本人,且欲玷辱本人与宋女士拟议中之婚姻。本人欲澄清此事:此种报道系由政敌鼓动而来,意在尽可能令本人难堪,并阻止本人返回革命工作,亦欲获取其个人利益。本人于1921年与第一位妻子离婚。其后,本人又曾离异两位侍妾。本人获悉此二位侍妾之一以本人妻室身份前往美国,感觉诧异。

"惟有懦夫始欲利用宋女士以对本人施予打击。渠等隐身于一位妇人之裙后,此乃男子之最怯懦行为。

"本人与宋女士之婚姻尚未确定。本人认识宋女士已有五年。我等结合以前,必须征得宋母之同意。因此,本人将于近期内遄往日本拜见正在养病之宋夫人,并请其允许本人与其女结婚。如宋女士首肯,则我等将尽早结婚,可能在上海举行。婚后,我等计划前往美国。

"本人不拟于数年内返回政界。本人希望南京新政府将获成功,但仍觉本人必须回避之。本人拟在美停留一年,在欧洲停留两年,在英拟研究政治财政事务,并参观海军及军事学校,俾资进修。本人之首要兴趣在于统一后中国之前途,并欲研究美国政府及军事科学与策略。"

余询蒋氏拟居住何处。彼答谓:"宋女士拟居何处,我等即在何处居住。"

其后,余晤及宋女士。伊云,如其母许其结婚,彼等在美停留之大多数时日中，将住在华盛顿。

伊云："蒋将军欲研究政府事务，故本人之想法为我等将在华府居住。当然，此事仍须视家母之同意与否。如家母反对此一婚姻，本人将顺从其意。但如其并非十分反对，则本人以为可望促其同意。无论如何，本人如此希望。"

宋女士为美以美会教徒。伊云，婚礼将依照美以美会之仪式举行。

今日下午，余在外交部亲睹一份该位被蒋将军否认为其妻室之女士所提送之护照申请表。该女士在表上以蒋洁如之名签字，未叙明为小姐或太大，伊填明其职业为学生，现年20岁，并谓出国目的为旅行。

核发此一护照之官员，否认其核发该本护照，系基于伊为蒋介石妻室之了解。

（亨利·朱苏维茨报道。版权者：纽约时报公司，1927年，《纽约时报》无线电讯）

（七）蒋中正（结婚）启事

中正奔赴革命频年，驱驰戎马，未遑家室之私。现虽辞职息肩，惟革命未成，责任犹在。袍泽饥寒转战，民众流离失所，讵能恝然忘怀！尤念百战伤残之健儿，弥愧忧乐与同之古训。

兹订于12月1日在上海与宋女士结婚。爱拟撙节婚礼费用及宴请朋友筵资，发起废兵院，以完中正昔日在军之私愿。宋女士亦同此意。如亲友同志厚爱不弃，欲为中正与宋女士结婚留一纪念，即请移节盛仪，玉成此举，无任铭感。凡赐珍仪，敬谨璧谢！婚礼简单，不再柬请。

废兵院规划，当与同志贤达详商。现托浙江军事厅金诵盘君筹备。式布区区，惟希公鉴。

（录自《申报》1927年11月26日）

（八）蒋中正、宋美龄结婚誓词

蒋中正、宋美龄于1927年12月1日在上海结婚。婚礼在上海宋氏宅第和戈登路大华饭店举行。在宋宅按照宗教结婚礼仪举行，由中华全国基督教协进会

会长余日章任祝婚人。余致祝辞后,即将预先拟就之誓文授予新人、新娘。新人蒋介石和新娘宋美龄先后朗读。其文如下:

蒋介石誓词

我蒋中正,情愿遵从上帝意旨,娶宋美龄为妻。从今以后,无论安乐患难,健康疾病,一切与你相共。我必尽心竭力的爱敬你,保护你,终身不渝。上帝实临鉴之。这是我诚诚实实的应许你的。如今特将此戒指授予你,以坚此盟。

宋美龄誓词

我宋美龄,情愿遵从上帝意旨,嫁你蒋中正,从你为夫。从今以后,无论安乐患难,健康疾病,一切与你相共。我必尽心竭力的爱敬你,保护你,终身不渝。上帝实临鉴之。这是我诚诚实实的应许你的。如今特将此戒指授予你,以坚此盟。

(录自《申报》1927年12月1日)

(九)蒋中正、宋美龄结婚证书序言

盖闻二南启化,关雎有佐治之功;五世其昌,懿凤协来嫔之徽。欢联两姓,好缔百年。

兹者乐安蒋公介石先生,与京兆宋美龄女士,举行结婚典礼于春江大华礼堂。瑟好琴耽,双心默契。良辰吉日,六礼告成。一则威震寰中,德孚袍泽;一则名闻海外,才盛唐虞。儿女英雄,神仙眷属。当兹一阳来复,正旋乾而转坤。须知万古常经,乃齐家以治国。柳营桴木兰之鼓,应助北伐成功。竹简传大家之书,同迓东来喜气。合作家庭模范,倍增吾党光荣。证彼同盟,制斯佐券。

(录自《申报》1927年12月1日)

(十)蒋介石谈结婚感想

余今日得与最敬最爱之宋美龄女士结婚,实为余有生以来最光荣之一日,自亦为余有生以来最愉快之一日。

余奔走革命以来,常于积极进行之中,忽萌消极退隐之念。昔日前辈领袖问余,汝何日始能专心致力于革命?其他厚爱余之同志,亦常讨论,如何能使介石安心尽革命之责任?凡此疑问,本易解答,惟当时不能明言,至今日乃有圆满之答案。余确信,余自今日与宋女士结婚以后,余之革命工作必有进步。余能安心尽革命之责任,即自今日始也。

余平时研究人生哲学及社会问题,深信人生无美满之婚姻,则做人一切皆无意义。社会无安乐之家庭,则民族根本无从进步。为革命事业者,若不注意于社会之改革,其革命必不能彻底。家庭为社会之基础,欲改造中国社会,应先改造中国之家庭。余与宋女士讨论中国革命问题,对此点实有同一之信念。

余二人此次结婚,倘能于旧社会有若何之影响,新社会有若何之贡献,实所大愿。

余二人今日,不仅自庆个人婚姻之美满,且愿促进中国社会之改造。余必本此志愿,努力不懈,务完成中国之革命而后已。故余二人今日之结婚,实为建筑余二人革命事业之基础。

余第一次遇见宋女士时,即发生此为余理想之佳偶之感想。而宋女士亦尝矢言,非得蒋某为夫,宁终身不嫁。余二人神圣之结合,实非寻常可比。

今日之日,诚足使余二人欣喜莫名,认为毕生最有价值之纪念日。故亲友之祝贺,亦敬爱不敢辞也。

(录自《申报》1927年12月1日,原题为《我们的今日》)

五、西安事变期间,蒋介石与宋美龄来往信函和蒋介石的遗嘱

1936年12月12日,张学良、杨虎城发动的西安事变,震惊全国,震惊世界。它不仅使南京国民政府顿失首脑,惊慌异常,而且也使蒋介石的夫人宋美龄非常忧虑焦急。宋美龄对蒋介石的处境和安全极为担忧。她一面劝告国民党中央要人不要对西安行使武力,一面请端纳和宋子文前往西安探望蒋介石。她希望通过斡旋和平解决事变,使自己的亲人迅速脱险。她给自己的夫君写信慰问,托赴西安的端纳转交。蒋介石也给宋美龄写信,表示不向兵变一方屈服的决心,同时劝宋美龄千万不要到西安去。(此信被张学良扣留)

蒋介石被囚禁后,与外界隔绝,对于事变会如何发展无法预料。他一方面坚持拒绝张、杨提出的各项条件,另一方面也作好万一会发生最坏情况的准备。他给妻子和儿子写好了遗书。

不过,后来形势有了转机。宋子文、宋美龄到西安与张、杨和中共代表周恩来谈判,取得了事变和平解决的结果。宋美龄在西安陪伴蒋介石。蒋介石和宋美龄安然离开西安,回到南京。

(一)宋美龄致蒋介石函[①]

1936年12月13日

夫君爱鉴:

昨日闻西安之变,焦急万分。

窃思吾兄平生以身许国,大公无私,凡所作为,无丝毫为自己个人权利(力)着想。即此一点寸衷,足以安慰。

且抗日亦系吾兄平日主张。惟兄以整个国家为前提,故年来竭力整顿军备,团结国力,以求贯彻抗日主张。此公忠为国之心,必为全国人民所谅解。

目下吾兄所处境况,真相若何,望即示知,以慰焦思。

妹日夕祈祷上帝,赐福吾兄,早日脱离恶境。

请兄亦祈求主宰,赐予安慰。为国珍重为祷!

临书神往,不尽欲言。专此奉达。

敬祝

康健!

妻　美龄
廿五年十二月十三日

[①] 此信交蒋介石的顾问端纳,于1936年12月14日从南京飞往西安,亲自交给蒋介石。

（二）蒋介石致宋美龄信[①]

余决为国牺牲，望勿为余有所顾虑。余决不愧对余妻，亦决不愧为总理之信徒。余既为革命而生，自当为革命而死，必以清白之体还我天地父母也。对于家事，他无所言。唯经国、纬国两儿，余之子即妻之子，望视如己出，以慰余灵。但余妻切勿来陕。

12 月 15 日

（三）西安事变中，蒋介石写给宋美龄、蒋经国、蒋纬国及全国同胞的三份遗嘱

1. 致宋美龄遗嘱

1936 年 12 月 20 日

贤妻爱鉴：

兄不自检束，竟遭不测之祸，致令至爱忧伤，罪何可言。今事既至此，惟有不愧为吾妻之丈夫，亦不愧负吾总理与吾父吾母一生之教养，必以清白之身还我先生，只求不愧不怍、无负上帝神明而已。家事并无挂念，惟经国与纬国两儿皆为兄之子，亦即吾妻之子，万望至爱视如己出，以慰吾灵。经儿远离十年，其近日性情如何，兄固不得而知；惟纬儿至孝知义，其必能克尽孝道。彼于我遭难前一日尚来函，极欲为吾至爱尽其孝道也。彼现驻柏林，通信可由大使馆转。甚望吾至爱能去电以慰之为感。

廿五年十二月二十日　中正

2. 致蒋经国、蒋纬国遗嘱

又嘱经、纬两儿：

我既为革命而生，自当为革命而死，甚望两儿不愧为我之子而已。我一生惟有宋女士为我惟一之妻，如你们自认为我之子，则宋女士亦即为两儿惟一之母。

[①] 此信写成后，蒋介石交黄仁霖返回南京转送宋美龄。蒋恐此信为张学良扣留，事先让黄一再朗诵，以便口述告宋。后信果为张扣留。

我死之后，无论何时，皆须以你母亲宋女士之命是从，以慰吾灵。是属。

父　十二月二十日

3. 西安事变中蒋介石致全国同胞遗嘱

据蒋介石1938年12月20日日记载，他在1936年12月20日另写有告全国国民的遗嘱，遗嘱全文如下：

中正不能为国自重，行居轻简，以致反动派乘间煽惑所部构陷生变。今事至此，上无以对党国，下无以对人民，惟有一死以报党国者报我人民，期无愧为革命党员而已。我死之后，中华正气乃得不死，则中华民族终有继起复兴之一日。此中正所能自信，故天君泰然，毫无所念。惟望全国同胞对于中正平日所明告之信条：一、明礼义；二、知廉耻；三、负责任；四、守纪律。人人严守而实行之，则中正虽死犹生，中国虽危必安。勿望以中正个人之生死而有顾虑也。

中华民国万岁！
中国国民党万岁！
三民主义万岁！
国民政府万岁！
国民革命军万岁！

蒋中正

（见蒋介石《西安事变日记》）

六、抗日战争中，宋美龄访美期间蒋介石与宋美龄来往电函（1942年11月28日—1943年6月25日，44件）

作为国民政府军政领袖的蒋介石，与宋美龄的成婚，是双方真情的结合。

当然，蒋介石在政治上也从与宋美龄的婚姻获得益处，其中固然有从宋氏家族的根脉中获得支持力量的一面，但最重要的，是宋美龄的才华、风范，在辅助蒋介石的军政领导工作，特别是辅助蒋介石对外交往中发挥了杰出作用。

太平洋战争爆发后，中国抗战进入更加艰难的阶段。中国与盟国，特别是美国，如何协同抗日，是一个重要外交课题。自1942年11月下旬，至1943年6月，宋美龄借赴美治病之机，担当了作为蒋介石的私人代表与美国总统罗斯福及美国其他领导人士进行谈判交涉的重要使命。

宋美龄在美期间曾在美国国会和几个城市进行演讲，还去过加拿大讲演。蒋介石多次对宋美龄的讲演内容，特别是赴美国国会的讲演内容中所应注意之处作过指示。她在美国展开的外交活动，对于增进美国对中国抗日的同情和援助，起了特殊的作用。

宋美龄访美期间与美国总统罗斯福等人进行了多次会谈。她与蒋介石通过电讯往来，汇报与美方会谈的情况，蒋介石给予指示，主要围绕有关美国对华援助、对英关系、缅甸战场反攻、战后远东亚洲的安排等许多重大问题。

宋美龄访美期间的活动和与美方的会谈，是抗日战争时期中国政府对美外交的重要一页。从这一期间蒋美往来电讯中，亦可看出，蒋介石与宋美龄为维护中国国家利益，争取抗日战争的胜利，为战后中国取得大国地位，都作出了重要贡献。

美方与宋美龄会谈的都是高层重要人物，而宋美龄在美孤独一人，单枪匹马，感到应付不济。她曾向蒋介石提出，希望能让她大姐宋蔼龄前往美国相助，但未能如愿。而宋美龄发给蒋介石的电报，都是发给她的大姐宋蔼龄，通过她译转的。这些电文是中美关系的重要史料。

（一）宋美龄自纽约致蒋介石电

1942年11月28日

大姊译转介兄：

妹感（廿七日）由机场径入 HARKNESS PAVILION 医院，当在机场迎迓有罗总统代表 Harry Hopkins（霍浦金斯）①陪至医院。彼即告罗夫人②拟妹下榻后来访，并谓罗氏派伊招待，如有任何效劳之处，直接告知彼，当为办理一切。除表示申谢外，及告因航途辛劳，约罗夫人翌晨十时来谈。

今晨罗夫人准时到院，妹表示此次来美尽以私人看病，对美国政府并无任何要求。彼即谓：美国朝野人民异口同声对妹极为仰慕，均认妹为全世界女界中第一人物，即彼与罗总统亦素钦羡，此次能有机会相晤，窃心庆幸。魏刚③对远东问题完全欠有认识，但对兄、妹二人则颂扬满载。彼续谓：罗氏正苦无法与兄讨论各种战后问题，故今钧座如此机会，对诸关系方案均可透彻作谈，尽量交换意见。况现正其时，若妹在战后来美，明日黄花，尤嫌太晚。

彼又询我对英态度，妹不作表示，反询彼对英印象。据告：此次赴英观察，英国人民之努力实可赞美，若无英国之一阶段抗战，美情况或较现在必差。彼对丘吉尔则认为徒可为英战时领袖，战后恐不足在领导地位。妹随即问：丘吉尔曾谓彼决不做帝国镕解最强首相，则当作何解。罗夫人则谓，彼对英守旧派之不能随世界趋势进化已作定见。Bevin（倍文）曾告彼，战后英仍不放弃帝国政府，但罗夫人则认为：战后民族思想定布全球，任何一民族亦决不甘受他人来制配。

彼继即询印度问题，并告彼曾有意去印作就地考察，但罗斯福提出要求，不期误会，乃就作罢。继即询印度问题，并谓印度之困难尤为宗教及阶级。妹告：此固为其最大问题，但英在中作祟，尤增其严重性也。又告：在甘地及尼赫鲁未入狱前数日，我驻印交涉使来电报告，印已准备接受克利浦斯条件，惟只要求兄与罗氏作担保，但因甘禁④事寝，兄亦则未电罗氏。

罗夫人遂谓，应如何改变美人态度，而使美人感激我抗战对美之贡献。妹即谓：中国之抗战，乃为全人类而牺牲。今罗夫人既与余不谋而合，真亦称忠。彼闻后极感动，即自动来亲妹颊，并谓希能做妹私人朋友。最后又告：罗总统拟派现在共和党之主席 Edward Flynn（爱德华·富林）为美驻华大使。彼与罗已有二十五年

---

① 罗斯福总统特别助理。
② 即罗斯福总统夫人。
③ 罗斯福总统夫人名。
④ 甘地被囚禁。

之历史，且罗对彼甚是信任，虽 Flynn（富林）氏对远东问题完全不谙，但此人尚属可教。例如，彼以前对妇女工作之重要毫无关及，今已能体会其重要。

临行，又允下星期再来访，并拟带 Flynn（富林）来见，请彼酌定。惟妹因医生不准见客，故纽约最重要之诈欺家（似有错误）欲来访问，恐均不能见。今日共谈一小时半左右，所谈极洽。特闻。

妹龄　俭（廿八日）

（二）宋美龄自纽约致蒋介石电
1942年12月4日

大姊译转介兄：

今晨罗夫人又来晤谈，其谈话约分四点：

（一）在此次战事结束之后，妇女界对世界建设工作定占有更重地位，因妇女负有领导教育青年之责任。并告：美国已往之教育诚太广泛，对诸问题大概取怀疑态度，结果大多数者均无最高中心信仰，故极愿与妹协作战后世界妇女工作，并盼妹对彼能有完全信任。谈话中，屡谓如何对妹钦佩，真令妹忸怩异常。妹当答以在未来美之前，虽未亲聆，但对彼之纯洁人格已有认识，故定能予以（似有脱漏）。

（二）彼又告：罗总统忽忆及似有一熊姓中国军人[①]在美，托其夫人一询有无接谈之必要。妹因熊式辉为兄特别遴选来美者，并闻熊式辉对美国政府置之不理，极感痛苦，故告罗夫人：熊式辉为日本军校毕业生，对日本问题颇有研究，虽不谙英文，但文字障碍可由翻译解决。

（三）据罗又告：丘吉尔对俄极为防范，但据彼观察，英人民并无畏苏之心理，即罗本人亦觉苏联已无赤化全世界之野心。

（四）罗夫人告：罗总统日前与其通话，为沙罗门岛[②]战争极为焦急，今日予彼之电话兴致似已恢复矣。

妹龄　支（四日）

---

① 熊式辉，时任中国驻美国军事代表团团长。
② 所罗门群岛。

（三）宋美龄自纽约致蒋介石电
1942年12月24日

大姊转介兄：

昨日贺浦金斯特由华盛顿飞纽约来见妹。当询以美国内政作谈话要旨，其可注意者如下：

（一）妹询以美在非洲出征军械弹契约，彼云：非洲联军人数约二十五万，其武器不较德军为劣，且罗总统对非战事极抱乐观。据美参谋本部预计，定能在一月中将德军在非者完全驱逐或歼灭。妹又询欧洲第二战场何时开辟。贺浦金斯云：罗总统曾与史太林①多次电讯检讨，斯大林表示，只要美在欧开辟第二战场，则不拘任何地点。美参谋本部认为侵欧战略有二：一由义大利②进攻，另一取道在土耳其。罗总统以为土国团结一致，可以金钱取得，故在战略上比较直接攻意大利为上策也。

（二）妹询俄国对于战后有期望否。答：俄国拟割据立陶宛、拉特维亚、爱沙尼亚，而对巴尔干半岛、波兰、南斯拉夫等国，则要求经济优先权，即对非洲及远东，斯太林亦表示要求善后问题。贺浦金斯谓：战后即俄进占其邻邦领土，罗总统亦决不因之而与俄开战也。但罗总统颇有自信，认为对斯太林定有方法约束与应付之道，深信战后俄国内部必有种种问题，即使抱有野心亦当无力赤化全球。惟斯太林认为战后之德国，必定变为趋向苏俄之国家社会主义。妹认为以上谈话之关键，尽系于此一点，故询以美不愿因他国领土完整而与俄一战，斯太林是否知之。贺浦金斯告，斯太林为现实主义者，必定取此。并告：日、苏双方均不愿起衅，故彼此均极敷衍。近日订立商约，西伯利亚俄运输量每月吨位变本加厉，故美极怕俄将美供给之租借军火输送日本也。

（三）贺浦金斯再告，德近来拉拢日本甚力，其原动力在德。妹乘机探询德国普鲁士之军官可否利用，以图结束战事，使其他各国暂时忍痛。据称，罗总统绝不愿为此期有任何谈判。贺浦金斯既以此言告妹，亦不与续谈。妹称，英、美

---

① 史太林、斯太林，均为斯大林的不同译法，原译稿如此，本文照录。
② 意大利。

以前责达尔郎为卖国殃民之罪人，今非洲事件亦已此转变论调，将来未始不可同样利用普鲁士军官也。

（四）妹询，罗总统与参谋本部认为战事何时可结束。据称，一九四四年战事当可结束，若运用得法，一九四三年亦有可能。在罗总统判断中，最困难之时期当为胜利后之六个月，并谓最可怕者并非英，而反为美国本身，届时美国内部意见分歧，不听中枢领导。而在贺浦金斯之估计中，现能领导者唯罗氏一人。贺浦金斯既说至此，妹即谓，如此则将来做何准备。据称，罗总统对四十四年①竞选尚未考虑及之。妹继询英国对诸问题取如何态度。贺浦金斯告，丘吉尔对此种种问题完全不谈。妹询其果完全未曾谈及乎。贺浦金斯称，丘吉尔屡次对罗总统表示，彼全副精神完全对于战事种种问题，至战后则彼拟退休著书，故毫不闻问。

妹综合贺浦金斯谈话之印象，妹恐战后英、美、俄又将忙于己身利益，将置我国于不顾。妹意如善为准备，仍可在和议席上争得重要地位也。哀我国家民族徒赤手空拳，亦为兄所怅叹者，唯凭应付得当，或有所成。

罗总统周围多智囊，显有准备，妹则单枪匹马，毫无后援，故务须请大姊来助，望兄促其早日成行。

再，罗夫人于十七日第三次来谈甚洽。并闻。

妹龄　回（廿四日）

（四）宋美龄自纽约致蒋介石电
1943年1月2日

介兄：

（一）贺浦金斯前来访，询中国方面有何消息。妹告：云南战线我缺乏飞机侦察敌人动态及轰炸敌军，故未能作总反攻。乖谬（似有错误）只能作两国工作，俟有充量飞机后，始能开始反攻。并告，兄对同盟国在东亚开始反攻，综合缅甸先决条件为：陆、空联军同时由中国及印度反攻；海上由英海军作有效之封锁，三面围攻使敌无转息之暇。若暂不反攻则已，若我同盟国决先反攻，则兄坚决主

---

① 应为笔误，四四年。

张非有充分准备,然后须至完成目的方毕,决不能轻举妄动也。妹将此意告贺浦金斯,彼当感觉有始有终之精神毅力,及透彻法论之卓济(似有错误)。

(二)妹此间对中国战事消息报载所见极鲜,不若在国内想象之多。且妹在报上所见者,彼等谅亦见及;反之,国内认为普通之战息,此间往往完全未闻,如贺金斯[①]所提者,将来定多。若由妹酌告美当局各种较重要之我军事动态,在此一举则已做到我在此宣传机关虽费九牛二虎之力而不能做到者。故为消息正确而免遗笑密切关系计,惟有请兄亲自命所欲告彼等者,饬属不时电妹。

(三)贺浦金斯又告,英、美参谋部拟在三月一日在缅开始反攻。并告美已派数千技术工兵赴缅矣。罗总统对近来航船损沉数目锐减,极抱乐观,并闻。

妹龄 冬(二日)

(五)宋美龄自纽约致蒋介石电
1943年1月(原电日期不详)

大姊转介兄:

罗斯福已抵非洲,斯太林亦被邀发言,我方有无重要代表,不得实知。如以上会议并无预先知照我国,则未免太显露将来趋势矣。妹近又电曾告兄,贺浦金斯曾提及斯太林表示对非洲问题坚持参与,今由美国政府热诚请俄参加,亦可知俄不可太欺。

妹自抵美之后,即抱我国虽穷亦决不作低头求人态度。盖我国民族之抗敌,乃为全世界人民之幸福而作此极大牺牲,非仅为中国谋久长之康乐。至今为止,妹撮要之,少数言论家均谓中国此种精神既可钦佩,且与向来作风相同。在妹则认为此亦无他,唯为我等经历年戮力同心工作所造成之信誉耳。他人不便说者,我不但透彻声述,反令人敬仰我等宗旨之高尚纯粹也。

此次非洲会议[②]则可作我前车可鉴之一点者,乃因美国如居里辈乘机诋毁者,正不乏人,若在和议席上欲争取合法权利,亦非有力量方能有资格说话。换

---

① 贺金斯,贺浦金斯,即前文霍浦金斯。
② 1943年1月14日—23日,美英政府首脑罗斯福与丘吉尔在卡萨布兰卡(摩洛哥)举行会议,商讨1943年作战方针,力争年内击败德国。

言之，赶快积极发展轻、重工业，在可能范围内千计百方，总需设法切实提倡创办。须知欧美各国初始亦仅赤手空拳也。若再沉于幻想，俟他国战后开始供给所需，或纸上空谈，或竟沉潜于以往头痛医头、脚痛医脚敷衍办法，则一切均将太晚矣。

再，妹觉对方国内共产党分歧问题拟提及，以免外人认为我不团结，更可欺凌。此次非洲会议，中、苏均被摒于主观外，我若在可能范围内与俄得一具体谅解，俾于国际上取一致态度，即操得团结力量，于我国似为巨得计。兄意如何？盼速电复。

妹

（六）蒋介石自重庆致宋美龄电
1943年1月29日

蒋夫人：

罗、丘北非会议是欧战会议，可说与远东战局无关，此不足为异。但其对华方式太坏，兄接彼等之电为廿七日下午，而其会议结果之消息，乃在是日晨已广播公布，何得谓之对兄已随时通报？吾亦并不以接其通报为荣。此会美国又中英国之计，但我方应以冷静处之，暂观其后，切勿对美政府有所批评。吾人本无所望，亦无所求，一切当以冷峻处之。

廿九

（七）宋美龄自纽约致蒋介石电
1943年2月5日

大姊转介兄：

美国空军总司令安诺德已谒兄否？经过情形务请速即电告，俾见罗斯福询及兄之意见，与美对我之襄助程度，有所作答。闻英拟派狄尔赴渝谒兄，并闻。盼速电复。

妹 微（五日）

（八）宋美龄自纽约致蒋介石电

1943年2月5日

大姊转介兄：

闻罗斯福在太平洋会议报告，关于缅甸方面，拟一面供给中国大量飞机，一面由陆军沿伊雷和底河①，充任打出一条路线。妹意：缅甸战事不应限于沿河区域打击敌人为满足，须日军全部驱出缅甸境外，以免敌人不断侧击，切断交通之患。届时美军应参加中英军队作战，以免我又吃英人之亏。至美国拟供给我方飞机数量究竟若干，罗之报告未免含糊。安诺德与兄谈话有否提及？妹与罗谈判预备照以上原则告罗，如何？盼复。

再，闻美供毒瓦斯、军火百分之五十被德击沉，但英、美仍拟继续供给，俄因军事胜利，态度甚为强硬。并闻。

妹　微②

（九）宋美龄自纽约致宋蔼龄电

1943年2月9日

大姊：

妹决定于本月十七日赴白宫。十八日向美国国会演讲后赴美国 Arlington③ 美国无名士兵纪念碑献花，当晚由我大使馆招待。三月一日返纽约，由纽约市长至站迎迓，即赴市政府接受纽约市赠予荣誉公民。二日，由我纽约总领事馆公宴。是晚十时半在麦狄生花园向美国民众演讲，美东部八省省主席④均准备莅席。四日在加乃奇厅向华侨演讲，六至八日赴威尔斯来演讲，十二日到芝加哥演讲。十八日赴旧金山，由市长赴站迎迓，并赴市政府接受该市金锁匙后，检阅海、陆、空军及民众游行及宴会等。二十一日向我华侨演讲，偕往洛杉矶赴宴。拟于三月底或四月初，或

---

① 伊洛瓦底江。

② 五日。

③ 阿灵顿。

④ 应译为州长。

赴加拿大，以增国光。妹演讲、宴会之程序当极辛劳，当经为国家加强邦交而增光荣计，当尽为之，唯默祷上苍予我精神及体力耳。请姊转告介兄。

妹龄 二月（九日）

（十）蒋介石自重庆致宋美龄电

1943年2月12日

蒋夫人：

兄致罗总统函意之电，乃我国在目前维持战场最低之要求，亦是极少之数量，未知其政府为何连此极少而可能之物品不肯作切实之答应，令我军民皆莫名其妙。阿诺尔对此尚未能解决，故彼此来，兄认为并无结果，有便与当局婉言之。彼对陈纳德只增加重轰炸机卅六架，兄以为不能发生作用也。

十二日

（十一）蒋介石自重庆致宋美龄电

1943年2月12日

蒋夫人：

对美国会讲演，照来电所述之意甚妥。此外应注重各点，略述如下：

一、中、美两国传统友义（谊）过去一百六十年间，毫无隔阂之处，是世界各国历史所未有之先例。

二、代表中国感谢美国朝野援助中国抗战之热忱。

三、今后世界重心将由大西洋移于太平洋，如欲获得太平洋永久和平，必须使侵略成性之日本，不能再为太平洋上之祸患。若欲达成此目的，必须太平洋东西两大国家之中、美两国有共同之主义与长期之合作。否则，步骤不一，宗旨不明，必授侵略者以隙。如此，不惟二十年后，日本侵略者仍将为害于中、美，而且太平洋上永无和平之希望。

四、战后，太平洋各国应以开发西太平洋沿岸之亚洲未开发之物资与解放其被压迫民族，使世界人类得到总解放为第一要务，盖如此方不辜负此次大战中所牺牲之军民同胞，乃能达成此次大战之目的。

五、中、美两国乃为太平洋上东西两岸惟一之大国,亦为太平洋永久和平之两大柱石。此两国同为民主主义之国家,且同为爱好和平之民族。将来太平洋能否永久和平与全人类能否获得真正幸福,其前途如何,实以此二大民主国家之主义与政策如何而定,而其责任则全在吾辈,即此一时代两国国民共同之肩上也。

(十二)蒋介石自重庆致宋美龄电
1943年2月13日

蒋夫人:

关于对国会演说之意,除昨电数点之外,再另有数点可作参考:

一、美国会对于中美平等新约及其撤销在华特权之议案,于十一日一致通过,表示此为中、美两国友爱之基础,无任感慰之意,此点应否提及,请再斟酌。

二、深信华盛顿总统今日如尚在世,则其必主张美国须与东方被压迫之民族共同奋斗。又如林肯总统如果生于今日,亦必如今日罗斯福总统以解放被压迫人类为己任。此乃美国立国平等、自由之精神,亦即耶稣基督博爱、和平之教义,而我中国孔子大同世界与国父孙博士三民主义立国之基本原理也。如何?请教之。

十三日(一)

(十三)蒋介石自重庆致宋美龄电
1943年2月13日

蒋夫人:

对国会讲演,语意切不可使听者觉有训示之感,亦不宜有请求之意,只以友邦地位陈述意见,以备其检讨与采择之态度。其次,应使听众能移其目光,留心于太平洋问题之重要。再次,认定日本为中、美两国共同之敌人,非根本打倒不可。再次,战后亚洲经济地位之重要,若不准备大量开发亚洲,尤其是中国之资源,则战时之机器与资本及技术将无所施用,必致废弃。若能以中国之物资与美国之机器,以中国之人力与美国之资本配合,则中、美两国百年内之经济皆无虞其缺乏,而世界全人类生活亦必能长足进步,增进其无穷之幸福矣。

最好去年一月丘吉尔在美国议会演说全文，嘱董显光兄检查，一加研究其当时之谨态为要。

十三日（二）

（十四）蒋介石自重庆致宋美龄电
1943年2月13日

蒋夫人：

自一八四二年鸦片战争以来，在此百年间，中国之领土与主权几被世上每一国家所剥夺，惟有美国对中国不但无侵略我领土之行动，而且时时领导各国表现其恢复中国主权之事实。即此一点，凡我中国军民以及小学生皆知美国对民主主义之纯洁无瑕以及其对中国高尚友谊之可贵，殊非任何各国关系之所可比拟也。

十三日（三）

（十五）宋美龄自纽约致蒋介石电
1943年2月16日

蒋委员长：

密。文①、元②各电均悉，所告卓见非常感佩。妹向国会及各地演词，当予分别遵照电示，总以维持我国家尊严，宣扬我抗战对全世界之贡献，及阐明中美传统友好关系为原则。私人谈判，当晓谕美国当局以我国抗战之重要性；公开演讲，则避免细节，专从大处着眼，以世界眼光说明战后合作之必要。兄意如何？

十六日

（十六）蒋介石自重庆致宋美龄电
1943年2月22日

蒋夫人：

甘地先生绝食，其生命已入危险状态。吾人无论为联合国利害计，或为友

---

① 12日。
② 13日。

谊关系计，决不愿英政府出此无人道之举动，而妨碍英国之荣誉。请即面商罗总统，从速设法切劝英国政府立即释放甘地先生，以确保联合国（家）为民主、为人类作战之信念也。

廿二日

（十七）宋美龄自华盛顿致蒋介石电
1943年2月（原电日期不详）

大姊转介兄：

　　据安纳德告，美决即运华轰炸机三十五架，业已开行，几次续运三十五架，秋初再运二百六十架。妹拟请罗斯福少秋初拟运之利害量，提早从速供给应用。兄需要五百架机亦当设法转告。再据安纳德告，昆明、桂林及邻近飞机场长度不足，每处须加长二千五百尺，否则大飞机不得降落。盼即饬办，以免再以此借口。

　　梗①电悉，甘地先生事早已与罗斯福提及，据（告）：已电美驻印代表非立浦斯告印总督，无论如何不能使甘地先生因绝食而亡。但印总督复称，如彼欲死，似无办法，并闻。

（十八）宋美龄自纽约致蒋介石电
1943年3月5日

大姊转介兄：

　　妹此次与罗斯福接洽各问题，拟交文兄②负责，但其中一部分，罗斯福仍欲经妹直接与兄商量也。详细情形，俟妹返国后面告。为使子文做事容易起见，俟妹西部返来时，应罗斯福之招再赴华盛顿，邀子文加入妹与罗斯福谈话，兄意如何？

（五日）

---

① 廿三日。
② 宋子文。

(十九)蒋介石致宋美龄信

1943年3月14日

华盛顿。宋部长①,并转蒋夫人:

密。罗总统原电谅达,其中所称补足陈纳德部飞机五百架,而对中国空军仅以战斗机与轻轰炸机若干队,并未明言机数。此实与余对安纳得将军面谈之原意不合。余所指五百架飞机,专为补充中国空军在前方维持五百架飞机之战斗力,而非指美空军陈纳德将军所部之飞机数量也。

以下之意,不妨用间接方式向美国当局说明,即近日敌寇广播,迭时(事)造谣,以期中伤我中美军民情感,无微不至,而尤以称美国不许中国有完整空军之组织。并称:更不许中国有与美国同样精良之空军,而美国必须控制中国之领空,不许中国有独立作战之能力。如果美国不供给中国空军此区区五百架前线之数量,而各种中伤之言不幸而中,更使中国军民心理疑惧。而且此区区五百架前线之数量,亦决不能建立独立之空军,此理甚明。余想美国空军当局必无此意也。望以此意婉达美国政治家注意为盼。

中正手启　盐

(二十)蒋介石自贵阳致宋美龄电

1943年3月26日

蒋夫人:

访英问题,不必肯定,亦不必答复。观丘吉尔廿一日演词,对世界问题仍无觉悟,对中国观念毫无变更,将来政治似无洽商余地。如吾人此时访英,将被视为有求于人,否则,亦只有为其轻侮,或反被其欺诈耳。以余对丘演词之感想,完全为反对罗总统主张而发,未知罗作如何想念。

兄定明日回渝。

廿六日

---

① 宋子文。

附　驻英大使顾维钧自华盛顿呈蒋介石电

1943年3月29日

钧于廿四日飞往旧金山谒见夫人，商谈访英问题，细讨利弊，陈请夫人勉为一行。夫人意盼与艾登晤谈一次。故钧今晨飞华府，即往晤，悉艾登原亦盼晋谒，惜在纽约相左仅一日。现夫人正访美国西岸，逗留尚有日。而彼已定明日离美访加拿大，三日后即须回英报告，以此预约在先，势难抽身往谒，殊以为憾。惟深盼夫人能早日决定赴英，并谓英朝野愿以最崇厚之礼招待夫人，托钧代陈。除密陈夫人外，谨闻。

（二十一）宋美龄自洛杉矶致蒋介石电

1943年4月9日

大姊转介兄：

据闻美国国会军事委员会对于TRUMAN国防会注重欧洲及英国工作深表不满意，最近拟派员视察太平洋各战区军事动态，认为美国在太平洋方面，目下继续缺乏大规模军事作战，结果恐将成为空前错误。盖以美国立场观察，日本实为主要大敌。现由国会议员五人组织小组委员会，刻与参谋总长麦歇尔①商议进行步骤，此为妹历次演讲后之结果。届时，妹拟请彼等赴太平洋前线时，赴华参观。兄意如何？盼速电复，俾在不开罪美国行政当局原则下，相机进行。

佳②

（二十二）蒋介石自重庆致宋美龄电

1943年4月13日

蒋夫人：

佳电拟请美国拟派议员调查太平洋战线，兄以为对此议员不必特别邀请其来华。但其如要来华考察时，我方自当欢迎。照此方进行何如？

十三日

---

①　马歇尔，美国陆军参谋长。

②　九日。

（二十三）蒋介石自重庆致宋美龄电
1943年4月29日

蒋夫人：

　　密。在一二月内，如太平洋方面倭敌不受严重打击，则倭必进攻西比利亚，请密告美当局注意，并问其对日俄战争，是否望其从速发动，盼速复。如吾爱不即赴华府见当局，则请速告子文兄转询，俾得明了其意见。

廿九日

（二十四）宋美龄自纽约致蒋介石电
1943年5月7日

请即转介兄：

　　关于空军总攻计划，兄嘱文兄在华府会议提出各项，文兄无法与罗斯福见面，请妹再赴白宫与罗谈判。事前文兄曾将兄意见告贺浦金斯，托其转罗。据复，我方要三个月以内空运吨位完全运输空军所需汽油及机件一节，美陆军部不通过，罗不愿反对陆军部意见，故感为难等语。

　　妹于三日早抵白宫，罗夫人亲至门外迎迓，罗夫人对妹身体至为关怀。当晚开始谈判，妹当将兄意转告。据罗复：我兄筹划反攻缅甸主张，无法进行，美国军队时向物质往往参加（似有错漏）。盖美军赴缅甸须经英政府应允始可。查在欧美军队均不能进入缅甸，故请妹转请兄负责宣布放弃攻缅甸计划，尽力维持吉大港、利都、阿萨密空军根据地，其他不成问题。妹窥其用意在骗中国上当，但其口气甚为坚决，故当时不与争辩，以免弄成僵局。

　　四日继续谈话，妹当谓如照彼之意见电兄，兄决不能赞同。盖缅甸为中国之生命线，我兄对缅甸之重视，不在领土，而在运输及经济。况英、美以前屡次公开宣称决以中国为反攻日本之根据地。北非会议，英、美发表宣言，主张反攻缅甸，若不重开滇缅公路，安能大量军械以接济我军？倘若变更约诺，兄将何以答复中国人民、军队及舆论？故百说以利弊，其谈判结果如下：

　　一、既往每月空运吨位分配陈纳德三千吨、史迪威四千吨，希望上述总吨数增至一万吨。

二、妹要求供给空军二大队，罗已允照办。据告陈纳德只要四个中队。

三、罗允在利都至两部尖纳路线造成时，美方当助我设法打到腊戍、曼德勒，使此路线不再为敌切断。此次谈判之一大收获，即英、美本拟将反攻缅甸计划完全放弃，经妹交涉，现美已允助我维持新路线。虽将来作战并不包括仰光为作战，目下惟为宋罗之诺言，须有人在此善为运用。至详细交涉情形，俟妹返国后当再面告，方能有效也。据告，美运卡车一千五百辆，现在赴阿富汗途中。

四、兄要美派三师赴缅，继谓须俟联合参谋会议席上允诺。妹意：因须使美对华发生更多切身关系，故再三竭力交涉，并谓无论英人答应与否，我可允美军赴陪。罗始答应派一师海军陆战队协助抗敌，并允竭力与陆军部洽商其余二师等语。妹乃指出该师所需食料，不能由每月一万吨中拿吨位，罗亦答应。再，妹由麦歇尔据悉，英人拟退出反攻缅甸计划，故可断定，罗未奉政府训令，不拟反攻缅甸之说法，尽是英人在中作祟。

五、文兄计划要求由美国空运总处拨给运输机数架，供给国内之用。妹认为此种进行方式在心理上不妥。盖罗以前有令所有运输机全部集中美国空运总处，现如请其划拨，岂非使其前后自相矛盾？故妹主张，国内所需运输机，可另由美国供给五架，罗亦允照办。总观文兄以前计划，略嫌太过散漫。

又据罗称，曾吹嘘①哈立法克斯②，彼不希望妹至欧，盖恐使妹身体更坏，且德人闻妹在英必派机轰炸，亦属问题也。彼告妹赴英之议，现赴似非时候也，妹已定取消赴英之意矣。罗并请妹于离美国之前再赴华盛顿，俾得继续谈话也。特闻。

（二十五）宋美龄自纽约致蒋介石电

1943年5月7日

请即转介兄：

以往航空输华飞机、军械及各材料，彼等之借口，向谓唯一之困难系汽油，因运输机除备飞入我境之汽油外，尚需随带飞出之汽油等等。故妹与罗斯福谈判

---

① 疑有误。

② 英国外交大臣。

时，提及我国玉门出产汽油，甚盼美国派送技术人员及机器在中国成立炼油厂，将来空军反攻，当可减少汽油困难问题。罗除答应外，并愿担拨款。妹忆以前盛世才提及新疆亦产汽油，曾由俄工程师采测，倘美国技术人员抵华后，亦赴新疆视察，在政治上亦可使俄国有所顾忌也。上项计划，罗表示希望妹返国指导，则美当局当可放心。妹意此项计划可俟妹返国主持，完全由我政府主办，美国技术人员处被我雇用地位。倘由资源委员会办理，万一将来经营不善，美当局对我政府不但发生极坏印象，并认中国腐败不可救药，故须竭力注意，否则与我国国际前途大有关系。

再，在美洽商各项，将来总需人继续办理，文兄不敢说话，而所用人员亦未尽妥善。兄意如何？盼复。

（七日）

（二十六）宋美龄自纽约致蒋介石电
1943年5月8日

大姊转介兄：

关于反攻缅甸计划，经妹与罗斯福洽妥，所有反攻时空中堡垒均归陈纳德指挥，史迪威仅负责陆军防守职务，不参加反攻事宜。此事罗请保守秘密，敬请勿告文兄及其他任何人员为盼。

（二十七）宋美龄自纽约致蒋介石电
1943年5月11日

大姊转介兄：

佳（九日）电、二十九日来电中，西伯利亚电码误为西沙群岛电报，往返查询，致有稽延。

妹意既非如果袭击西伯利亚即减轻对我之压力，实属有利，即使妹询罗斯福，彼恐未必有明显表示。盖此事关系俄国培植（似有脱漏），最多不过转知史太林而已。仍当转告探其态度如何，容再电告。

二、魏菲尔已由罗电其来美，并非无因，惟仍无行期确息。

三、罗斯福已再三派员邀史太林晤谈。

四、顷据文兄电告,兄力主全面反攻缅甸,直达仰光。此举当为英军部与我彻底合作,如能办到,自属上策。但妹与罗谈话当时,文兄既不在场,焉能体会罗之言谈含意。妹与罗检讨此项问题时,罗原来主张完全放弃反攻缅甸计划,经妹再三阐释,始取消原意,允助我攻至腊成,共同保护新路线。如罗无意助我全面反攻缅甸,则即使此时得其诺言,将来仍无实效。即使彼允助我攻至仰光,而仍无积极援助,则裨益极鲜。故妹以为:反攻缅甸问题可分两步骤,此时无妨暂以五月四日妹与罗协定作为局部反攻缅甸中美合作根据,俟腊成收复后,再竭力进行,全面反攻问题届时胜利在握,于心理上构成较有成功希望也。兄意如何?盼径复。

(二十八)蒋介石自重庆致宋美龄电
1943年5月13日

蒋夫人:

十一电悉。对西比利亚事究有与罗提及否?盼详告。

对反攻缅甸事,在军事上非先占领仰光,决无克复腊成与蛮德腊①之可能,如去年,徒然牺牲我军,不仅无益,而且真有灭亡之危险。此事关系太大,切不可谦让。故英、美如无意攻仰光,则我军决不能攻腊成与缅北,此应坚决声明,不可留有回旋余地。余详文兄电中,万不可有所迁就,并望从速回国面商一切。在美不可再住,千万,速归!

兄中 十三日

(二十九)宋美龄自纽约致蒋介石电
1943年5月13日

大姊转介兄:

罗夫人刻来告:

一、丘吉尔抵美,带来一百余重要将领及高级随员,此为从来未有者。其中

---

① 曼德勒。

有本在印度之陆、海、空军司令长官。

二、罗谓将向丘吉尔商讨，请英将定强飞机场修理交由美工师部队接收负责，以增强运华吨位。

三、兄交史迪威带来之信，文兄俟妹由华府返纽约后始寄妹。函中所告伪军扩充情形业已转告罗矣。罗允当即告丘吉尔，并谓将设法增援。

四、罗夫人告，罗谓此次与丘吉尔谈话，将为晤面以来最困难之一次。

五、文兄电力主全面反攻缅甸，如能做到自属上策。但妹当时与罗谈话，罗将完全放弃反攻策略，今至少已允保护新路线。妹意若此第一步先能做到，使其将领不再见敌生惧，然后再挺进取获仰光，则似较其垂手不动为强多矣。况以前罗欲兄代其受辜，声称不攻仰光，今已将其此意无形打消。哀我战线无捷音助兄妹之运也。

（三十）蒋介石自重庆致宋美龄电

1943年5月14日

蒋夫人：

丘吉尔既到华府，如能与其相见面，则于公私皆有益。此正吾人政治家应有之风度，不必计较其个人过去之态度，更不必存意气，但亦必须不失吾人之荣誉与立场。此事或可由顾维钧与哈立法克斯先行接洽，而后由罗总统为之介绍，何如？

兄中　寒

（三十一）蒋介石自重庆致宋美龄电

1943年5月15日

蒋夫人：

刻召见美国代办，面告转达其政府之言如下：此次丘吉尔首相在华府期间，凡于中国有关事项，或与太平洋有关问题，如有会议，请约蒋夫人与宋部长出席参加可也等语。此系正式通知，罗、丘必能重视，请准备一切为盼。

兄中正　删申

（三十二）蒋介石自重庆致宋美龄电

1943年5月16日

蒋夫人：

如晤罗、丘问及日攻西比利亚事，可直告其此为四月底之情报，而且确知日、德夹攻俄国日期为六月下旬开始。但现今情势变迁，北非战事已经结束，美国又进攻北太平洋阿图岛，则日本原定计划有否变更，不能逆料。但其驻俄公使守岛去年底奉其大使佐藤之命，回日接洽日俄妥协事。上次重光任外交部长之初，本已决定不令守岛回俄。然自北非战事结束后，守岛忽于十五日由日赴俄，此应加注意。故日本攻俄之原定时期与政策，或有变更之可能也。

如与文兄出席会议时，请预商文兄，应请其代表发言，而吾爱竭力协助之，如其言有遗漏之处，则再由吾爱代其补充说明之可也。

兄中　十六辰

（三十三）宋美龄自纽约致蒋介石电

1943年5月24日

大姊转介兄：

日前丘吉尔向全世界广播演说，建议战后由英、美、俄总揽一切，完全将中国屏弃门外。妹认为实有加答复之必要，以免丘吉尔以为我之可欺，而加紧其排挤我国之工作，且因心理、时间关系，乃即于二十二日晚芝加哥演词中加以巧妙之反驳。事前电请罗斯福于无线电中收听，事后据称妹与所发表意见有同一感想。据赫尔[①]称，罗斯福现在设法请行政方面负责人在星期五演说对付英国。

又，美国上下议院外交委员会主席及各位委员经派人接洽，亦均允在两院分别发表言论，注重战后中国务须列入四强之一，亚洲和平尤须倚重中国等语。美国纽约、芝加哥各地报纸对妹演说全文均加登载，并发表评论，对妹所发表主张以后全世界各国不得专顾一国本身利益，而应以全人类利益为制，努力益使防止

---

① 美国国务卿。

战争之再发，维持永久之和平，一致加以赞美及拥护。

顷据毛邦初报告，美方决定贷我 A24 机一百五十架，由四月份起在美交货；P40N1 机一百五十架，由五月份起交货。以上两项均定于十二月底交完，除 P40N1、P40 型之最新式者颇合我用外，A24 为一单发动机俯冲轰炸机，全航程仅四百五十英里，将来能否由定强飞到云南驿，尚成问题。在先华活动作战亦因航程关系而被限制，故向美方提议，将一百五十架 A24 轰炸机改为 A24 者五十架、B24 者一百架等语。以上均为具体结果。特闻。

回（廿四日）

（三十四）宋美龄自纽约致宋蔼龄电
1943 年 5 月 26 日

大姊：

若问美国是否同意丘吉尔之演词，则大部分人士将保证如下：美国决定击败德、日，不分轻重，东西轴心国家必须完全铲灭。国会民主党领袖麦克卡麦克发表演说，攻击丘吉尔，并提起中国在战后问题中之地位，彼称："我们不能存有击败日本为次要之观念，中国必须出席和平会议，应有他合理之地位，并非为一被救之儿童。中国为四强之一，应决定将来之和平会议。"以上美国之反响，皆因妹立即在芝加哥对答丘吉尔之演词所致之，今晚所听到艾登之演词已完全改变论调矣。

接英文寝（廿六日）电，美国国会议员意对丘吉尔演词表示赞同，经妹晓以真义，设法授意国会下议院民主党领袖麦克卡麦克、乔治、白朗等，乃演说指斥丘吉尔，使美国舆论焕然一改。以前我国对外人总抱请求、客气态度，以致外人认为老实可欺。丘吉尔经妹驳斥后，艾登在美本不打算演说，其所以突然改变方针者，实因妹芝加哥演词使然。丘吉尔前屡言英、美同种血统关系，现艾登则谓自由乃各人之护照；丘吉尔完全不提中国，艾登则谓中国必为四强之一，实已改变论调。凡此种种均系妹在美工作结果，并闻。

（廿七日）

（三十五）宋美龄自纽约致蒋介石电

1943年6月7日

渝。

委员长蒋：

　　密。妹定于十五日赴加，十八日再返纽约，拟于二十二日应罗总统约，再赴华府会晤。兄如有最后意见，请思索，在十九日电告，俾届时提出与罗总统商洽。

七日

（三十六）蒋介石自重庆致宋美龄电

1943年6月9日

蒋夫人：

　　前属子文转达兄复罗总统最后之定稿，及另有六条属其面询之电，据子文来电称，已经转交。此六条所询之事，最关重要，如见罗总统时，应切实详询。如果攻缅海军以英国为主力，则恐其届时不能履行计划，甚为可虑，仍望美国能派有力海军，能自主发动攻势也。

九日

（三十七）宋美龄自纽约致蒋介石电

1943年6月11日

大姊转介兄：

　　（一）美机经罗斯福亲自督促后，第一批已准备起运，惟对我国及印度飞机场狭小，设法保护不全，仍颇怀疑，请向印英空军交涉，加长飞机场，免予人借口为要。

　　（二）美国派员接替远征军来华事，现仍在讨论中，下周当可决定，当再电告。

　　（三）美固有凯纳台（甘纳第）提案，拟修正对我移民法事，对我国际地位极有关系，此议案如通过，则心理上之影响及效力较租借法案更有历史价值也。

真①

---

① 十一日。

（三十八）宋美龄自纽约致蒋介石电

1943年6月12日

蒋委员长：

　　密。齐电悉。妹身体未复元，最近草拟演稿，稍觉疲倦，皮肤即发风疹块。而日夜忧思国事，晚间每多不能睡眠。

　　反攻缅甸，妹再四思维，知阻挠甚多，即使英、美全部接受兄之意见，如届时不能履行约诺，仍属空言，无济于事。但知兄对此事至为关怀，故竭力推动，俾求逐步进行。妹认为美国人心理，倘我方有相当成绩表现，则届时美方必定乐于协同进行全部反攻计划也。

十二日

（三十九）蒋介石自重庆致宋美龄电

1943年6月18日（一）

蒋夫人：

　　与罗总统拜别时，最后一点应相机提出，即史迪威问题，但不必太正式，亦不以要求其撤换之方式出之。只以真相与实情告之如下：史迪威在华，如只对余个人之不能合作，则余为大局计，必能容忍与谅解，不足为虑。但其态度与性格对中国全体之官兵与国民成见太深。彼终以二十年前之目光看我今日中国革命之军民，不只动辄欺侮凌辱，而且时加诬陷与胁制，令人难堪。而其出言无信，随说随变，随时图赖。故自史氏来华与缅甸失败以来，在此一年间，中国军队精神不惟因彼之来华援助未有获益进步，而且益加消沉与颓丧。以史对华之态度与心理所表现者，几乎视中国无一好军人，无一好事情，根本上不信华军能作战，更不信华军能有胜利之望。彼之心理既对华军绝无信心，若且如欲其指挥华军求胜利，岂非缘木求鱼？而彼对其自身所处理之业务与计划，以为无一不善，固执不变，毫无洽商余地，绝不肯为全盘战局与整个计划作打算，亦不顾及其事实与环境之能否做到，而全凭其主观用事。故现在中国一般军人对史心理皆以为如果再听其指挥，不惟无胜利可望，且必徒受牺牲，非至于完全失败不可。且其日常态度与动作尽是胁制中国，而非协助抗日而来，其结果必与美国政府对华之热忱援助，及传统之友爱精神完全相反。此种事态如任其发展，则可忧之至。然余为史事对于一般军官严加劝诫，令与史氏合作且尊重其意旨，俾史氏工作得以顺利推进，自当用尽心力维持友谊。惟长此以往，若时时发生此种误会，则有不胜防制之苦。故余为大局之前途，为作战之胜利计，甚望罗总统明了此中真相与现状，甚恐负其对华之盛情，使其将来失望，故不敢知而不言也。

十八日

（四十）蒋介石自重庆致宋美龄电
1943年6月18日（二）

蒋夫人：

史迪威昨已来见。关于其海军所用兵力，已知大略，此事可对罗总统称其坚强作战决心，表示无限感佩之意。惟望其能加派陆军若干师，如不能派来三师，则二师亦可。请再相机恳谈，或能收效。

其次，关于史大林对彼复信之内容，如有可告者，请其明告一二。中甚望俄能供给美国以西比利亚空军根据地，直接轰炸日本。详询此事进行已否比前更加成熟。

十八日（二）

（四十一）蒋介石自重庆致宋美龄电
1943年6月18日（三）

蒋夫人：

对于战后远东和平与善后处理之各种政策，应照余所面属各件，再与罗总统详细讨论，作一结论带回。关于旅顺、大连问题，中国只可与美国共同使用，而不宜与其他各国共用，尤其旅顺港更应绝对保留为要，将来大连或可作为自由港，但亦须看俄国对于外蒙等边疆问题，能否尊重我主权以为定。

十八日（三）

（四十二）宋美龄自纽约致蒋介石电

1943年6月20日

渝。

蒋委员长：

　　密（加表）。史迪威事，若照兄意告罗君，以妹判断：（一）恐因不满我方之真实评议，反使进攻缅甸计划障碍丛生。（二）一切计划及联络均有史氏接洽，今突然提出易人，恐害联系。请兄熟思后，是否仍应照来电转告，盼即电复，以便日内赴华府时谈洽也。

二十日

（四十三）蒋介石自重庆致宋美龄电

1943年6月21日

蒋夫人：

　　电悉。对史迪威事并非正式要求其撤换，不过使之察知实情而已。待有便乘机以闲谈出之，否则不谈亦可。

廿一日

（四十四）宋美龄自纽约致蒋介石电

1943年6月25日

大姊转介兄：

　　顷晤罗斯福洽商结果如下：（一）罗允洽商二师赴缅甸作战，于九月准备完毕。（二）据告：丘对缅南海、陆、空总攻事仍未热心赞同，虽亦能口答应，但觉其无诚意，届时未必履行。然缅甸原系英属地，中、英、美又为联盟国，罗谓不便迫英实行也。（三）丘心目中仅有英、美、俄三强国，将与中国摒于门外。答询将来与兄晤会时，是否约丘参加，妹答以可由罗与兄直接商谈。（四）关于大连、旅顺、台湾，中、美海空军共用事，罗对兄意表示（似有脱漏），并谓俟中国准备完妥之后,美即可退出。(五)罗意高丽①可暂由中、美、俄共管。(六)前国联交日本保管之太平洋各岛,罗意战后可由联盟国接收组织暂时共管之。特闻。

有(廿五日)(二)

(录自《中华民国重要史料初编·对日抗战时期》第三编战时外交(一))

七、宋美龄访美期间与蒋经国、蒋介石之来往函电摘抄(1948年12月—1949年2月)

1948年底至1949年初,国共内战胜负已决,国民党政府在大陆的统治已临崩溃之局。这时,蒋介石派宋美龄赴美,企图获得美国援助以挽救危机。1949年初,蒋介石在战争败局和桂系压迫下,宣布下野。

宋美龄在获悉蒋介石欲下野的意图后,即对蒋返回奉化故里的安全表示担忧,还劝蒋氏出国。蒋介石自有打算,拒绝了妻子的劝告。这些情形反映在宋美龄与蒋经国、蒋介石之间的来往函电中。这里转录一些片断。

蒋介石致宋美龄电
1948年12月23日

最近和谈与兄下野谣言,以美国大使馆为中心所传播,其司徒(雷登)与傅泾波在上星期五日(17日)见哲生②时,明告其意见非和不可。傅泾波从旁插言:因欲与共党讲和,非蒋离职不可。其大使与顾问对我行政院长表示如此,言行狂妄已极,而傅之形态更为荒谬。

其政府虽一再声明不干涉中国内政,而其大使在华言行,实已干涉我内政,而且无异促我下野,可痛之至。

---

① 高丽,指朝鲜。
② 哲生,孙科。

如何用间接方法，使其政府知司徒与傅泾波在华受共□鼓惑，且到处为□张目，以动摇我军民剿□心理，希图推倒我政府也。

宋美龄致蒋经国电
1948年12月27日

（转告汝父：）奉化绝非安全居住之所，免得受人暗算。广东、台湾似较相宜。

宋美龄致蒋经国电
1948年12月28日

汝父在京，如不能维持，则须赴台湾或广州，决不能回乡。总理革命数次失败，而后竟得成功。我等为四万万人民及将来国民计算，只能抵抗到底，不惜任何牺牲。如下野回乡，对内不能行使政权，对外不能代表国家，无法继续革命，而对不起总理。故此举余绝对反对，现在只能决心克复困难。

宋美龄致蒋经国电
1949年1月21日（一）

汝父此次返乡，余对渠之康健与安全甚为忧虑。只要父亲之安全能保全，余等仍可继续为国家努力奋斗。因此间并非无希望，且与多方人士已有联络，正在极力推动中。希汝即日赴乡，婉劝父亲务必同来加拿大暂住，余当与汝等在加晤面会商一切。

宋美龄致蒋介石电
1949年1月21日（二）

报载：兄已于马日返乡小住。对兄之健康与安全，妹万分忧急。深信上帝决不会任共产主义在中国能够成功。请勿忘兄之安全为第一，则余等仍可继续为国家努力奋斗。……妹已另电经国，请兄日内同来加拿大，妹当在加候兄，会商一切。

宋美龄致蒋介石电

1949 年 1 月 22 日

兄此次返乡休息,妹初甚忧急,深思之后,颇觉安慰。盖兄为国服务已二十载,从未有适当休养,朝夕辛劳,爱国之忧,中外皆知,只要问心无愧,知郁足矣。如系上帝旨意,使兄有一休养之机会,俾增强精神上之信心,继续为主为国服务,请读腓立比书第四章第十三节。年来欧美之军事、实业、建设、科学日塌(臻)猛进,兄可乘此时机外出一行,以广耳目,藉以充实精力。

蒋介石复宋美龄电

1949 年 1 月 24 日

乡间甚安,兄决在乡静养,暂不他往。

蒋经国复宋美龄电

1949 年 2 月 10 日

对于父亲之安全问题,自应严加注意。人心之坏,出人意料,万分寒心。

宋美龄致蒋经国电

1949 年 2 月 15 日

汝父在乡实非久计,且倘和谈告成,更难安居,亟宜预谋易地静养为要。

(转录自刘维开《蒋中正的一九四九》一书)

八、蒋介石谕蒋经国、蒋纬国家书(1920 年 2 月 9 日—1970 年 6 月 15 日,52 件)

蒋经国和蒋纬国幼年时期,因蒋介石离家在外,父子们经常不在一起。但蒋介石对他们始终关心,在繁忙中写信,坚持对他们指导教育,特别是给蒋经国写的信最多。蒋介石对蒋经国的学习无时无刻不放在心上。1923年他奉孙中山之命，率孙逸仙博士代表团赴苏联访问期间，还关心他儿子的学习读书情况，写信训示。他对儿子的读书学习时时关注，让蒋经国写信向他汇报学习情况。1937年蒋经国从苏联回国后，蒋介石更指导他系统读书研习。从蒋经国在江西省工作，直到晚年，蒋介石始终不忘对他学习修养的指导。

蒋介石对儿子的教诲，在他写给儿子的家书中可以看得非常清楚。蒋介石教育蒋经国从小读《说文》《尔雅》，认字解词，让他读好"四书"，熟读《孟子》，打好国学基础。他对蒋经国练习写字的要求，具体到字的大小，笔画横、直、钩、点、撇、捺的笔法。蒋介石教蒋经国读书学习，除语文外，还重视英文、算学。他指示，在学校的诸门课程中，中文、英文和算学三门最为重要。

蒋介石在关注督促蒋经国读书学习的同时，对于他的品德修养和健康体育也非常关心，作出训导。他教导蒋经国：对师长要敬重，对同学要和气。一个人，要遵守规则，要道德高尚；不去侵犯人家的自由；如可帮人家忙的时候，要尽力去帮，这就叫作互助，亦叫作公德。蒋介石对儿子的健康也关怀备至。

蒋经国年纪很轻即出国留学，在国外（苏联）时间很长。蒋介石担心他对中国固有的道德文化缺乏深切的了解，故在他回国后，一直指导他要补习中国的传统道德文化和历史、哲学，学习孙中山的三民主义学说。蒋介石开列的主要书目是：《论语》、《王文成公全书》（王阳明全集）、《曾文正公家书》、《近思录》和《孙文学说》。

蒋介石本人对中国古代哲学思想也有研究兴趣。在中国古代思想家、学问家中，蒋介石最敬佩王阳明和曾国藩二人。蒋介石亦教蒋经国认真学习王、曾的著作和思想精神。他还让蒋经国研读《易经》和《明儒学案》。蒋介石尊崇王阳明"立诚"和"知行合一"的哲学观点。蒋经国四十生辰时，他曾亲笔题写"寓理帅气"四字送给蒋经国。"寓理帅气"这四个字的红底金字横匾，现在还高悬于祖居溪口丰镐房中堂报本堂的走廊上首。蒋介石到晚午还教导蒋经国，要重视陆（九渊）王（阳明）心学："余所重者，王阳明知行合一之说。"

（一）

经儿知之：

去年顾先生清廉来上海时，言"汝已有启悟之意，天资虽不甚高，然颇好诵读"云云，闻之略慰。以后在家，当听祖母及汝母之命。说话走路，皆要稳重，不可轻浮；在学堂要静听各教习讲训，时自细心领会，务求明白，读书总以烂熟为度。

父字

1920年2月9日

（二）

经儿知之：

兹寄汝《说文解字》四本，可请王先生照予所定课程教授也。此书每日能识得十字，则三年内必可读完，一生受用不尽矣。读书第一要当心听讲，认识一字，须要晓得一字之解说，不可读过便算。汝在家，对亲须要孝顺，对长上须要恭敬。走路不可轻佻，须要著重。与同学须要和好，不可相打相骂。年岁渐长，更要自知道理，力求上进，不可再像从前小孩时一味贪玩（弄）也。此问近佳！

再：买段①氏《说文》一部寄汝，恐许②氏《说文》太略，以此备参考。至认字，则仍依许氏《说文》可也。

父示

1920年9月4日

（三）

经儿知之：

尔《说文提要》读完否？记得否？如已读完记得，可请尔先生依余正月间所开书单，顺序读去，勿求其过速。《尔雅》读完时，小学书，可认许氏《说文》，

---

① 段玉裁。
② 许慎。

或后读《尔雅》亦可，随尔先生定夺，余不遥制也。汝父在此甚忙，战事已得胜，并闻。

父示
1921 年 5 月 23 日

（四）

余葬母既毕，为人子者，一生之大事已尽，此后乃可一心致力革命，更无其他之挂系。

余十八岁立志革命以来，本已早置生死荣辱于度外，惟每念老母在堂，总不使以余不肖之罪戾，牵连家中老少，故每于革命临难决死之前，必托友好代致留母遗禀，以冀余死后聊解亲心于万一。

今后既与家人脱离关系，可无此念。而望尔兄弟二人亲亲和爱，承志继先，以报尔祖母在生抚育之深恩，亦即所以代余慰藉慈亲在天之灵也。

余此去何日与尔等重叙天伦，实不可知，余所望于尔等者，惟此而已，特此条示经、纬两儿，谨志毋忘，并留为永久纪念。

父泐
1921 年 11 月 23 日①

（五）

纬儿：

我今日在桂林过旧历的新年，心里很想慕家庭今日的乐趣，自叹不能在家聚笑一堂，因之更加想念你的活泼神态，不能忘怀。又想起我的母亲逝世，不能再生，与我在家中过年，可怜我的人又少一个了，欢喜你的人亦少了一个了。从此以后，我永世不能与我母亲在家享受过年的乐趣，而且永远不能见我母亲的面，尽一些孝心了。想到这里，更加悲伤。但愿你在家要好好的孝敬你的母亲，友爱你的哥哥，少年立起一个做人的模样，不致如你父亲的伤悲老大才好。

---

① 泐：手书之意。《蒋介石年谱初编》所载日期为 1921 年 11 月 28 日。

我在桂林，孙①公公及胡②、许③、吴④各位伯伯，往来极其亲热，亦极其有趣。而且我住的八桂厅，亦极其幽雅，为桂林省城第一个好地方。今日在此地同各位伯伯拍几个照相，将来晒好了，我还要带二张来给你看。

但是我的心里，无论如何快活，终不能忘记家庭的乐趣，及母亲逝世的悲痛。不知你们在家中亦有此感想否耶？我心里很想回家，但不知果能回来否耳？去年家中的账目，及上海汇来银若干，最好写一封详细信来。你一月一日发的信，我已于前日接到了。远在他乡度岁之时，得见你们的笔迹，真是如获至宝，以后还要你们时常写信，来解慰我旅中的冷静为盼。

父示
1922 年 1 月 28 日

（六）

经儿、纬儿知之：

我前日接到你们上月十一日所发的信，方才晓得你们快要搬到城中去过年了。过年是在溪口家乡最热闹、最快活的。你们不在家中过年，是错过了。近来仍旧搬回到溪口住了么？我家中当店屋改做学堂，我已经同校长陈先生商量妥当了。如楼上房屋有空余，你们只管去住在里面；否则，你们不如到新屋去住便当些。

我大约下个月就要到湖南去了，你们有信，只管寄到桂林来。清明节边，我大约不能回到家中来拜扫祖母的新坟，心甚怏怏不快。到清明一日，要你托才火伯伯，到祖母坟上多种几百株树。至于如何种法，我已经告诉才火伯伯了，你只托他去买树秧去种就好了。

父示
1922 年 2 月 5 日

---

① 孙中山。
② 胡汉民。
③ 许崇智。
④ 吴稚晖。

（七）

经儿、纬儿知之：

　　我接到你们正月十五日所写的信，非常欢喜。我到桂林，已有四十多天了，精神天天好起来，旧病亦已经好了。但是一天到晚，事情很忙，心思亦很烦。我近来天天骑马，而且骑得很高兴。将来我回家时候，必定给你买一匹小马，教你骑马，我自己买一匹大马，同你骑了游行就是了。

　　你今年不晓得有否读书？你如其会写字的时候，还要你写几个字来，给我看看，或者我的心里可以快活一些。我清明决意不回来了，你快快把家里及学校里的事情，详详细细，写封信来，使得我可以放心。余言下次再说。

父示
1922 年 3 月 3 日

（八）

纬儿知之：

　　我三个月没有见你了，心里非常记挂。我今日看见人家小孩子，在大本营前空地放风筝，我更加想起你去年在城中放风筝的趣味，不晓得你今年在家有做风筝去放没有？我在抽屉里，找出两张画图贺年片来，一张是富贵花，一张是小孩游戏，其中也有放风筝的，所以寄给你白相[①]，不晓得你快活么？我下个月就要去湖南了，以后来信，请你寄把广东省公署古[②]厅长转寄好了。

　　此刻已七点半钟了，想必你还没有睡罢？

父示
1922 年 3 月 8 日

（九）

经儿知之：

　　来信已经收到了。你的楷字，仍不见佳，总须间日映写一二百字，以求进

---

① 上海方言，玩耍的意思。

② 古应芬。

步。你校下学期既有英语课,你须用心学习,现在时世,不懂英文,正如哑子一样,将来什么地方都走不通,什么事业都赶不上。你每星期日有工夫时候,可到商务印书馆去买些英文小说杂志看看,亦可以增长知识,并为你弟定《儿童画报》和《儿童世界》各半年。定书方法,只消告诉他邮寄的地方,叫书坊直接送达便了。不要忘记!

父示
1922 年 8 月 4 日

(十)

经儿知之:

我明日由甬①上起程,要到福建去了。你在上海,须要勤奋读书。你的字还没有什么进步,每日早起,须要学草字一百个、楷书五十个,既要学像,又要学快。

闻你所读过的《孟子》,多已忘记了,为什么这样子不当心呢?《孟子》须熟理重读,《论语》亦要请王先生讲解一过,你再自习,总要以彻底明白书中的意义为止。你于中文如能懂得一部四书的意义,又能读熟一册《左孟庄骚菁华》,则以后作文就能自在了。每篇总要读三百遍,那就不会忘记了。

余如英文最为重要,必须将每日教过的生字,在自习时,默得烂熟,一星期之后,再将上星期所学的生字,熟理一遍,总要使其一字不忘为止。

算学亦要留心,切不可厌倦懒学,遇有疑难问题,务求彻底了解。

须知目今学问,以中文、英文、算学三者为最要,你只要能够精通这三者,亦自易渐渐长进了。

你上半年没有脱课,是最好的好处,我很喜欢,以后还要这样才好。如果从现在到毕业,不脱一课,则你的学问品行,自然而然会好了。学生最要紧的,就是上课时候,不顾闲野,教员所说的话,句句听得明明白白,则功课自然容易精专,学业亦自然容易进步了。

寄我奖状附还,望你检收。

父示
1922 年 10 月 13 日

---

① 宁波简称。

（十一）

经儿知之：

你托世和① 带来的信，我已经接到看过了。你每逢星期日没有功课的时候，应把读过的《孟子》读一章，挨次读完，使不忘记。其余英文、算学，均应随时学习。对师长要敬重，对同学要和气。每月可于果夫② 哥哥处，挪零用银三元。如想买各种书籍，并与果夫兄商定为要。

父示
1923年2月28日

（十二）

经儿知之：

你五月一日来信，我已经收到了。你的信比从前写得好，如"五"字写错，至"孖"就抹去，是不可以的。以后遇有写错的字，虽落笔已发觉，亦应写个完全，再为抹去。你的英文，既然有进步，更要当心学习。

此次运动会，你得了第二，我很喜欢。体育最是要紧的，以后还须常常练习才好。你每逢星期日，要写一封信给我，而且要写至二三百个字以上，将近来的思想、平日所做的事，以及日常阅读的心得，统共写了出来告诉我；一则可以通信，二则可以练习文字，实在是很有益处，切记切记！

我写给你的信，你要随时存储起来，没有功课的时候，拿出来看看，也自然会有进步的。

再嘱你请果夫哥哥寄陈舜畊银二十元，给其做学费为要。

父示
1923年5月13日

（十三）

经儿知之：

我现在已经到了莫斯科，路上很平安，你可勿念。你近来读书，自己觉得有

---

① 蒋介石堂舅王贤东的侄孙。

② 陈果夫。

无进步，须常常禀我知道。如有信件，可托果夫哥哥写个封面寄出。你弟处，亦应常常通函问候为要。

父手示
1923年9月4日

（十四）

经儿知之：

我上次托果夫转交你的信，想必已经接收了。我在这里很好，可勿念。你现在的学业，不知道比上半年有多么进步？我很系念。

要文章做得好，总须名词记得多，尤其双个字[①]的名词，如：人类、品行、生活、空气，等等，平日留心记着，做文章的时候，就随笔可以写出来。无论中文、英文，都是一理的。如果平时名词记得不多，临时作起文来，就觉得无从下笔。这是读书为文最要紧的秘诀，你试学之，自有领悟。

我在此不能常写信与你，你随时到环龙路四十四号林焕廷伯伯处去，问我电报消息，就知道了。如得到电报消息，便须写信转告你弟纬国。

父示
1923年9月14日

（十五）

经儿知之：

我接到你九月二十四日晚间所写的信，非常喜欢。

你说你的身体，比上年不好，又觉很是愁闷。我前次写信给你，要你身体自己当心，并且要勤习体操。你每日早晨起床的时候，可以练习柔软体操，或哑铃体操；亦可叫铣夫同练，必于身体有很大的益处。

你出鼻血同头晕，是十五六岁的人身体发育时候必有的象征。但是你要时常自己当心。看书到一个钟头的时候，必定要休息游戏十分钟。因为用功读书，总

---

① 指双音节词。

是低下头来，低头的时候太久了，自然要头晕的。就是出鼻血，也是这个缘故。

你以后可以买一个看书的书架子，就是像从前你祖母看经①的经架一样的东西。所看的书，或学字的帖，摆在那架子的上面，那么头脑不要低垂，头晕、鼻血这类的病都不会发生了。如上海买不到这种书架，托守梅伯伯向奉化习艺所去做一个来，也是很便的。

父示
1923 年 10 月 15 日

（十六）

经儿知之：

近来两个星期，没有接着你的回信，心里非常记挂。不晓得你同果夫哥哥的毛病有好了么？你要知道：我费了许多工夫及许多心思，就是要你听信里的话，可以增进你的学问及智识；亦可使你照信里的话，学些写信的文字及格式。

一个人第一要遵守规则，就是自己道德高尚。这个道德，并不是拘拘谨谨、束缚不动的。只要守着一切规则，不去侵犯人家的自由。如其可帮人家忙的时候，自然要尽力去帮忙，这就叫做互助，亦就叫做公德。

除了依循道德以外，总要时时活动，使得心里非常舒服。如其用功觉得苦了，就放下书本，去游玩一刻，再来求学，那脑筋一定是爽快的。你有空暇的时候，可以托果夫哥哥拣选几本小说来看看。但是小说不能作正项功课，只可算是解心郁、发性灵的读物罢咧。

父示
1923 年 10 月 31 日

（十七）

经儿知之：

我接到你七日的信，非常快活。你的国文确已有了进步，我更加喜慰。但是

---

① 佛经书。

你这信里还有错字,并且也欠清爽。现在我将你几个错字,拿红笔圈出来,望你自己改正。以后写字,总要笔画清楚,而且不可错落才好。

你说"游安乐城记",拿这城里的快活景况,来譬喻中国的政事不良,这个譬喻,就是不适当的。比方说,中国政治能够改良,要得到像这"安乐城"一样景况,如此说法,或者对些。凡做文章的意思,不是正面,就是反面。如其正面意思说完了,篇幅还觉得太短,就把反面来说,因为反面的意思,能够显出正面的文章来。譬如说:"中国政治能够改良,人们就享福了。"这句话,就是说中国现在政治不良,所以人民不能幸福的反面话,更加可以证明中国政治不良的意思出来。

你《避暑雪窦寺记》中,因山路难走,譬如求学一样,这就对了。这一篇文,必定是好的,将来我要看看。我写给你的信,你可藏着,时时拿出研究,于你的作文很有益处。但是你信里的字,要放大些,才好看。如同我写给你的信里的字一样大就好了。

你英文不知有进步否?英文不但是要讲究文法,而且要多说话。譬如同学会面的时候,或是有好的朋友,能说英国话,你就常常同他说英国话,那就容易长进了。凡百学问,总要熟练了以后,才可应用。学英文能常常讲话,那就是熟练,后来就可与人家对谈,那就是应用了。

不但英文如此,就是算学、国文,凡是所学的东西,总要能够应用才好。如其单是记牢其方法成句,而不能应用,那学问也就枉然了。我们家乡话叫做"书独头",官话叫做"书呆子",就是这类人的绰号。总之,这些话,是说书读得多不能应用的人,就是虽多无益,也是越读越呆。所以读书求学,总要使得心里十分明白,拿一句话,实地可以使用着就好了。

演说也是最要紧的,如遇开讲演会的时候,你可以想定一个题目,上去演讲,不拘话之长短,只要说得事理透彻,层次井然;临场不要怕羞,讲完从容下台。如此多讲几回,也就不以为难了。切记!切记!

我二十九日由莫斯科起程,大约十二月十五日以前可以到上海,并告。

父示
1923 年 11 月 27 日

（十八）

经儿知之：

我现在住在黄埔，你有信寄到广州黄埔陆军军官学校可也。

你今年功课，须注重英语，年底最好能考取梵王渡圣约翰学校二年级；否则亦要考入一年级也。写字，笔画宜清楚，且要字字分明，切不可潦草糊涂。写信的字，亦要像我写的一样大，不可太小。

纬儿在沪出疹，你去看过否？现在有否痊愈？你近来对于功课有何心得？曾看《曾文正公家训》否？每日学字几个？均须一一告我，并把最近所学的字，寄我几张，看有进步否。

父示

1924年5月1日

（十九）

经儿知之：

你九日来信，我已接到。日前改正之文二篇，即于当时寄还，想可收到。你的字已稍有进步，但用墨尚欠讲究，时有过浓过淡之病；笔力亦欠雄壮，须间日摹写一次，要在古帖中之横直钩点撇捺处体会。注意提笔须高，手腕须悬也。

1924年5月26日

（二十）

经儿知之：

你抄来陈公革命计划及事略一篇，其中多有错字，如"请"字误写为"清"字，是太潦草不留心之故也。凡抄东西，须先读一遍，将其意思领解，然后再着手抄写，如有文章不通之处，即当改正；倘有疑难而不能自决者，即须问人，则抄写才有益处。如慌急慌忙，不管正误，只要抄完就算，有何益处！

凡事总要认真实在，不可当作还债看待。曾文正公言："办事、读书、写字，皆要眼到、心到、口到、手到、耳到。"此言做事时，眼、心、口、手、耳五者，皆要齐来，专心一志，方能做好。凡读书写字，皆应当作办事看也。你须记之！

1924年5月30日

（二十一）

经儿知之：

上月二十八日来禀已接阅。附来文体、语体二篇文字，亦批改附还，意想与文法，皆无错处，欣慰之至。但字体嫌欠大，且欠清楚，以后切须格外留心！

你没有看过《曾公家训》吗？为何来信总未提及？注意英文，只要将学校里的读本熟理便得。先要每日读几页，每页读几遍，以暑假日数，与书之页数对计，必于暑假期内温读熟烂才好。《孟子》文章之好，异乎他书，你如将来要做好文章，必须熟读孟子，切勿视为等闲也。

1924年6月13日

（二十二）

经儿知之：

我接到果夫的信，知道你已经到上海了。前日闻纬儿亦已到了上海，但是他到了上海之后，没有写信给我，不知为何？你须同果夫兄到朱家去看他一看，写信告我。

今日将你来信寄还，给你自己保存，将来拿出来看看，很有趣味的。我写给你的信，亦要封封存起来才好。

父示
1924年9月26日

（二十三）

经儿知之：

寄交新顺洋五千元有否收到？亦须请其示知。你同纬儿同住甚好。你要时时教导他，做他的一个好榜样。现在上海的情形怎样，你须详细地写封信来告诉我。至要至要。

父泐
十月一日

（二十四）

经儿、培甥①知之：

经儿三十日来禀，文字比较皆有进步，若能专心向学，则三个月后必能复旧或较前更有进步也。现在要文章进步，第一还是要多读古文，并须读得烂熟，背之再背。大约每篇古文至少要读一百遍以上，到月底并须将从前所读书全部理习一遍。如尚生疏，则再诵读，必将再能背诵，毫无阻格，然后方休。如此则三个月之后，约可三十篇长文可以背诵，则文笔必畅通矣。若能有百篇古文烂熟于胸中，则能成文豪矣。

习字尤为紧要。培甥之字较一般青年为秀丽；但尚须用工练习，以其字仅得之于天性，而未下苦工，故无根底也。

我定今明日回沪，约住数日，待补牙完妥，即赴牯岭休息，以体未复元也。你们今年避暑可在相量冈厂内，较之他处为佳，且读书用工仍可不致间断也。

舅、父示
1937年5月6日

（二十五）

经儿知之：

八日来禀比三日之禀进步甚大，字体尤然，甚慰。你以后看书应多注意中国固有道德、建国精神与其哲学。《孙文学说》一书，实为中国哲学之基础；而《三民主义》则为中国哲学具体之表现。译文决不能彻底阐明其精神。俄文译本更将其中之精华舍弃未译，故你应将《孙文学说》看了二遍之后，即看《三民主义》中民族、民生与民权各主义之原书全文；并应将其心得及批评之点，摘记另录，以备呈阅。民生主义中批评马克斯主义各节，尤为重要，应即切实用客观态度悉心研究。看完主义之后，再看《军人精神教育》一书，亦在中山全集之中。如能了解以上各书，则中国之政治、社会、经济与哲学，皆可得其基础矣。

你信中所说之家谱，是否为我之年谱，即《十五年以前之蒋介石先生》乎？

---

① 蒋介石胞妹蒋瑞莲之子竺培风。

你看此书与家训,每日约可看几篇?你看书目力之快慢如何?可于下次详禀为要。

牙痛之病,不如拔除为佳。以宁波牙医不但无正式之医师,而且其器具皆污秽不肯切实消毒,故医牙必被其医坏也。如果医镶,则一切器具必须亲见其消毒也。

你所写报告不必等待全部写完,整个呈阅;可将每一段写完者,陆续另呈也。体育甚重要,每晨体操,每傍晚可拍球,不必乘骑也。

母父

1937 年 5 月 12 日

(二十六)

经儿知之:

十二日来禀:其文字反不如八日之禀为佳也。无论写字、作文与做事,皆要有始有终,不可先勤后怠,亦不可先正后草。尔所来各禀,皆前正后草,即是有始无终之象。以后更要当心"精神始终贯注",不分先后,写字尤要"平匀"。凡同行与同篇之字,不可有大小,亦不可有左右歪斜,此乃学字初步之基本也。

尔现在不必看《自反录》,应急看《孙文学说》与《三民主义》原文,盖我之思想与言行,皆本于总理之哲学也。待以上诸书看完之后,再看我近五年来所讲授之庐山训练与峨嵋训练各集,则尔可以窥见革命之大道也。

我下星期离沪,其地点未定,故暂时不必来禀,余再谈。

父母

1937 年 5 月 15 日

(二十七)

经儿知之:

你报告二部皆已阅毕,感慨殊多。回想经过之患难与苦痛,应知以后时时在家在国之难能而可贵也。望常自省览,此为你历史之开始,应将原文寄还宝藏家中,可作宝贵材料也。

我身体大好，可问培甥①，即知其详。

你今年一年内安心在家读书与研究农村利弊，如有余暇，或可从易处略加改正，造福乡人。但不可开始时即用强勉方式，只可劝导之，使渐能改良，使之信仰，则以后当易为力也。

你身体不甚健康，应于暑期时多注重体育运动，务于此半年内体格使之强壮为要。其他读书办法已述于徐先生信内，你可照办。暑期将到，应即上妙高台或相量冈避暑，如徐先生住妙高台或雪窦寺，你们住相量冈，则每日可彼此朝往夕归，亦健身之法也。

父
1937年6月4日

（二十八）

经儿知之：

近日在庐山颇忙，但见尔等来书文字思想皆有进步时，以此心为之一慰。倭寇今又来扰乱，令人嫌恶不堪，终必有以制之也。

父示
1937年6月16日

（二十九）

经儿知之：

来禀改正寄回，希详加研究。《旅俄报告》请人不如自译，以自己不能自著国文，反要请人来译国文，亦一耻事也。惟待国文著成后，可请一懂俄文者修正则可也；我正代觅中，将来当介绍来家相见。

你此时应专心研究国文与习字著书，不必分心于倭寇之扰华，以我必有以制之也。

近日在京虽忙，但精神甚佳，上星期日在赤炎之下，露天演讲有二小时之

---

① 外甥竺培风。

久，尚不觉疲乏。可知身体已完全复元，此则可为爱国与民族自慰者也。

父
1937 年 7 月 24 日晨

（三十）

经儿知之：

得电悉已产生孙女平安，甚慰。其命名为"孝章"可也。望产母保养珍重为要。

父
1938 年 2 月 16 日

（三十一）

经儿：

昨谈小组会议之重要，如编著时对于小组会议指导之要领与议案内容及其性质之分析，以及解决议案之讲评，皆应述其大概；而会员之在小组会议中之态度精神，对事理之分析，与服从多数之精神及其习惯，亦应详述。对于总理著作中《民权初步》一书，亦与此会议规律有密切关系，你可先行参看。将来在序文中可叙述民权初步与小组会议之关系为要。

中正
1938 年 6 月 25 日

（三十二）

敬电刻始接阅，莲姑[①]逝世，甚悲痛。希代我经理其丧事，但应格外从俭，切莫奢侈。或暂厝殡，待培甥回国，再出丧亦可。

父
1938 年 11 月 27 日

---

① 蒋介石胞妹蒋瑞莲。

（三十三）

前托萧王庙孙表卿先生编著周公全集一书，未知其编至如何程度？如有使可到其家一询，并代候其起居。毛勉庐先生之病如何？亦代访候。周公全集事本由毛先生托孙代辑，即问毛先生亦可知也。我约日内到重庆。

父
1938年12月5日

（三十四）

经儿知之：

所拟县政意见，可照余在全会讲稿一加研究，即可知其详。县政最要的是民政与土地及财政，应设民政与财政各科，而民训则可归并于教育科也。你如有志于政治基本工作，则可先任县政，多得社会经验，做一番切实工作；则以后对于政治当更能认识也。

敌军昨晨在九江与星子之间姑塘附近登陆，谅已闻知，望努力为要。

父
1938年7月24日

（三十五）

经儿知之：

十三日来禀误写为"三十"，想以事忙所致。《建设新赣南》提纲草案，大致可用，间有字句不妥之处，已加修改；托俞秘书另函寄还，待收到彼酌量改正。

惟做事应注重当地实际工作，不必施以对外宣传。以吾家子弟愈能隐藏，则愈不受人忌嫉，亦即吾家愈能积德种福，亦即所以报答祖先之福泽，为后世子孙多留余荫也。此乃壮年人，尤其汝等不可不知也。

日前蒙巴顿①来渝访问，会议交涉甚费心思，昨日辞去。今日得在黄山②静

---

① 英国将军，第二次世界大战中曾任盟国东南亚战区司令。
② 重庆长江之南，蒋介石之官邸位于此。

养，顿觉清快无比。

母父
1939 年 10 月 21 日

（三十六）

马电悉。祖母阳历忌辰十三日已过，未知阴历计算忌辰在阳历何日？查报。望于阴历忌辰日，在赣一遥祭。以后自祁增[①]公以下各先人忌辰，皆应在赣照常设祭，以慰先灵，而尽孝道。

父
1941 年 5 月 23 日

（三十七）

我等星期一到成都，主持军校纪念典礼。昨日参观都江堰水利，甚有心得，惜儿未侍游耳。

儿任专员已足三载，人民爱戴，建设进步，时用快慰！惟人生立志全在日新月异，自强不息，切勿因誉生骄。盖善始者实繁，而克终者甚寡，不能不深警惕，勉为人子也。得电有感，特复。

母父
1942 年 6 月 19 日

（三十八）

经儿知之：

乡间亲友来赣者不论亲疏，皆应善为招待，总使之衣食住经费，皆不致困难。此种费用不可节省，在此患难时期，尤应表示同甘共苦也。

儿文句用字颇有进步，惟字体仍须抽暇熟习，最好习写行书为宜。余近来每日必拨冗读《易经》，自觉精神与学力皆有进步。惟此书非到五十岁以后，不

[①] 祁增，蒋介石曾祖父。

易得益耳。此时儿应多看会文正[①]、胡林翼等书牍与宋书。有时能选《古文观止》二三十篇，使之熟读成诵，能随时默识背诵，则提笔作文自能得左右逢源之趣耳。

亲族中在乡间不能远离者，如其生活困难，有法秘密接济时，亦可设法转给；但恐被敌奸察觉，反累亲友，则不如不寄也。安安之儿孝佐来函求接济，不知彼在何处？如有便可给其壹仟元也，余不一一。

母父
1942 年 8 月 24 日

（三十九）

经儿知之：

华秀回赣派员陪送，以慰悬念。七日来禀已接阅，勿念。

本月二十六日即旧历十月八日，为祖父诞辰，余不能回家拜祭纪念，思之凄然！幸姑母在赣，你可团聚家人，在赣遥祭，以慰先灵；但不可有所举动，以免外人送礼。明年如能驱逐敌寇回乡纪念，则正为祖父百岁足寿，亦一幸事也。

送上老参二支，转奉姑母服饮，劝其早服为要。鱼肝油两瓶，你父子皆可服用，但幼童每餐后只可服一小匙，不可太多。每日服一小匙，以后逐渐增加更好。

近日事忙，不能多写，希自保重！各位亲戚均代为照料，以慰悬虑是盼。

父示
1942 年 11 月 19 日

（四十）

此间近日气候已转凉，姑母康健甚慰。今春携赣之鱼肝油丸，壮年人每日

---

① 曾国藩其著作编为《曾文正全集》。

可服一粒，则孝文①幼孩，每日亦只可服一粒。其实此丸原料为各种维他命所制，而鱼肝油之分量甚少也。未知姑母服此丸相宜否？不妨一试之。

夏令营结业后，纬儿在赣多住几日亦可。未知其习字工夫，每日能继续不断否？

父
1943年8月6日

（四十一）

经儿：

宋姑丈②逝世，丧事想已粗毕，思之悲戚不已。

你来禀称，每日学习英文与算学约占六小时之时间，此欲速助长之弊，为学者用功之大害：欲速则必不达，助长无异揠苗，不仅无益而反有害也。你学数学只要知其基点，例如代数之方程式，几何之定理等，使研究各种学问时与应用数学时，皆能了解其方式而已；不必求其精进，亦不必牢记熟习。故每星期有六小时学数学为最多，如事务太忙，则减至三小时亦可。如此每星期果有三小时至六小时之学习，每星期继续不断，则两年之内，凡普通之代数、几何、三角等数学，皆可毕业，故不必过急求速也。

至学英文，则每星期亦以六小时为限，先注重文法与生字，然后再进一步注重会话；总以先能看其文字为主，再进一步则习会话。你俄文已有基础，则学习英文必甚容易，故不必求之太急。但外国语文之进步，只要有恒无间，而不在贪多务得耳。

总之，你年已过三十，记忆力已退，而悟力增强，若持之以恒，不患其不通，而患其用脑太过，致蹈揠苗助长之害。故各种学问，不必强求不忘，但求其领悟学理与了解其应用方法可也。

父
1943年8月7日

---

① 蒋经国之子。
② 宋周运，蒋介石之姐夫。

（四十二）

铣电悉。数学与英文有否继续学习，望勿间断为要。

父

1943 年 9 月 20 日

（四十三）

寝电悉。敌机来时为何不远避，而尚在宅？后此应切实改变！孝文微伤何处？盼复。

父母

1943 年 9 月 27 日

（四十四）

经儿知之：

昨复电谅达，你身任专员，此时自不能离职，甚为欣慰！如果专员已派员替代，而赣州人口亦疏散已毕，则当即日飞渝；以政工班开办伊始，政治部组织未臻完备，诸待积极进行，以免误青年远征军政治工作也。否则为小事而误大局，亦非得计，以你主要职务全在于渝也。但专员未交替以前，自当留赣负责也。

孝文上星期以喉疾发热三日，今已复元，勿念。

父

1945 年 1 月 28 日时

（四十五）

其一曰："主一之谓敬，无适之谓一。"此程伊川[①]先生之言。适，往也，主于此事，则不移于他事，是之谓无适。余以为主于一，即主于理，使此心以此理为主，凡处事接物皆一本乎天理则几矣。

---

① 程颐，北宋理学家。

其二曰："主敬以立其本，穷理以致其知，反躬以践其实。"录程若庸语。

其三曰："穷理至本则知止，集义养气则有定。"此语出草庐学案。余平生最爱读者。"至本"二字，原文本为"知言"，为余所修正。

中华民国三十六年一月二十二日春节书此以示经儿，愿玩索之。中正。

（四十六）"寓理帅气"跋文

每日晚课，默诵《孟子养气》章，十五年来，未曾或间，自觉于此略有领悟。又尝玩索存心养性之性字，自得四句曰："无声无臭，惟虚惟微，至善至中，寓理帅气"为之自箴。而以"寓理"之"寓"字，体认深切，引为自快，但未敢示人。今以经儿四十生辰，特书此"寓理帅气"，以代私祝，并期其能切己体察，卓然自强，而不负所望耳。

中华民国三十八年四月十五日跋

（四十七）

刘蕺山[①]曰："功足以格天地赞化育，尚矣。其或际之屯，亦无所逃焉。道足以守身而令终，幸矣。其或濒之辱，亦惟所命焉。

凡以善承天心之仁爱，而死生两无所憾焉，斯已矣。而此之谓立命之学。至此，而君子真能通天地万物以为一体矣。此求仁之极则也。"

余于蕺山与黎洲[②]之师徒，愿终身私淑，而继其绪统矣。

中正四十二年（1953年）二月廿七日于日月潭寄于经儿

（四十八）"主敬立极"跋语

民国三十八年初春，方下野乡居中，适值经儿四十生辰，乃书"寓理帅气"，以勉其卓然自强，无愧为蒋门之后。今寄寓台湾，忽忽亦已十年，而国难党仇，耻辱重重之际，又逢经儿五十初度，甚感岁月如驰，复国有待，不禁忧喜系之。

---

① 明末心学家刘宗周。
② 明清之际思想家黄宗羲。

因书"主敬立极",用锡其寿。夫敬,正也,极,中也。十年以还,我父子惨遭无端之毁,历受横逆之来,其感戚酸楚,有非世人所能想象及之。今后更在革命将成而未成途中,其艰险痛苦,自将百倍于往昔,乃特书此致勉,以期益扩充往日寓理帅气修养工夫,其意在不褊不激,盈科渐进,事事皆能忍辱负重,尤望能逆来顺受,一以大中至正、无忧无惧处之,以期有成焉。

己亥三月十八日周泰^① 书于日月潭

(四十九)

为纬儿五十生日作书勉之:恕人责己,助人求己,不求人知,埋头自修,乃处世立业之要道也。

中正于桃园慈湖
1966年10月22日

(五十)

经儿:

明日为你五十晋九诞辰,明年即为花甲之年,因你公忙,未能同在一处相祝,时用怀念。

近日在潭上研究陆象山(九渊)与朱晦庵(熹)二先生学术同异之点,尤其对其"无极而太极"之说不同之意见,尚未能获得结论,故不敢下断语。然以现在太空探测所得之经验解之,则太空乃为无极之说近似也。故我国古先圣哲,对宇宙之理,早已发明于先矣。

今日又重阅《宋元学案》一书,此为我国儒学正传,余早岁曾用心穷究,以其书之内容太繁,恐妨碍公务,故未令你研阅。今观正中书局印行本之首,有重编《宋元学案》导言,共为十五则。约二十五页,如能先将此阅读研考,则宋代以来之儒学系统,可得其大概,此乃为研究中国文化来源之不可缺者也。但此书仅供中国哲学研究,存心养性,尽性知命之用,虽于格致治平有益,但究不如实

---

① 周泰,蒋介石谱名。

用科学之急要耳。总之,此书为程朱、陆王①二派对理学异同之研究,最为扼要,其实皆不出于孔孟以天地万物一体之仁而已。

余所重者,王阳明知行合一之说,即出于陆象山简易之法,教人以发明其本心为始事,此心有主,然后可以应天地万物之变也,所谓"先立乎其大者"也。至于朱晦庵②则尚程明道③与程伊川④二程之穷理致知之说,则象山认为支离错综,更使学者入于迷妄而难解。但究其二者结果,均不外穷理以尽性,惜乎其只能尽人之性,而皆不重尽物之性。如其当时以讲求尽人之性者,并研究其尽物之性,则我国五百年前,已能发明今日之科学,则吾国王道之行,自不致有今日人类之悲运,而大陆同胞,更无此空前浩劫之遭遇矣。吾人自当急起直追,以补先哲之缺憾,则几矣。特书此以为尔寿也。

父示
1968 年 4 月 14 日于日月潭

(五十一)"精一执中"跋

余三十岁生辰,总理亲题"教子有方"一额,以赠先慈,嘉慰其守节抚孤劬劳报国之忱,而又授余"静敬淡一"四字,以为训勉,至今虽已事隔五十余年,而始终惕励,不敢或忽。

今岁为经儿六十初度,犹忆当其四十岁时,余正下野乡居慈庵,乃题"寓理帅气"以勉之。及其五十之年,父子同在日月潭避嚣,又以"主敬立极"勉之,使其能领会我民族传统之大道与实践之门径,有所自焉。

时光流转,忽忽又且十年,在此十年期间,余对于我国中道哲学之研究,自觉有进一步之心得,乃以"精一执中"之语以授之,为其六十生辰纪念,并期其能身体力行有所传承也。夫人心惟危,道心惟微,惟精惟一,允执厥中者,乃我国尧舜禹汤文武周公孔子以来道统之正传。

---

① 程朱,即程颢、程颐和朱熹;陆王,即陆九渊(陆象山)、王阳明,为宋明著名哲学家。
② 朱熹。
③ 程颢。
④ 程颐。

朱子①序《中庸》章句曰："盖心之虚灵知觉，一而已矣，而以为有人心道心之异者，则以其或生于形器之私，或原于性命之正，而所以为知觉者不同，是以或危殆而不安，或微妙而难见尔。然人莫不有是形，故虽上智不能无人心，亦莫不有是性，故虽下愚不能无道心，二者杂于方寸之间而不知所以治之，则危者愈危，微者愈微，而天理之公卒无以胜乎人欲之私矣。精则察夫二者之间而不杂也，一则守其本心之正而不离也。从事于斯，无稍间断，必使道心常为一身之主，而人心每听命焉，则危者安，微者著，而动静云为，自无过不及之差矣。"余以为朱子此说，乃阐述道统危微精一中之正解，尤以"动静云为，自无过不及之差"一语，以阐明中字之义，诚为开示蕴奥明且尽者矣。故余每晨默诵此篇，切己反省，未尝有所间断。今于经儿六十生辰，特手题此四字以训之，期其对我国道统深切自勉，而毋或怠忽，则庶几乎！

1969 年 3 月 18 日　中正亲题于台北

（五十二）

经儿：

余体力已日渐康复，惟手笔反不如病中之稳健，其他一切体操行动如常。

汤太夫人之丧，余当亲自吊祭。故你在金门多住几日，休养至廿一日回台北为宜。千万听从，勿违。

父示
1970 年 6 月 15 日

---

① 朱子，即朱熹。

附　蒋介石、宋美龄致姐蒋瑞春、姐夫宋周运信①

赣县蒋县长②转姑丈、姑母：

闻胞姊与姊丈③到赣，甚慰。途中劳顿，老年辛苦，思之至为悬系！尚祈在赣静养，勿念乡事。惟望尊体康健，同胞早得团聚，则幸矣。嫂嫂④有未同来？安否？甚念。

弟　中正

妹　美龄

中华民国三十年六月二日

（录自《先总统蒋公思想言论总集》、蒋纬国《我的父亲蒋中正》）

九、蒋介石谕孙儿家书

这里辑有蒋介石教诲孙辈的信函三件。至1968年、1969年，蒋介石已年过八旬，在忙中还给孙儿蒋孝武、蒋孝勇写信，施以教导。

蒋孝武为蒋经国之次子，中学毕业后，曾在凤山陆军军官学校接受过短期的军事教育，后入台湾大学政治系学习。蒋介石1968年7月15日写给蒋孝武的信，是对蒋孝武7月10日来信之答复。复信虽短，但对孝武不尽勉励之情，流露于信中。

蒋孝勇为蒋经国之第三子。蒋孝勇初中毕业后，即进入凤山陆军军官学校接受军事教育。不幸的是，在一次野外训练时，扭伤了足踝，几个月后动了两次手术，最终退伍。蒋介石和宋美龄写信教导他，要听从医生的治疗嘱咐，不

---

① 此信寄赣州蒋经国转交。
② 蒋经国。时蒋经国任江西省第四行政区督察专员兼赣县县长。
③ 蒋瑞春，为蒋介石同父异母之姐姐。宋周运，为蒋瑞春之夫。他们是蒋经国的姑母、姑丈。
④ 指蒋介石之长兄（同父异母）蒋介卿之妻。

要因害羞而扔掉拐架，或拆除石膏。蒋孝勇因足伤中断了从事军事的前程，这是蒋介石忧虑而痛心之事。

（一）蒋介石谕孙蒋孝武函

武孙：

七月十日来信刻已接到。[对]于你自述忧虑太多之缺点，能知有所改正，使余欣慰异常，此乃你人生之一大进步也。你六月十四日来信，余本想修改之后一并与复信寄还，因为近来太忙，总无暇修改，故延稽至今，拨忙中抽暇先复，但仍未能修改来函并寄为念。近日因故乡慈庵为毛□炸毁，无限悲痛，此乃余一生最大不孝之罪孽。望你们亦应永记此一仇恨不忘，为家为国建立大业，光先裕后，以雪此一家仇国耻也。

祖父（1968年）7月15日晨于角畈旧宅

（二）蒋介石、宋美龄谕孙蒋孝勇函

勇孙：

昨午电话未尽所怀。以你足疾延久不愈，恐难成为健全的军人，实为我半年以来，最大之忧虑，乃非言语所可形容也。现在病既如此，只有一切听从医生之言，凡使你足疾能愈之办法，都得照办，再不可有强勉自充好汉之行动。手携拐架无论上课或上餐厅，亦只有提用，勿以为羞是要。石膏如未得医生许可，亦不应拆除。虽不方便，亦只有忍之。若非如此，持久自制与强勉行之，则恐难望痊愈了。务希切实遵办，再不可自充好汉，切记毋忘。

祖父母示
1969年2月24日

（三）蒋介石、宋美龄谕孙蒋孝勇函

勇孙：

你上次来信，我已接到了，祖母亦甚高兴。昨闻你病入医院，不胜系念。今特写信交武孙带来慰问。如你下周仍未痊愈，我与祖母就要南来看你，

想与你同住几日。在西子湾养病,或比医院为佳,易愈也。余不多言,望早痊愈。

祖父母　(1969年)3月14日晨

(录自《先总统蒋公思想言论总集》、齐鹏飞《蒋介石家世》)

十、蒋介石对蒋经国电函之批示墨迹、题词影印件（11件）

（一）蒋介石对蒋经国电函之批示

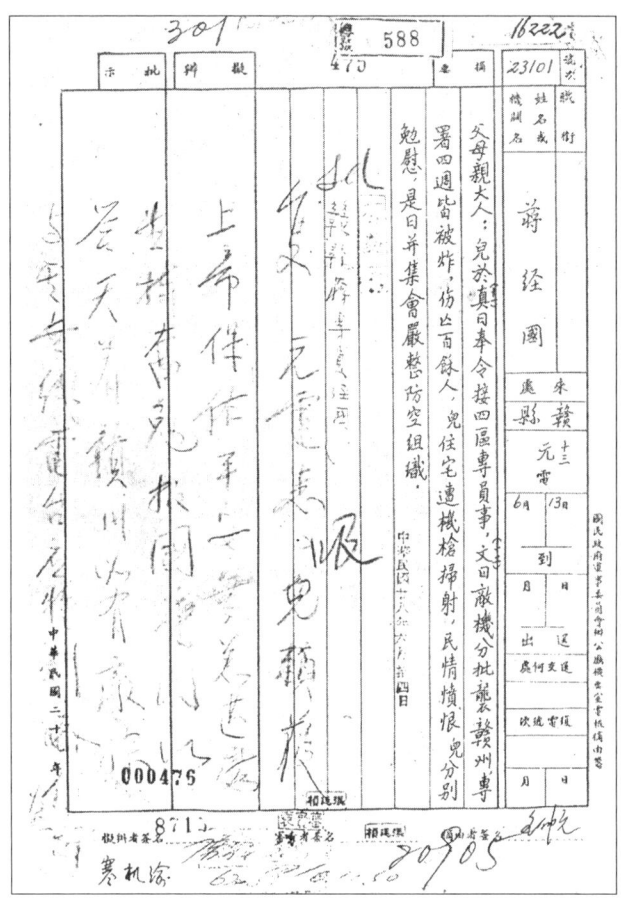

民国二十八年六月十三日蒋经国上父母亲电（蒋介石亲批）

批复蒋经国电

元电悉。儿赖获上帝保佑，平安无恙，甚慰。翌特奋勉报国爱国，以答天眷。赣州必有敌探与其无线电台，应特注意。

1939年6月14日

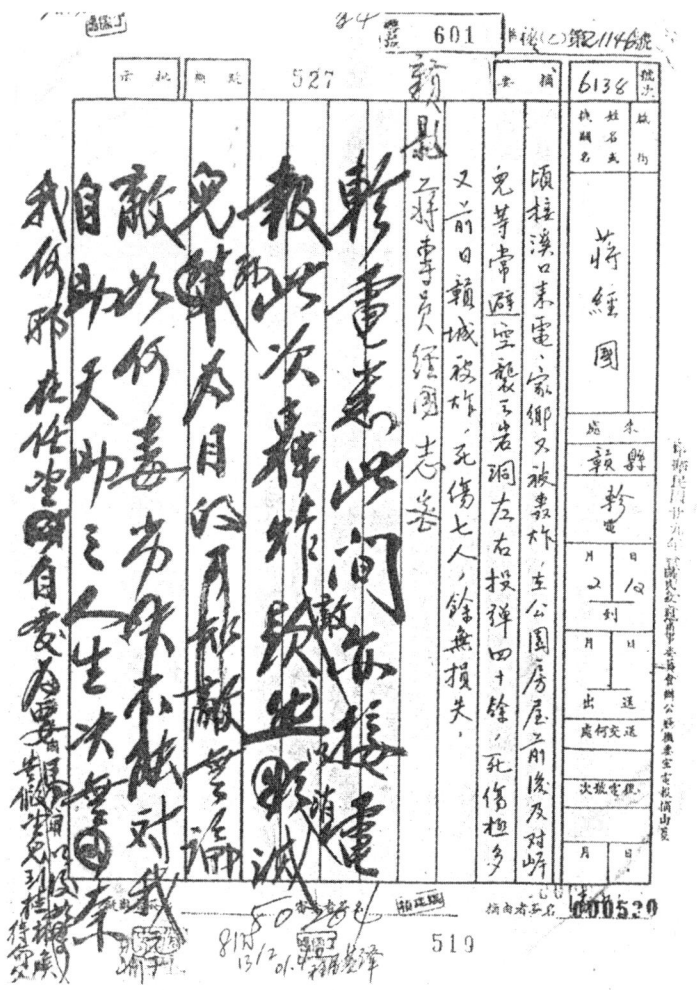

民国二十九年二月十一日蒋经国上父亲电（蒋介石亲批）

批复蒋经国电

　　轸电悉。此间亦接电报。此次轰炸，敌显然以消灭儿孙为目的。无论敌如何毒劣，对我自助天助之人生，决无奈我何耶！

　　在任望自爱为要。马日[①]以后如可告假，望儿到桂林待命候父。

1940年2月13日

---

① 21日。

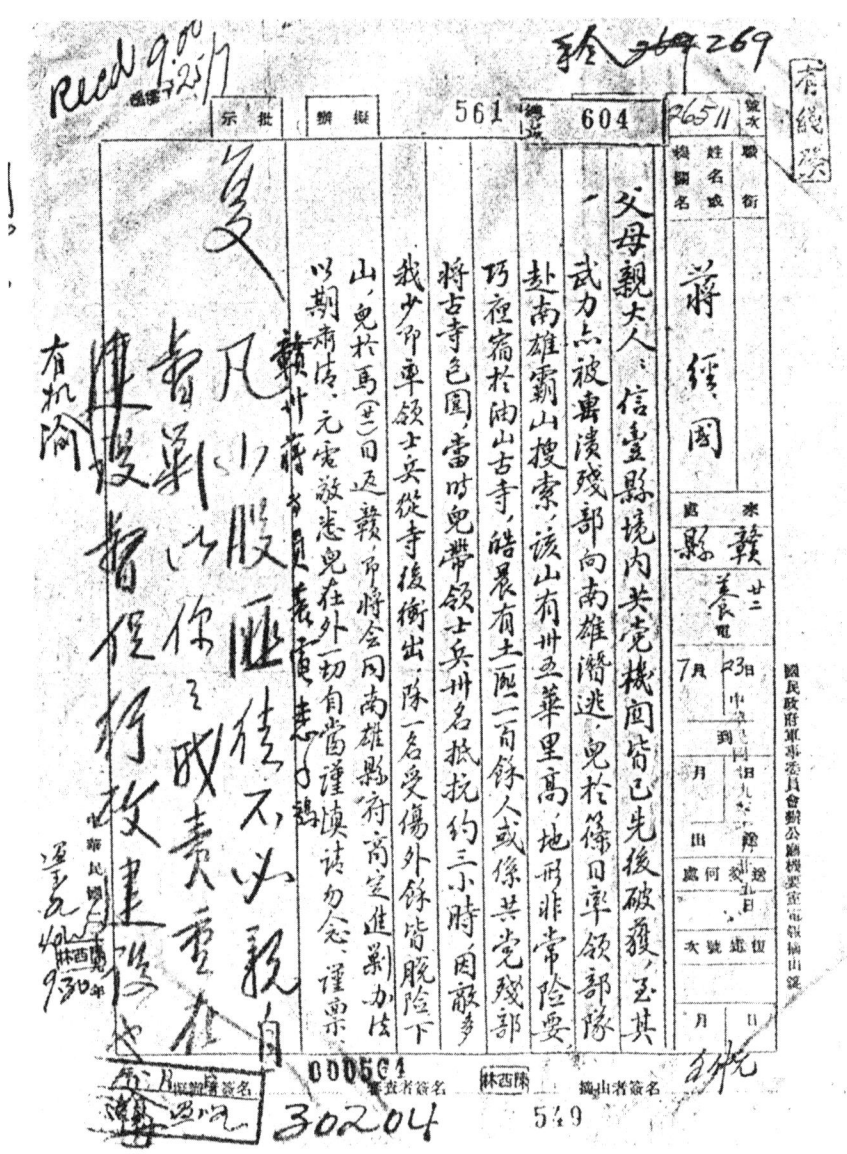

民国二十九年七月二十二日蒋经国上父亲电（蒋介石亲批）

批复蒋经国电

凡小股匪徒，不必亲自督剿。以你之职责，重在督促行政建设也。

1940年7月25日

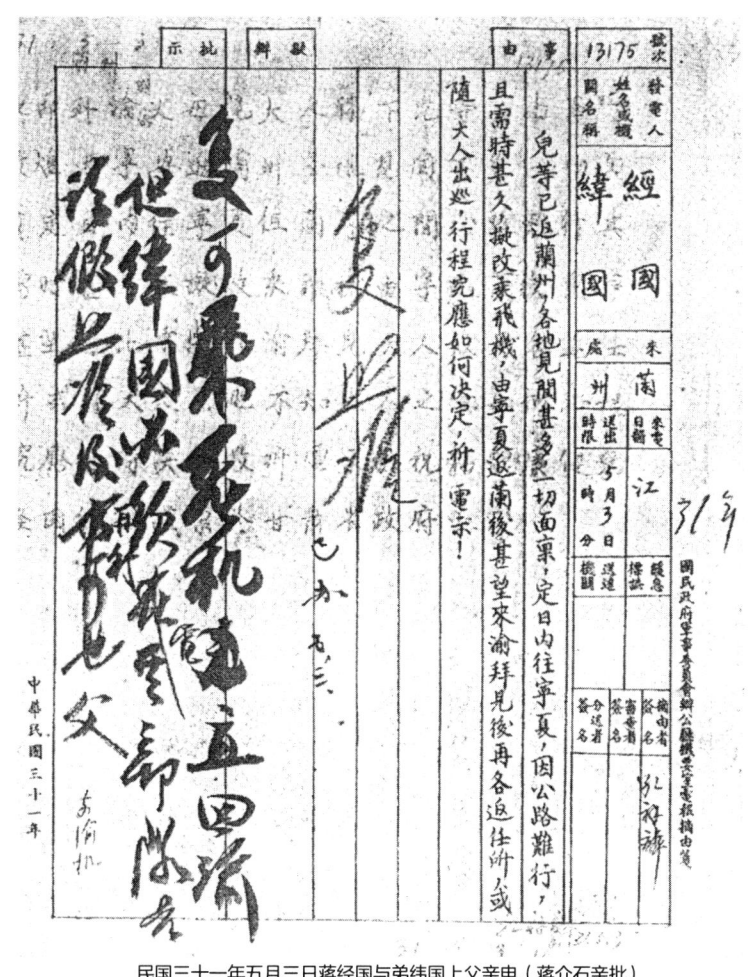

民国三十一年五月三日蒋经国与弟纬国上父亲电（蒋介石亲批）

批复蒋经国、蒋纬国电

可乘飞机回渝。但纬国必须在电其部队长请假，照准后再行。

父
1942年5月3日

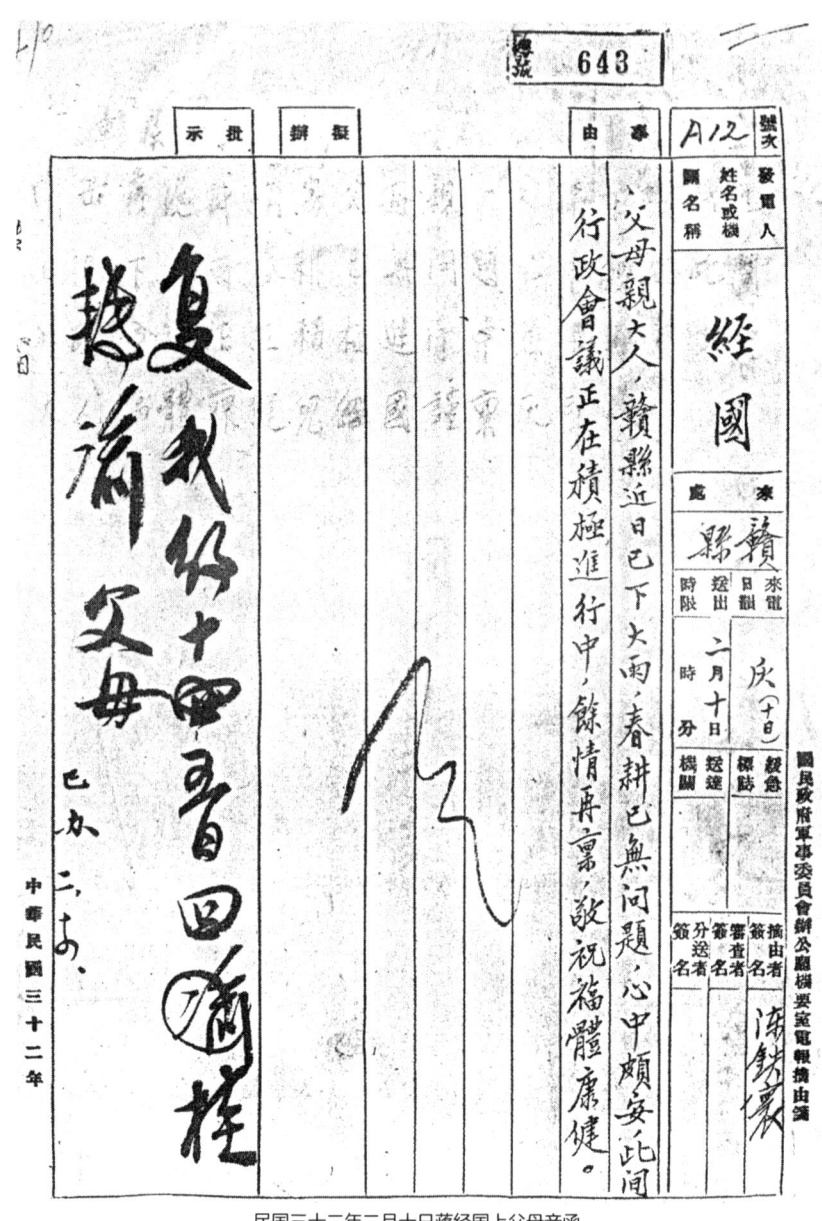

民国三十二年二月十日蒋经国上父母亲函

批复蒋经国申

我约十五日回桂转渝。

父母
1943年2月14日

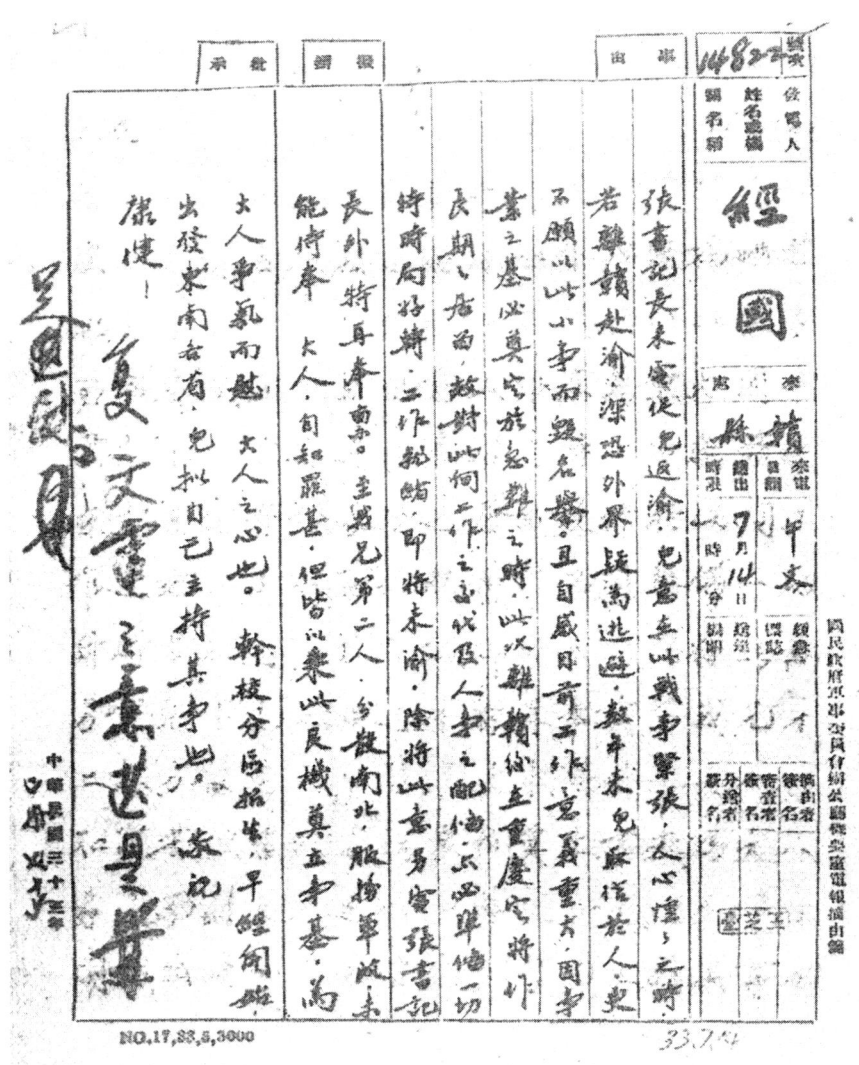

民国三十三年七月十三日蒋经国上父亲电（蒋介石亲批）

批复蒋经国电

文电之意甚是。足慰。

1944年7月14日

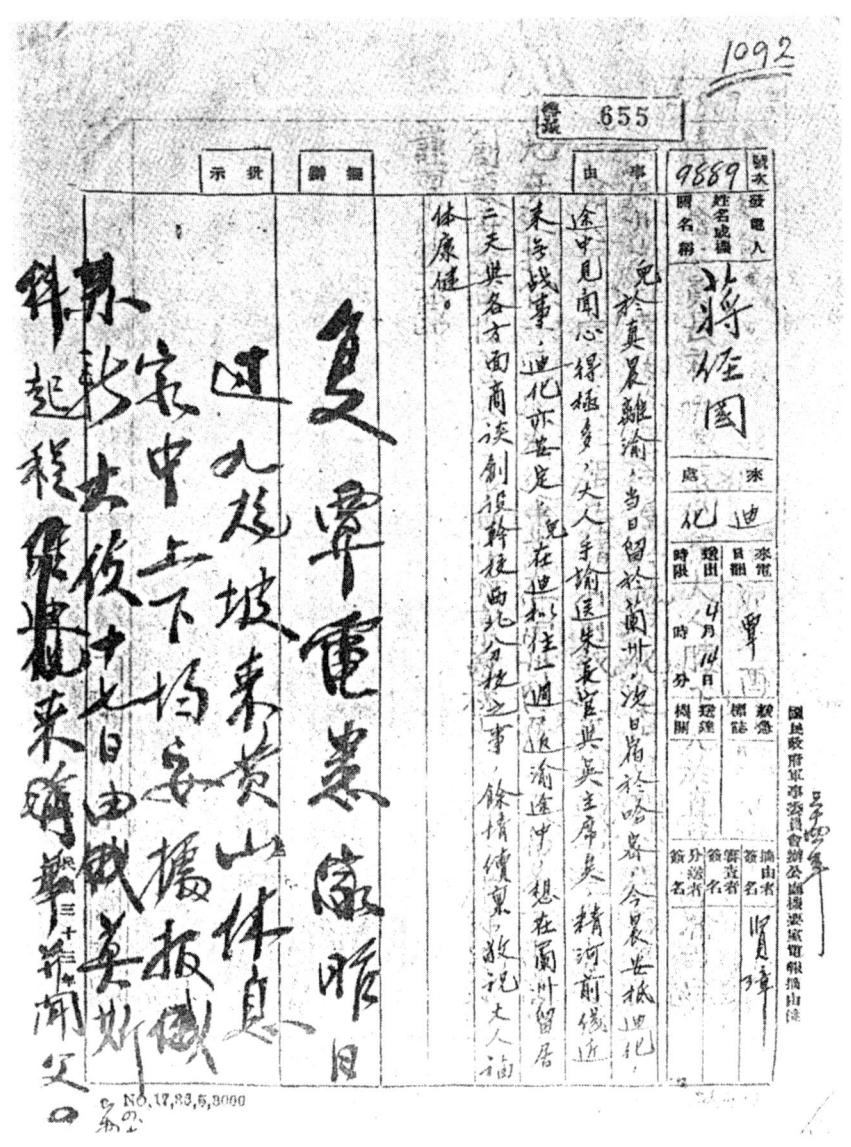

民国三十三年四月十三日蒋经国上父亲电（蒋介石亲批）

批复蒋经国电

覃电悉。昨日过九龙坡来黄山休息。家中上下均安。据报，苏新人使十七日由莫斯科起程来华。并闻。

父
1944 年 4 月

（二）蒋介石题词

1. 蒋介石为蒋经国 40 岁生日之题词并跋

蒋介石为蒋经国手书"寓理帅气"（1949 年 4 月 15 日题，1952 年 4 月补题）

2. 蒋介石为儿媳蒋方良五十生日之题词

蒋介石为儿媳蒋芳良手书"贤良慈孝"（1966 年 5 月 15 日）

3. 蒋介石、宋美龄为蒋经国画作题款

蒋介石为蒋经国画作题款（1962年初冬）

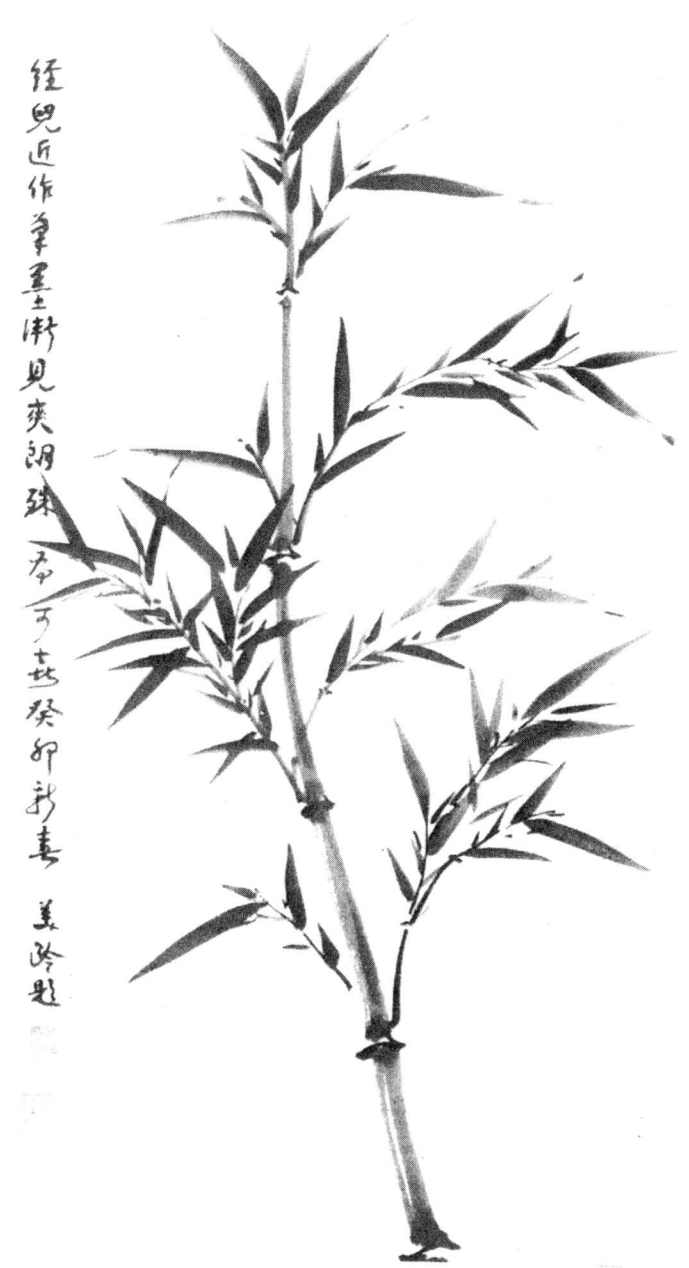

宋美龄为蒋经国画作题款（1963年新春）

附录一

蒋经国《我所受的庭训》（1956年10月30日）

《我所受的庭训》，系蒋经国所著《一位平凡的伟人》中之一节。其内容为，回忆其父蒋介石从他幼小时起直至他长大成人后，对他读书学习所作教育指导的情况。

父亲对于我们兄弟的教育，是非常严格和认真的，不管在家、在外，都是经常来信指示我们写字、读书和做事、做人的道理。父亲这样爱护和教养我们兄弟，实在使我们永远不能忘记！

父亲对我的教育，在我幼年时代，即已非常认真。关于认字方面，记得在民国九年的时候，父亲就要我读说文解字，寄给我一部段玉裁注解的说文，并且批示说："此书每日识得十字，则三年内必可读完，一生受用不尽矣。读书第一要当心听讲，认识一字，须要晓得一字之解说，不可读过就算。"

到了第二年，又来信嘱我读尔雅。父亲特别关心我的写字，因为我的字写得不好和潦草的缘故。民国十二年五月，父亲发现我的信中有涂抹错字的地方，就立刻来信纠正说："你五月一日来信，我已经收到了。你的信，比从前写得好；但'五'字写错至'冱'就抹去，是不可以的！以后遇有写错的字，虽落笔已发觉，亦应写个完全，再为抹去。"

这种训示，虽是教我写字，其实也是在教导我们做事不可苟且，不可虎头蛇尾，定要有始有终。一个人如果没有毅力，是不会成功的。父亲对我的这种启示，在我的脑海中极为深刻。民国十三年，父亲在黄埔任中央军事政治学校校长，当时那么繁忙，仍旧写信指示我关于写字的方法说："写字笔画宜清楚，且要字字分明，切不可潦草糊涂。写信的字，亦要像我写的一样大，不可太小。"

不久又给我一信说："你的字已稍有进步，但用墨尚欠讲究，时有过浓过淡之病，笔力亦欠雄壮。须间日书写一次，要在古帖中之横、直、钩、点、撇、捺处体会。注意：提笔须高，手腕须悬也。"

只就写字一事，一直到我回国后，还是十分关心的，民国二十六年四月二十七日父亲来信说:"初学字体,应学习谭字为宜,最好学帖,苏字或赵字均可,以其易学也。"又说:"至于中文读书写字之法,在曾公家训与家书中,言之甚详。你们如能详看其家训与家书,不特于'国学'有心得,必于精神道德皆可成为中国之政治家,不可以其时代已过而忽之也!"

父亲不问什么事,教导我们时,总是希望我们于日常生活之间潜移默化,以达到践履笃实的地步;亦即是于日常生活中,养成良好的习惯和能力,这当然是受了王阳明哲学的影响。

父亲指示我读书,最主要的是四书,尤其是孟子;对于曾文正公家书,也甚为重视。后来又叫我看王阳明全集,等等。民国十一年,父亲要到福建去的前一天,还写信告诉我说:"《孟子》须熟理重读,《论语》亦要请王先生讲解一遍,你再自习,总要以彻底明白书中的意义为止。你于中文如能懂一部四书的意义,又能熟读一册左孟庄骚菁华,则以后作文就能自在了。每篇总要读三百遍,那就不会忘记了。"

不久又来信叮咛地说:"孟子文章之好,异乎他书,你如将来要做好文章,必须熟读孟子。"

父亲所以特别提示我要熟读孟子,不但要我学会他的笔调,能做好文章;同时更教我从思想上注重下列的几段文字:

(一)"五亩之宅,树之以桑,五十者可以衣帛矣。鸡豚狗彘之畜,无失其时,七十者可以食肉矣。百亩之田,勿夺其时,数口之家,可以无饥矣。谨庠序之教,申之以孝悌之义,斑白者不负戴于道路矣。七十者衣帛食肉,黎民不饥不寒,然而不王者,未之有也。"

(二)"自暴者,不可与有言也,自弃者,不可与有为也。言非礼义,谓之自暴也。吾身不能居仁由义,谓之自弃也。仁,人之安宅也。义,人之正路也。旷安宅而弗居,舍正路而不由,哀哉!"

(三)"故天将降大任于是人也,必先苦其心志,劳其筋骨,饿其体肤,空乏其身,行拂乱其所为,所以动心忍性,曾益其所不能。人恒过,然后能改;困于心,衡于虑,而后作;征于色,发于声,而后喻。入则无法家拂士,出则无敌国外患者,国恒亡。然后知生于忧患,而死于安乐也。"

这里,第一段的意思是指出:一个革命救国的远景和蓝图。也就是说,我们从事革命工作的目的,一切要为着人民安乐和国家富强,力求达到老者衣帛食肉、黎民不饥不寒的境地。第二段指出行己立身,不可自暴自弃,定要居仁由义。第三段指出革命事业及人格的完成,并非一蹴而就;必须经过许多艰难困苦的环境,和各种难堪和不可忍受的磨折;甚至遭人污辱毁谤,亦当逆来顺受,然后可以达到。……古人说:"能受天磨方铁汉,不遭人忌是庸才。"确为经验有得之言。

父亲有时教我读《伊索寓言》,并且喜欢讲其中有意义的故事来启示我们。如讲龟兔赛跑,为什么跑得慢的乌龟会走到前头,跑得快的兔子反而落后呢?这就是告诉我们做事要有恒心。又如讲一犬衔肉过桥,见水里另有一犬衔肉,不晓得是自己的影子,想一并取得,终于把原来所衔的一块肉也丢下去了。这就是讽刺得陇望蜀、贪得无厌的人,结果反而得不到好处。父亲讲时娓娓动人,使我们百听不厌。

我回国以后,父亲又要我读《曾文正公家书》和《王阳明全集》,尤其对于前者特别注重。父亲认为曾文正公对于子弟的训诫,可作模范,要我们体会,并且依照家训去实行。平常我写信去请安,父亲因为事忙,有时来不及详细答复,就指定曾文正公家训的第几篇代替回信,要我细细去参阅。偶或因我报告身体有病,父亲回信就说是我没有好好地读《曾文正公家书》的缘故;因为那书里面对于如何保持健康,是说得很详尽的。父亲又常常把自己阅读过的各书交给我读,书中不但有父亲亲笔的圈点、批语和心得,并且还将重要的地方用记号提示出来;由此可以想见父亲教我读书,是如何煞费苦心啊!

父亲因为我童年就已出国,而在外国时间又太久,怕我对于中国固有的道德哲学与建国精神,没有深切理解,所以又特别指示我研读国父遗教。民国二十六年五月十二日来信说:"你以后看书,应多注重中国固有道德,建国精神与其哲学。《孙文学说》一书,实为中国哲学之基础;而《三民主义》则为中国哲学之具体表现,译文决不能彻底阐明其精神。俄文译本更将其中之精华舍弃未译,故你应将《孙文学说》看完二遍之后,即看《三民主义》中民族、民生与民权各讲之原书全文;并应将其心得批评之点摘记另录,以备呈阅。民生主义中,批评马克思主义各节,尤为重要;应切实用客观态度,悉心研究看完。主义之后,再看军人精神教育一书,亦在中山全书之中;如能了解以上各书,则中国之政治、社会、经济与哲学，皆可得其基础矣。"

除了研究三民主义书籍之外，父亲又要我广泛的阅读经、史、子、集，使我了解中国的史地和哲学。民国二十六年五月二十二日来信说："此时你应在家安心练习汉文，研究历史与哲学，使他日为国家与社会服务；不愧为蒋氏之子，为最要。你的学问、经历以及到俄后至今回国之间，十余年来，每年每月个人生活之经过，可先作一具体有系统之报告；再述你以后个人所抱负之志愿，以及能力所及与你所希望之工作，以备考验。总之，中国人必须先知中国历史哲学与政治社会以及经济之实情，方得为中国良善之国民；此乃你应彻底觉悟者。近阅你的文字甚生硬，应速练习行书与楷字。大凡中国之经、史、子、集各种书籍，武岭学校图书馆皆备有也。"

不但如此，父亲更一再要我把已读过的书本，加以温习，并要把精选过的古文读得烂熟。民国二十六年六月六日来信说："现在要文章进步，第一还是要多读古文，并须读得烂熟，背之再背；大约每篇古文至少要读一百遍以上，到月底并须将从前所读者全部理习一遍，如尚生疏，则再诵读，必须再能背诵，毫无阻格，然后方休。如此则三个月之后，约可有三十篇长文可以背诵，则文笔必畅顺矣。若能有百篇古文烂熟于胸中，则能成文豪矣。习字尤为要紧！"

父亲这样谆谆不倦的训示，于今我的记忆犹新；只因为后来工作太忙，没有好好照预定的计划，彻底做到，委实有负，父亲期望，深觉惭愧！

此外，父亲还指导我研究英文、数学的方法和读书的次第。我任赣州专员时，曾奉到父亲民国三十年八月七日的来信说："你来禀称，每日学习英文与算学约占六小时之时间，此欲速助长之弊，为学者用功之大害。欲速，则必不达；助长，无异揠苗，不仅无益，而反有害也。你学数学，只要知其基点；例如代数之方程式、几何之定理等，使研究各种学问时与应用数学时，皆能了解其方式而已，不求求其精进，亦不必牢记熟习；故每星期有六小时学数学，为最多，如事务太忙，则减至三小时亦可。如此，每星期果有三小时至六小时之学习，每星期继续不断，则两年之内，凡普通之代数、几何、三角等数学，皆可毕业；故不必过急求速也。至学英文，则每星期亦以六小时为限，先注重文法与生字，然后再进一步，注重会话；总以先能看其文字为主，再进一步则习会话。你俄文已有基础，则学习英文必甚容易，故不必求之太急。但外国语文之进步，只要有恒无间，而不在贪多务得耳。总之，你年已过三十，记忆已退，而悟力增强，若持之以恒，不患其不通；而患其用脑太过，致蹈揠苗助长之害。故各种学问，不必强求不忘，但求其领悟学理与了解其应用方法可也。"

同月二十四日，又告诉我研读易经和明儒学案的道理，并鼓励我先看曾文正和胡林翼的书牍。来信说："余近来，每日必拨冗读《易经》与看《明儒学案》，自觉精神与学力皆有进步；惟此书非到五十岁以后不易得益耳。此时儿应多看曾文正、胡林翼等书牍与家书；有时能选《古文观止》中二三篇，使之熟读成诵，能随时默识背诵；则提笔作文，自能得左右逢源之趣耳。"以上是父亲教导我读书的方法和次第。

父亲对我的教育，很注意接近环境。所以"近朱者赤，近墨者黑"。记得我小时候住在家乡，父亲认为乡下的风气太闭塞，见识不广，要我到上海去住。后来又觉得上海是繁华的世界，罪恶渊薮，少年人住久了，将有不良的影响，故又送我到北平去。有时我寄住在亲戚家里，父亲对这些亲戚的家庭生活或习气，也十分注意。古人说："与善人交，如入芝兰之室，久而不闻其香，与之俱化矣。与恶人交，如入鲍鱼之肆，久而不闻其臭，亦与之俱化矣。"因为耳濡目染，移人最深；所以父亲为我择师，教我交友，都是极端严格的审慎！

父亲对我的教训极严，特别注重修齐的道理。因为父亲秉性纯孝，而又继承中国数千年文化的传统，认为治国始于齐家的。民国九年曾写信给我说："汝在家，对亲须要孝顺，对长上须要恭敬。"

民国十一年在桂林，于清明节前，曾写信指示说，清明节近，大约不能回到家中来拜扫祖母的新墓，心甚不快。到清明一日，要我托才火伯伯，到祖母坟上多种几百株树。

十二年又来信告诉我说："对师长要敬重，对同学要和气。"

父亲这样谆谆训诲，凡由家庭的孝行，推而至于尊师尚友，是没有一件事不对我关心的。父亲又教我要养成高尚的道德和互助的精神。民国十二年十月有信指示我说："一个人第一要遵守规则，就是自己'道德高尚'。这个道德，并不是拘谨束缚不动的，只要守着一切规则，不去侵犯人家的自由，如其可帮人家忙的时候，自然要尽力去帮；这就叫做'互助'，亦就叫做'公德'。"

父亲不但要我养成公德心，不可侵犯人家的自由，同时还要我发挥"同情心",尽力去帮助人家。我自少至今,一举一动,几乎都受这种教训的影响和约束。

父亲生平很讨厌人们有倚赖的心理,尤其厌恶托庇他人以贪图富贵的人们。这种夤缘势利的心理,就是贬低人格、自我卑污的来源。

有了自立自强的抱负,便不至为恶劣环境所包围,所同化,所支配;反而能够克服环境,创造环境。这样才不至于颓废和堕落,才能免于失足的危险。

父亲经常告诉我,要诚恳待人,要一生把"诚"字看得最重,当做立身处世的根本和秘诀,永远保持;纵使别人有错误,或对自己不起的地方,我也不必管他,还是要尽到自己的诚心。父亲说过:"能公必能'诚'。"

又说:"求得人生最完满的境界,我的所作所为,皆要本乎'至诚'。"

譬如:过去新疆督办盛世才,很多人都反对他。抗战期间,他到重庆出席六全大会,许多人更要求中央惩办他,还有人向政府请愿。父亲答复他们说:"盛世才今天来重庆,是我要他来的,他的一切都由我负责。"

散会之后,又有许多人对我说:"盛世才这样的人,为什么还要替他负责?"我当时也很怀疑,但心里总想一定有其他的理由。后来,到了民国三十四年,要处理云南问题时,父亲叫龙云到重庆。他当时打电报给中央,须父亲保证他的安全,他才肯来重庆。经过父亲的剀切晓谕,龙云来了,云南的问题乃得到了解决。这时我才想到:当时盛世才来到重庆,如果我的父亲不保障他的安全,现在龙云还敢来吗?这正是"诚之所至,金石为开"了。……可见"诚"之一字,不但可为立身处世的张本,同时也是事业成功的秘诀。

父亲也很注意教我:做人的态度要谦逊,对人家要客气,对自己要虚心。书经说:"满招损,谦受益。"就是警戒我们不要自骄自满,做人求学都是如此。论语说:"不耻下问。"又说:"三人行,必有我师焉。"父亲不但教我要尊师重道,向长辈、老师、朋友学习,同时还要请教有学问、有经验、有专长的人;只有谦虚的态度,才能得到人家的尊重和益处。

父亲最忌风头主义,时常告诫我们,不可"出风头",不可妄自批评别人。因为父亲看清了今天社会的病根所在,就是一般人总是喜欢背后造谣,暗箭中伤,明争暗斗,你抢我夺;这是损人利己的最不道德的行为。同时,一般人总是喜欢责骂别人,好像国家兴亡,自己完全没有责任;而不知这种心理,就是自己进步的最大阻碍。我们要常常检点自己，以洗刷自己的缺点；少说别人闲话，以减少无谓的是非。

父亲又常常告诫我们：不要轻浮、夸张，假装门面，招摇撞骗。因为浮躁轻薄，是青年人最容易犯的毛病。头脑不能冷静，就会容易糊涂，轻举妄动，陷于错误。尤其是装腔作势，夸大炫耀，固不能使人心服；招摇撞骗，虚伪掩饰，亦只能骗人于一时；结果，虽然害了别人，也更害了自己。所以父亲时时告诫我，要做实际工作，切忌虚伪浮躁，亦不要自我宣传，民国三十三年十月二十一日来信说："做事应注意当地实际工作，不必施以对外宣传；以吾家子弟，愈能隐藏，则愈不受世人忌嫉；亦即吾家愈能积德种福，亦即所以报答祖先之福泽，为后世子孙多留余荫也。此乃壮年人，尤其汝等，不可不知也。"

因此我无时无地莫不以父亲的训诫为自己的"座右铭"，随时随地自加警惕！

父亲除教我如何做人之外，还教我做事的道理。我也经常遵循父亲的教导做去。

父亲教我们做事，要提纲挈领，大大小小的事情摆在面前，首先要理清头绪，把握要点、重点。记得我在十一岁的时候，父亲把长衫解下，要我去挂起来，同时说："我们解下衣服，应当先把衣领提起，然后挂在架上，才能使全件衣服安置妥当；否则，漫无头绪，零乱放置，再穿起来，一定不会整齐。"

还有一次，父亲指着一只凳子对我说："一个人坐的时候，一定要坐在凳子的中间，不可偏坐一端；因为重心在中间，偏坐就会翻倒。"

其次，父亲教我无论做什么事，都要有始有终。普通人做事，开始时总是十分起劲，往后逐渐志趣递减；遇有困难和阻碍，就半途而废，放弃不做，甚至功败垂成。世上本来有许多不容易的事情，须要有耐心和有毅力的人，才可做成；如果不能够贯彻始终，排除万难，是不会有结果的。

父亲常指示我，做事时要不断地"反省"，我也遵照父亲的意旨去做。我们做事，总不免时常有过失，最要紧的是勇于改过，不致再错；而改过必须知道，要知过，就需要不断"反省"。曾子一日三省，我每天的反省也有三个要点：对得起自己的良心吗？对得住父母吗？对得起国家民族吗？这样天天"反省"，天天检查自己的日记，对于自己的行为，确有很大的益处。

……

因为，父亲注重实践，所以告诫我们，不要贪慕虚名，存心做官。这也就是国父所说："要立志做大事，不可立志做大官"的道理。现在许多人都存升官的观念，奔竞势利，毫无事业心；而社会上对于人的衡量，亦多不以他的学问、道德、人格、事业为标准；而只是以官阶的高下为标准。因此，科学、实业便很少有人去注意；这样，社会又怎样能够进步？我们怎么能够和科学先进的国家竞争？怎样能够脱离他人的支配呢？

总之，父亲对我教养的方式，在我自己所能够体会到的，是着重在实践生活中，予我以种种磨炼；要把我放入最困难和最恶劣的环境中，使我领略人生艰苦的滋味，体悟生命的意义和目的。

有了父亲不断的熏陶，我的思想受了极大的影响；尤其是在归国以后，更认识了中国固有的道德、政治、文化、哲学思想之伟大。……古人有言："苟有利于社稷，吾无忧乎发肤。"一切只求俯仰无愧，便自心安理得。

（转录自《经国先生哀思录》）

附录二

宋美龄致蒋经国函（1978年4月1日）

1978年，蒋经国就任第六任"中华民国总统"，曾敦请宋美龄从美返台参加就职大典，并参加蒋介石去世三周年的祭悼活动。宋美龄虽一度心动，但终究没有成行，原因是不言而喻的：她不愿再"睹物伤情"了。从她给蒋经国的电文中我们可以看出她当时的凄凉心境。

经国览：

三月七日、廿九日来电均悉。父亲去世三年之期将届，余每倏而悲从中来，上年返回士林，陈设依旧，令我有紧紧人去楼空之感，以往惯常之言音足声皆冥冥肃然，不禁唏嘘。余与尔父除数次负任去美，其他时日相伴近半百年岁，尤以诸多问题，有细有巨均不惮有商有量，使彼此精神上有所寄托，二人相勉，所得安慰非可形诸笔墨。自忖余对我之生父，相处共仅短短九年余，因我八岁即离家来美求学，返回后年余彼即弃养；余与母亲相与总共只十七年，即与尔父结缡。可谓自龀龄启蒙，最亲近最长久伴侣，兼相依为命者，乃尔父耳。此种扣心萦怀情性只有如汝与方媳结合四十余年者，可能体会之。余幼承庭训，均授以对大悲伤、大灾祸以坚强镇静为鹄的，余虽不能谓事事做到，但时以之自律自勉。忝在母子之份，又汝廿九电深为关切，能体会余三年之情绪，乃罄心言之。

母　四月一日

（录自《蒋介石家世》一书）

附录三

蒋经国呈蒋介石、宋美龄函墨迹（11 件）

父親：

今天果夫已說，你說問我要回家嗎？倘要回家，叫我間歇一星期。我因為好久沒有回家了，所以我想要回家一次，我決定於舊曆七月十三繳費，所以我定於初六日動身回家，望大人差一個人來和我一道回家。

我最近做了一篇作文，題名說"我自己讀的志願"，我自己很得意，但不知大人的意思怎樣。現在把他的原稿附在後面。

我此次校中功課的成績比去年不好，但並不是退步，因我是插班上去的，當中少了半年，所以與他們原來的差了許多，我雖很用心

1923 年 8 月 7 日函①

---

① 本件为残件。

父親：

今日收到來信，知道一切現在將大人所問的一二面答左下：

一、文昌閣已於本月廿一日豎起。
二、慈菴修理尚未完畢。
三、慈菴前後上下還的樹生桔詳情報告左下：

1. 慈菴門口有一半已死一半尚活。
2. 慈菴裏面葡萄樹、梧桐樹與桂花樹三種活，其餘均未活。
3. 慈菴後面有八七株未活，其餘均活。
4. 坟下有三株未活，其餘均活。

矢據者記說魚鱗墺的泥土很不肥，所以花草樹木很不容易生長。

四、我自從到了家中已有三信奉上，第一封是和國柄兄一同附上的，其餘二封均由郵局寄上，想一定寄局航擱大人尚未收到。

五、果夫兄範我英文及習字二課均考不及格，但是我並沒有不及格，不過英文的習字不及格罷了。

我的英文分數平均共有七十八分，義又甲等並沒有不及格，至於習字雖每甲乙等但也不至於不及格。我自己知道我對於習字一問總不甚好，所以我在暑假中每日寫英文字又中國字均數張。我想下學期一定有進步，我的暑假報告單駁甘夫二弟、果夫兄

1924年7月函①

① 本件為殘件。

又幾位先生都看過的當中
修英文習字不及格外其餘都及
格的且我的作文分數為全級
之冠曾得先生一聲稱贊報
告單下且有兩句附告"除習字
外各課均有進步因為我的中
囯習字分數與去年沒有兩樣
故有一條習字外的一句這張報告

班嗎我下學期是升班的所以我的
英文与習字兩課均及各的一定
是果夫兄寫錯或是大人看錯
的或者果夫兄寫的是英文習字
不及格大人去拆開來看了以為
英文与習字二課不及格了不
知是不.
我本想於廿五日動身赴中塔因

單我現在忘記帶來績我四到
上海後再行寄送報告單中
的總評我還記得現在寫在下
面
　　操行甲　體格甲　學科乙
我還有一個很可靠的理由證
明我的英文是及格的
是學校中的主要科目使
主要科目不及格還會有升

為舞畊兄有幾位朋友要到一同到
中塔避暑所以他已於廿三日到中塔
去了我也想去故定於廿五日動身
但是在苗的夜裏忽然發起寒來
了有一日半未下飯今尚未起床
只覺身之無力
七月初五是祖父的忌日倸記
得嗎明日是太公的忌日我們又有

父親：

想必大人近來身體康健前日由家帶一函想已收到前月拜讀來書敬悉一切戒信中之言自當聽從我已於本月十四日回滬校中已開課昨日因風聲又緊又停課現在租界和華界相接之處均用二重鐵絲網相隔車馬來往甚為不便至夜間七時行人便不能往來現在上海母親和緯弟都和我一同住我父親已遷居法租界條話再説祗祝大人康健

見 經國 謹上 九月廿二

來信請寄法界聖母院路慶祥里⋯⋯號

十三年九月二十二日

1924年9月22日函①

① 系根據原件編縮後影印。

上父母親函 民國二十六年六月二十一日

母親大人膝下敬稟者十四日兒詳讀稟想已收閱溪口附近連日大雨今年收成大受損害村中農民至為憂慮農業雖不能絕對避免天災但能破除鄉村中種種迷信陋習勤致力於生產建設多利用科學方法則天災之害必能減

父親大人膝下敬稟者前日兒詳讀大人在報上所發表之大學生暑期服務談話此誠今日救國之要舉吾國自古以農立國農業經濟即國家經濟但因年來內憂外患農業日趨凋敝農民日益貧困故復興農業實為目前復興民族最

急之務而服務鄉村不但教導農民同時習練勤儉誠實之生活多采農民之意見尤為大學生在農村服務時應取之態度我國數十萬之學生如能在暑假期內全數散布農村勤懇為社會服務必能得極大效果也 前日

太公忌日兒與族中伯叔兄弟同聚一堂談及族中諸事追憶往昔甚為愉快兒即將所談各事詳寫日記薄中兒現已讀完孫文學說三民主義建國方略軍人精神教育及三民主義之哲學的基礎諸書刻正開始詳細摘記各書

要點及兒個人見解

十八日

來諭祇悉兒於明後日即將往岩頭訪問毛勉廬先生家中前寄奉鹹菜筍干等物想已帶到望

大人玉體康健此請

福安

兒經國

媳芳娘謹上 六月二十一日

上父母親函 民國二十六年七月二十六日

0023

母親大人膝下敬稟者華北局勢因雙方約定撤兵外表雖已轉和緩內容之嚴重恐尚未減輕不知有否更趨惡之可能宋哲元是否誠心服從中央及能否支撐危局甚可令人懷疑
大人對此次事件之鄭重表示

0024

已獲國際之贊譽與舉國之擁護國民能視國事如已事共同一致服從中央此即吾國政治之新現象亦即強國之本也如能於五年之中避免戰爭專心於經濟建設與國防準備則吾國必能轉弱為強必可為收回河山而求戰

0025

兒上星期所作功課計讀通鑑紀事本末二百頁寫大字臨九成宮一遍又臨寫道因碑略讀古文二篇開始作建國方圖媳孫皆平安如常孫每日跳躍歡呼無歇息已能言語如"鞋""食""謝""睡""飯"等等一口本村土語快跑且已開始

0026

望
大人玉體康健此請
福安

兒經國謹上
媳芳娘謹上 廿六年七月二十六日

妙高臺

上父母親函 民國三十一年一月五日

父親大人膝下敬稟者一年又過兒又長大一歲四想一年來工作成功有失敗亦有成功約有四端一、堅定人民對大人及三民主義之信仰二、造成新秩序安定人民生活三、發揚民族正氣民間時有可歌可頌事蹟四、提高人民文化水準轉移社會風氣但以上種種僅在開始故不能算為完全成功至缺點與錯誤實多於優點今後只有虛心檢討缺點坦白承認錯誤敢改進過去始可克服困難戰勝失敗兒對此已痛下決心以期切切實實做到否則

決無一事可成根據過去經驗確定今年改進工作要點一、確定各機關之人事編制預算及工作計劃在一年之內皆不變更二、做事質重於量建設保管重於開發三建立統一之制度（指揮計劃步驟）四、工作專門化各有專責

嚴格考核工作嚴明賞罰幹部關於本年政治任務則為一、奠定建設基礎二、爭取地方自治首先在贛南完成三、造成戰時社會景象至中心工作則定為一、掃除文盲二、完成政治經濟基層建設逐步實行建鄉建保建家運

大人以為如何今年親友年節金是否照舊例分送亦乞大人一併示知以便遵辦此外贛南各縣縣長發起組織參觀團赴粵桂湘考察行政兒亦擬參加約二月間出發此間一切皆好請
大人勿念敬祝
大人福體康健此請
福安

兒 經國謹稟 一月五日

動三注重國民兵訓練四、改善人民生活此項計劃兒決不辭辛苦不辭勞庫務使一一實拖冀無員於
寒令前年兒在贛曾為弟弟製冬大衣一件但恐已不足
大人弟弟遠在潼關該地氣候樂北方之寒亦
大人寄皮衣一件恒祥兒事兒實亦乞
本不敢多言但念其為人忠實亦乞
大人寄皮衣一件恒祥兒事兒
大人怒其既往准其返渝服務
至鄉間各親友兒時予接濟
此後自當常照顧武嶺學校息金兒意仍存銀行不必取出未知

父母親大人膝下敬稟者：兒於二十八日到大庾主辦幹部講習會講習地點設在離縣城二十里之丫山古廟中此間山水清秀環境幽靜獨居深山人靜之處今日在此古廟中一面講課一面得有機會靜思多讀

甚感快樂兒研讀張子西銘已至數百遍今將其大意譯成語體文如下：「天地是我們的父母我乃是與一切人和物渾同共處於天地之間之一個所以我們先塞於天地間之正氣就是我們的本性同生於天地間之人類都是我們

的同胞同生於天地間之生物都是我們的同類領袖是天地之長子輔助領袖成立業的先進都是兄長敬重尊長慈愛孤弱之意能合乎天地老年慈愛孤弱之意能合乎天地立業的先進都是兄長敬重至德順乎天地大道的是聖人而所謂賢人就是同胞中

之優秀者凡天下之衰弱孤苦寡婦皆同胞中國苦而無告的弱者必須保育之如愛兒弟我們存心仁愛自然事事樂觀否則必成不肖之子所以我們要做仰體天地仁愛之心躬行天地好生之道自踐言行者是天地之孝子

能明白天地間之變化與原理，才能勝任大事。我們要堅定心志，修養性格，來完成艱巨之事業，做頂天立地之好男兒。古代大舜不辭勞苦，做成難於忍受之苦事，使父親高興。周朝尸吉南要其子伯奇赤足在霜地拖車，而伯奇能順從其父親意思去做，毫無怨恨之心。孔子之弟子曾參臨死時，還顧到自己手足是否平正，因為他要將其身體完完整整還給天地父母。春秋時的穎考叔將鄭莊公所賜的羹湯留給自己母親吃，以此感動莊公之孝心，還有晉國之公子申生為聽從其父之命而服毒自盡。以上皆為古代孝子之事蹟，我們應當敬仰，並且要效法他們。我們更要認清所謂富貴福澤固是天地賜予之恩惠，而貧賤困苦亦是天地愛護我們、磨練我們，使我們有所成，故在世一天就應體順天地之心，努力工作，切不怨尤。如此才能死而無愧，才算天地父母純孝之子。此文意思極深，譯文中錯誤之處定多，但心得甚大。明晨兒擬赴大庾嶺觀梅花，當日即可回來。近來兒甚強健，請

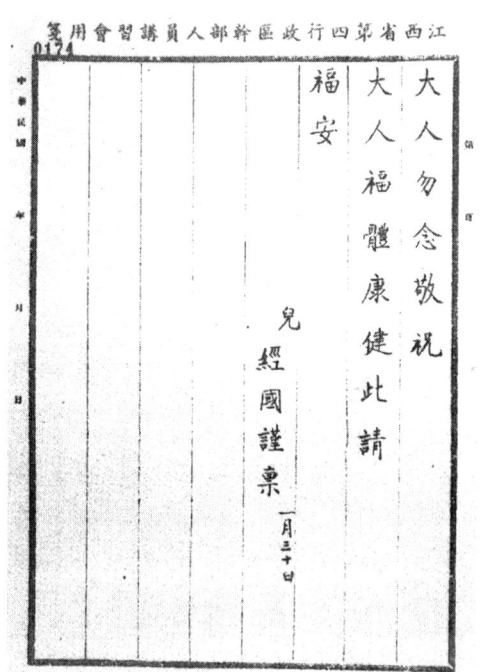

大人勿念 敬祝
大人福體康健 此請
福安

兒 經國謹稟 一月三十日

民國三十一年六月六日

父母親大人膝下敬稟者 兒此次漫遊西北益深信我國之偉大絕非敵國所能滅亡惟陝北中共政府終為黨國之莫大隱憂中共正以有計劃地準備力量爭取政權而我方僅有零碎枝節之防範致無整個計劃陝政意見不能一異尤足削弱我方力量在陝省與邊區政府相毘連各縣分屬並督僱僕應簽在

0175

執行防範工作實多不便 兒意應將兒速地帶劃成一個行政區加強其權力并予以特殊任務目前應積極推進碉堡政策以縮小中共之勢力範圍并對該區居民准于免役稅以免其為奸黨所盡忠同時西安政治工作亦應加

0176

強如幹部之訓練軍隊反共意識之養成三民主義之發揚在權塞邊縣均應力主

於甘肅河西亦為目前值得注意之問題河西北連寧夏南隣青海西接新疆一切軍政設施均足以影响相隣三省目前軍政之不統一且無積極建設割實足阻塞邊遠各省內向之心如能劃河西各縣成為一個行政區或設立之間發則解決西北問題黨政軍事宜予積極

0177

之河西督辨統理黨政軍事宜予積極功倍兒於本年三月間在贛南發起豐收運動對於春耕選擇肥防旱防木防嘉均頗有詳細辦法現在已收成效今年年歲比去年更好豐收運動小冊敬呈
大人指示豐收辦法或可作其他各地之

0178 參考
大人最近言論集第二集為兒繼續背誦 兒共成三民主義之發揚

印五萬本購買者甚多現在正在加印
華秀妹處周過桂林未得致未能一見
祖母大人之遺像待有便人來渝即將帶
工目前戰事雖告緊張此間人心甚安
姑母父在贛諸親友皆甚安好兄等亦甚
好乞釋
慈念敬祝
大人福體康健此請

福安

兄 經國謹禀 六月六日

父親大人膝下敬稟者蘇軍總部代表已正式作以下之聲明蘇軍當局認為自由商港不能作運兵之用故對中國軍隊在大連登陸一事堅決反對同時亦不能同意東北行營派軍事人員往大連視察關於以上之聲明我方當時即堅決表示反對並作鄭重之聲明如下我國軍隊仍將在

大連登陸即行營所派人員亦將前往大連視察見知此問題之複雜性以及嚴重性亦斷難在此作根本解決但本身立場與態度則不得不向對方作嚴正之表示事後蘇方代表又聲明對於中國軍隊除大連外在任何港口登陸蘇軍願意盡力協助我方對於此點置之未答昨夜蘇

聯長春電台廣播反對美軍在華北登陸再蘇軍主力已開始向北撤退但旅順港及大連之蘇軍日在增加但以上各點謹呈
大人參考待熊主任返長後兒擬即返渝一行餘情續稟敬請
福安
兒 經國謹稟 十月三十日

上父親函　民國三十四年十月二十六日

父親大人膝下敬稟者熊主任已安抵長春手諭拜悉今日蘇方正式向兒提出聲明謂自行營人員來長春後東三省各地即發生武裝反蘇情事并有打到莫斯科去之反蘇傳單發現因此蘇軍當局決定執行其軍事行動期間應有之最高

并不准行營人員赴各地視察對此當即嚴正反駁查行營人員來此之後處處謹慎決無非法之行動更無反蘇之念完全係蘇方假造情況有其他更大之企圖蘇方態度自二十一日起突然惡變昨今二日蘇軍並在長春城郊作大規模之演習長春警察局長亦

已改派共黨接任本黨黨部已被封閉日內恐將借執行最高權力之名限制行營活動及檢查郵電兒自知此種變化乃受整個局勢之影響目前情況雖已趨嚴重但似尚未至不可收拾之地步即有重大之變化兒亦必將堅守本位鎮靜應變無

論如何決將為爭我中華之主權而堅持到底回憶離渝前晚
大人赴九龍坡途中所囑各事一一在心想我父子二人命定忍苦受難深信
祖先有靈必能使
大人萬事如意九龍坡家中用

國民政府軍事委員會用牋

費恐已無多餘請
大人發給若干遙祝
大人福體康健此請
福安

兒 經國跪稟

十月三十六日夕

送交蘇方備忘錄一件謹呈
大人參考

中華民國外交部東北特派員公署

備忘錄

本年十一月五日吾人會談中曾協定如下：

一、閣下曾通知蘇軍司令部同意中國軍隊空運至瀋陽與長春並稱在蘇軍撤退前五日，即可開始空運。

二、關於中國軍隊空運開始日期閣下曾允先期通知於此點我方希望 貴方至遲能於蘇軍自瀋陽及長春撤退前十日通知我方。

三、閣下曾表示 貴方當保證我方飛機之航行及降落

中華民國外交部東北特派員公署

之安全，並同意在飛機場設置我方飛行人員之休息地點。

四、因空運時間短促，同時我政府所轄有之運輸機數量又不多，故本人曾向閣下通告謂我方將應用美國航空隊之運輸機，即此項飛機將由美國飛行員駕駛，並即有美國徽號關於此點，閣下曾表示同意；

五、閣下曾稱第十八集團軍已有組織的由南方經過錦州開進營口而蘇聯軍隊因數量過少不能制止上述部隊前進，於不得不離開營口向北開拔，致營口被十八

集團軍所佔因之蘇聯軍隊對中國軍隊在營口登陸已不能負保證安全之責，本人曾對閣下表示按蘇軍撤退計劃，駐紮營口之蘇軍應於本年十一月十日由該地撤退，因此曾認為蘇軍司令部對在本年十一月十日前在營口登陸之中國軍隊應予協助並保證其安全。此外，本人曾負責聲稱在東三省內造令尚無任何政府軍隊，所以佔據營口之部隊自非政府軍隊。按閣下以前曾聲明蘇軍司令部在其佔據地區內當不准任何非政府部隊之存在，如經發現當即設法解除其武裝等語，因此佔據營口之非政府部隊應負責請閣下解除其武裝。對於此點閣下曾答稱蘇軍司令部在該區未糖有足以阻碍大批的有組織的部隊佔據營口之力量，並無權與之作戰，蓋此項部隊並非蘇軍佔據區域內庭生而係自南方開來者，本人對此當即表示不能同意。

關於上述各節，本人已報告我方政府。在此本人特再請閣下依據吾人以前之協定，對於出發在速之中國軍隊在營口登陸特希望由中國國民政府派定之各省閣下晉表示希望由中國國民政府派定之各省各市之行政工作人員即行執行其職務。閣下並曾令東三省各城市貴方衛戍司令對即行到達各地並接收行政之中國國民政府行政工作人員應予以協助一節，本人擬即派員分赴各地接任。

由熊主任具名

日记选录

卷二

蒋介石长期养成了记写日记的习惯。现存世有自1918年起至1972年止共53年的日记（1916年、1917年和1924年的日记遗失，1915年日记仅存13天的）。在中国第二历史档案馆和台湾《蒋中正总统档案》中，存有根据其日记编写的《困勉记》《省克记》《学记》《游记》《爱记》等日记类抄资料。《民国档案》杂志发表过蒋介石早期的日记类抄摘编。蒋氏后裔蒋孝勇遗孀蒋方智怡于2005年将其保存的蒋介石和蒋经国的日记从台湾运至美国，存放于加利福尼亚州斯坦福大学胡佛研究所档案室，计划存放50年后运回中国。自2006年起，胡佛研究所将蒋介石的日记复印，陆续开放，供研究者和读者查阅。

本书选录了蒋氏日记的以下几方面的内容：

一、蒋介石日记中有关其婚姻家庭情况的摘录（1919年—1926年）。这些有助于了解蒋介石与家中妻子毛福梅的感情状况，和对后来的妻妾姚冶诚、陈洁如的感情，及至开始与宋美龄结识等情况。

二、蒋介石早期（1919年—1926年）政治、军事活动内容的摘抄，并附有日记体的《孙大总统广州蒙难记》。这一部分内容记载了当时国内外政局，及其政治军事活动，对了解蒋介石如何从广东革命军一个军事参谋人员到成为黄埔军校校长、国民革命军总司令，以及成为国民党中央政治领导人的大致过程，甚有裨益。蒋介石1923年8月—12月率孙逸仙博士代表团赴苏考察的情况在日记中有记载，对于了解他的行程和考察内容是有意义的。

三、民国时期几个重大历史事件，如九一八事变、西安事变、卢沟桥事变发生，和1949年国民党政府从大陆撤退时的蒋介石日记。人们从中可以看出，蒋介石是如何应对这些严重影响中华民族历史命运的突发事件的，其时他的思想心理活动究竟如何。西安事变日记后附有其事变结束后所发表的《西安半月记》和宋美龄的《西安事变回忆录》，供读者对照阅读。

这几部分日记，对研究蒋介石的婚姻、家庭情况和他早期政治、军事活动情况，对研究九一八事变、西安事变和卢沟桥事变发生后和1949年蒋介石下野后其活动、思想心理和他如何处置这些事变，都有重要参考价值。特别是后一部分日记，具有很高的史料价值。

四、1949 年，国民党政府在大陆的统治被推翻，蒋介石败退台湾。本书摘录了蒋介石这一年中日记的一些片段。这一部分内容颇能反映蒋介石在遭受巨大失败后不甘心失败，决心继续与中共作斗争的顽硬立场。

一、蒋介石日记中有关家庭婚姻内容摘录
（1916年—1931年）

蒋介石九岁丧父，自幼由其母亲王采玉抚养长大。1921年6月，王采玉病故。

他对抚养他长大的母亲感情至深。母亲病重，他"殊切愁思"，"焦灼殊甚"。母亲病危，他侍奉在侧。母亲病逝后，他"擗踊呼抢"，追念母恩，不能成寐。他为母亲办丧事，撰写《哭母文》《哀思录》《慈庵记》，选墓地，建墓，建慈庵，请孙中山等人题写墓碑，处理殡葬等事宜，均竭尽孝敬之心。

蒋介石的第一位夫人为毛福梅。蒋介石与毛福梅的婚姻，系由蒋母王采玉包办而成。虽然毛福梅为蒋介石生有一子（蒋经国），但蒋与毛氏的感情不和。蒋介石早有与毛氏离异的想法，然而碍于其母还在，未得实行。至其母病故后，蒋介石终于休妻毛氏。

蒋介石曾娶姚冶诚为妾，接住在奉化溪口家中。蒋介石对姚氏也有不满，但蒋将次子蒋纬国交姚冶诚抚养，蒋纬国对姚氏有很深感情。

蒋介石因张静江的关系而结识陈洁如，与陈有过热恋，并成婚。其后因欲与宋美龄成婚，乃送陈洁如出国，中断了与陈洁如的婚姻关系。

蒋介石最后与宋美龄结缡，这一次婚姻终竟一生。

这一部分的蒋介石日记，记载了蒋氏处理家庭婚姻的情况和思想感情，读者从中可以得知蒋的性格和作风。蒋介石对其原配毛福梅非常不满，不时拼命大闹，甚至发生对打。蒋因其母阻止他与毛福梅离婚，对母亲怨愤极深，认为其母"为毛氏而夺我一生之幸福"。蒋甚至诅咒过其母，但冷静下来，他也感到："吾之罪戾上通于天矣！"他因不能离异，一度闪过"出俗为僧"的念头。

这一部分日记，除有关其母亲病故、治丧等内容外，较多地记载了他与陈洁如的交往，书信往来频繁，游玩随侍亲昵，和"亦爱亦憎，情思缭乱"的复杂感情，偶有述及姚冶诚的。1926年日记中出现了往访宋氏三姐妹和往访宋美龄的记载。

这部分日记中也记载有蒋介石对其子经国、纬国疼惜爱抚的感情。

1916 年

10 月 11 日　　今晨起床，接季陶信，知纬儿生母①因难产物化②，不胜哀悼。纬儿生长之不能见其母，必为其终身之缺憾欤！

1918 年

1 月 20 日　　纬儿今日能开步，行走数步。

1919 年

4 月 3 日　　与纬国母子访季陶，游公园，竹战。
7 月 14 日　　纬儿顽皮，禁闭少许。事后甚怜之。
8 月 18 日　　冶诚赌博不休。恶甚！恼甚！

日间纬儿寒热未退，心殊担忧。纬儿寒热较烈，终夕悬悬，寐不能安席，乃知吾母鞠养子女之苦也。

（一作：纬儿热较烈，心甚忧虑，夜中不能安眠，乃知养育之苦也。）

8 月 29 日　　上午与纬儿玩笑，此儿之跳跶活泼，日甚一日，为可喜也。

1920 年

1 月 1 日　　早晨未起床时，瞭见楼下电灯尚明。甚恨冶诚不知治家法，痛骂一场，娶妾之为害实不胜言。

2 月 16 日　　纬儿腹痛，几乎终夜不能成眠。育儿之苦，非言可喻。吾可不孝母乎？

5 月 16 日　　近日冶诚嗜赌而不侍我疾，且出言悖谬，行动乖违，心甚忿恨之。

在外觅屋又无相当之处，不得已，乃迁至一品香居住。

---

① 蒋纬国生父为戴季陶，生母为日人重松金子，1916 年 10 月 6 生下蒋纬国难产而亡。蒋纬国由日人山田纯太郎带至上海，交蒋介石。蒋视如亲生，将蒋纬国交姚冶诚抚养。
② 物化，死亡意。

5月23日　昨日冶诚来院，余见之心甚愤恚，病症加剧，因即迫令回寓，不欲令其在旁侍候也……余凤世孽重，遇此冤家也宜哉！

5月31日　静江、季陶、觉生诸兄俱来商量此事。处置姚冶诚事，离合两难。乃决心暂留而析居，以观其后。盖因弃去，一则纬儿无人抚养，恐其常起思母之心，一则藕断丝连，虑其终结不解之缘。

8月30日　经儿来谒，其言语举动，颇为明亮著重，心颇爱之。

9月21日　朝餐后，纬儿苏醒，叫父不已，心甚恋爱。

11月14日　见纬儿能识字，智慧尤其发达，喜甚。由纬儿引导到屋后官山上，及山后福寿乡，游览许久，再回家食饭。

1921年

1月22日　上午，由城舍启行，正午到家。见妻而面有怒容，见母而心咽悲酸。家庭之于人生，实为一大魔障。二时半别母，五时半回城舍。

3月6日　同经儿、纬儿往游公园。

4月3日　下午，游文昌阁回，在书室看《通鉴》时，见毛氏①与经国擅自城舍归，忿不可遏，与之拼命大闹。余于毛氏平日，人影步声，皆足刺激神经。此次因事寻衅，竟与我对打，实属不成体统，决计离婚，以蠲痛苦。而殴打之后，自伤元气，实也犯不着也。即逐妻妾二子出外，以怼我母亲，毋乃太过矣乎！

4月4日　作寄懋卿②讯稿，约共千余言，缕诉与其妹决裂情形及主张离婚理由。闻毛氏尚未出门，急极，咒诅母，以非此不能激动其心。然而，吾之罪戾上通于天矣！何以为子，何以为人！

4月19日　午正，抵城舍，见颖甫③来讯，知毛氏又回我家，心甚忿忿。母亲老悖，一至于此，不仅害我一生痛苦，而且阻我一生事业，徒以爱子孙之心，强欲重圆破镜，适足激我决绝而已。今日拟发最后离婚书。

---

① 蒋介石原配夫人毛福梅。
② 毛懋卿，蒋介石原配夫人毛福梅之兄。
③ 蒋介石家乡溪口镇商人毛颖甫。

4月24日　　晚，与孙舅父①谈家事，怨毁实不可耐。

4月25日　　今日，由天童归城舍。知母亲遍体虚肿，病非小可，愁闷不堪。门庭多故，使我有母而不能养，有子而不能教，皆毛氏一人所害。此盖凤世冤孽，非离婚无以回天伦之乐也。离婚书稿成而未发，尚留有转圜余地，家中何以体恤我也……

4月28日　　上午，即归溪口，视母疾。抵家时，症状甚剧，全体浮肿，咳嗽不出，热度甚高，见之心椎。……

5月3日　　晨起，冶诚故态复萌，其成心之忍，掉舌之尖，令人愤恚无尽。痛斥移时，犹不足平我怒气也。

5月4日　　晨五时起，登文昌阁，伫眺风景。回家见毛氏犹在，为之晕厥，痴呆半晌，又发暴性，不顾母之有病也。环境难打破，只有出俗为僧而已。……人类以敬爱相尚，矧在家族之间。我待毛氏已甚，自知非礼，但一见心狠，按耐不住，如中国习惯，不以离婚为丑事，则目前彼此之痛苦，皆可以免除。今乃不然，徒使男女终身磨难，白首抱冤，此诚大惑不可解也。

5月9日　　晨起，母亲气喘加紧，忧闷殊甚。我在家中，毛氏侍病，反多不便，故含泪去城舍。

5月11日　　晨，由宁波到上海，下午，在沪购办母亲食用之物，遣世和②携归家中。

（5月16日　　蒋离沪赴粤。）

5月24日　　写给冶诚③讯。今宵梦雪满山原，一白无际，弥望心惊，醒后犹自寒战，不知母病如何，殊切愁思。

（5月26日　　蒋由香港回上海。5月30日蒋返宁波。）

5月31日　　即夕八时半，由城舍乘车回家，（时，归自粤）十二时到达。母病虽略瘥，而嗽声与语音均渐低微，不如从前之有力，右手浮肿也较剧，焦灼殊甚，万一遽遭不测，则罪孽深重，百身莫赎，是亦天地间一鹗耳！思之泪不能止。

---

① 蒋介石父亲蒋肇聪之第二位妻子姓孙。孙舅父当为蒋介石前母舅孙琴风。
② 王世和，蒋介石堂舅王贤东之侄孙。
③ 蒋介石之妾姚冶诚。

6月2日　　今日，母病转剧，喘急胸胀，加以腹痛，下午更甚。……晚，母亲嘱托后事，旁及丧葬费用与捐款武岭庵各节。窃恐此为最后之慈训耳！

日间，谈毛氏离婚及母亲遗嘱事，毛氏卒不肯顺从一语。我为毛氏而害我母亲于郁死，我母为毛氏而夺我一生之幸福。家庭锢习，一至于此，尚忍言哉！

6月3日　　晨四时后，坐床，不闻母声息，正自发怔，俄而莲妹① 跟跄至，言母亲昏迷不省人事。乃急趋视之，见其神色惨异，殆如死人，惟脉象尚佳，尚有一线希望。……下午，神气偶清，吾心稍定，犹冀其渐次复元，乃顺受舅父劝言，暂弃离婚无上之决心，准毛氏返家侍扶，以解母愠。夜间，侧听母息，未尝睡足二小时。

6月9日　　日间，在母病室侍汤药以外，至当店屋督饬工匠而已。见毛氏而眦裂，见其亲戚而心尤不快。……

6月11日　　晨五时起……终日侍母左右。

6月14日　　上午七时四十九分，吾母寿终内寝。弥留之际，儿负母背，不能对其长逝之生面，惟闻呼吸微嘘，苦痛异甚。儿叫吱吱三四声，而回音寂然矣。擗踊呼抢，肝肠寸断。自进安眠药后，元神告竭，庸医杀人竟至于此……

6月15日　　昨夜，八时后睡，十时醒，惝恍迷梦，如母犹存，黯惨不可名状。……下午，撰《哭母文》，约八百余字，泪墨撼情，工拙非所计也。今日，接张②、杨③、戴④、胡⑤、俞、朱等唁电。

6月17日　　……四时起床，与各吊客谈天，哀痛稍节，而泪痕未干。奉大总统⑥唁电，特派陈果夫致祭，并汇赙银两千元。陈⑦总司令亦电唁，并汇赙银壹千元。沪上及各处远友，多派代表临奠。下午三时后，陈果夫等辞去，洒泪送行。

---

① 蒋介石胞妹蒋瑞莲，嫁于萧王庙后竺村竺芝珊。
② 张静江。
③ 杨庶堪。
④ 戴季陶。
⑤ 或为胡汉民。
⑥ 孙中山。
⑦ 陈炯明。

6月19日　　……今日，接竞存①、展堂②、季新③、仲恺④、湘芹⑤、仲元⑥各吊电。

6月20日　　昨夜二时半醒后，追念母恩至天明，不能成寐。下午，度母墓石尺寸，驰书展堂先生，请转恳中师⑦题字。又致沧白函，乞其撰志铭。自今日起，为母念七七经，以悦其灵。今日哀思稍杀，而一念及家庭往事，酸痛即又难禁。呜呼！吾母有知，必有以纾儿心也。

6月21日　　……上午，与孙舅父颖甫商谈建厅屋事。下午，往白岩庙前鱼鳞岙，寻母安窆吉壤。周近惟佛肚高地比较差强人意，古传状元拉马看榜，因系公产，无敢卜兆者，而留与吾母长眠，殆谚云所谓福人得福地欤！

6月23日　　……上午，绘新屋图样。偕何少舟君至鱼鳞岙，决定母亲墓地。渠云："大佳，近处所罕有。"余心颇慰。下午，走勘当店屋。又游瞩文昌阁。思念家事，厌恶毛氏，感泪辄盈两眶……

6月28日　　晨三时后醒，思亲及念雪窦寺事不置。上午，侍灵柩，旋上雪山。

7月4日　　晨四时醒，追念慈闱懿行，辄为含泪，不知其何以然也。下午四时，自雪窦寺回家。今日先母三七，设奠。光阴迅速，不亲颜貌，倏经二旬矣。……到家，见宋某妻在，心甚厌恶，此亲不断，吾不孝之罪，终天之憾，无日能弥也。

7月5日　　上午八时，挈纬儿往雪窦寺。今日悲母不已，恨毛氏亦不已。

7月7日　　傍晚，接沧白所润色《哭母文》及《事略》两稿，颇用自慰。今日悲母数次。

7月11日　　晨起，念母不已。六时由寺启行，八时抵溪口。下午，母亲

---

① 陈炯明。
② 胡汉民。
③ 汪精卫。
④ 廖仲恺。
⑤ 古应芬。
⑥ 邓铿。
⑦ 孙中山。

四七设奠，又祀当店屋鬼神。

7月15日　　……上午，孙舅父来谈家事，气不可遏。

7月17日　　午前……读《哭母文》，回忆母生前事，泪又盈眶。

7月18日　　晨，登记应发讣文亲友。六时后，由雪窦寺抵家，祭拜五七忌辰。

7月25日　　今日为吾母六七忌辰。忆昔念今，酸感万端。吾母之死，乃死于家庭之旧习惯，即死于毛氏之身上也。俛思有顷，泪夺眶而出，寸肠楚割，何以堪此。今日邀孙君安林，毛君颖甫暨生贤侄等来家，会议母亲丧葬事，约须费四千元，实吾奉第一大葬也。

7月26日　　詹十一月二十三日，安葬母亲于鱼鳞岙之中垄，规定丧费三千至四千元之谱——造墓费不在内。……追怀母亲，悲不自任。

7月30日　　黎明起，往鱼鳞岙视母亲墓地，立石及构庄处所，略已勘定。

8月1日　　……今日为母亲七七忌辰，各戚友致仪参拜。夜寝时常起怨念。

8月5日　　晚，接奉大总统赐题标墓字。

8月9日　　上午，往雪山。下午六时，回家，侍母灵右。

8月10日　　晨四时，与徐瑞霖君由家起程……十时到甬城，搭江天轮船。下午四时半开行。

8月11日　　船到上海，进沧州旅馆。

8月13日　　近日，常梦母棺不美，其为神经作用否？

8月23日　　下午，搭船回宁波。

8月24日　　晨，轮至甬上。下午二时，抵溪口故里。

8月29日　　夜二时起，堂前祀天地鬼神，寻拜母亲灵柩，以厅屋上梁在丑时也。……母亲建筑厅屋之志，今日始得达，惜乎不及亲见。

8月31日　　上午，往勘先母墓地，深入六尺，厥土更佳，心始慰安。下午，往观新屋。晓，颖甫来谈。乡下事扰，非可久居也，令我极度烦闷。

（9月3日　　蒋离家赴粤桂离家时）纬儿始则依依不舍，及乎出门犹在门首作不愿舍得之声。此儿聪慧过人，年长犹觉亲亲可爱也。

9月13日　　深夜三时后，离家就道。纬儿始则绕膝依依，必欲随我前去；继则大哭大叫，连声爷爷①，用力抱我身，终为其母拉开身。及余出门，犹向外噑啕作欲前追状。（日期可能为9月3日之误）

9月9日　　下午，发纬儿谕，惠寄璐妹②书。

（10月8日　　蒋回到溪口）

10月8日　　下午三时抵家。见纬儿面部疮疤犹在，颇讶，旋往抚母棺。

10月9日　　今日为旧历九月初九日，下午登高，与纫秋往鱼鳞岙，勘察母墓地。

10月10日　　看新建厅屋。下午与秋纫周历……各祖墓，并先考坟前，观察风水。

10月11日　　下午，又往鱼鳞岙，看先妣墓地。

10月12日　　下午，走任宇春姊家。

10月13日　　侵晚，同纫秋乘簰墨斗潭。

10月20日　　晚，与纬儿玩物。

10月21日　　日间监厅屋工程。

10月23日　　晚，颖甫来谈养精屋事。

10月24日　　下午四时，由雪山回家，往观新屋，大门地磐石已铺上矣。

10月25日　　下午，携冶诚③、纬儿往观先母墓地。纬儿沿路跳跃，甚觉有趣也。晚，与纬儿玩至十点半。

10月27日　　下午挈纬儿往观青弟墓地。

10月28日　　下午，会客。商议办母丧事。

10月30日　　今日立石青弟墓。

11月1日　　昨夜以行军床太狭，与纬儿同睡，不能辗转，腰骨酸痛，颇觉难堪。

11月4日　　下午，处理家书事。

---

① 爷爷，音读 yáyá，吴语方言，称父亲为爷。

② 璐妹，陈洁如。

③ 姚冶诚。

11月5日　　余时监造屋工。

11月6日　　上午监造屋工。下午如之。

11月7日　　竟日督造屋工。

11月8日　　晚往溪西庙观剧。

11月9日　　上午董造屋工。

11月13日　　竟日料理丧事。……

11月14日　　上午，筹办丧纪。

11月15日　　上午，藻饰堂室。葛竹四舅父等及后竺胞妹①来舍。侮慢尊长，刚愎自用，不可也。家庭处置之难，旧式婚姻之恶，使人终身负慝。凡事当从解放做去，勿以习俗自胶也。

11月16日　　终日布置丧次。晚，以孙舅父办丧，专主俭啬，不如我意。老年人多类此，非由我躬亲细务不可也。

11月17日　　下午筹办丧事。给讯璐妹。

11月18日　　是日整洁宿舍。

11月19日　　晨，陈列菊盆，布置室舍。上午，筹办丧事。下午，筹集客仪礼。余以中国丧制近伪，欲易斩衰为大礼服，杏林先生非之。往视母墓工。

11月21日　　上午，悬设丧幕。下午，议定丧礼。湖北居觉生②、冯亚福③，广东林廷连，福建徐瑞林，湖州戴季陶、周伯年、陈果夫、骁夫，杭州徐子培诸君，皆来会葬。

11月22日　　上午，派人陪沪来各客往游雪山。孙益甫、周枕琴等来奠。下午，举行祭礼。

11月23日　　晨四时，预备发行。上午八时半，送柩出门，十一时半，到鱼鳞岙墓地。思母不能再见，号恸随之。安窆后回家，奉主④入祠。

11月24日　　上午，送沪来各友行。收下屏幛，转赠各宗亲及姻戚六十六

---

① 胞妹，蒋瑞莲。

② 居正。

③ 冯亚佛，湖北汉川人，早年参加同盟会。曾任孙中山秘书和粤军许崇智总司令部秘书长。

④ 主，又称神主，为逝者所立之牌位，以作供奉祭祀。

帧，分给胞兄八帧，自藏者仅五帧而已……尽我心力而为之，大事毕矣。

11月25日　　下午，往省母墓。

晚，与胞兄谈办武岭学校事。

11月26日　　晓起，赏庭院菊花。上午，拟谢唁函稿。下午，检录各友挽诔。晚，与贤甲①舅父谈离异毛氏事。琴风②舅父，自欺欺人，事不负责，可怜可谓。

11月27日　　上午，辑存挽诔。下午，为离异毛氏事，忿怨交并。呜呼！天之厄人，何一至于此哉！

11月28日　　上午，会议离婚事，亲戚意见参差，致无结果，心殊恼恨。自往老屋，向孙母舅③发脾气，后卒解决，然已不知费了多少精神已！

下午，假寐醒时，感悼母氏，泪下盈腮，深自黯然。

晚，留书与经、纬二儿，示析产事。纬儿可爱，经儿可怜，思之凄梗，顾念后事，心烦脑刺，无心为怀。孙舅父来谈，携嘱经儿书去。

11月29日　　下午，诣文昌阁散闷。

11月30日　　晨起，视冶诚病，仍未见愈，甚念也。

下午，以有人来访，无暇打文昌阁清样。

12月1日　　上午，填发谢唁笺。下午，陪王观海医生诊冶诚病。

12月2日　　冶诚病未好，甚念也。

12月3日　　上午，孙舅父来谈。下午，往视先母墓工。晚，编先妣哀思录。

12月4日　　晨，调药。下午，往视先母墓工，前面新开一路，甚宽阔，可喜。……

12月5日　　晚，辑先妣哀思录。

12月6日　　上午，往省胞兄。又诣文昌阁测量基址。下午，绘改建文昌阁为图书馆基址屋样。往视母墓。其左旁凹处，有空穴一，为掘土工人发现，乡人迷信风水，似谋盗葬于此。

12月7日　　……上午，测量文昌阁基址。下午，往母墓监工。回家，拜

---

① 蒋介石堂舅父王贤甲。
② 蒋介石前母母舅孙琴风。
③ 孙琴风。

奠母诞生忌辰，即夏历十一月初九日也。晚，以祭肴燕客。誊钞《哀思录》葳事。

12月8日　　上午，订正《哀思录》。下午，往视母墓，工程粗竣，琢尖突起，碑石发光，甬道宽广，坎坑填满，地形益见雄壮。母若有知，当含笑于泉下矣。

12月9日　　终日在母墓监工，心颇闲适。

12月10日　　上午，游览文昌阁。准备出门事。下午，往监母墓工，前凿地砌磴。

12月11日　　上午，往别父墓，右方种柏二株。再别祖墓及弟墓。下午，别母墓。

12月12日　　上午七时前，由家赴桂……

12月13日　　上午七时后过岸（到上海），投宿大东旅社。晚，璐妹迎侍。（一作：晚，璐妹来省。）

12月20日　　写纬儿信，此为第一号。

1922年

1月9日　　上午，寄纬儿两示。下午，发奉静江[①]函，附致璐妹笺。

1月18日　　晡抵桂林。

2月2日　　晨，寄璐妹讯与照相。接冶诚十一日书。

2月18日　　寄璐妹相片。

2月19日　　裁笺与冶诚，并媵以相片。

2月21日　　接复璐妹书。

3月1日　　得璐妹讯。发寄冶诚笺。

3月5日　　寄讯璐妹，给谕经儿，均千余言。

3月9日　　接冶诚、璐妹讯。

3月19日　　得璐妹二月二十七日讯。

---

① 张静江。

3月22日　　接复冶诚、璐妹各书。

4月28日　　今日出粤到家。

5月22日　　上午七时后，离家赴沪，纬儿随行，颇不寂寞。

5月23日　　晚，访璐妹。

6月22日　　与冶诚书。晚璐妹来探，即去。

6月24日　　晚，与璐妹并坐汽车①，游览夜景，以粤难无法解救，聊以写我忧耳。

6月30日　　上午，发给冶诚、璐妹讯。

8月15日　　晚，宿于璐妹家。

8月16日　　傍晚，与璐妹同乘汽车北泾逛玩。

8月17日　　晨七时，由璐妹家出外。上午，与冶诚笺。晚，偕璐妹回其家。

9月10日　　日夕，访璐妹三次。

10月4日　　晚，璐妹来旅社。

10月16日　　晚，璐妹见过。

10月17日　　晚，璐妹来访。

10月18日　　下午，省莲妹②。晚，璐妹又来。

10月19日　　下午，候璐妹。晚，偕璐妹观剧……

11月27日　　下午，访洁如。

12月4日　　下午，璐妹随侍。

12月5日　　晚，璐妹与纬儿玩耍。

12月6日　　晚，璐妹来会，十时去。

12月8日　　晨七时，抵甬埠，冶诚来迓。即至江北引仙桥第十号新赁寓庐。楼舍华敞，甚惬心意。

12月13日　　冶诚妒态时现，终欲使人不乐何！

12月14日　　开船时，纬儿在码头叫应，依依不舍，直至船远，不见不闻

---

① 《日记类钞》删去此句。

② 蒋介石胞妹蒋瑞莲。

为止。

12月15日　　晚,洁如即璐妹来访。

12月17日　　晚,偕璐妹回寓。

1923年

1月10日　　披阅洁如笺,爱恋我之情,无异孺慕也。

1月11日　　答洁如笺。

1月19日　　下午,洁如来访。

3月20日　　上午,往访洁如。

3月22日　　外出购纬儿所读书。

3月23日　　晚,洁如造访。

3月25日　　晚,洁如又来旅社。

3月26日　　下午,往晤洁如。晚,洁如自来。

3月28日　　下午,在家课纬儿。

3月29日　　在家为纬儿订影本五册。

3月30日　　上午定纬儿课程表。

4月6日　　上午,看纬儿玩耍。下午,携纬国母子观剧。

4月7日　　上午,诣洁如。

4月8日　　上午,经儿来见。下午,偕洁如游吴淞,即回。

4月9日　　晚,洁如来旅社。

4月12日　　见冶诚讯,心殊激愤。妒妇诚难养也。下午,洁如来旅社。

4月13日　　下午,洁如来旅社。

4月14日　　晚,洁如来旅社。

4月22日　　寄致洁如笺。

　　　　　　写经、纬各函。

5月14日　　书笺与洁如。

5月17日　　寄洁如书。

5月21日　　寄洁如书。

5月25日　　寄洁如书。

6月8日　　　代电静江①问洁如病。接洁如书，知病已愈，甚慰。

7月10日　　晨，写致冶诚、洁如各笺。

7月17日　　下午，洁如来省。

7月18日　　今日在旅社与洁如闲谈。

7月24日　　冶诚咒外人，终非大家闺范，心滋不悦。

7月25日　　……午后四时，离甬庐去沪。

7月26日　　下午，洁如随侍。

8月4日　　　晚，与洁如、经儿驰车兜风。

（一作：晚与洁如、经儿乘汽车斗风。）

8月7日　　　今日自沪抵甬庐。……欧行不远，对儿女辄生感恋。

（一作：早晨到家，教纬儿写字。今日与纬儿耍笑，心神渐乐。）

赴欧此行，悲喜参半：喜吾前程发轫有望，而悲吾党在国内缺少人才，苦我党魁，且对儿女不免恋爱也。

8月10日　　下午书复经儿函。近日经儿学问颇有进步，心颇自慰。

8月14日　　晚令两儿及骁、甘二侄乘汽车至极思非尔路晚餐。

8月15日　　今日对两儿及家人事，益发依恋不忍舍之心，甚至暗地吞泪，如十二三岁外读时，依母之状无异。可怪也。

8月16日　　（赴俄启程）正午两儿及果、骁、甘三侄，洁如皆在大东送行。

8月23日　　寄书与经国、冶诚、洁如。

9月5日　　　上午，寄谕经、纬两儿；致洁如书。

9月15日　　（一作9月14日）下午，寄书与经、纬二儿暨洁如。

9月21日　　接洁如三十日笺。

10月3日　　上午，寄洁如书；给经儿谕。

10月15日　下午，接经、纬各一禀，不胜欣慰。复谕经、纬。给笺洁如。

10月31日　上午，发洁如、经、纬各讯。

11月27日　致经儿长幅书。分致洁如与纬儿书。

（一作：致经儿长函，洁弟、纬儿各函。）

---

① 张静江。

12月1日　（自俄返国途中）心想买少些（许）宝石玩具，以赐二子，因带钱不多，只得作罢，惟有纪念而已。

12月15日　上午九时，归自俄，抵沪埠，即往会洁如。

12月31日　纬儿跳笑嬉歌，活泼自在，殊可爱也。

1925年

1月2日　上午，寄书洁如。

2月23日　下午，致洁如与经、纬二儿书。

4月11日　洁如不见来，殊劳跂（一作企）盼。

4月18日　晨六时起床，往码头接洁如，未到，甚懊丧。

4月19日　晨六时起床，往接洁如，同回长洲司令部。

4月20日　近日不满意于洁如，亦爱亦憎，情思缭乱。

4月26日　下午，携洁如赴汕。途次为情魔缠绊，怜耶？恼耶？殊无已时。

4月29日　下午三时，搭车赴潮安，挈洁如偕行。

4月30日　下午，与洁如游西湖，途中又生气。我为此碧玉，几病神经矣！

5月15日　洁如送行至潮安。晚七时后，舟上作别（时由嘉应①回广州）。

5月23日　昨夜又与洁如吵闹。儿女情长，英雄气短，而乃一至于此。

5月28日　夜由汕头搭船往海丰，睡至三时，浪入舱中，锦衾尽湿。此为洁如之物，不胜牵念。

6月5日　洁如返沪，终不放心，恨之而爱之也，怜之而又惜之也。

6月6日　近日思念洁如，疼忿交并，留舍莫决。……女子情漓，英雄心醉，何其痴也，何其痴也！

6月7日　洁如事只有淡然置之，不宜看得太真，故今日郁结较减于昨日也。语云："假作真时真亦假，无为有处有总无。"达哉斯言乎！

6月8日　今日心气略舒，然终不能忘怀洁如也。

6月9日　早起，百忙中写寄洁如一笺，隐恨无穷。

---

① 嘉应，广东省梅县，今梅州市。

6月10日　　上午，增补寄洁如书。

6月15日　　今日精神疲倦，时时欲睡。又为洁如事发怔移（时），特电纬国母子来粤。

6月16日　　晨六时起床，为洁如事痴想良久。男女问题，令人不解如此，其奈之何。

6月23日　　今日时发暴躁，闻洁如须月杪方到，心更着烦也。

6月25日　　晚，以洁如在中途，不能到港，设法迎之。

6月26日　　今日洁如逗港，不能到省垣，殊云霓之望。

6月28日　　……今日洁如未到，暴性大肆……

6月29日　　上午，闻洁如已到省垣，心略安，躬迓之。

7月29日　　今日佣人误进药物，随吸一口，迁怒洁如，噪闹镇日。

8月1日　　下午，又与洁如纠缠。

8月13日　　晚七时，未见洁如回，心又躁急矣！

8月15日　　今早下床，发火气。近日性躁急，怪僻已极。洁如耐心侍奉，毫无嫌恶之态，亦可恕其过去之事矣。

10月1日　　十时回寓，复经儿信，准其赴俄留学也。

11月16日　　候洁如不来，恨极！

11月17日　　上午，洁如到汕。

11月27日　　上午，闻冶诚到汕，心殊怦怦，恐洁如不悦也。

1926年

1月1日　　晚，宿于办事处，与冶诚、纬儿同床。

2月13日　　下午，同纬国母子等往游鱼珠炮台，回部已五时许矣。

2月15日　　今洁如受屈，余心觉不安。

2月18日　　旁（傍）晚，与洁如同观平冈烈士墓基。

2月19日　　今晚，纬国母子启程回沪。

2月27日　　晚，与洁儿等乘车环游广州市。

4月12日　　晚，与洁如谈天。

4月20日　　晚，在司令部与洁如谈天，至十一时。

6月20日　　洁如仍是一女孩子，不知治家之道，无奈她何。

6月30日　　下午，与嘉伦谈时局，往访宋氏大、三姊妹。

7月2日　　　上午，往访美龄。下午，美龄将回沪，心甚依依。

7月10日　　……今日，以洁如治家无方，教育幼稚，不胜怨恨。

7月30日　　上午七时后起床，以洁如不谙家事，心甚懊闷，驰函劝令读书。

11月12日　（接陈洁如上海来信）知其迁赁月租七十二元华屋，不胜恚恨。奢靡趋俗，招摇败名，年轻妇女，不得放纵也。

1927 年

9月18日　　纬儿与佣人恶作剧，活泼日甚。戒之。

1928 年

7月9日　　　闻经国已入列宁堡[①]军事政治学院，甚能用功。

12月9日　　见报载经儿被俄共放逐于白海。吾心泰然，而无以对先慈爱孙之切之心也。岂天果有命乎？吾惟实行吾志，以报先慈。国民皆为吾子，岂必欲自产乎？何其小耶？

1930 年

11月1日　　到妙高台午餐。孔姐、诸甥、子良与妻团聚一室，谈笑欢乐，为近来所未有。如吾母与经、纬在座，则欢乐更何如耶！

本日陪孔姐拜谒母墓，又与妻商营救经儿回国事。余以为不必操切也。孔姐与吾妻对经儿念念不忘，甚可感也。

1931 年

1月25日　　少年未闻君子之道，自修不力，不孝于亲，不慈于子，至今悔之不及。

---

① 原名圣彼得堡，十月革命后改称列宁格勒，现恢复原名。

12月15日　经国赴俄不归，民国扶持未长，皆欲使我一旦弃去[①]。而今日为慈母六十八岁诞辰。呜呼，于国为不义，于我为不忠，于母为不孝，于子为不慈，能不愧怍？未知以后如何自反报答亲恩与党国也。

12月16日　孙夫人[②]欲释放苏俄共党东方部长波兰籍牛兰（Hilaire Naulan）夫妇，其罪状已甚彰明，而强余释放，又以经国交还相诱。余宁使经国不还，或任苏俄残杀，而决不愿以害国之罪犯以换亲子也。绝种亡国，天数也。余何能冀其幸免。但求法不由我而卖，以促使我父母之令名，使无忝所生，则几矣。区区之后嗣，岂余所怀耶？

12月27日　经国如未为俄寇所陷，则余虽不能生见其面，迫余死后，必有归乡之日。如此则余愿早死，以安先人之灵也。

12月31日　下午心烦意消，无任悲伤。对国不能尽忠，对亲不能尽孝，对家不能尽道，枉为人世，忝余所生，能不悲乎？

（辑录自习贤德《蒋介石早年日记中的感情世界》〔文载《传记文学》第90卷第2—4期〕，秋颖选编《蒋介石笔下的家庭与婚姻》〔文载《民国档案》1993年第1期〕，王舜祁、胡元福《蒋公日记中纬国的生母与养母》〔文载《传记文学》第60卷第1期〕，唐华《〈陈洁如回忆录〉质疑》〔文载《民国档案》1993年第1期〕，经校改注释）

二、蒋介石日记中有关蒋宋婚恋感情内容摘录（1927年—1928年）

这一部分，主要摘录了1927年至1928年间蒋介石日记中关于蒋介石与宋美龄婚恋感情的内容。

蒋介石1926年开始与宋美龄结识。是年夏，蒋介石就任国民革命军总司

---

① 蒋介石于1931年12月15日被迫辞去国民政府主席兼行政院长职务。
② 孙中山夫人宋庆龄。

令，率军北伐，迅速进入长江流域。1927年，国民党内发动"清共"，一度出现宁汉对立局面，继而宁汉合流，蒋介石被迫下野。国内政治、军事的变幻，没有影响蒋、宋二人进入热恋。是年秋，蒋介石利用下野时机出国。蒋到日本，拜见了宋美龄的母亲，蒋、宋的婚事获得其允准。11月，蒋介石回国。12月1日，蒋、宋在上海举行婚礼。从此，他们二人夫妻恩爱，伉俪情深，直到终老。

1928年春，蒋介石复职，指挥国民革命军举行第二次北伐。蒋、宋新婚之后，蒋介石出征，不免常有分离。蒋宋夫妇二人虽有离别，但二人的感情日笃，互相关爱。分别时日，蒋介石常怀对宋思念之情。宋美龄生病，蒋介石担忧，到上海看望。而宋美龄则经常劝诫蒋，"不矜才，不使气"，克服急躁、粗暴的毛病。蒋介石深以为然。不过，蒋介石虽然也认识到自己身上存在的坏毛病，但遇事又不断再犯，改过甚难。

蒋、宋二人各有脾性，生活中有时也发生不愉快，但他们之间的感情没有受到影响，依然和合融洽。

从这一部分日记中，可以看到蒋介石和宋美龄之间婚恋生活、思想感情和心理性格，看到他们二人的情感世界。

1926 年

1月8日　　往访孙夫人，未晤。17日，十时后，黄埔军校举行第三期学生毕业典礼，孙夫人与其妹[①]来到。

6月30日　　下午，往访宋氏大、三姊妹。

7月2日　　上午，往访美龄。下午，美龄将回沪，心甚依依。

7月4日　　写孔夫人等信。

7月28日　　复蔼、三妹函。

1927 年

3月19日　　寄林信。（致梅林[②]函）。

---

① 孙夫人与其妹，即宋庆龄、宋美龄。
② 梅林，与美龄音近。

3月21日	今日思念美妹① 不已。
5月28日	终日想念梅林（美龄）不置也。
6月5日	上午接三弟②信。
6月7日	写三弟信。
6月11日	三时到申③，往访三弟。
6月12日	九时到申，回家。与三弟谈到午夜，登车。
6月13日	琳姊④评余：欠准备功夫，全凭临时应付。此诚道着矣。
6月14日	发三弟信。
6月18日	今日表停，未知三妹⑤安否。
6月25日	接复三弟函。
7月3日	到沪。晚，同三弟等宴于乡下小餐馆，别有风味也。
7月5日	晚宴上海商界后，与三弟乘游，一时回寓睡。
7月6日	下午访三弟及各友后，再访三弟。
7月10日	接大、三弟⑥各函，婉复之。
7月14日	问三。……
7月19日	发梅⑦函。
8月15日	溪口。复梅林、敬之各电。
9月6日	仍回慈庵。致三弟、二兄、逸民⑧、果夫各函。
9月8日	上午，译三弟电后，与礼卿、文白⑨往扫母墓。
9月16日	上午致敬之、三弟各电……此次出洋，预定以一年为准。

---

① 宋美龄。
② 三弟，与以下三妹同，指宋美龄。
③ 申，上海简称。
④ 宋美龄的大姐宋霭龄。
⑤ 宋美龄。
⑥ 大、三弟，分别指宋霭龄、宋美龄。
⑦ 梅与梅林，均指宋美龄。
⑧ 朱逸民，即朱绍良。
⑨ 张治中。

9月17日　　上午接复敬之与三弟各电。

9月22日　　十二前二十五分到徐家渡中食，有美一人。

9月23日　　六时起床，七时船抵上海，即访三弟。晚，与三弟叙谈，情绪绵绵，相怜相爱。惟此稍得人生之乐也。

9月24日　　晚……往访三弟，邀儒堂①为我俩作伐。午夜往访廖夫人②。

9月25日　　下午，访三弟后回寓。……晚往访静江及三弟。十一时后回寓睡。

9月26日　　下午往访纬国与廖夫人、三弟后，嘉伦来会，谈二小时……晚与三弟谈往事。人生之乐，以定婚之时为最也。十一时睡。

9月27日　　下午，与三弟在孔寓合影。同访王儒堂、冯焕章夫人，谢其为介绍人后，回寓。……与三弟密谈至一时回寓。

9月28日　　整装往别三弟，情绪绵绵，何忍舍诸？不惟外人不知三弟之性情，即中③亦于此方知也。七时前登上海丸。九时开船。假眠。下午，复三弟电后，写字。……夜以有浪早眠。致三弟两电，不知其今夜早能安眠乎？

9月29日　　至长崎。

9月30日　　下午，致三弟与子文电报。假眠二小时，精神甚佳。

10月1日　　六时起床，入浴。致宋太夫人④及三弟电。近日无论昼夜，心目中但有三妹，别无所思矣。

晚早睡，不知三弟近日作如何状也。

10月3日　　出站（神户车站）后，到吴宅休息。照相后，即与子文同车至有马温泉，拜访宋太夫人。其病已愈大半，婚事亦蒙其面允。惟其不欲三妹来此，恐留此结婚也。不胜怅惘。乃致电三弟，属其速来，详述余所以一时不能回国之实情。彼当来乎？

---

① 王正廷。
② 廖仲恺夫人何香凝。
③ 中，蒋介石自称。
④ 宋美龄之母倪桂珍。

11月17日　纬儿来寓，言有人传何、白①二夫人之邀请冶诚来沪。其实，并无其事。此必政敌挑拨，使余不安。晚与三妹欢叙。

11月18日　晚与三妹谈话。

11月22日　下午休息于宋宅。

11月23日　下午，与三妹谈论人事。

11月25日　晚陪三妹谈话。十时后睡。

11月26日　到宋宅午餐。晚陪三妹谈话，乘车。十四时，同三妹到祁齐路新屋休整房屋。

11月28日　下午与三妹乘游后，访蔡孑民②先生，请其主婚。

11月29日　上午会客后往宋宅谈话。往大华礼堂习礼。下午又发脑晕痛。往访各证婚人。

11月30日　上午拟撰文，感录结婚情状。会客后，往宋宅习礼。……晚至新屋视察布置。

12月1日　上午写信，撰勖勉爱妻文。以婚期，无人来访，仅见黄埔逃出之学生而已。

下午一时，至孔宅换礼服。三时，到宋宅，行教会婚礼。四时，到大华礼堂行正式婚礼。见余爱姗姗而出，如云飘霞落，平生未有之爱情，于此一时间并现，不知余身置何处矣。礼成后，同乘车游行。

晚至宋宅宴会。九时回新宅，入新房。

12月2日　今日在家与爱妻并坐拥谈，乃知新婚之密，非任何事可比拟。

12月3日　十时，同爱回门，拜访岳母。……六时，应岳母之宴。十时回寓，头又作痛。吾爱慰藉略愈。

12月5日　晚宴客后，看结婚影戏毕，访静江谈时局。十二时后睡。

12月6日　晚宴，回观我庐。

12月7日　下午与爱乘车访佃信夫。

---

① 何应钦、白崇禧。

② 蔡元培。

12月11日　上午往景林堂听教。……晚应儒堂之宴。回寓，与大姊、子文谈政局。

12月13日　十二时回宋宅睡。

12月16日　夜间梦呓不安。老同志离散，政局动摇，彷徨莫名。

12月19日　九时起床，与三妹欢争。下午同三妹往访冯夫人①，留其住沪。

12月20日　下午与大姊、子文谈时局，与三妹漕河泾看废兵院②址，顺游闵行。

12月22日　……想家事。下午，与子文谈粤事后，陪三妹往吴淞海滨散步。

12月23日　回寓，与三妹欢争。早睡。

12月24日　晚，与岳母家宴，过耶稣圣诞。十年来未曾有之欢乐，得之于今日，然心仍不能释然，以念政治不定。访余日章先生，是益友也。

12月25日　下午，在岳母家祝耶稣生诞。

12月26日　十二时，回岳家睡。

12月27日　下午，改正文稿后往跑马场接三妹。……晚，以三妹烦恼，余亦不悦。十时慰劝后即睡。

12月28日　上午，与三妹外出骑乘郊游。晚餐后，访大姊谈时局。彼甚以与（余）游息为虑，且轻视之。其实不知鸿鹄之志也。十二时睡。

12月29日　到事务所办公。以三妹外出，寂寞，心甚不乐。复以其骄矜，而余亦不自知其强梗之失礼也。下午为此病卧。与静江、稚晖③谈话后，头晕辞客。消宴就寝。

闻三妹病在岳家，乃扶病连夜往访。彼甚以为不自由为病，复劝余以进德。心颇许之。夜中以心悸惊跳，不能安眠。

12月30日　上午，与三妹濡滞起床，又十时矣。余拟早赴南京，以安人心也。

---

① 冯夫人，冯玉祥夫人李德全。
② 废兵院：残废军人医院。
③ 稚晖，吴稚晖。

下午，宴岳母与莲妹①毕，会客十余人。……余若不自振作，将何以为人与革命耶！

1928年

1月2日　　三妹怜爱可敬。三时后与三妹往访联（莲）妹，不晤。其家有客打牌，见之愧怍，为爱所轻也。

1月3日　　七时初醒，濡滞不起，何以革命？

1月4日　　八时十五分出发，爱妻送行。

1月5日　　十时后记事。寄三妹两函，甚感触不舍也。

1月6日　　下午回寓假眠。子文到宁②后，谈吾妻看病，不胜忧惶。

1月8日　　七时前起床，看《信仰的意义》一篇③。心甚忧虑三妹之病。接三妹信，忧喜交集。勉我国事，劝我和蔼。心甚感愧。

1月9日　　七时起床，看《信仰的意义》一篇。"惩忿窒欲，务实求真"二语，愧未做到。刻刻以此为勉也。为复职通电。写三妹信。

1月10日　　六时后起床，昨夜不能安眠。看《信仰的意义》一篇。假寐不成。甚念三妹之不复信，何怪我之（情）深而使我敬爱之难制止。政治生活违反人性，痛苦不已。

1月11日　　六时后起床。昨夜又不善眠也。看《信仰的意义》三篇。接三妹不来④电，若有所失也。

1月12日　　六时后起床。看《信仰的意义》。盼三妹来甚切。

1月13日　　接三妹不来之电，抑郁不知所了。看《信仰的意义》一篇。

1月14日　　昨夜接三妹电，劝诫并来，令人惭惶，几不成眠。

1月15日　　午，假眠后，往下关迎三妹。到后，知其皮肤病甚剧，精神亦衰弱。心甚不安，悔不该与其顽梗也。

---

① 莲妹：蒋介石胞妹蒋瑞莲。
② 宁，江宁，即南京。
③ 日记原文为"看《信仰意义》一篇"。
④ 指宋美龄不到南京来。

1月16日　　为三妹病，陪往汤山沐浴。到时已九点，即回南京。

1月18日　　下午，与三妹假眠后，即往部办公。

1月20日　　八时起床。濡滞到此，何能革命？下午，陪三妹游总理陵墓后登万福林。

1月22日　　……（与）三妹第一年度岁。回寓与三妹谈话……三妹劝余不患明日之事，甚有理也。古人谓："做一日，算一日。"又云："今日不知明日之事。"此先母尝教余者也。余惟尽其心力，至明日之祸福成败，只有听之而已。

昨宴客，聊作度岁之乐，甚得也。

1月23日　　下午假眠后，同三妹往访各友后，游雨花台。登台瞭望，右长江而左紫金，南京全境入目，是一要点也。

1月24日　　下午回寓，陪三妹游莫愁湖，谒曾公像。游粤军将士墓。后顺道往总部视察。

1月25日　　七时起床，看《信仰的意义》。

1月28日　　下午往汤山，与三妹沐浴。

2月5日　　下午宴请法国公使马泰尔。三妹游鸡鸣寺，即回。晚在家宴法使，盛赞三妹内助之能也。

2月9日　　令敬之[①]来家谈话，告以本军艰难历史与系统。曰助其自爱（抄件如此）后，余即带病出发。

2月19日　　晚十二时到宁。三妹未来，心甚不悦也。

2月20日　　今日病，与三妹电话，彼不能来。终日忧闷。下午，知其今夜来宁，稍怿，即回汤山休息。

2月21日　　因病在汤山休养。三妹今晨由沪到宁，病中为之一慰。终日休息嬉戏，为数年来所难得之机也。

2月23日　　晚，因与三妹戏笑……

2月25日　　下午，往访胞兄，未晤。即与三妹赴汤山，中途在灵谷寺休息也。

---

① 何应钦。

2月26日　　九时，由汤山起程，与组安、香凝及三妹同游宝华山慧居寺。一时方到。旧地重游……余与三妹尝谈，余终久必为僧也。

2月27日　　下午，与三妹参观夫子庙，甚可改良也。

3月3日　　（戊辰二月十二）今日为三妹诞辰。起床会客写字。陪三妹同游三潭印月，往访陈孔如，游孤山岳墓。回寓，为三妹祝寿词后，往玉泉观鱼。鱼跃于渊，其乐无穷，见之心怡。到灵隐午餐。与太虚谈话毕，即游龙井，过翁家山，经烟霞洞，游虎跑，特参祷济公塔。回寓整装。晚餐后登车。八时半由杭出发。

3月4日　　三妹爱余之切，无微不至也。彼之为余牺牲幸福，亦诚不少。而余不能以智慧德业自勉，是诚愧为丈夫矣。

3月12日　　下午，与三妹由总理陵墓登万福林。

3月13日　　晚，与三妹谈鬼。

3月17日　　下午会客后，到造林场游览。后即往汤山，沐浴后，郊外散步。薄暮游乡，携三妹同行，兴焉。

3月24日　　下午宴客后，与三妹巡行军官及军官团。……往中山林观察，为孙夫人筑墓庐也。

3月25日　　到汤山。……下午散步后休息，与三妹之乐无穷。

3月26日　　六时前起床……与三妹回京。

3月28日　　昨夜未得安睡，今晨电催子文解款，允照数明日解足，心始得安。迁怒之过，使三妹忧闷，于己无益，于友有损。以后切勿动怒，应以静、耐二字为主也。

3月29日　　人为感情动物，离别之时更增恋爱之情。三妹待我之笃，而我不能改变凶暴之习，任性发露，使其难堪。吾母既以我不顺而致病，悔已无极。若对妻不敬爱，更……

3月30日　　五时半起床，往紫金山，与三妹同登万福林，游览后，七时半回部。

3月31日　　四时前醒后，与三妹谈话后起床。五时半由南京出发，渡江登车，候耿光，至八时方来，始开车。车中研究地图。假眠，晕沉，如三妹之同眠也。醒后凄凉，征人无家庭之乐，苦哉！

4月1日　　八时起床，预定日程，致三妹及各友电。

4月3日　　（戊辰闰二月十三日）致三妹诞辰贺电。昨忙致忘，不安于心也。

晚批阅，会客。复三妹函电。接其手函，增加我勇气逾倍也。

4月9日　　（新安镇—徐州）今日应（因）感冒，终日卧床上未起。而想念三妹更切。因其未复电，精神更疲。

4月12日　　……闻此次作战（韩庄）死伤颇大，心又不安。未得三妹来电，彼以作战劳苦而作规矩，是使我太苦……

4月20日　　爱妻之信属我不矜才、不使气云。

4月23日　　三妹戒我不矜才、不使气，而我对下总不能温和厚爱，使人无亲近余地，而且对学生亦如之。切戒之。

4月25日　　今日甚恐三妹来前方，体弱致病也。

4月29日　　时切（？）三妹。既念如此，平时不应暴戾也。

5月13日　　五时后起床记事，看书，致妻电。

5月14日　　下午休息，看报，但期贤妻之来。

5月16日　　四时醒后，几不能睡。五时前，闻至爱已到车站，乃起床往迎入城。上午团聚。四十六日未得相见，其乐可以知矣。

5月17日　　下午，与三妹休息后，办公，记事，看书。

5月19日　　今日闹热非常，三妹甚苦也。

5月22日　　三妹有病，余亦精神不佳，故终日昏闷办公。

5月28日　　七时，送三妹登车回宁。余亦由徐州出发上新乡之程。途中时觉欷惶，但有黯然销魂而已。

5月30日　　由新乡开车……车中看书，拟电稿，思念三妹甚切也。下午八时三刻到石家庄，晤百川①。

6月3日　　晚十一时到浦口。三妹来迎。

6月5日　　八时起床……大妹来会，颇为欣悦。……下午……会客，与大姊、子文往汤山。

---

① 阎锡山。

6月7日　　　性躁心急，致三妹忧。晚……三妹劝我以静耐，甚德之。

6月8日　　　晚回家。三妹以余性质消极、多懊悔为耻，颇中余之病也。印象颇深。余将何以自勉？存心而已。

6月10日　　今日岳母六十寿辰。上午批阅，会客。即拜岳母之寿。惜母亲不在矣。下午回寓……送岳母。

6月12日　　本日晏起。晚游焦山，离京旷职，忘却大局与前方将士之苦楚，于心甚不安也。下午五时，由南京乘永健舰游焦山。

6月13日　　五时起床……离舰登焦山。与三妹住枕江楼，登吸江亭。远眺四景，诚佳良雄博，壮丽无比焉。焉得终老于鹭岛，三妹且有此感也。再游各庵。三妹既倦，乃回枕江楼休息。晚宿枕江楼。……京津虽复，而此时游览，于心殊不安也。

6月16日　　上午写信后，游览风景。陪三妹及（马）云亭夫人等，游观音崖。远望江势，一泻千里，叹为止景矣。

6月18日　　五时起床。昨夜蚤多，三妹终夜未眠。

6月19日　　送三妹上车，以不忍离别，故仍折回……与三妹相谈甚乐。其规谏有理，故感之。决自明日起，按时办事，再不决心堕气。其戒我、嫌我非丈夫气概，亦有理也。

6月22日　　上午到沪。……晚宴于岳母家中。九时半登车回宁。

6月23日　　（下午）心闷。会客后疲倦更甚。乃与三妹游，外出中山陵园，后往汤山。三妹似有病也。

6月24日　　三妹昨日作呕，今日喉痛，实不知何病也。

6月26日　　上午大姊来送。十一时乘联鲸号由下关启碇。心思沉闷极矣。

7月1日　　　（郑州）十时，相别登车。车中闷热奇甚，三妹不能耐也。

7月2日　　　卯刻道（到）石家庄，入站觅冰，为三妹解热也。

正午到保定……晚与三妹游南门外公园。

7月3日　　　上午七时到（北平）前门后入城。在陆军部稍息，即来碧云寺谒总理之灵。不忍见其遗像，不忍使其不安，故未启柩。……晚与三妹散步后即睡。

7月4日　　　早起，冒雨往总理灵前，与三妹同拜。以雨大奔快，三妹或致疲劳。晚以三妹病，早睡。

7月5日　　下午与三妹游历西山八大处。

7月6日　　昨夜三妹病，不得安眠。

7月7日　　上午会客。下午陪三妹入病院。晚往汤山。

7月8日　　上午由汤山回北平，访三妹后，应百川兄之宴。下午访三妹后，即回碧云寺办公。

7月9日　　上午往南口，追悼国民军南口阵亡将士。下午三时回北平，陪三妹出院。

焕章之儿洪国由俄回来，甚聪慧，欣喜之至。闻经国已入列宁堡军事政治大学，甚能用功。

7月25日　　下午六时后到香山，与三妹向总理灵前告辞，并问其可住租界否。撮字纸曰："随美。"其诚有灵乎？

十一时半，车离北平。妻留京，由海道来沪。

7月28日　　到京，入寓。孤人在室，不胜寂寞，心殊郁结也。

7月31日　　晚电话，知妻有病，甚念，心甚不安。而余后脑又激痛不安也。

8月2日　　心闷，急欲离京回乡，脱离政治关系……

8月4日　　下午赴沪，访妻病。连夜到岳家。

8月5日　　上午访庸之后，即访妻，神色较清。心颇安乐。

接洽全会事毕，回岳家访妻病，仍未稍愈。九时半别妻回宁。

8月6日　　终日以妻病，未得安心办事也。

8月7日　　子文来说，妻有热度，心忧更甚。接妻电，知其病减轻，如获至宝。数日来之愁闷苦痛，为之一扫。即复电慰之。

8月8日　　早起，写信致妻。

8月10日　　妻又病重。内外左右皆集矢于余一人，苦痛益极。

8月12日　　上午到沪后，即至岳家。见妻病略愈，此心始安。陪侍半日。晚宿于岳家。妻病惊恐，心甚忧虑。

8月16日　　到沪，见妻病渐愈，甚愈。

8月27日　　下午，与三妹往游吴淞。

8月28日　　昨夜，三妹能安眠，私心窃安。其病已痊乎？上午与子文谈话后，即往杰司非而路公园，与三妹游览。其布置甚雅也。

9月2日　　早起，与三妹外出游览，精神颇佳也。

9月3日　　上午，与三妹医牙与诊病。

9月5日　　在宋家会客。

9月7日　　上午与组安①相谈后，决定先回乡，而后返京。会见各友后，下午五时与妻同登新宁绍船。本夜间风静，妻未晕眩也。

9月8日　　下午三时方到家乡乐亭。休息后即登慈庵。辞母墓，回宿于乐亭。

9月9日　　上午陪妻到雪窦。先到静观庵，观瀑布。后到妙高台。新屋落成，颇雅幽也。晚宿于台上，清静极矣，妻亦能安眠，其病为之豁然。心颇安适。

9月10日　　由仰止桥至山麓北行……潭上石笋，高约十余丈。妻指此为介石。余以为然也。游览约半小时，徘徊不忍舍。乃由余家湾，经隐潭庙。在庙，与妻自为烹调，其味无穷。而妻亦乐甚。乡人观之，必以为余夫妇若痴也。回妙高台，已三时许，休息。晚旁游雪窦寺。

9月11日　　由妙高台下山回乡。陪妻至老家祖祠与祖堂。祭祖时，念吾母更觉悲切。如母在，则其乐如何？

下午访亲友。晚宿于慈庵。吾妻梦先慈，托顾家事。乃知先慈之灵，仍在吾上也。可不自勉！余之有今日者，不知先慈用尽毕生精力培养至此也。吾家自先严殁世，如无母亲之维持，不知吾兄弟坠落至如何地卅。岂有今日之介石乎！

9月12日　　正午，陪妻等拜扫祖父母各墓。下午……陪妻视察碑渡庵、墨斗潭风景后，即登山，至慈庵后宿。

9月13日　　上午拜别母墓，措置布施后，即与妻由慈庵至乐亭，与亲友相叙。尝思，如母亲今日犹在，则事业心更浓，而不敢松懈。与春姊等唏嘘

---

① 谭延闿。

叹息。

9月14日　今日大风仍在，宁波新宁绍船中休息。上午与妻闲谈，写信。

9月18日　下午到家。致电三妹，皆不在也。

9月21日　革命当先革心。余之劣心在恋爱，在骄矜，在浪漫。必除此，方能革命立业。勉之！

9月25日　到站迎妹。以车迟未到，乃访静兄。后回寓，批阅。再往站……

9月28日　上午与三妹往晓庄，参观乡村师范，后游燕子矶。晚往玄武湖，与三妹乘船游湖。惜月光为云所掩，不甚明也。

10月3日　访大姊。

10月4日　上午会客后，往访大姊。

10月5日　晚宴客。送大姊到站。

10月7日　朝餐后，与爱妻往游中师陵园及陵墓。

10月9日　六时起床，处理后往车站迎大姊。晚应子文之宴。妻病，早睡。

10月11日　下午休息后，与大姊及妻参观总理陵寝。

10月12日　下午，送大姊、子安到站。

10月13日　三妹欲赴沪。送至车站，仍回部。

10月14日　陪三妹往第一公园及五洲公园。

10月17日　往站接大姊。

10月19日　晚应大姊之宴。

10月21日　下午假眠不成，陪三妹游北极阁测候所，又游后湖之红山。

10月26日　下午搭车到无锡，泊宿梅园前。

10月27日　上午乘车到管社前顷堂，其风景不如前年之秀。游南独山、龟（鼋）头渚、万寿寺，风景较美。下午，游中独山，风景虽不佳，而天后宫之恶劣，令人欲呕。回船，即与三妹至长溪、石塘、横山。登蒋子阁，相传为宋蒋一梅读书之处也。

本日，为余诞日，时兴先母不在之悲。呜呼，人而无母，不如不生也。

10月28日　昨夜搭船，今晨到常州天宁寺……下午搭车回京。

10月31日　政治会议发表江、浙、川、新各省政府委员名单及立法院委员，美妻亦在其内，于心喜而不安。

11月1日　朝抵上海，访岳母……

11月2日　到家。

11月10日　复白、阎各电，小妹奖电。家书。

12月1日　到京。回部。

今日为吾结婚周年纪念。于此一年中任事不少，颇足自慰也。

12月18日　送三妹到车站，甚无精神。

12月22日　上午，迓三妹，到车站，甚喜。同往陵园及汤山。三妹病脑，不胜忧虑。

12月24日　应大姊之宴。

（摘自蒋介石日记抄件）

三、蒋介石早期日记中有关政治活动内容摘录（1919年6月—1926年12月）

蒋介石早年参加辛亥革命、讨袁护国运动。他是孙中山先生的追随者。孙中山南下广东进行护法运动后，蒋也参加了护法战争。他在粤军首领陈炯明手下充任军事参谋。

蒋介石关注国内国际政治形势，如五四运动、北京政府政局和十月革命后俄国的内战等。他亲身参加孙中山领导的护法运动。孙中山确定联俄方针改组国民党的过程中，蒋介石奉命访俄，创办黄埔军校，巩固广东根据地，指挥东征，准备北伐。在1919年—1926年的日记中，蒋介石记载了国内政局，特别是广东革命政府和国民党内部的各种矛盾和斗争。

1925年5月，五卅惨案发生，国民革命运动进入高潮。而自孙中山逝世后，国民党内部围绕联苏联共政策，左右分化更加剧烈。是年底，西山会议派分立国民党中央。1926年3月20日，中山舰事件发生。5月，国民党二届二中全会通过"整理党务案"，实行"分共"政策（解除在国民党中央委员会、中央党部内中共成员担任的领导职务）。蒋介石跃升为国民党中央常务委员会委员（后任常务委员会主席），兼任中央组织部部长、中央军事委员会主席、国民政府委员、国民革命军总司令。

这一部分的日记摘录中，记载了当年国内外、国民党内外的各种重要事件和事变，也留有蒋介石的思想心理印痕。一方面，他积极参与了当时的军政活动和同党内派系的斗争，并发出"安危生死岂足容怀，惟冀挽狂澜于既倒，作党国之砥柱，谋主义之实行，安总理与已死诸烈士之灵魂"的豪言壮语；另一方面，他也产生过"自觉政治能力薄弱，不能主持党国"，"政治复杂困难，已达极点，令人不能处置也"，"政治一物复杂，头绪纷繁至此，殊非始料所及"等嗟叹。但是，他最终仍然认定："使命加重，范围扩大，党务纠纷，说不出记不下的苦痛，日多一日。革命之怪现状，可悲又可诧也。大海茫茫，何日能达彼岸？总理付我责任，父母生我意义，果为何如？莫怠莫慌，不屈不挠，奋斗前进，如此而已乎？"这些都是蒋介石的内心独白。

1919年

6月4日　　上午八时半启行，一时到障（漳）。下午三时后访总座，叙谈时局，知陆荣廷通电，称徐世昌为大总统，而不列旧国会之名，单独媾和，引北敌南侵。广东将不免蹂躏乎？

8月20日　　阅《申报》，知浙江伪督杨善德，已于十二日病亡，继其任者为卢永祥。蛇死狐凭，皆吾党之敌。

9月24日　　五、六月间，为日本图占领胶州湾，以承袭德国在山东所有一切权利问题，国民群起反对。始则北京大学学生联合各学校学生，围困卖国总长曹汝霖住宅，殴打（驻）日本公使陆宗舆，几乎毙命。继则各省学生及各通商口岸罢市罢工，上海亦罢市七日。于是曹　陆及章宗祥三贼退职，被捕学生释放，而德国和约，吾国以不能保留山东问题，拒绝签字。至今尚有国内各界代表辏集总统府门首，要求力争山东各权利，各处抗日风潮亦未止息。此乃中国国民第一次之示威运动，可谓破天荒之壮举。吾于是卜吾国民气未馁，民心未死，中华民国当有复兴之一日也。

11月6日　　俄国渥沐欺克①政府，为劳农政府压迫，迁都于依鲁苦之库②。攻击彼得格勒之游代义欺③军，为劳农政府军击退，由鞯乞那退走。列宁政府之地位，至此更加巩固矣。北京政府任靳云鹏为总理。

11月22日　　上午，阅报，见美国上议院通过保留山东问题案。

11月24日　　蒙古取消自治公文，今日报上发表。

12月3日　　下午，研究俄国最近情势。

1920年

1月9日　　下午，往就中师④议事，命以代表名义使闽。

6月2日　　孙、唐、伍、唐⑤四总裁，发表不承认广州军政府之宣言，时局必生绝大影响矣。

6月10日　　远东问题，颇想研究，亦颇饶趣味。

7月22日　　方晚，接奉中师电，言有根本解决之大计划，愿闻明教。

7月25日　　段⑥军失败，国家多事。旅俄华侨数十万，共请中师出扶危局，是亦一好现象也。

1921年

3月27日　　今年为中国兴亡最大关键，西南不自求发展，惟有待北方之自起变化而已。蒙乱与复辟，皆为一种导火线，而其总因，乃在乎奉直二派之

---

① 通译为鄂木斯克。
② 通译为伊尔库茨克。
③ 通译为鄂木斯克。
④ 指孙中山，蒋介石尊孙为师。
⑤ 孙中山、唐绍仪、伍廷芳、唐继尧。
⑥ 段祺瑞。

暗潮，以及财政之破产也。有此四者，北政府无不倒之理。惟在吾党能起而应之耳。

4月13日　　今日报载，中师已由非常议会选举为中华民国大总统，思之喜忧参半。

5月5日　　闻中师今日就大总统职。

1922年

1月12日　　接仲恺兄电，乃知吴佩孚、齐燮元均通电反对梁逆士诒组织伪内阁，预料时局将有转机，未知长江第三政府之阴谋，有否在其中也。

6月14日　　接湘芹、焕廷①各函，知黎元洪违法入京复总统职。惟此国家愈多事矣。恨手无寸铁，不能杀尽狐媚之政客议员，以清时局也。

7月23日　　政客之误国者，以我浙江褚辅成、王正廷为尤甚。呜呼！之二獠者是具何肺肠，必欲使中华日扰不已，日即危亡也。

8月20日　　午正赴伯兰②宴，徐季龙③同席，见其奸形鬼态，不胜厌恶。晚，中师招宴政客议员孙伯兰、徐季龙等，听论国会问题，心甚烦愠，不终席而回。近日奔走忙碌，一事无成，以致精神疲惫，心思昏迷，甚无谓也。

9月24日　　见《士蔑西报》载中师联德密函，陈④逆倒行逆施一至于此，其肉尚足食乎？

10月6日　　近日迭谒中师，承商应付时局。

10月11日　　上午往谒中师，见季新⑤，慨论奉天张作霖事弄巧成拙，乃知诚实之不可去也。

10月26日　　晚与军长等议事，言徐又铮愿选省长，不执制置府成见（？），心甚安焉。

---

① 古应芬、林业明（国民党本部财务部长）。
② 孙洪伊，广东军政府顾问。
③ 徐谦，广东军政府大理院院长。
④ 陈炯明。
⑤ 汪精卫。

10月27日　　晚闻又铮云对于制置府（？）不执成见，服从舆论，赞成省长。

10月30日　　今日，福州各界公推林子超①为省长。

12月4日　　内部不良分子作祟，时局鼎沸，忧心如捣已。汪大燮组织北京伪内阁，引用王正廷、李根源及黄郛等一班活头小鬼为阁员。当此国事蜩螗之秋，虽竭吾忠诚做去，未必有十分把握，而彼等专务取巧便私，谋一身之权利，安得不使政治泯梦耶。

1923年

2月17日　　如欲改造国家，自政府以至绅商，皆须涤除芜秽，焕然一新，而后可望其有成。

2月28日　　时至今日，廉耻道丧，纪纲扫地，而其总原因，则在是非不分，赏罚不明，彼此存一互相利用之心，驯所信义荡然，国家日即危亡。吴景濂、王正廷二人，其扰乱政治之罪魁也。

4月9日　　下午，往访展堂②，谈王良畴③及王正廷④事，殊为可笑，而且王正廷之人格卑劣，更不足道矣。

4月28日　　政治最不能进步之点，是在不能实行赏罚，而执政者犹不明是非，妄论功过，则复何言。

5月7日　　上午，商议任用人员，元首不肯即任仲恺为省长。余以争辩无益，只有一走。其后卒听吾言，此元首爱护之诚意也。吾知诚矣。下午，发表廖仲恺为省长，叶恭绰为财政部长兼财政厅长。

5月18日　　发表邹海滨⑤为财政厅长。

6月23日　　下午与元首谈时局，告我以俄德最近状况。晚，与元首谈党事，及至同志少、人才缺乏，不禁唏嘘久之。

---

① 林森。
② 胡汉民。
③ 王宠惠。
④ 王正廷1922年曾任北京政府外交总长，兼代国务总理。1923年1月辞职，3月任中俄交涉督办。
⑤ 邹鲁。

7月3日　　林警魂贿买滇军包庇沙田局事，商人狡猾一至于此，可胜恨矣。

7月7日　　经费支绌，政务纷纭，徒伤脑力而已。凡事愈理愈多，如遇有一时不能解决者，只好暂自搁置。

7月11日　　政治生活非人所能为，随在悲观心烦虑乱矣。晚，复见斯人，更难为怀也。

12月15日　　是日归自俄，下午往访静江①兄后，随登江天轮，汉民、精卫、仲恺、焕廷②、果夫③诸同志均来船叙话离情，劝我即回沪解决一切党务。

1925年

1月10日　　哲生④与仲恺兄来谈北京政局，段祺瑞气体颓唐，大非昔日勇强之比，张丙高、卢永祥等皆不直其所为，冯玉祥等尤力持反对，段执政其将终乎。

1月14日　　下午参加省校（黄埔陆军军官分学校）党员大会，七时后会散。

1月18日　　下午复黄膺白⑤电。以精卫兄来函催复，以鼓膺白之志。一似非我一言不能使其输诚中师，中有："兄能以英士⑥事中师者事之，则他日安危共仗有人，英士可以瞑目，介石苦志亦可以稍伸矣。"等语。

1月27日　　下午列席执行委员会。

5月2日　　下午诣潮安县党部演讲，约一时半。县知事李振翱擅征捐税，犹不缴卸，着即看管严办。

---

① 张静江。
② 林业民。
③ 陈果夫。
④ 孙科。
⑤ 黄郛。
⑥ 陈其美。

5月11日　　上午偕季新①兄诣总部参加总理纪念周。

6月17日　　晚，嘉伦②来谈政府及军事委员会组织，至十二时方去。自知愚甚，嘉伦亦一外交家也。

6月21日　　下午，往谒许③总司令，商议组织政府并人选问题，决采委员制。余力辞加入政府，以为政府直接指挥军人，不宜加入政府委员也。季新龉余言，惟军事委员会委员不能罢也。

6月23日　　下午三时后，得谭组庵④总司令电话，知今日广州各界群众因援助上海各地惨案巡行，以密集单道前进，无有掩护，经沙基口为英丑用机枪扫射，死伤者约七十人。本校学生士兵死二十人，伤十余人。蠢尔英奴，视华人之性命如草芥，肆行芟薙，闻之心肠欲裂，几不知如何为人矣。自有生以来，震悼未有如今日之甚者。上省垣时，一路景象凄黯，昊天顿呈不可思议之红灰色及苍淡色。呜呼，惨已！晚，商议至一时回部。毋忘今日之国耻。

6月24日　　昨晚，心痛神疲，热度甚高，今晨几不能起。上午，勉强至北校场集合士兵讲话，约一小时，体力更惫。十时回校布置一切。下午，回司令部休息，璧君⑤来省余病，心甚感激。

6月29日　　晚，参与区党部执行委员会。

6月30日　　上午，计划两广道路事，十时赴省垣出席国防会议。

8月4日　　上午，开沙基死难烈士追悼会，沉痛演讲。晚，血花社演剧。

8月10日　　闻中央银行兑现拥挤，疑为内部之事。季陶⑥来函攻击CP⑦甚烈。

8月20日　　刺廖案突然发生，必为英虏走狗阴谋无疑。

8月28日　　下午，诣总部，欢迎俄国工党代表及列宁号船员。

---

① 汪精卫。
② 加仑，苏联军事顾问。
③ 许崇智。
④ 谭延闿。
⑤ 陈璧君。
⑥ 戴季陶。
⑦ 中国共产党。

9月2日　　议定以邓泽如为财政部长，李子宽为广东财政厅长。二十五日在长沙击沉日本海军小轮一艘，毙其水兵一名，伤二名，彼不敢提出抗议，以三千金抚恤费了事。

9月3日　　本日，罢工工人逮捕由港来省之英丑二名，坚不肯放，殊堪激动。

9月4日　　昨逮捕英丑二名，拟予释放，即提至军部处置一切，以免其借口。

9月6日　　下午，对全体学生讲演，各应认清帝国主义者为我们唯一敌人，约一小时余。

9月13日　　上午九日后，开第三届本校特别区党部选举大会，至一时散会。

9月15日　　晚，开区党部第三届委员成立会。

9月20日　　上午，出席政治委员会，议决处置汝为①兄事。

9月24日　　下午，诣政治委员会。英夷河南号轮到省河，工人设法拒阻。

9月25日　　下午，诣政治委员会。

9月27日　　粤人不明革命本旨，党员多怀一种排外反党之心，令人憎怒。如此，何以革命也。惟有侧身修行，舍命报国而已。

9月28日　　下午，赴政治委员会。晚，往政治训练班讲演。

10月19日　　英夷勾通北段，竟以十万金悬购余。

10月21日　　英夷忌我益深，而谋我更急矣。

11月7日　　致学生电，勖其专心求学，毋为人利用，卷入党争漩涡中也。晚，庆祝苏俄革命八周年纪念，各界来宾云集，商会会长徐子青亦到。此为各处所罕见，可知群众对革命倾向之心理，非昔日之薄弱可比也。演讲约一时余。会毕致电苏俄政府祝贺。

11月9日　　上午，外出视察民情，市廛乐业，比之向风可喜也，惟警察甚少耳（时第二次东征奏捷，驻节潮安）。

---

①　许崇智。

11月24日　闻关税会议通过于千九百二十九年以无条件承认中国关税自主，足见革命军地位稳固也。

12月2日　下午，闻本党捣乱分子①，在北京召集第四次中央执行委员会，宣言驱逐鲍罗廷，开除共产党员，移中央委员会于上海，取消政治委员会。现因北政府突起变化，段氏②濒倒，冯氏③继政，切不能掀风作浪，行将无形打消矣，可痛恨也。

12月3日　下午，有学生十余人，同第一师政治部主任李公侠，来部具诉。李对共产党报告：言四围都非同志，以此语激成本党党员仇恨，怂我监视。以其为政治部人员，带兵官不能干涉，惟云以严办了事。近日共产与非共产之争，几使本校、本军内部分裂，后患正长也。

12月4日　今日为共产党与非共产党事又来纠缠，欲继承总理遗产而不认总理为总理，天下宁有是理耶！

12月8日　下午，为共产主义党与国民党内部纷争关系，召集政治部与党代表讨论团结办法。余于无法中提出办法二项：一、校内准共产党员活动，凡有一切动作均得公开；二、总理准共产党员跨国民党，而未准国民党员跨共产党，然亦未明言不准，现在本校亦不禁止国民党员加入共产党，惟加入共产党者须向特别校党部声明请准也。众亦以此较为妥善云。

12月19日　十月间，广州开世界被压迫民族联合大会，足证中国已成为世界革命之中心地矣。

12月20日　晚，宴奥尔根同志等。余讲演不能做世界革命党就不能做中国革命党，听者甚以为然。革命皆是苦痛事，惟见各国人物来华日多及青年学生奋斗不已，二者为生平之乐事也。革命程度无器测量，惟以同志者之多寡，占知其成功迟速耳。

12月26日　闻汕市查获鸦片十五万两，国内政治之澄清于此渐见曙光矣。

12月27日　上午，往汕头市党部讲演。

---

① 指国民党中西山会议派。

② 段祺瑞。

③ 冯玉祥。

12月28日　　晚得季新兄电，称孙文主义学会将于二十九时（日）示威行动，宣布西山会议传单。王柏龄糊涂至此，可恶殊甚，严电阻止，不知有效否。

1926年

1月1日　　昨日，归自汕头。上午九时，诣中央党部，参加本党第二次全国代表大会。开会典礼毕，阅兵，群众相庆贺，簇队巡行者约十万人。为孙文主义学会事，痛诫惠东升等。

1月6日　　晚，出席政治委员会。

1月10日　　晚，在校宴全国大会代表，演讲，至十二时散席。安危生死岂足容怀，惟冀挽狂澜于既倒，作党国之砥柱，谋主义之实行，安总理与已死诸烈士之灵魂。

1月11日　　上午，诣校主纪念周，说明举行此纪念周之意义。下午，哲生[①]由沪来谈调和本党内部方法，余思西山会议不提于大会或竟保留至第三次大会再决也。

1月12日　　晚，在校会议对第二次大会提案及选举名单，深夜一时后回部。

1月18日　　上午，参加本校纪念周，训诫约半时。以本校历史，喻先慈鞠育我之苦辛，不觉心酸泪下。

1月19日　　傍晚，季新[②]兄来谈时局，对罗[③]、季[④]等主张与行动，心感不悦。我以诚往，彼以诈来，非可共事也。今日本党第二次全国代表大会闭会，余以脚痛心闷未出席。

1月29日　　下午，假眠，会客，孙夫人来访。与静江[⑤]兄叙别，谈本党与个人处境之难，不禁感慨系之。人才缺乏，精神涣散，同志不明事理，挑拨离

---

① 孙科。
② 汪精卫。
③ 鲍罗廷，苏联顾问。
④ 季山嘉，苏联顾问。
⑤ 张静江。

间，尽其所能，可谓险矣。致季陶、元冲函，勉其自全。

2月2日　　晚约孙文主义学会与青年军人联合会干部开联席会议，解决双方干事互入两会，惟高级官长，须令其退出也。

2月3日　　鲍罗廷自北回，晚来，述观测情形。彼以解决土地问题，为革命之基础。余亦以为然，惟忧无法引起全国大革命矣。余言北伐非大革命，现在国民政府，亦不足为真正革命政府也。彼默认不答。余少顷自悔失言。

2月11日　　苏俄友人疑忌侮慢防范欺弄之行，或非其本来方针，然亦无怪其然，惟召以诚义感之而已。

2月12日　　下午，力子①来谈，季新以余未复其讯心滋不悦，闻之甚为歉惶，自觉固执太过，使人难堪而启衅隙。又接其一讯，令余读之感动。

2月23日　　下午四时后，诣鲍公馆参与政治会议。

2月24日　　下午，在季山嘉将军官邸会议。

2月27日　　上午，往访季新主席，报告要事及对季山嘉之我见，彼允即进行。季之专横，矛盾如不免除，不惟党国有害，且必牵动中俄邦交，然料其为个人行动，决非其当局者之意也。下午与季新兄议事，季山嘉已自知其错误，并露辞去之意，不知其尚有何作用也。

3月4日　　择生②以对党之感想判断，结果为本党必归于乌有，而以共产派起而代之，吾军惟有领导青年左倾，共图国民革命之成而已。吾亦以为其判断之有所见也。又自谓吾近日感情冲动，亦以为然。

3月5日　　单枪匹马，前虎后狼，孤孽颠危，此吾今日之环境也。总理与诸先烈在天有灵，其当怜而呵护之，不使我陷于绝境乎。

3月6日　　自觉历史观念太深，感情作用太多，政治兴趣丝毫没有，此其所以革命不成也。

3月7日　　经扶③、择生来谈，闻有人以油印传单分送各处作反蒋运动。此心反得安适也。

---

① 邵力子。
② 邓演达。
③ 刘峙。

3月8日　　上午,与季新兄商决大方针。余以为中国国民革命未成以前,一切实权皆不宜旁落,而与第三国际必能一致行动,但须不失自动地位也。彼极谓然。

3月9日　　上午,在校与择生议事后思虑半天。吾辞职,已认我军事处置失其自动能力而陷于被动地位者一也;又,共产分子在党内活动不能公开,即不能相见以诚,办世界革命之大事,而内部分子貌合神离,则未有能成者二也。吾因此决心辞去。

3月10日　　近日反蒋运动传单不一,疑我、谤我、忌我、诬我、排我、害我者,亦渐显明,遇此拂逆精神打劫,而心志益坚矣。惟自恨缺乏政治知识,又少组织能力,前之以为政治组织完全信任同志,不必研究,而今乃觉事事非精明审虑皆为人之傀儡矣。

3月11日　　上午,为苏俄代表库弼下克氏来粤与季新兄商欢迎事。

3月12日　　上午九时,诣中央党部作纪念周。

3月13日　　下午,往迎苏俄代表库弼下克氏,听取报告。

3月15日　　忧患疑惧已极,自悔用人不能察言观色,竟困于核心,天下事不可为矣。

3月17日　　上午,议事。所受苦痛,至不能说,不忍说,且非梦想所能及者。政治生活至此,何异于佛入地狱耶?

3月19日　　上午,准备回汕休养,而乃对方设法陷害,必欲使我容身无地,思之,怒发冲冠。下午五时,行至半途,自忖为何必欲微行予人以口实,气骨安在?故决回东山寓,牺牲个人一切,以救党国也,否则国销尽矣。终夜议事,四时诣经理处,下令镇压中山舰阴谋,以其欲摆布陷我也。私利可以粪土,责任岂可放弃乎?名位可以不顾,气节岂可丧失乎?故余决心不走,向前奋斗耳。

3月20日　　六时起床,闻已占领中山舰。乃即往造币厂北校场,训诫第二师将士毕,会客。组安① 军长不以此举为然,书生浅见,不知革命之举动也。今日戒严时,士兵竟将苏俄客卿寓所守卫,形同监视,且缴其械,良用歉然。下午

---

① 谭延闿。

五时，往晤汪兆铭。

3月21日　上午，拟致季新兄函，思虑再三，卒未能成，以即不愿以伪待友，又不能以诚示我。人才缺乏，实无改造一切之工具，孤苦伶仃至于此极，可堪痛心。军队不出动则已，如一出动即不能事事制止，必有自由及不轨之行也，以后戒之。傍晚，访季新兄病，观其怒气勃然（一作冲天），感情冲动不可一世甚矣。政治势力之恶劣，使人几乎无道义之可言也。今日决心甚坚，故能贯彻一半主张。

3月22日　上午，俄使馆参议来见，问余："以对人问题，抑对俄问题。"余答："以对人问题。"彼言："只得此语，此心大安，今日可令季山嘉、罗克觉夫各重要顾问离粤回国。"十时后，开政治委员会，决议令俄顾问主动引去，第二师党代表撤回，对不规军官查办。下午，与谭、朱、李①各军长谈对俄顾问及共产党各问题，皆赞成余意。事前皆反对我出此举动，事后奉余言为金科玉律，人心之变化奈如此甚速耶。晚回校讲演。

3月23日　终日在校虑政局及处置方法，闻汪②主席迁地就医，不胜疑惧。昨日决议完全尊重其意思，宜无不愿也。

3月24日　下午，往别伊万洛夫司基。彼嘱余革命以农工为基础，以政府与党之强固为要点，又以干部意志一致为首务。余言革命势力应集中，革命应时时进取，不宜取保守态度；凡余视为革命障碍者，应迅即扫除；又以革命组织应以革命之利害为前提，不宜应人而设也。彼此皆以为知言。

3月25日　上午，与静江兄商议经过事实，为人陷害屡濒于危之状。彼诧余为天才，即对方亦以此称，然而危难极矣。正午，组安、益之、季宽③各军长来谈。余以二十日之事自请处分之呈见示，彼甚乐意也。四时后回省。与子文商议找觅精卫行踪不可得后，得其致静江兄一书，谓余疑渠厌渠，是以不再负政治之责。彼之心迹可以知矣，为人不可有亏心事也。

---

① 谭延闿、朱培德、李济深。
② 汪精卫。
③ 谭延闿、朱培德、黄绍竑。

3月26日　　上午，致精卫、子文、组安、任潮、益之①告休养书，嘱其促精卫出来任事也。十时后，召集第二师各官长训话毕，回校。下午，乘中山舰来虎门驻沙角台。晚，与九渊、立夫谈世界大势毕，看书。九时后睡。三时宋部长子文来挽劝我勿走，我允之。彼去，即再睡。政治生活全系权谋，至于道义则不可复问矣。精卫如果避而不出，则其陷害之计昭然若揭矣。可不寒心！

3月27日　　上午，登探海灯台眺望风景，总难解满腔愁郁。十时乘舰由沙角台起程，下午三时抵东莞城，驻节于公园红棉山庄，会见官长学生，心稍安乐。晚，在公园纳闷，学校措置不定，军队政治工作无人，党务全体执行委员会无期，政府产生不易，此皆今日重要之问题，应研究者也。

3月28日　　下午三时，由东莞城起程，六时回抵虎门之沙角宿焉。政局不速定，甚恐夜长梦多。某兄始以利用王懋功背叛不成，继以利用教育长陷害又不成，毁坏余之名节，离间各军感情，鼓动空气，谓余欲灭某党，欲叛政府。呜呼，抹杀余之事业，余所不计，而其抹杀总理人格，消灭总理系统，叛党卖国，一至于此，可不痛乎？

3月30日　　只要大权不旁落外人之手，则其他事皆可迁就也。前此政府事事听命于外人，以致陷于被动地位，此非外人攫夺之故，而精卫拱手让之也。

3月31日　　季新兄行踪仍无下落，此种不负责任之所为，非当大事者之行径也。无怪总理平生笑其为书生、为调和派耶。

4月2日　　下午，与邓择生谈三月二十日缴俄国顾问枪械与震慑中山舰事，彼疑近于反革命行动。余教其革命党应事事以革命行动出之，如总理主张废除约法，余之主张改正党代表制，如他人为之，则为反革命，而以总理与余行之，则无论何人，应认为应取之手段，以由手创者即有废除之权也。静江、子文兄来谈，适值欧阳格舰队司令被扣留，以欧阳联合右派不利于其党也。晚与静江兄商议至十一时。

---

① 汪精卫、宋子文、谭延闿、李济深、朱培德。

4月3日　　上午，刘①师长来谈，古②、伍③等又来谈，令人不悦。右派徒思利用机会联结帝国主义，以陷党国，甚可叹也。下午，谭④、朱⑤、宋⑥诸同志来谈。商议大局毕，拟即日提出开全体中央执行委员会及了结三月二十日之案，皆得通过也。恩来⑦来谈，俄顾问亦来谈。今日之处境，极感左右为难，若无主见之人诚不知措手是矣。政治生涯复杂如此，实梦想不到耳。

4月5日　　上午，诣校主纪念周，训诫约一小时毕。下午，子文兄来谈右派拟开市党部大会示威运动，嘱余致函铁城⑧制止之。上海谢持等致电静江、组安⑨等，欲来粤开伪第二次全国代表大会，皆思利用此机会以捣乱也。近日为人事与政治问题甚虑，处置之难也。

4月6日　　上午，考虑时局。今日反对上海第二次全国代表大会通电有：誓为总理之信徒，不偏不倚，惟革命是从，凡与帝国主义有关系之败类，有破坏本党与政府之行动，或障碍我革命之进行者，必视其力之所及扫除而廓清之云云。

4月7日　　接精卫兄函，似有急急出来之意，乃知其尚欲为某派所利用，不惜断送党国也。呜呼，是何居心焉？

4月8日　　上午，张、谭、朱、宋⑩诸同志来谈大局及季新⑪兄出来事。晚决致季新兄复书，以促其觉悟，拟至十一日止。

4月10日　　对于退出军队之共产分子甚难为怀也，团体分裂，操戈同室，

---

① 刘峙。
② 古应芬。
③ 伍朝枢。
④ 谭延闿。
⑤ 朱培德。
⑥ 宋子文。
⑦ 周恩来。
⑧ 吴铁城。
⑨ 张静江、谭延闿。
⑩ 张静江、谭延闿、朱培德、宋子文。
⑪ 汪精卫。

损失莫大焉，二年心血尽于此矣。以后政治方针究应如何决定，方能使革命成功也？

4月11日　　深思广东现局甚难处置，党务军事裂痕已明，右派与共产派两者之间固难调融，土匪与地方主义更难消除，实无善后之策也。

4月12日　　下午，在省垣中央党部纪念周报告军事、政治及党务后，大雨，乃回黄埔。

4月13日　　政治问题之复杂困难，财政足以制人如此，以后须深切认识也。

4月14日　　上午，梯云①来谈，欲急于解决罢工问题，以贪英国借款，推其大意为英人所利诱。余反对之，并斥其妄。不料哲生②为彼所愚，后以余据理驳正，彼亦无异辞。政治人心险恶如此，可悲也。下午，与静江兄商议政局、留子文长财部事，及致季新兄函，约数千言。五时回校，为拟发表正告同志书，反复诵读，始决定之。政治与军事之成败皆在心理，而事实甚微也。

4月15日　　上午，张、谭、朱③三同志来谈改选主席事，余赞成之。

4月16日　　下午，由校回省垣与静江、益之、任潮、组安先后商议改选主席事。四时后，赴国民政府开联席会议，推选谭组安部长为政治委员会主席，余为军事委员会主席。青年军人联合会今日宣言取消。

4月17日　　晚，与孙文主义学会干部谈取消学会事，旋孙文主义学会议决取消。

4月18日　　与史顾问开诚谈从前季山嘉之非，以后应注意改正之点云。

4月19日　　上午八时，由省垣回校主纪念周讲演。

4月20日　　见十九日军事委员会主席蒋通电，不胜骇异。④政治复杂，其演象实不可测也。

---

① 伍朝枢。

② 孙科。

③ 张静江、谭延闿、朱培德。

④ 中国第二历史档案馆编《蒋介石年谱初稿》第569页为："公见军事委员会汪皓电，颇为骇异。"

4月21日　　阅某电,知其怀疑且涉不规,无任忧愤,何天之厄我如此其甚耶?又接某电,此事或易解释,心略安矣。晚宴退去本军之党代表及CP官长,讲演约一小时,众疑释然。十一时回部。

4月23日　　晚,会议免吴铁城公安局长职,决议后散会。

4月24日　　上午,吴铁城来,即谈免其公安局长职之理由约一小时。令李章达带兵就任公安局长职。伍梯云①不以撤换公安局长为然。牵一发而动全身,处置政治益觉武断不周也,戒之。

4月25日　　晚,宴各党代表,讲演。

4月26日　　上午九时,诣校主纪念周,报告近二周政治军事状况。

4月27日　　人心疲玩,恶习太深,封建思想不破,革命总难成功,政治复杂,瞬息万变,谨慎犹虑不及,奈何轻心掉之耶?

4月28日　　晚,回省垣会议,十二时仍返黄埔。胡展堂②、鲍罗廷诸同志近日可到粤,精卫问题恐生纠葛。闻吴佩孚委叶开鑫为湖南总司令攻湘,广东问题更渐逼。一波未平,一波又起,未知如何了局也。

4月29日　　胡展堂、鲍罗廷来粤,余往船迎接,到司令部谈天。

4月30日　　下午,与展堂兄谈天,其言近挑拨,多不实,心甚疑之。二时至四时半,与鲍罗廷顾问商议党争,交换意见,彼尚有猜忌之点也。四时后参与政治委员会。

5月1日　　今日为劳动纪念节,共产派与右派工人互相仇视,似有剑拔弩张之势。余再三警告双方,并令军队戒备,故得无事。

5月3日　　上午八时,由省垣回校主纪念周演讲,十月二十六日英舰捕拿华船为国耻。晚,主席政治工作会议。

5月8日　　闻精卫③尚在西关。

5月9日　　闻展堂不辞赴香港,时局复杂纷繁至不可言状,无怪乎二十四史以政治人物为中心也。

---

① 伍朝枢。
② 胡汉民。
③ 汪精卫。

5月10日　　上午，主纪念周讲演。闻展堂昨晨潜赴香港船中，适遇精卫，是诚不约而会，冤家必逢对头乎？

5月12日　　上午，往访静江①兄及鲍顾问，商议党务及政局，各种难题猬集一身，复杂艰难日甚一日，令人无以为计，惟有竭其力之所能而已。下午，与静江兄、鲍顾问谈党务整理办法，殊苦棘手。出席政治委员会。

5月13日　　上午，拟国民党与共产党条件。会客。议事。元冲②来粤，与静江兄、鲍顾问谈对共产党条件。

5月14日　　上午，各界代表来请求解决共产谣传事。与鲍顾问等磋商国共二党协定事项，彼始不同意。余以坦诚切言，并谓对共产党提出条件虽苛，然大党允小党在党内活动，无异自取灭亡，余心实不愿提此亡党条件，但总理策略既在联合各阶级，故余不敢主张违教分裂也。彼闻此，乃始默然。下午，又想变更。谭平山、张国焘二同志来见，亦如此，使人为难异甚。余几惶惑成为神经病矣。呜呼！党国与本身存亡之际，其困难痛苦盖有如此者？

5月15日　　上午，第二次中央委（员）会全体会议开幕。余同静江兄前往参加，提余为主席，提出修正党务案、联席会议案及两党协定案。当余提出末一案时，各委员相顾惊惶。余自觉言之太过，心终日不安，精神恍惚非常。

5月16日　　上午十时，开中央执行（委员）会，审查整理党务案，至下午一时完毕。往访鲍顾问。余甚以两党革命小党胜于大党为忧；又以革命不专制不能成功为忧；又以本党党员消极抵制共产，而不能积极奋发自强为忧。彼甚动听也。

5月17日　　上午九时，中央全体会议通过整理党务二案后，余即自请处分三月二十日案。全场决议，以此案既不能完全发表，认余自认罪案不能成立。且通过以后，本党完全信托余为革命重心，完成总理未竟之志也。晚与鲍顾问谈党事，左右为难也。

5月18日　　上午，在党部开会，通过中央执行委员选举主席案。对于党事

---

① 张静江。

② 邵元冲。

实于心有愧，所以时起灰心遁世之念也。

5月19日　　上午九时，诣中央党部参加全体执行委员会，通过余所提议之新登记案及统一各省党都案。哲生①与泽东②为左右派案争执甚劲。下午，参与政治委员会。

5月20日　　九时，中央全体会议通过重行登记案，选出联席会议代表。

5月21日　　上午，与鲍顾问商议宣言。九时后，中央全体会议审查训令，提出宣言起草委员会案，通过。革命须求自立，不可勉强迁就。世界革命应统一指挥，但各国革命政权仍须独立，不能以用人行政亦受牵制。一国政治不能独立，在于其不能自主也。

5月22日　　改革国民党欲成为一真正不妥协的革命党，欲成为一实行三民主义之革命党，以党员资格整理党务，而非以军人干涉党事也。总理责任交给国内青年，愿以能奋斗之青年辐辏国民党，然而非欲党员对三民主义疑为不彻底之革命党也。如言不彻底，则俄国革命迄今未彻底也。"不革命"一语为宣布革命党员之死刑，闻者无不反对，革命必致破裂，应联合革命的新旧党员对外也。上午，诣中央党部参加全体会议，通过宣言等案。今日全体中央执行委员会闭会。

5月23日　　下午，诣广州市党部报告，言多失慎。

5月24日　　上午九时后，诣校主纪念周，来宾吴稚晖、钮惕生③诸同志均莅止参观。

5月27日　　下午，莅高级训练班致开学词，主张入国民党之共产党员应退出国民党，以集中革命势力也。

5月28日　　上午，参与中央党部会议。下午，诣校主席本校特别区党部选举大会。

5月30日　　上午，拿办吴铁城。

5月31日　　上午八时，诣校主纪念周，讲演。

6月1日　　上午，诣中央党部开常务会议，通过邵元冲任青年部长、叶楚

---

① 孙科。
② 毛泽东。
③ 钮永建。

伧任秘书长案。晚，与钮惕生谈革命形势及计划。

6月2日　　下午，与静江、祖安、子文诸同志谈政局，使我无法□□其后也。晚，又与静江、子文二兄研究本党本校事。

6月4日　　本日，中央党部及政治委员会通过任余为国民革命军总司令。

6月6日　　上午，改正函稿，为受第三国际之指导主张也。

6月7日　　上午八时，由省垣回校主纪念周，讲演约一小时半。

6月11日　　用人之难，组织不整，所以事惰而国乱也。

6月12日　　拟于此数日内将第三国际关系问题、中国革命总计划及出征前后之准备三者确定大纲也。

6月14日　　上午，参加纪念周，介绍敬之[①]讲演，颇有所感。余不能以诚待下，过也，戒之！

6月17日　　调杜承志来党服务。

6月22日　　人才缺乏，又复不善奖诱，如此而能治国乎？

6月23日　　下午，出席政治委员会。

6月26日　　晚，在东山寓次与力子谈革命，以集中与统一为唯一要件，而其基础则在下级士兵也。

6月27日　　黄埔同学会成立。

6月28日　　上午，参加本校总理纪念周，讲演。

6月30日　　上午，出席组织委员会，定本党政策及剿除土匪问题。

7月1日　　上午十时，参加国民政府成立周年纪念。

7月2日　　上午，往访鲍罗廷，谈至下午二时半回寓。余甚以其对党意见为不然也。以本党有历史、有主义，不可勉强也。

7月4日　　上午九时后，出席中央执行委员全体会议，议北伐出师宣言、训令党员及誓师典礼案。

7月5日　　上午，往访鲍顾问，到全体中央（委员）会议，选余为中央常务委员会主席。下午，与静江、祖安先生谈商政治委员会归并中央委员会常务会

---

① 何应钦。

议，而彼则欲常务会议归并于政治会议。夜，会议卒，以常务会议存在而政治会议归并也。

7月6日　　上午，中央全体会议选余为常务委员会主席。下午，开中央组织部登记会议。

7月7日　　上午，诣组织宣传会。

7月10日　　下午，与静江、祖安二兄会议中央常务会议及政治会议名单，政治委员会不取消而停止归并政治会议也。批阅文件。嘉伦[①]同志报告其飞机及器械到齐。今日见上海伪党部评论整理党务案，以余为众矢之的，不胜闷烦。

7月12日　　上午，诣校主纪念周讲演后，即往省垣主总司令部纪念周。下午，诣静江兄处会议关于中央常务会议、政治会议人员问题及解决罢工。会议北京关税会议之对付方法，余以关税会议为卖国条件，决意与吴佩孚宣战，通告中外。

7月13日　　上午九时后，往中央党部开常务会议，就主席职，至十四时半始闭会。

7月15日　　上午，诣中央党部出席政治会议。

7月17日　　上午，诣中央党部，主席常务会议，推静江兄与组安兄为常务与政治会议代理主席。

7月19日　　上午，主本校纪念周。

7月21日　　我政府与阴（英）番夷[②]于十五日正式开解决省港罢工案会议。而昨日阴（英）番挑衅，特驶小火船至深圳华界破坏纠察队检查仇货，纠察队即将阴（英）番二名及火船扣留，彼蛮番不问情由，即至深圳车站派兵占领，事之可耻，孰甚于此。

7月22日　　上午，得英夷占领深圳之报，不胜愤激，乃与鲍顾问磋商应付。

7月23日　　下午，与鲍顾问谈革命方略及政治主张，彼以余言为然。

---

① 通译为加仑。

② 指英帝国主义。

7月24日　　上午，与王、盛二代表谈总工会与工人代表会起纠纷，工人代表在党部要求扣留陈森不休。各常务委员设法来见余，余准令将陈森随传随到，始了事。

7月25日　　晚，应中央党部与政府北伐出师公饯演讲，略带骄矜之色，戒之。

7月30日　　下午，看邓文仪由俄来讯，其中以土地制度为重要。土地制度不外土地国家化即归国有，与土地社会化即归社会分配，如太平天国制是也，余复之。

7月31日　　近日，甚思研究土地问题有一解决之法。

8月8日　　昨夜八时，在耒阳闻其党部借党营私，毫无意识，会集干部痛斥，未免为客气所乘也，戒之。

8月16日　　上午七时，主纪念周。九时，湖南省党部开第二次代表大会，往致祝词。

8月17日　　晚，开外交委员会，至十一时散会。

8月20日　　下午，往省党部听报告。

8月23日　　上午，主纪念周。下午，开经济、政治委员会。

8月25日　　上午，往湖南省党部报告。

9月12日　　政治事殊非余所胜任，思之辄为颦蹙。

9月16日　　田梓琴①、周道腴②二老同志来谈，其语不堪入耳。会议去后筹设临时湖北政治会议。

9月27日　　中央执行委员会召我回粤莅（会）。

9月29日　　晨，接精卫兄函，声辩前事无嫌，而其欲出之意则甚明也。余将复函应之。所以决心请汪复出者，以自觉政治能力薄弱，不能主持党国，只求其能于党国与革命前途有益，则对于我个人之好恶是非皆可置之耳。

10月1日　　政治复杂困难，已达极点，令人不能处置也。

---

①　田桐。
②　周震鳞。

10月3日　　本日，发请汪出任国事电。

10月4日　　无论行政、经济与练兵，非有严密之考试、监督与训练机关，决不成事也。训练人才，必须应用科学方法，即组织、系统、范围与统计四科，即所谓分纶（？）合也。而考试一项，则以咨谋、告祸、临利与期事四考，以观其诚勇廉信也。

10月5日　　拟复中央电。

10月15日　　电张①问汪②事。

10月18日　　上午，诣高安县党部主纪念周。旧友多变性，见之痛恨。季陶来电神经错乱，更为怨痛念余孤苦零丁，何以成事。党员老朽，岂有不败之理？近日甚想此次军事收束后，及时退休自晦也。

10月19日　　发寄中央执行委员（会）电。

10月28日　　下午，莅奉新县党部成立大会，讲演。

11月12日　　下午，在九江屯参加总理诞生纪念会，主席讲演。晚，与择生③谈党与政治关系甚详。

11月19日　　正午，赴江西省党部宴会，讲演。晚，与郭沫若副主任谈话，总政治部或总部应设经济处，以调查占领区域一切经济状况而建设之，拟分农产、土地、工业、金融、矿物、交通、浚河、市政、公产、盐务、粮食诸科。

11月22日　　上午九时，主纪念周，讲演毕已十一时矣。

11月24日　　见黄埔同学会报告第四期学生被人播弄挑拨，举动悖谬，从中CP或有作用，不胜愤慨。暴躁怨恨形诸口舌，为人所窥破，是岂大度能容物者耶？所谓立志养气者何在？接粤电，中央党部及政府决于下星期内迁武昌，喜惧交集。惧责任加重，不能兼顾广东根据地；喜党务与政治可以从此发展也。

11月26日　　下午，出席政治、经济、党务联席会议，至六时毕。

11月29日　　上午，主纪念周，言英国新加坡军港1929年完成，即为英日战争开始之日，亦即中华革命成功之日，希望各同志努力奋斗完成总理所付托之

---

① 张静江。
② 汪精卫。
③ 邓演达。

使命也。政治一物，头绪纷繁至此，殊非始料所及。

12月2日　上午，搭船溯章江迎中央各委员。十二时，即在途中相遇，乃偕来南昌。下午，招待欢迎，不能做事矣。

12月3日　下午，参加欢迎中央各委员会。晚，在江西省党部陪宴。

12月4日　今日，随同中央各委员赴庐山。

12月6日　晚，在牯岭开会，报告党务、政治、军事，以无预备，故语多支吾，为人所疑也。十时散会。

12月7日　上午十时起会议，对工人运动主缓和，对农民运动主积极进行，以为解决土地问题之张本。余意只要农民问题解决，则工人问题亦可连带解决也。众意甚以为然。十四时散会。十六时开会，决定财政统一方案。有人提议取消主席，余甚赞成。最后余提议请汪精卫速回，众赞成。

12月8日　下午，在九江会客。与湖南省党部执行委员谈话。本党与CP意见渐趋明显异路矣，可忧也。

12月15日　是日在南昌。晚，宴湖北党部代表，讲演，语鲜伦次。

12月20日　上午九时，主纪念周，讲演。下午，到南昌市党部讲演。

12月21日　人才缺乏，事多不举，法令委员会为废除不平等条约之准备，经济委员会为建设之准备，此皆必不可少，而以无人不能组织，但有心急而已。

12月26日　子文[①]狡猾，不肯负责，致财政难以发展，苦痛极矣。

12月27日　上午，主纪念周，报告。外交、财政亟待注重，党务日堕，不胜焦虑，革命不患强敌，而患内讧，如何能消弭此患耶？

12月28日　财政困难，外交无主，亟应注意。

12月29日　闻托尔斯基[②]有使中国消息，未知确否。党务、政治不能自由设施，则致胜无异于败也。托氏来华或能改正，而本身应具独立之决心也。

12月31日　上午，乘船往迎谭、张[③]二主席及各委员。正午，到省。下

---

① 宋子文。
② 托洛茨基。
③ 谭延闿、张静江。

午,陪客谈叙党务。晚,宴会,议事。

今日已是十五年最后一日了,使命加重,范围扩大,党务纠纷,说不出记不下的苦痛日多一日。革命之怪现状,可悲又可诧也。大海茫茫,何日能达彼岸!总理付我责任,父母生我意义,果为何如?莫怠莫慌,不屈不挠,奋斗前进,如此而已乎?

(辑录自胡震亚选编《蒋介石日记类钞》〔《民国档案》1998 年第 4 期、1999 年第 1 期〕,经校核注释)

四、蒋介石早期日记中有关军事活动内容摘录 (1919 年 1 月—1922 年 12 月)

蒋介石曾留学日本,学习军事。1916 年陈其美牺牲后,孙中山在军事上非常倚仗蒋介石。

在护法运动中,蒋介石遵从孙中山的指示,在粤军陈炯明之下,从事军事参谋和中层指挥工作。1918 年 5 月,任粤军作战科主任,9 月,任第二支队司令官,在福建省与北洋军阀统领下的军队作战,直到 1920 年间。但一方面作战不顺利,另一方面与粤军内部将领关系不协,故蒋介石屡次离军回沪浙,非有孙中山电召,不肯返回。1920 年 10 月,蒋介石到广东,任粤军许崇智部前敌总指挥,曾攻克广州。1922 年 1 月,蒋介石到桂林,曾任北伐军大本营参军兼第二军参谋长。1922 年 6 月,陈炯明背叛孙中山,其部将洪兆麟炮击孙之总统府,孙中山逃至永丰舰避难。蒋介石从上海赶至永丰舰上,侍卫孙中山。孙中山对蒋之忠诚于己更有所感,加倍信任。

孙中山在改组国民党、重振革命事业的过程中,认识到建立一支贯彻自己三民主义的革命军队之重要性。蒋介石被授命在黄埔创建军事学校,蒋任校长,后任国民革命军第一军军长,平定商团叛乱,平定杨希闵、刘震寰叛乱,东征陈炯明,统一广东,直至担任国民党中央军事委员会主席、国民革命军总司令,率师北伐。蒋介石成为国民党军事首领。

这一部分日记，记载了蒋介石在福建、广东的作战、军队训练等，在军事指挥中与一些军官和将领的关系，以及在永丰舰侍卫孙中山的过程。

1919年

1月1日　　晚七时后，丘①统领、龚②司令来谈对杨持平、宋渊源之办法。

1月2日　　上午七时半，由安溪起程，正午诣琯桥，下午过虎丘，陟林东山，以为颜副官已预备宿营也。不料颜尚在虎丘，而余过虎丘时，亦不报告，以致寝息无所，炊事莫办，奔走于岗麓间。夜深忍冻，召颜痛骂一场。是夜，士兵皆啜粥。

1月3日　　晨六时，食番薯后拔队行。正午，至芦营中餐。下午五时前，抵枫洋行营休息。晚，见许军长③。

1月4日　　晨六时，拔队行。正午，至泰城。下午二时，由长泰起程，六时半到漳州总司令部，复报此次出征军情。

1月5日　　与仲元④访陈雄夫⑤司令。沿途痛谈本军不取福州，坐失事机，不图进展，困守一隅，前途杳无希望，令吾等惟有做一日和尚撞一日钟而已。相与咨嗟久之。

1月6日　　下午，商决移动军队，先调梁⑥部回漳，而以丘部暂驻安溪，震慑土匪，余事未尽筹妥。余因神经不舒，忧心如焚，决回长泰休养。二时起程，途次略睡。六时半，诣司令部，写各统领及陈练百、谭石屏各函。九时后就寝。

1月7日　　上午，检查饷银。诣司令部训诰官兵，令饬各营自明日起，开始教练。

---

① 丘耀西，粤军第二支队统领。
② 龚振鹏，粤军支队司令，兼虎门总指挥。
③ 许崇智。
④ 邓铿。
⑤ 陈肇英，广东军政府海军司令。
⑥ 梁鸿楷，粤军支队统领。

1月8日　　　终日草拟上总司令条陈具体计划、善后方法及内部整理、全军编配与前线敷设等策略。

1月9日　　　上午，办公，定术课表。下午，检点炮兵。

1月10日　　上午，续草《粤军第二支队进攻永泰始末记》。办公。下午，训练第三十九营、方国藩所部之一营。其官长于部，皆不知演操为何事，所带部队以亲友为官长士卒，父子世袭。如此军队，而欲其前驱效命，是欺之也。晚，诰诫第二十七营官长，今日初次出操，兵士有赤脚无草鞋者，而服装之庞杂更不必说。心甚恍沮，欲思整顿，未知将何下手。晚，改正《进攻永泰始末记》。

1月11日　　上午，拟定此次进攻永泰得失时各部下之功过。规定教练时间。观操。下午，观操，诰诫第三十九营官长。总司令电话命我至安溪，向杨持平索还陈副官励猷等被扣人员，声色俱厉，一若以我为放弃责任也者。殊不知此次祸端，皆由龚振（镇）洲一人所造，不责亲而责疏，强人以难能之事，毋乃太过乎？晚，陈励猷等归来，见之惊喜，殊出望外，然犹疑其为鬼也。因顷传已为杨所惨杀也。

1月12日　　上午，办公，改正《进攻永泰始末记》。

1月13日　　上午，令调永春、安溪梁、丘两部队回。观操。晚，教授官长学科。

1月14日　　上下午各观操一次。晚，授学科。

1月15日　　上午，观操。下午，观操。研究典令。晚，授官长学科。

1月16日　　上午，观操。第二十七营刘雄标连长，借口无伙食，不能出操，闻之甚恼，即招徐营长来部训斥。饬令诰诫士兵。下午，观操。研究典令。晚，教授官长。

1月17日　　上午，复总司令函，详陈建筑营房规制。下午，观操。第二十七营官长来部讹索伙食，以士兵不出操相要挟。心甚愤激，厉色呵斥之近日心境少恬，惟以部队集中长泰为忧惧。以非正式军队，不规则之要求，必多应付，大难也。

1月18日　　上午，听第二十七营兵数（报告）。精神讲话。下午，第二十七营士兵环请营长发清积饷，群起喧噪，以不出发相要挟。余亲自训饬，始各无言而退。使士兵之服从易，所难者官长之威信耳。晚，精神讲话，约三十分时。计算第二十七营饷项。

1月19日　　上午，缮正营房图样。下午，听第三十九营兵数（报告）。

1月20日　　下午，观操。晚，精神讲话，约二十分时。

1月21日　　上下午各观操一次。晚，精神讲话，二十分时。

1月22日　　上下午各观操一次。晚，精神讲话，十分时。

1月24日　　上午，观操。第十营今日回长泰。

1月25日　　上午，观操。下午，查核报销。晚，精神讲话约三十分时。

1月26日　　下午，拟进攻永泰报告稿。查核各员报销。

1月27日　　上午，观操。下午，拟进攻永泰时部下之功过责罚报告稿。观操。晚，续拟报告及草整饷军队命令。天下所最难者，莫甚于以下凌上，形成尾大不掉之情势。惟各事整顿清理，尽其责任，万一不能实施，无可挽救，只有听之而已。

1月28日　　上午，观操。算账核数。下午，复核之。晚，精神讲话，约三十分时。本司令部今日迁回长泰。

1月29日　　上午，办公。下午，诰诫第三十九营官长士兵。

1月31日　　上午，缮正进攻永泰报告。下午，谢、赖两营长乞支饷，心甚憎厌。缮正进攻永泰报告。晚，诣司令部办公毕，回文昌宫行营。

2月3日　　昨晚以改编不妥，上疑下凌，心甚忧虑，辗转不成寐。

2月4日　　上午，本拟起程回长泰。与总司令①商谈一切毕，往辞许汝为②军长，密谈良久。得逗留一日。

2月5日　　上午，往辞总司令，商决议和时提出兵数及编制案。十时，由漳起程，途次恍惚。客气殊盛。下午二时后，抵长泰。办公。

2月6日　　上午，办公。观操。下午，办公。点名及诰诫第二十三及三十八营兵士。

---

① 陈炯明，粤军总司令兼第一军军长。

② 许崇智，粤军第二军军长。

2月7日　　　上午，观操。晚，会计饷额。

2月8日　　　上午，修正进攻永泰报告。下午，拟呈请委任人员稿。办公。晚，制建筑营房图式。

2月9日　　　终日研究营房样式及绘图。第十六统领所部，在朝天岭接守浙军防地。

2月10日　　上午，办公，并研究营房图式。下午，如之。

2月11日　　上午，修正图稿。办公。八时半，起程，视察朝天岭阵地。至半途，而劳顿殊甚，乃知今年之体育较去年退步也。一时后，至桥仔头入第三十八营部少憩，即回马详行营中食。二时半，由马详起程。五时，到长泰。晚，办公。

2月12日　　上午，办公。下午，由长泰起程，冒雨赴漳州，以应总司令之召。五时三刻到达，见总座及许军长。晚，与熊道尹、许军长商议本军编制，乃为仲元事也。再晤总司令，谈建筑营房事。

2月13日　　晚，徐军需正来漳，以其报销数不符，心甚厌恶。

2月14日　　上午，本拟往藻坂视察营房地基，以水大不能行，故中止。骑马至西校场疾驰二圈而回。

2月15日　　上午，同总座往藻坂视察营房基地。七时起程，十时半到达。其地势多起伏，不宜建营房。二时半，与许、熊诸君先回漳州。

2月17日　　日间办公。代陈总司令拟复军事委员会电稿。

2月19日　　日间代总座拟复军事委员会全国军事之整理改良问题，答两案：一、废督裁兵；二、筹设军政检定会。

2月22日　　上午，与总司令商议各事，约二小时。十一日起程，便道至办公处，视察。梁统领鸿楷来处埋怨，种种越规之言，无异于以下待我。予以愚钝冥顽，任其奚落忍受而已。下午五时，到长泰。是夜九时就寝，辗转不能成寐，直至二时得睡去。自有生以来，未有如此之魂梦颠倒也，神经恍惚散漫，蔑以加矣。

2月24日　　下午，考验第三十九营士兵操法，精神讲话。

2月25日　　上下午各考验士兵操法一次。

2月26日　　　上午，往查营房。下午，观操。

2月27日　　　上午，观操。今日，为返沪问题，尽半日在思虑之中。为领饷事，纳闷许久时。

2月28日　　　下午，办公。稽核梁部军需报销册，浮滥处甚多，心甚恨之。巡视营房。

3月2日　　　上午，检查第三十九营兵舍。下午，检查本部各室。近日，整顿队伍，渐有起色，心稍喜慰。

3月4日　　　上午九时半，由长泰起程，下午二时到漳州，往见汝为①军长，叙谈一切。梁统领侮慢上官，苛虐部下，贪奢骄淫，无一不有，忘恩负义，蔑（灭）绝天良，而犹有人居为奇货，则其败固可立待也。

3月5日　　　上午，与总司令商议一切。下午，由总部起程，便访汝为兄。六时后，抵长泰。此次草草告假，轻率离职，以致部中及部属各事，为阴险荒谬之参谋邓以鎏捣乱。如再迟回数日，则第二支队之基本瓦解，更不堪收拾矣。今而后知用人之难也。追念母训，感喟无已。

3月27日　　　邮竞存②兄函，请续假二十天。

4月3日　　　上午，修正购械草约。

5月1日　　　薄暮，抵漳州，至总部，见总司令态度异平时，心滋不悦。旋诣办公处，邓参谋以鎏诉斥退事一点臣等六人事（？），更为愤激，当场痛骂一顿。此人阴狠无良，可恶孰甚。

5月2日　　　上午，见总司令，与之谈事半天，而彼之于我，其诚信已不如前矣。下午，抵长泰，入司令部。晚，会见马营长，其谓我已被人诽议，而我亦自知之。当此上猜下忌之交，惟有辞职以明心迹耳。

5月4日　　　第三十九营在枫洋前方，为土匪击败，殊为可笑。第三十八营今日向安溪出发。

5月5日　　　马帮统作梁，在枫洋前方，为土匪射死，进攻永春部队，退至

---

① 许崇智。
② 陈炯明。

大坪，方营长退回长泰。恨极矣。天下本无事，庸人自扰之。其丘之谓欤。晚，未食而睡，起答电话二次，训斥方营长一次。

5月6日　　枫洋方面，今日无事，丘部防守太安地方。颁命令及接报告各数通。

上午，诣第三十九营点名，为士兵侮辱，当时只有忍辱包羞而已。梁部第六营到长泰。

5月8日　　方营自由赴漳，殊堪愤激。闻安溪县已于四日为匪占领，深为焦灼。

5月9日　　下午，办公。今日心气较为平和，有保持军职三月暂不辞退之心。

5月10日　　上午，草上总司令条陈。下午，辞节制第三预备队各营事宜。参谋邓以鎏，今日调回总部。此人阴险狂悖，不啻第二□南。今虽离去，而本支队之基干，已坏于彼一人之手。甚矣，用人之难也。由沪回漳，忽又浃旬，而上下交迫，内外夹攻，神经之痛苦极矣。

5月12日　　上午，接浙军李参谋通告，有湍待贵支队长调停等语，骇绝。如非平日信用昭著，则不白之冤，无由申诉矣。乃知军人地位危险，祸患无常。吁，可畏也夫。下午，与邓品泉司令商决攻安计划。

5月13日　　上午十时，起程往田头村，下午二时到达。会丘统领、谢营长，即达太安村防线，慰劳第三十八营官长。再回田头，时已五时，即返长泰，至则已九点钟矣。阅公文，至十一时睡。

5月16日　　上午九时，起程赴漳，见总司令计划军务。晚，商议时局。

5月17日　　上午，往访陈雄夫[①]君，商议安溪事。再访熊公续道尹。谒总司令，适雄夫亦来。谈及安溪事，总司令甚怨愤。闻之不胜抑郁，以此皆余一人之所劝也。此后办事更难措手矣。下午，回长泰，沿途暗自纳闷。

5月20日　　王文翰参谋与莫昌蔡书记牾，拍案相骂，心滋不快。甚矣，办事之难，而理繁治剧之更不易也。郁愤半日。

---

① 陈肇英，字雄夫，时为浙军司令。

5月24日　　晚，得大帮土匪来犯报告，心不慌张，决其无如此大胆也。

5月27日　　下午一时，起程赴漳，五时半到达。访邓仲元①兄，见总司令商谈军务。心甚烦闷。

5月28日　　上午，访仲元，见总座，会陈雄夫旅长及熊公续道尹。辞别于总座。下午半时，由漳起程，五时到长泰。

5月30日　　思量辞职手续一小时。

5月31日　　下午，批阅报销。今日决意辞职。吾生听天待命，何必恋此机豆。

6月4日　　上午八时半启行，一小时到漳。

6月5日　　下午二时由漳起程，六时半到长泰。

6月8日　　上午九时起程，四时前到漳。晚，往见总司令，筹商应对时局及粤军善后事宜。自长泰至漳州相距四十里间，低洼之地俱成泽国，非渡难过者十处，故春夏之交，闽粤东南部皆不能行军也。

6月9日　　上午，闻宪兵与卫队冲突，致起罢市风潮，一时谣诼纷起。甚矣，国人之无常识及定力也！

6月12日　　浙军旅长李斐然过访，与谈半时许。此君似一厚道君子也。

6月13日　　今日为闽中小人播弄，以致温派与本军启衅，吃我一堑。闽中小儿若辈狡猾冥顽，丧尽廉耻，备具亡国奴之资格，非予痛惩不可也。

6月14日　　上午，往访浙军旅长伍文渊，系一老练小官僚，疑与伯吹性质相同。下午，往访浙江师长潘镒宗，叙谈半时许。其干练阴谋之才，非伯吹所能及也。

6月15日　　此次致不辱使命。然而双方攻击，吃堑甚矣。

6月16日　　上午八时半起程搭船，九时半开行，十二时到石码，下午五时到漳州。见总司令，知今晨有土匪三百余人来犯漳，各人手持刀枪，胸佩护符，鱼贯前进，形同赛会，是一种邪教作用。黑幕中主持者为反对党，目的在捣乱粤军，其计可谓笨拙矣。

---

①　邓铿。

6月17日　　复报总司令,有土匪再来攻城消息,众心惊惶。仲元①太骄横,无法匡救,奈何?

6月19日　　自漳州至长泰四十里间,地势低洼,一遇暴霖,池水骤涨,弥望皆成泽国,渡凡七次。闽省道路交通之阻绝,可以知之矣。因此而感行军以熟悉地形为第一义。

6月21日　　上午,致仲元(函),述决意辞职理由。近月于进退问题研究颇为周详。下午,办公。

6月29日　　上午五时半起程,九时半到漳。见总座与仲元,切谈辞退事。

6月30日　　下午,会议裁并机关及裁汰冗员问题。

7月1日　　上午六时,由漳州起程,十时到长泰,会议归编事。

7月4日　　下午二时许,粤浙两军士兵冲突,丘统领被殴,浙军死伤各一,以致军心惶惶,商民惊恐。余亲出调停,与浙军官长妥商办理。幸即平息。然而两军部队,一方骄气犹盛,一方受辱太过,恶感深,祸事肇矣。

7月5日　　上午,办公。昨日启衅于浙军,而理曲在粤军,故惟有道歉引咎,以了此案。

7月9日　　上午,办公。吴采蘅又派员要求交涉,心殊不耐。

7月11日　　上午,由长泰起程,十时后到漳州。下午,见总司令及仲元,商议改组事。余要求兼营长,而仲元不允。于是,辞退之心遂决。晚,又访总座及仲元。噫!今而知仲元之器量狭小矣。十二时,搭船回。

7月12日　　船到石码,静坐后,即过汽船,船中没精打采。正午,抵渡鼓浪屿,回寓。邮寄辞退援闽粤军第二支队司令呈。

7月14日　　何委员报告,昨晚突有浙军士兵攻入本司令部。余辞职尚未邀准,故决回长泰,办理此事。忿郁有顷,而仍复其光明心地矣。

7月15日　　罗参谋奉陈②总司令命来慰留。余决辞退,惟与浙军冲突事未了,拟仍回长泰办理,以相始终。

---

①　邓铿。

②　陈炯明。

7月16日　上午九时半，由鼓浪屿搭汽船。正午，经石码过船，直航郭坑，下午三时到达。五时抵长泰，调查浙军围攻本司令部事，与其参谋长周、支队长吴商量善后办法。此事受辱虽深，然为护法大局计，惟有出之于和，免两军再各走极端而已，则决意辞退也。

7月17日　上午，办公。办处浙军事件呈稿。浙军缴去枪支，属于司令部者，已缴还；属于营内者，亦承认，尚未查明缴还也。

7月18日　上午，办公。下午，接兼任炮兵团长任命状及委任营长令。心滋愤激，此事未得同意，而竟先发表，似我非粤军无立足之地者，侮辱殊甚。故决意辞职。长泰县署电话问财政局，其款是否缴部，一若防我为骗诈者，遂乃怒斥来员，使知忌惮。抵晚，派人往县署领款，反为差役及黄定中所侮辱，甚言欲捆绑部员，分文不解。闻之，心殊痛恨。黄某平时跋扈，余以谦让自抑，而彼不知其然，卒致夜郎。至此，余气昏脑晕，口不能言，乃派马弁、宪兵，随俞军需往县署索款问罪，勒令缴出无礼差役，解部禁闭，待判曲直而戒将来。直至十二时款到，事乃息。

7月19日　上午，批阅公文，提出辞呈。黄定中知事潜往漳州哭诉。晚，与仲元兄电话，愤心又起矣。

7月20日　总司令派陈其尤来长（泰）调查黄定中事，余与剧谈，浮躁之气未祛。

7月25日　上午，阅文件，预备收束。以冯君言语欠慎，致蹈祸机，心滋不悦。晚，拟退职呈文稿。

7月26日　上午，办公。晚，复然。

7月27日　上午，办公。浙军侮辱司令部，已得惩办祸首，赔偿损失，在事官长降级，驻长浙军一律撤退，所有交涉，至此告一段落。南北护法战争，亦已划界停止，故余决心引退，以自全品格。

8月4日　陈总司令派其尤兄劝回原职。余不愿作冯妇，出言故直，有诋毁仲元语，事后颇悔之。

9月11日　接总司令函挽留甚力，以志在游历，故未允转还。

9月20日　　下午，接季陶、元冲各讯，乃知中师①不赞成我游历，强我助理进行，心殊不乐。

1920年

2月24日　　上午，往访季陶，商量赴闽办军官学堂事。

3月20日　　今日在中师座，主张粤军单独议和及福建占领地划返北军，而我粤军可一意回粤，乃能后顾无忧等语。中师赞成我第二主张。盖因能识我心无他，若在他人处，必疑吾言矣。

3月27日　　今日执信②来电催赴漳。

3月29日　　竞公来电催赴漳。

3月31日　　今日竞存、执信二兄又迭电迫催，故余决赴漳一行。往访汪季新③先生，虚文应酬，甚不自由。见仲恺、展堂④诸兄。就询诸同志电召情形，群相祝贺，殊感不快。此皆余资格犹浅，为人所诧异。深恨实不副名之作。

4月2日　　下午，中师召商闽粤军事计划。

4月4日　　接竞存急电，嘱速赴漳。决于八日起程。

4月13日　　下午，往总司令部议事。

4月14日　　上午，研究地图，定作战计划。

4月15日　　上午，往总司令部，知安海危急，不知已陷落否。

4月18日　　五时起床，由鼓浪屿登安海轮船。十时后，船进安海口，见民船满载难民出口，心滋错愕。十二时，抵安海，与礼卿⑤、瑞霖及李炳荣等道寒暄，见其部下慌张不安之状，深为焦虑。军中不可一日无士，于此可见矣。

4月20日　　下午，执信、仲恺兄等由漳来厦，乃知安海、安溪已断送于浙军，与日前所定主旨，大相径庭。卜其无攻粤肝胆也。思之不胜烦闷。

---

① 指孙中山。
② 朱执信。
③ 汪精卫。
④ 廖仲恺、胡汉民。
⑤ 吴忠信，字礼卿，时任粤军第七独立旅旅长。

5月30日　　湘中南北军开战，此后局势又将生一大变化。莽莽亚陆，不知何年重现日月也。

6月9日　　闻军政府伍①总裁，已发十五万元接济粤军，此后战费有着，赴漳效力，义无可辞乎！

6月12日　　下午，拟湘粤军共同作战方略，不料战报湘军已失长沙矣。

7月13日　　下午，得执信兄函，知直皖二派已在北京附近开战。沪宁、津浦各路，皆断绝交通，此后国事又当起一变化，不知如何结局也。

7月17日　　晚，见总司令，谈战略。

7月19日　　晨，看闽粤交界地图。上午，计划作战。下午，礼卿由福州来厦，往访之。得悉北京附近，皖直开战，段军之势稍弱，部下多主妥协。中国局面，终是不三不四，无彻底和平之一日，可慨也夫！

7月20日　　下午，仲恺兄以孙先生电见示，观其着急情形，殊踯躅不安也。

7月23日　　上午，上总司令函，论作战计划。

7月28日　　晨，往访仲恺，决定暂不回沪，以对于汝为②私人关系，亦岂宜拂袖径行乎？

7月30日　　接总座与汝为函，二人互有意见。当此敌焰四张之际，而内部又发生问题，吾为粤军前途危。凡带兵者，如以猜忌为予知，以欺弄为能事，其必无良好结果也，可断言已。

8月2日　　下午，在总司令部议事。

8月7日　　下午，抵上海，偕仲恺往谒中师，谈粤军及国内大局。

8月25日　　晚，接展堂、季陶、仲恺、觉生③各友讯，皆催我迅即回沪，商议应付时局办法。

9月30日　　上午，往访展堂先生，谈收复广州以后各事。

10月1日　　此出不任受何职，对党对友，惟负责任，不争权利，以冀消人

---

① 伍廷芳。
② 许崇智。
③ 居正，字觉生。

之疑忌，补益于国家而已。

10月3日　下午，在香港旅馆中拟电稿。以广州城附近各军，漫无统属，魏①、李②不敢进取，心滋疑虑也。晚，季新、湘芹③二兄入广州，劝魏、李急击桂寇，未知能否有效。

10月5日　上午，船抵汕头，赴总司令部，晤各参谋。下午，拟关于作战意见电稿呈总司令。

10月6日　晨起，准备赴前敌。下午，接仲元④兄左翼迭败之电。三时，搭火车启行，五时到潮安，七时开船，向松口进发。

10月7日　六时起床，在船头伫立半天。下午，致总座及汝⑤、仲⑥二兄商榷作战之电。十时，船到三河坝，是夜卧于船中。

10月8日　上午九时，船过松口。十时，由松口搭船起程。下午九时，船到梅县，寄住大同旅馆。

10月9日　晨七时起程，在岩头地方过午。此处离梅县、兴宁各六十里，而不经石马大道也。六时半，到兴宁，宿于县公署。

10月10日　晨六时，由兴宁起程，五华城过午。下午四时，到岐岭，宿于客店。以兵站人员无礼，宪兵不守纪律，痛骂之。似乎太急躁矣。

10月11日　晨六时一五分，由岐岭起程，行十二里过蓝关，进谒韩公祠。其地颇险要也。又经秦岭，亦可守之区也。正午，到老隆，入总司令部，与总司令论事。综览前方各情报，我军尚处优势，惟河源一城，不可不急下之也。

10月12日　晨起，看征战纲要。上午，拟参谋处向各部队对河源作战通报。今日接电，闻李⑦派臧⑧部来粤参战。

---

① 魏邦平，字丽堂，时任广州军政府军事委员会委员、省会警察厅厅长。
② 李福林，时任广惠镇守使。
③ 汪精卫、古应芬。
④ 邓铿。
⑤ 许崇智。
⑥ 邓铿。
⑦ 李厚基，字培之，时任福建省督军兼省长。
⑧ 臧致平，字和斋，时任汀漳镇守使。

10月13日　上午，办公。下午，研究作战。

10月14日　下午，办公。夜十时许，得许①军长报告，嘱我前去臂助。

10月15日　上午，由老隆起程，晚六时，船过黄田村，夜半到仙塘。

10月16日　晨七时后，登陆。午十二时后，抵陂头，茅溪蓬径，不堪步行，四十里之间，仅有此烟村，会汝为于此，畅叙别怀及一切，夜止宿。粪气臭不可挡。行军以饮料与厕所二者为最要紧，极宜注意也。途次闻河源城已于今日上午六时克复矣。心为少慰。

10月17日　晨七时半，由陂头起程。正午，到河源城。会见各官长后，将种种情形报告于总司令及军长。闻龙华水坑李姓及平陵商团，仍有敌弹甚多云。

10月18日　竟日办公。夜十一时后，闻陈总司令到河源，起而访之。

10月19日　上午，办公。下午，汝为军长到河源城。与总司令商决作战计划，卒从总司令意，主攻博罗。有为无意识之语者，闻之心甚烦，殊难为情也。

10月20日　五时起，与汝为兄商决进行作战事，即拟命令稿，下令今日全部出发。上午，办公。下午，亦然。今日任我粤军第二军前敌总指挥，辞不受，总司令与军长俱未过强，是我诚信较著于前也，心为自慰。

10月21日　晨六时起，见总司令与军长。上午八时后，起程，由河源经石夹山至埔前，已午后二时矣。自石夹山以南二十里之间，皆高下荒野，可为练兵场也。埔前村落残破，人民稀少，不见烟火。途遇一老妇，背负婴孩，探开家门，老妇固憔悴不堪，婴孩则仰卧背上，饿几欲死，不觉起恻隐之心。因念带兵之事，实非人所为者，更增我戒心。土人言桂军抢夺焚毁，犹为寻常事，而其奸淫，自十四岁幼女至七八十岁老妪，皆无得免。天岂未厌祸乱乎，何人民遭劫至于此极也？下午，经石坝至黄麻陂宿营。

10月22日　晨起，办公。上午，谢、关各司令前后言事。办公。下午，接中央军通告，乃悉太尾、横沥、平山均为我军占领。是惠敌退，有固守之计。数日内，博罗、石龙必驻重兵，当敌情未明以前，乌可轻视为易克耶？下令定明日出发至长塘面。办公。中夜，接各方情报七八通，皆言敌人退却。

10月23日　晨起，办公。上午九时半，由黄麻陂起程，十时到杨村渡河。

---

①　许崇智。

部队无秩序，亦无准备，以致凌乱不堪。下午一时半，到柏塘。途次接叶所长函，知惠州、博罗确为我军占领。三时，由柏塘前进，六时，到长塘面宿营。

10月24日　晨五时起，拟粤军第三期作战及攻击方略稿，八时寄与总座及军长。又复洪湘臣通报。九时半，由长塘面起程，下午一时到响水。致总座及军长函。

10月25日　晨起，办公。上午七时半，由响水出发，十一时到博罗，取道鹧鸪径，约有五里窄路，而不甚险也。博罗之葫芦山，在城东。抵城会李、熊各司令。午后三时，总司令亦至。谈议毕，即率队回响水。到时，钟已六点半矣。晚，下明日出发命令。办公。

10月26日　晨四时半起，写致总座、军长各函。办公。上午八时五十分，由响水出发。正午，过横河。晚，露宿于山穷水尽之龙潭地方。军部组织欠完，人员多不得力，以致代理者艰难困苦，不堪言状。今晚且不知军部设在何处，而余又超过前卫在十余里之外。夜接报告数通，不能安眠。

10月27日　晨六时，由龙潭起程，七时后至社下，九时出发，下午二时到证果。途中接报告，增城敌人昨夜退却，今日已为我军占领云。自河源至博罗，日日行进于高山仄径，皆在途接友军得地、敌兵溃退之情报，不能亲与决战，小试其锋，懊恼极矣。下午，下令饬各部队明日向增城前进。

10月28日　晨起，办公。上午十时，由证果瑞山草堂出发，下午二时，到增城。今日接中央及左翼军通报，东莞、石龙皆为我军占领。又须向省城疾趋。日日行走于溪涧山径之中，厌苦殊甚，不知何日能遇桂贼痛击一场也。

10月29日　晨起，办公。上午十时，由增城县城出发，在朱村过昼。下午五时，到石桥头，拟进击令稿。夜间以各部报告阻滞，几不成寐。后接关司令不愿进击之函，心滋不快。十一时睡。发总司令、军长各函。今日接总座转来的汪季新先生电，言岑①逃沪，莫②宥日③通电回桂，广东交中央处理，忧喜交加矣。

10月30日　晨四时起，处置一切。六时，由石桥头起程，过大埔圩，会谢

---

① 岑春煊，字云阶。
② 莫荣新，字日初，广东督军兼军政府陆军部长。
③ 26日。

炎煊司令，饬向花县进击，余自率许、孙、陆各统领所部直出新街。下午六时，抵太和圩宿营。沿途民舍为桂军焚毁，几无一完全村庄。罗布洞千余家，惟见一头面如漆老妇，亦有在野对柑子而啜泣者，以其果实为兵士抄摘一空，不能过活也。哀此灾黎，靡有孑遗。而沿途病兵呻吟，无人招抚，尤为惨不忍闻。带兵生活，诚非人所为哉。晚，（拟）发总司令、军长各函。

10月31日　晨五时起，发总司令、军长函。上午，办公。九时，由太和市出发，经人和，下午二时到新街。闻敌军残部，今日上午始由新街向清远方面退去。据土人言，廿七日，沈部黄营过此，廿八日林、马、沈①各部约五千人，廿九日各部约九千人，本日陈□春所部约八百人，皆经此退却也。到新街，予即下进击令。发总司令及军长各函。晚，宿于新街车站。

11月1日　晨起办公。上午十时，由新街起程，途经军田。其附近土匪胆大妄为，实所骇闻，前后军队在三百米突之间，竟敢抢劫装械。前日由大埔圩罗布洞而至太和市之道路，亦是如此。可谓猖狂矣。下午一时，由军田拔营，沿途尸骸未埋者甚多，实不堪寓目也。晚至银盏坳驻宿。

11月2日　昨晚接各方信件及报告，知清远城及源潭附近，尚有大部敌军麋聚。余三时起床，五时由银盏坳出发，七时到龙塘，会见张星羽副司令及各统领，得敌将马济、林虎三十一日致黄兴业密函，乃知林、马皆窜集清远，确有六七千敌军在其城内，而七星冈、洲心两处，亦皆有敌人踪迹也。探得后，即决心击灭此股之敌。行营设于天师庙。晚，下令准于明日拂晓进攻清远城，如能与林、马二贼剧战一场，亦是生平快事。窃悲此败军之将，震慑（于）我军威风，不击而退耳。

11月3日　晨起，办公。上午，往前方高地，视察战况，枪炮之声甚稀，料敌人已无抵抗力矣。正午，得报告，许统领已冒险过河，与敌在清远城外巷战，其大部桂军，已于昨晚退走，现惟稳玉廷及邓文辉少数之敌在围城中而已。下午，来求投诚，惟不肯缴械。余决意痛剿，以其一方面掩护桂贼退却，误我追击之机；一方面闭城乞降，以为将来复燃之计也。晚，移营于龙塘北郊之云□

---

① 林虎，字隐青，时任粤桂边防军总司令、中华民国军政府陆军部次长；马济，字慎堂；沈鸿英，字冠南，时任粤桂边防第三路军总司令。

学校。

11月4日　昨晚，接前方报告及谢文炳司令复函，悒怆殊甚，睡难安枕。晨七时后，谢宣威统领来会，才起床。以事不如意，心力交瘁，精神惫甚也。上午，办公。下午，亦然。晚，谢司令应召至，心颇自安。我军入清远城已一日，张国桢至此尚无报告，此人阴险叵测，自私自利之心甚重，殊堪厌恶。已眠复起，发军长函，揭其私与敌军交涉状及一切不正行为。再寝，已一时余矣。

11月5日　上午七时，由龙塘起程，途遇第七及第一支队各部队，心甚着急。下午二时，到新街，下挺进韶关命令。愤恨张某之心，一变而为愤恨大局处置之不平，纷争自残之兆，寓由于此，更增我退还之决心也。下午五时，搭火车，七时到广州，与仲元、汝为相见，牢骚之语，不可遏止，事后自觉佻躁。

11月7日　吾何人欺？必欲与若辈争闲气，吾何为必存建立事业之心？吾惟期吾可在社会上做一点公益，算一点成绩，军队生活，非吾人所应为，亦非人世所有者也。

11月12日　上午，抵上海，往谒中师，报告广东情形。

11月13日　下午，再谒中师，乃知汝为亦愤激回沪，是民党作事，究非私权窃柄者可比，气为一平。

11月21日　下午，接中师及静江、季陶二电，言我不去粤，则汝为亦不行，催速赴沪。我以左右为难，且家事未了，而又去亦无益，故却之。惟致函于汝为、季陶、静江、焕廷诸同志而已。

11月25日　闻报，悉谢文炳在韶关不得命令，即自称韶州镇守使，心甚愤恨，乃我思虑未周，知人欠明之罪。老营昏子不可靠如此，要增多我一翻经验也。中师率伍①、唐②等，今日由沪赴粤，组织军（政）府矣。

12月1日　上午，草拟组织军政府纲要。

---

① 伍廷芳。
② 唐绍仪。

12月7日　　上午，接展堂、仲恺、季陶促我赴粤电。

12月14日　　晚，接仲恺催我赴粤电，心滋疑惧。

12月25日　　下午，季陶来奉，力迫赴粤，其辞色亢厉，令人难堪。

12月28日　　午正，在静江寓得仲恺来书，读之语多傲慢，似有与我绝交意。季陶不讲情理，强我赴粤。近观世情诡戾，而吾之性质，实与社会不相容，愿抱孤独自义，以自全其顽躯，决不再入漩涡也。

1921年

1月11日　　上午，接奉中师电如下："觉生译转介石兄鉴：援桂克日出师，请兄速来臂助。兄本允我赴粤追随，勿再迟延为幸，盼复。孙文。阳。印。"

1月12日　　上午，复中师电如下："公莅粤五旬，未闻发一动员令，中是以有待。如果出师期定，当不俟召前来效力也。中正叩。侵。"

1月20日　　下午，接竞存总司令电，知援桂之计已决，召我为中军指挥。自揣力难胜任，坚辞之。晚，拟复总司令电如下："删电奉悉。中决于十日内以个人名义前来驰驱，所事以改委子荫①为宜，中决不敢受。公知我者，请弗以此推辞为应有虚文也。中正叩。马。"

1月28日　　傍晚，接邮局通知，前寄竞存兄之作战方略，为护军使扣留，不胜惶骇，幸而无关于闽浙也。乃再邮竞存兄一函，复述之。

2月4日　　今后决心对于自己地位，始终以个人名义赞助中师及竞存兄，如无军械自练军队，凡有职责，一概不受，以为藏拙养精之地。此时若盗虚名而无实际，一朝失败，前途绝望，可不懔旃。

2月7日　　晨起，研究地图。上午，访谒孙总裁，历访廖②厅长、陈③总司令、许④军长等，觇知各方意见，未趋一致，心殊郁闷。晚，往访陈总司令，讨论援桂总司令问题，为时甚久。自觉言语有条有理，陈也允出发任事，心为

---

① 黄大伟，曾任广东军政府大元帅府参军，代理参军长、粤军第一路军司令。

② 廖仲恺。

③ 陈炯明。

④ 许崇智。

一慰。

2月10日　　傍晚，往谒中师，并偕访汝为，谈及作战计划，解决有望，心殊喜慰。

2月11日　　上午，往访竞存兄，谈援桂事。旋谒中师及展堂先生，与之偕访汝为兄，决定第二军攻取地点。

2月12日　　下午，往访竞存、汝为，决定第二军前进地点。

2月13日　　下午，往仲元家。与展堂先生筹定援桂作战计划。

2月14日　　上午，往省署会议军事计划。仲元避怨，竞存争地，使我窘甚。后虽勉强定议，然此后难题正多。讨价还价，权术奸诈，皆非我所能也。见几不作，必招咎尤，徒伤岁情，而无益事实，我何为者耶？

3月13日　　下午，接陈总司令电，催我赴粤。

4月2日　　接奉中师电如下："西征关系重大，一切须在事前筹划，且兄来，更速进行，幸即趣装。"

4月3日　　复中师电如下："动员无期，来亦何益，且反多阻碍，仍拟暂为缓行。特复。"

4月4日　　致陈总司令电如下："默察时局，蒙乱日亟，复辟在即；伪政府财政陷于绝地；奉直战祸，如箭在弦上，凡此种种，皆足制北方死命。桂孽如不速清，本军无起而乘之之机势。病中深念不置，乞赐明教。"

4月17日　　陈总司令连电催赴粤。

4月21日　　下午，接奉中师电言："昨已下动员令，汝为病新愈，非兄来计划助理一切不可，接电速来。"等语。复奉中师及陈总司令电催，准于十日启程去粤。

4月28日　　接奉孙、胡诸公催速赴粤电。

5月22日　　下午，视察瘦狗岭下之燕塘营房。

5月23日　　上午，诣总司令部，筹设战略。闻北京伪政府已下讨伐南方伪令。午后，与汝为叙谈毕，再诣总司令部，研究作战命令。

5月24日　　上午九时至下午四时，在总司令部拟作战命令稿。四时后，谒中师，偕访汝为兄，遇张国桢，忿火中烧。回忆当时之情况，历历如在目前，我何为再来粤军,买此好名誉耶,归去乎?

5月25日　　上午,诣总司令部,改正作战命令草案。下午,复诣总司令部,决定命令草案。

8月28日　　今日吴佩孚攻陷岳州。

9月7日　　船中检阅地图。

9月8日　　上午,检阅地图。

9月10日　　下午,研究地图。

9月11日　　上午,往见汝为军长,遂谒大总统,展堂、季新先生等俱在座,商洽下讨伐令时期,卒以缓发决之。下午,往见汝为,谈及余就职问题,力却之。

9月12日　　下午,谒大总统及廖次长①,与同访汝为②军长,解决出兵日期。

9月15日　　研究湘赣地图。

9月16日　　研究湘省地图。

9月20日　　上午,往谒中师及汝为兄。与展堂、仲恺先生谈应付时局办法。下午,往谒中师,研究进行方法。迁入东山公医院。

9月21日　　上午,与展堂、季新、仲元等会议于汝为家中,商决出兵步骤。呜呼,难矣!下午,决定第二军取道湘南及出发日期。

10月11日　　奉中师电开:"准于十五日与汝为赴桂林,请兄迅来臂助。"等语。

12月20日　　自上午十时至下午五时,拟北伐作战计划书肯定稿。

12月21日　　上午,拟北伐作战计划。

12月23日　　上午,自执信学校回总统府,与季新谈时局与北伐作战计划。

12月24日　　今日在香港轮次及旅馆拟北伐作战计划。

12月25日　　自上午九时至下午五时,拟北伐作战计划稿。

---

① 廖仲恺,广军政府财政部次长。
② 许崇智。

12月26日　日夕拟北伐作战计划稿。

12月27日　终日拟北伐作战计划稿。

12月30日　晨起，拟北伐作战计划稿。

12月31日　晨及下午，检校北伐作战计划稿。下午，诣军部接洽。

1922年

1月2日　傍晚，再偕仲恺造其寓，点正作战计划稿。

1月3日　日晡后，在广雄轮中，拟推想南北两军接触与会战决战地点以定两军胜负一节计划稿，约三千言。

1月4日　上午十时，在船上点正北伐作战计划稿。夜十时睡，疲晕不能成寐。四时起，取原稿续成之，俄又倒床。

1月5日　下午，在洞天酒店补拟北伐作战计划稿。晚，又续之。

1月6日　今日两次改正北伐作战计划稿。运饷船到，即饬各人员起程。余因欲检正草稿，故仍住洞天。晚，计划书全稿大成，寄与仲恺兄转交。

1月10日　下午七时，会见邓君等，金云昭平失守，余以为谣传，因许团昨日可到昭平，故不担惊也。晚，得探报昭平无恙。

1月11日　日晡到昭平，视察各现状。梁营长赴粤不在，如此要地，仅留二百余人扎守，疏懈极矣。晚，商设明日行止。余以地方人民惊惶若此，虽无职责，而对上对下，均有一种情义，故不忍拂然去之。警卫营不肯留，余乃留护商一连，与自己暂驻昭平，以待许团到后再行。

1月12日　上午，入昭平城，见民心宁息，市里安堵，甚为慰悦。许佛航由桂林带兵一营来迎。

1月19日　上午，往见汝为军长，研究北伐军作战计划。余意以湖北为目的，而众意以江西为目的，结果以湖北为第一目的，江西为第二目的也。再访展堂兄，纵谈一时许。傍晚，应中师款宴，讨论作战计划甚久。

1月22日　著北伐作战计划图。

1月23日　下午，绘北伐作战地图。

1月24日　上午，续成北伐作战地图。下午，绘后方交通地图。

1月25日　　下午，至军部视察情形，实不成为机关也，奈何？

1月26日　　上午，诣军部会见各部员。下午，回八桂厅，改正北伐作战地图。

1月27日　　上午，改正北伐作战地图。著第二军集中计划图稿。下午续之。

1月28日　　上午，改正集中计划图稿。

1月29日　　上午，预定应办事务。

1月30日　　上午，访展堂秘书长，商议进行事宜。诣军部办公。十二时后，由军部往大本营，会议后方勤务。夜间诣大本营，与胡秘书长同见大元帅，议决出师日期及移动大本营于韶州计划毕，乃回八桂厅。

1月31日　　上午，诣军部办公。下午，接精卫、仲恺、湘芹①、海滨②诸君电，嘱调解汝为军长辞职事。不知者，以我为预闻也，见疑殊甚矣。回八桂厅，思复汪、廖诸君电，苦难下笔。

2月1日　　上午，诣军部办公。下午，往教导团演讲。今日复廖、汪电文，言："弟病甚苦，无法治疗，以后对党对友，惟有尽我心力而为之。至于各方信与否，只可听其自然，但求我自无亏道义而已。"

2月3日　　上午，诣军部办公。下午，四川代表王希闵君来会。

2月6日　　上午，诣军部办公。下午，制作战地图记号。

2月8日　　上午，诣军部办公。下午，礼卿③来谈改编军队事。

2月11日　　上午，诣军部办公。会议后方勤务。下午，吕春荣团长来访，此人言行沉着有条理，颇嘉许。晚宴各团长于八桂厅，演戏助兴。军长在座，士兵闹事，实太不成样子。可叹也。

2月12日　　下午，奉大总统召，陈对一小时。晚，同军长演剧宴各连长，并行相见礼。

2月13日　　日间诣军部办公。凡事之难，莫难于纪律不明、赏罚不分之际，致欲认真办理而隔阂支离，不能速了。如今日之改编军队与黔军之藏匿鸦片

---

① 古应芬。

② 邹鲁。

③ 吴忠信。

是也。可知古今历史不能实载以及缺漏者，不知凡几也。呜呼！

2月15日　　上午，诣军部办公。下午，如之。会议后方勤务。讲演一点半钟。有许多事，不先查明，故多差误之点，以后当先开预备会也。

2月20日　　晨起，拟各稿。上午，诣军部办公。下午，亦然。奉天代表李绍白到桂。

2月21日　　上午，诣军部办公。下午，亦然。往谒大总座，陈述对奉代表军事主张及对士兵讲演北伐主旨。晚，大总统设宴，与李代表研究双方军事行动及作战计划，颇承席间各友赞许。十时后，回八桂厅，与李代表筹定双方军事进行条件。

2月24日　　上午，诣军部办公。下午，往教导团监考。

2月26日　　上午，往伏波门外伏波庙，检阅第一野战医院。下午，往南门外演武厅操场，随侍大总统检阅吴旅。跨马数小时，体力尚未疲，十年来以此次骑乘为最久而高兴也。

2月27日　　晨起，预定办事日程。上午，诣军部办公。往第二野战医院检阅。下午，参加教导团毕业式。演说毕，回八桂厅办公。一身几为众矢之的。吾党自私自利者，专为保持势力，贪得小利偏地，而不思统一中国完成革命之大计；其于军事也，只讲避实击虚，而不知摧强攻坚，正面与侧面之兵法不明，敌人之主力与助力不注意，旁抄背袭，希图侥幸；而不直趋以求达目的，争夺私权，罔顾公义，排斥异己，图逞大欲，此中国之所以多乱而西南之所以不能发展也。可慨感也。

2月28日　　晨起，预定小事日程。下午，对野战通信处员演说。终日在军部办公。

3月1日　　上下午俱诣军部办公。今日以护士营要挟新营长清饷，不肯奉命迁营。余令未要求清饷之数连，先行迁营，然后发给饷项，于是要挟之士兵，亦随之迁营，不致停留。此事办理颇合宜也。

3月3日　　上午，诣军部办公。检阅第二、三、四各卫生队。下午，检阅电信大队及第一卫生队。临护士营、炮兵营，精神讲话一小时，自以为言颇得体也。晚，会客。知谭处长有辞退之意。阴险无德、虚矫无才者不可与共事，非斯人之徒欤？

3月4日　　　上午，诣军部办公。下午，往南校场检阅第四独立旅。

3月5日　　　上午，诣大本营陈述作战计划。下午，又诣大本营陈述一切。

3月6日　　　上午，诣军部办公。因金柜股与黎录事缺疑支吾，王股员言语举动，甚不规则，呵斥之。但不属吾范围，而躁跳若此，抑亦过矣。下午，军部办公毕，往见军长，谈王股员及应办一切事宜。

3月7日　　　上午，诣军部办公。下午，如之。阅教导团演操。

3月8日　　　晨起，预定办事日程。日间，诣军部办公。

3月9日　　　上午，诣军部办公。下午，亦然。会议卫生机关事。彭某愤言傲态，不敬元首，即间接以怨恨我也，我惟有置之不理。刺激太深，奋兴益厉，责任心亦愈重，以后非锐师北伐，直捣武汉，决不放手耳。

3月11日　　上午，诣军部办公。下午，诣教导团检阅及训诫。

3月13日　　晨起，草拟行军与战时赏罚条律，添入赏罚绅民一章，较从前条律为完全。行军与战时，地方绅民实有至大关系，不可不深加注意也。下午，与胡①文官长商谍报事。日间，诣军部办公。

3月18日　　上午，诣军部办公。下午，检查护士营。

3月19日　　晨，研究赣湘边界地图，颇费思索。上午，检查工兵队。

3月20日　　上午，诣军部办公。检正湖南地图。下午，随侍大总统，往军械局检阅旧式军械，有田雄炮及各种枪支，诚见所未见也。又诣军部办公。

3月21日　　上午，诣军部办公。下午，亦然。与各参谋会议作战计划。

3月24日　　日间，诣军部办公。下午，亦然。并为仲元②被戕商议紧急应付。晚，又商议此事。

2月26日　　下午，诣大本营参与军事会议。

3月27日　　晨，预定办事日程。日间，诣军部照常办公。下午，谒见大总统，密谈计划。

3月31日　　日间诣军部办公。谢文炳所部各营长来电抗命，余复电申饬

---

① 胡汉民。

② 邓铿。

之。孙本戎亦电请辞职,殊为穷于应付也。

4月1日　　　日间诣军部办公。迩来愤慨之事叠来丛集,时局如斯,内部又如斯,对国对党,一筹莫展,足滋戚已。

4月5日　　　上午,偕汝为兄诣大本营谒辞大元帅。诣军部检查视察。回八桂厅周览一通,即辞桂。

4月7日　　　晚,又接展堂、汝为二兄电,乃知回粤事。竞存已来电诘问。

4月8日　　　下午,途经黄牛村,土匪挤站山顶,胆敢开枪示威。兵士竟有与之对击者,相距三千米突之远,而作此举动,不知有何效力。如为有纪律之军队,则必置若罔闻,顺流直下矣,何至出此。是后训练部队,当以弹不虚发为第一义。夜泊宿于大广村。此处店家为土匪焚烧,无一完室,可叹。看地图。

4月9日　　　晨五时后,由大广开船,行未数里,即闻枪声,又是土匪作怪也。军士对击数十分钟。匪固可恶,而兵无训练,乱放空枪,亦讨厌甚矣。

4月12日　　　下午,在船办公。经谭家湾,遇张惠民君,乃知梧州平安。甚慰。

4月13日　　　上午,魏师长①、廖次长②、伍次长③、古厅长④来访,即往同园午餐,会谈时局及取道攻赣之原始及结果。陈总司令悬虑殊甚,来函有辞退之意。夜十时回船,焦思不能成寐。凡事不能照常进行,阻碍遂生。书生误国,何足与谋大事也。

4月14日　　　下午,理事,办公。

4月16日　　　上午,研究地图。下午,元首与军长抵悟,会议半小时。晚,又谒元首。密谋略有头绪。十一时,回船。

4月17日　　　晨,在船办公。午后,下命令。

4月18日　　　下午,谒见大元帅后,回船办公。

---

① 魏邦平,时任第三师师长兼广州卫戍司令。
② 廖仲恺,财政部次长。
③ 伍朝枢,外交部次长。
④ 古应芬,广东省政务厅长。

4月19日　　　正午，搭南宁大船出发，心甚怫郁，是以暴躁非常。

4月20日　　　下午，拱候大总统。至八时，尚未见莅临，焦急殊甚。九时后，大总统始抵肇。谒见，面陈机宜毕，即回船就寝，已十二时矣。

4月21日　　　上午，料理出发事毕，与礼卿回船，见其计划书，不值一哂，愤闷无已。天下惟贪生怕死者，必自私自利，而狡猾奸诈者，必心术不正，殆即其人欤？十时后，开船。下午一时，抵三水，办公。晚，驻宿于三水县议会。开会二次。

4月22日　　　晨起，办公。上午，草善后办法稿。大元帅莅三水，往谒后回部，下令各部队前进石围塘。闻陈总司令于昨夜舍职辞省，心为郁郁不快。下午六时，到石围塘，驻宿于车站。晚，谒见大总统，面陈机宜。

4月23日　　　上午，由石围塘渡江，抵省垣，诣军部料理诸事，决意辞职回籍。

4月25日　　　下午，在轮拟整理两粤军政、财政计划。晚九时后，就寝。梦中呓语，急欲在梧开船，率队来广州，甚恐时日不及也。

5月9日　　　与仲恺兄函，力争大本营所在地，而以大元帅坐镇广州根据（地）为最要著。

5月25日　　　上午，拍季新、展堂、仲恺、汝为各电，主张先巩固后方，再图进取。愤恨某等盘踞省垣，逆命作乱也。

5月31日　　　沉思国事，时深烦恼，蠹贼败类不铲除净尽，决无以善其后也。

6月18日　　　下午四时，接季新、焕廷各讯，惊悉陈炯明叛党，广东政府为其所包围缴械，幸大总统在楚豫兵舰无恙。其事或有转机，不致绝望也。书生败事，可叹。政府处置失当，亦可叹。此时若季新不来沪，吾早回粤，则乱犹可止也，吾亦有罪。

6月19日　　　今日以他故，赴粤未成行，然心亦急矣。

6月20日　　　上午，与静江讯，托以后事并附家族遗嘱书。

6月21日　　　上午，抵沪，即诣季新、焕廷处，痛谈粤局。叶[①]部蔑天理，

---

① 叶举。

无人道，深堪发指。天眷吾党，幸而中山不死，中国尚有一丝生机，然而危矣。中正若不于死中求生，何以对友？何以报国？何以激励人心耶？拟即奔粤往救，一为牺牲，此贼不灭，惟有相与始终而已。

6月23日　　起床独坐凝思，家事与党事，交迫于胸中，念纬儿尤甚，惟二者不能兼顾，誓将舍我亲爱之家族，以殉身于党难。午夜，接前敌电报及焕廷电话，知许、李各军，已在广州新街获胜。吾料陈逆之不足殄也，惟愿各军乘势进击，速平惠、潮，则事乃有济耳。

6月28日　　下午，香港上陆，即访季新、湘芹①，知广州事尚无转机，大总统仍在军舰。默计前方军队回粤，未见如此迅疾，然逆氛终久消灭，以此语安诸友之心。

6月29日　　下午二时，抵黄埔，登永丰舰，见大总统叙谈经过情况，及各方纷续报讯。晚，即宿舰中。今日始知许军长于二十四日在南雄接奉大总统之函，亟盼回师定难也。

6月30日　　上午，侍中师。下午，闻温司令②特别戒严令及某项消息，深感忧灼，为此陈述海军移动之利害及考虑计划，足有半天。今日前方消息沉沉，心甚着急也。

7月1日　　终日思虑大本营设置所在，决定动不如静。

7月2日　　上午，与大总统及各舰长决定坚持不动之计。无论如何险危，照此做去，终日忙劳。迄未得北伐部队消息，何行军如此濡滞也。晚，与各友泛艇小酌即归。中国海军之无望，至此更益明矣。可堪一叹。

7月3日　　晚，因鱼珠敌军，限海军午夜离埔，海军要求攻击炮台，乃即下令，不料事忽中变，海军之无用若此，可叹也。议论至夜三时，决于明日六时射击。温树德又来电阻止，愤闷曷极。

7月4日　　待至今晨六时，各舰仍未闻开炮。下午，见祥夫不端，痛戒一场。晚，闻海军有投北偷逃之说，深滋疑虑，当此惊惶震撼之时，非心志果决，

---

① 汪精卫、古应芬。
② 温树德，时任海圻舰舰长，海军舰队司令。

气度安闲，几无以自处也。

7月5日　　晨起，静思各方情况，决定照常不动。以后每醒时，作熟虑断行工夫十分时。上午，办事。陈述最近情状于元首。钟惺可来，言魏邦平拟要求陈军退出省城、公府恢复、北伐军停止南下之议，征求元首同意。下午，办事。

7月6日　　晨起，熟思陈逆已失统御力，叛军未必肯追。出省城，即使办到，以其全力集中惠州，负隅对抗，亦非我军之利。魏议能否实行，无甚关系，非待北伐军抵广州，终不能解决大局也。下午，闻温之态度变坏，余心既决，不怕其如何掀浪。当此风声鹤唳危疑震机之时，非明察果断，安能挽回祸难于前，任劳任怨，以身殉之而已。晚，闻海军熄火，又各纷起惊慌，余则处之以安然。

7月7日　　上午，检查各信件，看地图。下午，洪兆麟派人乞恕其罪，魏丽堂①请求总统发表宣言，俱不允之。晚，闻海圻、海琛、肇和三大舰欲离开黄埔，余不之信。

7月8日　　晨五时起，见三大舰未离黄埔，吾国海军人员之无廉耻、无价值至于此极，不胜吁嗟。上午，研究地图。接许军长报告，乃知所部二日已到南雄，遵即兼程赴难，无任欣慰。下午，办公。闻海军三大舰将离黄埔，吾乃决心移动小舰至新造一带，以图便利出入。今夕为办理此事，忙劳达曙。

7月9日　　晨起，拟进攻省城计划稿。上午，发令，办公。总统之意，在力守长洲，犹不愿攻省城也。下午一时，叛军鱼珠炮台开炮袭长洲，长洲孙祥夫之海军陆战队竖白旗。卖友通敌，祥夫之罪恶，过于炯明矣。海军还炮击鱼珠叛军，亦一快事。长洲竟失之俄顷，不胜愤恨，即下退却命令，收容散兵，定夜间进攻车歪炮台。

7月10日　　晨五时起，见各舰仍泊海心冈，俄而驶进三山江口，命试射车歪炮台。敌人还炮数发。见其炮弹力弱，射程甚近，必是野炮，即于九时前下令，命各舰向车歪炮台疾进猛射。乃行近时，敌炮以全力注射永丰座舰，弹如雨下，中船身者四，全舰震动。遂请大元帅迁至下舱，余仍回守上舱客厅。见同乘各友，面皆失色，有劝余暂避者，余惟瞧时针而坐镇如故。盖过二十分即可通过

---

① 魏邦平。

炮台，危险只此刹那间耳。惟大总统在舰，余不应如此下令，事后自知负戾，而大总统则欣喜有加。夜十时，舰进沙面，诸友俱来会。

7月11日　昨日冒险通过车歪炮台，痛定思痛，惟觉大总统在舰，险危已甚，而各舰将士之奋勇，殊堪嘉尚，海军前途，庶有望乎。上午，为海军将士起草复季新、汝为①函。下午，接汤廷光讲和函，不胜愤恚，即代总统草复拒绝。傍晚，闻车歪方面炮声隆隆，乃知水上警察厅江汉、江贞二舰已驶至，与敌作战也。

7月12日　上午，代海军起宣言稿。办事。下午，躺床深念，甚恐英人之不言公道，逞强干涉我海军也。现时所虑者，惟此一着。然以正对谲，以柔克刚，彼亦无如我何。各方报告不同，惟以心算者为可准，以时日计之，我军今日必可克复韶州也。忧惧以今日为最。语云：事将成功时，其困难更甚。信哉！

7月13日　今日海浪极大，船身簸撞，甚觉不稳。前方消息沉闷，在舰度日如年，不如临敌，钻身枪林弹雨之中，为快多矣。乃知神经之痛苦，过于肢体之疲劳也。

7月14日　上午，阅报。不见十三日逆军战讯，乃知义军必占领韶州矣。下午，闻永翔舰又欲偷逃，以与沙面居留地太近，恐牵涉外交，只得放走。濒患难时，要胁处置益难愈多，惟有忍辱含垢而已。得报，义军已于十二日下午三时占领韶州云。

7月15日　日间办公。代海军复广州全体市民函。闻本军已于十二日占领韶州，审察情况，或非谣传欤。

7月16日　今日为陈逆炯明图害总统，炮击公府之一周月纪念。本日接各方消息，韶州尚未为我军占领，殊足忧虑。然揣我军力量，确能击破逆军，惟以消息隔绝，仅据目前现状及方寸决断为主，为之成败利钝，当恪守画其在我、听之于天二语而已。

7月17日　今日前方消息，胜负互异，无从证实。此时惟有以己意判断最后之胜利必归于义军，且逆料此战局重心，将移至翁源、英德之间，而不在韶关

---

① 汪精卫、许崇智。

之得失也。

7月18日　　今日各方面消息，皆言义军已占领韶州。

7月19日　　本日接各方消息，韶关仍在逆军之手，又言英德有战事，其或本军由翁源绕道而出英德，抄袭敌军之后方乎？总之，此时消息虽捉摸不定，而其最后胜利，必为吾军所操，是可断言也。今午，叛军放水雷于永丰座舰附近，而离美舰仅数丈，美国对敌提出抗议。彼逆残忍至此，必欲置元首与本党于死地，其奈天不汝容何！

7月20日　　本日消息沉闷，乃知韶关犹在敌人之手也。

7月21日　　上午，接汪季新先生函，乃知逆军不支，又欲求和，我以元首之意复之。今日各方报告，逆军屡战屡败，韶关确已被围，昨日计约可占领矣。

7月22日　　推想逆军当于此二日内溃退矣。闻元首言有人报告逆军用肇和、永翔二舰，来击我军舰。吾知其恫吓谋害之计穷矣，而乃出此违反情理之虚声，抑何可笑乎？逆军派徐直来白鹅潭侦察地形，准备沉放鱼雷。逆军始以抢船，继以水雷，又以飞机，无时不思谋害军舰中之元首，如不以决心毅力抵御之，未有不为其所乘者。吁，亦危矣。

7月23日　　阅报告，乃知逆军已溃退，惟不知窜往何处耳。批口供。今日得各方捷报甚多，但不知究竟胜利至何程度。此心虽聊慰于前，然犹常用耿耿也。逆军谋袭我军舰之野心未已，前方虽获胜，而军舰中元首仍无时不在危险之中。

7月24日　　以今日各方消息，断定本军已占领英德矣。闻熊略及洪兆麟所部，今日皆运往江北，附逆参战。恩以仇报，人心叵测，一至于此，可叹也夫。

7月25日　　今日消息，又入混茫，未知究竟如何。如翁源方面不能胜利，则战局须延长至十日以外，良堪忧虑也。

7月26日　　下午，得确息，本军已于二十四日占领韶关，此心犹疑子虚，而欣慰则较前为甚。

7月27日　　本日接各方报告，但知逆军大败，而未明提韶关为我占领。以余熟虑断行，乃料韶关必为我军所得无疑。

7月28日　　今日消息，韶关尚未为我军所得，大约三日内，其有确实佳音乎？代草慰劳前敌将士电稿。

7月29日　　今日接汝为①军长函，具悉前方作战详情，预料此月末月初，可以告一段落乎？

7月30日　　本日消息沉寂，闷闷不堪，未知讨逆军究竟何日可以占领韶关也。将在谋而不在勇，兵贵精而不贵多，用兵不可用重兵与呆兵，当以多备轻兵与活兵，是在为将者之妙手耳。

7月31日　　本日逆方战报，言追击我军至大□周田，无论其大言欺人，即使果有其事，则其深入重地，被围自在意中，吾不以为忧，反以为乐也。且于仁化、乐昌方面战事，并未提及，则其无进步可知，且或为我军包围也，又何以能抵周村耶？军情瞬息万变，吾方捷报，言已占领韶关，不知确否。然敌势颓唐，于此可见矣。

8月1日　　今日讯息杳然，以时计之，今明二日内，可总攻击也。舰队官长，皆年少，动用意气，不顾大体，士兵多分省界，易滋误会。此一月中在舰悉心调度，备受艰苦，比于前线作战之困难，更甚十百倍也。

8月2日　　近日前方消息颇恶，而此心毫不为动，深信以顺制逆，最后之胜利必归于我也。

8月3日　　代总统致书晓谕魏丽堂②，推论北伐军万无失败之理。晚，与元首倾谈及规划进行事宜。元首今亦言听其自然，有非人力所能为者。闻之甚慰。

8月4日　　本日接各方消息，判定前月二十九日以前，我军左中两路皆退却，三十一日以后，我军收容已毕。本月一日，我军将取攻势，故逆军退守火山及帽子峰，其损失甚大，亦可断言。陈嘉仇部似已占领乐昌，向韶关进攻。翁源战况，我军似仍有进步。七月间作战，我军不为失败，尚能维持固有地位。所望者，此后第二期作战胜利，速定粤局耳。

8月5日　　本日逆军战报，言始兴已为占领，事或有之。然综核本军全

---

① 许崇智。
② 魏邦平。

盘计划，以余度之，今后旬日内，战局当大有转机，如海军不被敌袭，则元首安定，延候十日，不足为奇也。此时惟有紧防敌乘，以求根本稳固，则各事皆可裕如也。

8月6日　　山田来言，三日之夕南雄为逆军占领，余力辟其妄。本日各方，有言我军已反攻至江口者，有言翁逆伤重者，有言梧州关部可望响应者，此皆沉寂中之好消息也。

8月7日　　上午，代拟元首谕第四师官长函。本日谍报我军败退，南雄似已入逆军之手，交通阻梗，消息待证。如果确实，则中师无留粤之必要。盖既不能牵制后方逆军兵力，又不能速集各方义军，而前方基本军队之战机，一时不易挽回，则在粤维系人心与军心之效无几，而冒险延误之害实大，两者相较，此时总以离粤为是也。

8月8日　　时局徒见退步，沉闷无已，今日立秋以后，其或能占泰象乎？上午，接复季新函，纵论中师行止事，长约数千字。复与觉生、颂韵①仔细商谈，惟元首态度镇定，一时不愿离粤。近日谍报夺舰事紧急，余料其决不敌。是以元首时刻在危险之中，而态状安定如常也。

8月9日　　报载赣南形势紧急，乃知前方消息不利，故决请元首离粤。议决后，即派美顾问往商英领事，得其赞许。乃定于下午四时，乘英国兵舰摩西号而行。随从舰队，颇有骚扰之象，幸未破裂。中国海军人员之卑劣，竟至于此。轮次万几交集，愤慨无已。晚与元首谈世事，至十二时后。忧思不能成寐，吾国人、吾党友、吾子孙，毋忘此次陈逆谋害元首之大仇，其必卧薪尝胆以报之。

8月10日　　下午，在船中谈时局，即与元首②、季新③研究护法总统宣言大旨。

8月11日　　今日在船中研究以后进行方法。

8月13日　　船中与季新兄研究宣言语句。

8月14日　　下午，在孙邸商议应办各事。

---

① 居正、程潜。

② 指孙中山。

③ 汪精卫。

8月15日　　今日孙公发表宣言，为中外舆论所赞颂。终日在孙邸办公议事。

8月16日　　终日在孙邸办公。

8月17日　　上午，趋孙邸议事。下午，办事。

8月22日　　上午八时，往谒中师，敷陈今后应付时局方针及未来希望，皆蒙采纳。

8月26日　　时势急转，以十年前黄花岗事相较，则陈逆广州巢穴，知无几时蟠踞，顺逆异形，最后胜利，必有所归，端在吾人之努力如何耳。

9月2日　　时局变化，至不可测，此时惟有随机肆应而已。叛逆不灭，岂可以家安。

10月1日　　闻陈逆各部，渐起内讧，然对吾军反攻，仍自合力抵御。故于其内部，当多用间谍，分湘、桂、粤三派，各去接洽；而于友军，分滇、黔、湘、闽、沈、黄六部分及刘、关等，确实联络，以为进讨之计。而基本部队，终在我自发愤为雄耳。

10月2日　　今晨三时，为佣人梦呓惊醒，不复成眠。筹思攻粤之计，以多派间谍为第一义。

10月7日　　上午，往谒中师，谈时局及处置广西各友军办法。

10月13日　　下午，接奉中师电，知黄、李二军，昨午已入福州。

10月21日　　上午，纪录逆军名数，约四万五千人；一月后，能在潮汕第一线者，一万七千人；能在惠州第二线者，约加一万人；共为二万七千人。其余中立观望者，约一万三千人，可望其响应者，约五千人也。下午，筹思攻粤计划。

10月26日　　下午，代表大总统慰劳讨贼军各将领，五时散回。闻臧致平①在漳，自称闽粤赣联军总司令，不知其意何居。政局之变翻，莫可究诘，无所谓信义也。

10月27日　　组织讨贼军，今日已告一段落。中国人不明大义，只争私权，民国之一无□□盖自有其大因，民党尚如此，其他更何论耶。

---

① 臧致平，时任福建汀漳镇守使。

10月28日　诸友多迫余就讨贼军参谋长职，精卫兄为余拟电呈报总统。余以责任问题，未便强辞，故于本日承认受任。

10月30日　上午，诣总司令部视察，大骂官兵不守纪律。心浮气动，殊欠沉着。

10月31日　诣总司令部办公。会议三军编制、饷项及组织等事。战事以后方运输为最要，闽粤交通多阻，此层殊可悬虑。

11月1日　晨四时醒，即反复不成寐。军事以计划、运输、指挥三要素结合而成，汉高祖之所以重萧何、张良，而以韩信为次也。今日诣总部办公。据徐镜清师长报告，赣军已攻入杉关，未知事实如何。

11月2日　上午，诣总部办公。下午，亦然。

11月3日　终日在总部办公。心神苦郁，小脑左半球闪痛，几不能致思。今日得前方报告，知赣敌已攻入光泽，此后变局如何，殊难逆料也。

11月4日　终日在总部办公。得前方报告，知邵武已失守矣。今日公举王伯川为福建总司令。

11月5日　上午，会议组织事。下午，往视刘营长祖汉伤，见其臂断血流，痛楚万状，不禁泪下。接邵武知事某报告，县城失而复得，其必不见敌踪而逃，故为此搪塞之辞。

11月6日　日间诣总部办公。季新兄起程回沪，心中有许多事说不出来，但有感痛怨梗而已。

11月7日　终日在总部办公。凝思审虑，状如痴呆。

11月8日　上午，在总部办公。下午，慰劳病伤兵。往访子超[1]，知李厚基[2]已逃，江西敌兵已退。今日报讯转佳，与昨日比较，大相径庭，诚所谓时局瞬息万变也。

11月9日　上午，在总部办公。会议本军编制。下午，往南校场听验护士团卫兵名。

---

[1]　林森，时任广州非常国会议长，1922年11月任福建省省长。
[2]　李厚基，曾任福建督军兼省长。

11月10日　上午，在总部办公。下午，点验第十八团名毕，即精神讲话。费许多心力，嗓音变哑。

11月11日　竟日在总部办公。履职二星期，夙夜兢兢，不敢稍懈，各事粗具模型，而未能见诸实行，可知图功之不易也。此次讨逆杀贼报仇雪耻之责，皆在吾之身，招疑招忌，任劳任怨，本尝胆卧薪之苦志，矢沉舟破釜之决心，以扶本党主义而伸吾人正气，牺牲在所不恤也。

11月12日　晨，预定行军路线。上午，接奉元首电。往访各旅长，见不学无术、夜郎自大者，必痛斥之，然自觉太过也。下午，见李登同军长，慨言本军之现象。代人受过，心实不愿也。自恨立志不早，学识肤浅，致常为人所猜忌。吁，可叹也已。

11月13日　上午，在总部办公。召集第一军三旅长会议。下午，复办公。

11月14日　晨起，拟定本日办事程序。上午，在总部办公。下午，总司令莅部会客，心甚欣慰，但愿以后振刷自新，始终不懈，是固本军好现象也。办公。

11月16日　晨，拟定办事日程。日间办公。总座今日上办公厅，此好现象也。晚研究地图。

11月17日　晨，拟定办事日程。上下午俱去办公。下午，阅操南校场。晚，商议军事。

11月18日　晨，排定办事日程。分配总部人员职务。上午，办公。会议总部办事条例。下午，会议本军应办事宜。以后每逢星期六，开常会一次。办公。

11月20日　晨，排定办事日程。上午八时至十时，起草准备动员底稿，精神颇凝聚也。办公。下午，如之。会议分防计划，与总座商决诸事。

11月21日　晨，排定办事程序。上午，办公。往南校场检阅卫队。回总部办公。

11月23日　晨，拟定办公程序。上午，办公。会议。下午，办公。发表总部职员。

11月27日　晚，奉中师急召，商议输运手、机枪办法。

12月7日　晨醒，筹思讨贼第一军改编事，颇费心力。上午，代拟闽局报告书。下午，往谒中师。与展堂①先生讨论应付时局。

12月19日　本军克复泉州，获枪四千余杆。

12月22日　会议各军事。

12月23日　上午，检阅第三军。

12月24日　闻刘冠雄②抵马江③。与总座协议一切。

12月26日　上午，与黄鲁贻商议泉州事。下午，会议。

12月27日　上午，与总座商议泉州事。下午，开援桂赣闽讨贼各役阵亡将士追悼会于西公园，往参之。

12月29日　下午，部务会议主席，以目疾不能振作精神。

12月30日　上午，预定办事程序。诣总部办公。训令副官处，委顾副官祝同为代理副官长。下午，办公。今日闻广西滇军已下梧州，粤军不战而退肇庆，电逼陈逆④下野。

12月31日　晨，预定办事日程。上午，办公。

（辑录自胡震亚选编《蒋介石日记类钞》〔文载《民国档案》1999年第1期、第2期、第4期〕，经校核注释，有删节）

五、蒋介石《孙大总统广州蒙难记》

1922年6月，粤军首领陈炯明背叛孙中山，其部将洪兆麟炮击孙之总统府，孙中山逃至永丰舰避难。蒋介石从上海赶至永丰舰上，侍卫孙中山。蒋介石的《孙大总统广州蒙难记》，记载了从6月15日孙中山离开广东军政府总统府到永丰舰避难，至8月14日在上海吴淞登陆，8月15日，孙中山发表护法总

---

① 胡汉民。

② 刘冠雄，曾任北京政府海军总长，1922年11月，北京政府任其为福建镇抚使。

③ 马尾，指福州。

④ 陈炯明。

统宣言，这一整个历史过程。这是孙中山避难永丰舰的历史记载，也是蒋介石随侍、护卫孙中山的重要史料。这段逐日的记录，亦为蒋介石完整的永丰舰日记。故附录于蒋介石早期日记中有关军事活动内容摘编之后。

孙大总统广州蒙难记
中华民国十一年九月十三日于太湖万顷堂

六月十五日

粤军将领，得陈炯明惠州来电，乃开秘密会议于白云山总指挥处。叶举又接其若密长电，指授各将领围攻总统府，占领行政各机关，及派兵进驻韶关等各方略。是夜十时，有某军官以电话报告总统，言今夜粤军恐有不轨行动，务请总统离府。总统以为谣传，不之信。及至午夜十二时后，林秘书直勉，与林参军树巍，前后来府报告，言今夜消息险恶，请速离府，暂避凶锋。总统言："竞存①恶劣，当不至此。即使其本人果有此不轨之心，而其所部，皆与我久共患难，素有感情，且不乏明理之人，未必助桀为虐，受其欺弄。请诸君不必猜疑，以免惊扰。"林秘书等言："粤军蛮横，不可以常情度之。如其果有不利于总统时，当奈何？"总统言："我在广州之警卫军，既已全部撤赴韶关，此即示其坦白无疑，毫无对敌之意。倘彼果有不利于我，亦不必出此用兵之拙计。如敢明目张胆，作乱谋叛，以兵加我，则其罪等于逆伦反常，叛徒贼子，人人可得而诛之。况吾身当其冲，岂可不重职守，临时退缩，屈服于暴力之下，贻笑中外，污辱民国，轻弃我人民付托之重任乎？吾当为国除暴，讨平叛乱，以正国典，生死成败，非所计也。"林秘书等，以总统决心坚忍，不敢强劝，乃即辞出。总统即入私室就寝。少顷，各处连来电话报告，皆言今夜粤军必乱，务请总统远离。总统不信。迨至二时许，有某军官，自粤军营中潜出，特来报告，言粤军各营，炊事已毕，约定二时出发；并声言备足现款二十万，以为谋害总统之赏金；且言事成，准各营兵事，大放假三天（按大放假即粤军抢劫之暗号）等语。总统犹未深信。及闻各方

---

① 陈炯明。

号音，自远而近，乃知粤军已经发动，即命卫队准备防御。此时，约已三时，林秘书等，复来劝总统出府。总统言：竞存果敢作乱，则戡乱平逆，是吾责任，岂可轻离公府，放弃职守？万一力不如志，惟有以一死殉国，以谢国民而已。当时各员见总统坚定如此，非可言动，乃以数人臂力，强挽总统出府。是时，各路皆有步哨，已不能自由通行。林秘书等，为叛军步哨接连盘问数次，幸得通过。而总统单身行至财政厅前，已遇叛军大队，由东而来，诸人已不能通行。总统遂参在叛军队中，从容不迫，履险如夷。叛军以为其同事也，亦不查问。及至永汉马路出口，总统方得脱险，步至长堤，安抵海珠之海军总司令部，与海军温司令①等，同登楚豫舰，召集各舰长，议决应变戡乱之计。

十六日

上午三时后，叛军步哨，已密布各路，断绝交通，占领各行政机关。粤军第二师洪兆麟所部之湘军，于拂晓时，围攻总统府。府中卫士，仅五十余人，在观音山粤秀楼附近防御，与叛军对抗。叛军冲锋十余次，皆被卫士用手机关枪击退，死伤之敌，达三百名。守卫公府之警卫团，亦与叛军对抗，坚守府门，叛军终不得逞。相持至正午十二时，叛军旅长李云复，以步兵冲锋无效，乃用速射炮，注射公府，犹以为未足。盖彼以为总统尚在粤秀楼，不能出险，故又用煤油烧毁由粤秀楼至公府之栈桥，杜绝出路，必欲总统葬身于粤秀楼而后已。及抵抗至下午，卫士弹尽援绝，不得已为叛军缴械，言明缴械后，叛军不得再施射击。孰知其凶暴蛮横，不顾人道。当卫士与黄、马二副官，护卫总统夫人②出府时，彼在府前，犹用机关枪扫射不息，以致死伤枕藉，惨不忍睹。其伏于公府四周民房内之叛军，自昨夜十时起，专伺总统乘汽车出府时，以逞其狙击之计者，至此尚未有见总统汽车出外，乃再入府搜索，遍觅不见，始知总统已于昨夜步行出府，其计竟不得逞。如果昨夜总统乘车出府，其不死于枪炮之中，亦必死于伏兵狙击之下。幸总统卒能冒难出险，转危为安，叛军无如何矣。总统上军舰后，以陆地尽为叛军所据，乃率各舰，集中黄埔，准备进攻广州叛军，实行其戡乱平难之策。

---

① 温树德。

② 宋庆龄。

十七日

辰刻，外交总长伍廷芳及卫戍总司令魏邦平来舰，晋谒总统，商议招讨事宜。总统令魏司令所部，集中大沙头，策应海军，进攻陆上之叛军，责成其恢复广州防地。又为伍总长言曰："今日我必率舰队击破逆军，戡平叛乱而后已。否则，中外人士，必以为我已无戡乱之能力，且不知我之所在。如畏慑暴力，潜伏黄埔，不尽职守，徒为个人避难偷生之计，其将何以昭示中外乎？"伍总长韪之，乃即离舰登陆，通告各国驻粤领事，严守中立。自伍总长离舰后，总统即率永丰、永翔、楚豫、豫章、同安、广玉、宝璧各舰出动，由黄埔经过车歪炮台，驶至白鹅潭，乃命各舰对大沙头、白云山、沙河、观音山、五层楼等处之叛军发炮射击。各叛军闻声落胆，皆纷纷弃械逃遁。各舰乃沿长堤，向东前进，照指定目标炮击。故人民之于是役，损伤甚微，而叛军死于炮火者，约数百人。当时因陆上部队，不能如期发动，故炮击后，叛军乃得溃而复聚，其乱卒不克平。各舰乃经中流砥柱炮台，回至黄埔，会议第二次进剿之计。

十八日

陈炯明以巨款派人运动海军内变。幸海军上下，一心一德，服从总统命令，始终如一，不为利诱，并谓其使者曰："吾海军不比湘军，供人欺弄，以二十万现金，卖我总统，而博得一叛逆之名也。"是日，陈炯明致电伍总长，转请总统下野，词极悖逆。伍总长置之不复，但有愤恨而已。

十九日

总统以手书致前敌李[①]总长、许[②]军长、朱[③]总司令、彭[④]总司令、黄[⑤]司令、

[①] 李烈钧。
[②] 许崇智。
[③] 朱培德。
[④] 彭程万。
[⑤] 黄大伟。

李^①司令、梁^②师长等，令各军迅速回粤平乱。有"坚守待援，以图海陆夹攻，歼此叛逆，以彰法典"等语。先是，十四日，陈炯明来电，请财政次长廖仲恺，往惠州商议要事，经过石龙，即被其部下扣留。是日，闻已用镣铐重刑，解往兵工厂监禁。同志闻之，为之发指。金曰，陈炯明信义沦亡，其殆禽兽之不若矣。

二十日

海军温司令，应叛军之请求，商议停战办法，得总统许可，乃率永翔、同安二舰，驶入省河^③，与叛军会议停战条件。是日叛军进驻韶州城，大肆抢劫。广州城自十六日以来，抢掠烧杀，至是愈烈，甚至白昼奸淫，肆无忌惮。东关一带居民，有被抢至二十余次者，有一女（遭）轮奸至五六次之多者。其惨无人道之行为，不胜胪举。陈家军之兽性，至此发挥殆尽。

二十一日

海军官长士兵，各举代表，前来永丰座舰，声明一致服从大总统，至死不渝。总统嘉奖之。

二十二日

各处义军并起，黄埔附近，有徐树荣、李天德、李邦安等各司令，集中所部，约有千余劲旅，军威大振，与海军协商攻取鱼珠、牛山各炮台之计，以免黄埔海军，受其监视之祸患。

二十三日

总统闻伍总长^④逝世噩耗，涕泣不能自抑。海军将士，怨愤更烈。总统以

---

① 李福林。
② 梁鸿楷。
③ 珠江。
④ 伍廷芳。

温语慰之曰："今日伍总长之殁，无异代我先死，亦即代诸君而死，为伍总长个人计，诚死得其所。惟元老凋谢，自后共谋国事，同德一心，恐无如伍总长其人矣。吾军惟有奋勇杀贼，继成其志，使其瞑目于九泉之下，以尽后死者之责而已。"

二十四日

《士密西报》访员，访总统于永丰舰。是日，为伍总长逝世之第二日，总统悲哀之色尚未稍减，乃以沉毅温厚之态度，出见访员。首以伍总长逝世，为吾中国大不幸之事，以告访员。其后与访员谈话甚长，惟对于行使总统职权一节，尤为确切。总统言："我为国会议员所选举之总统，故对国会议员，负有非常重大之责任。现时我在军中所以照常行使我之职权也。如我放弃职权，则对国会为违法，对国家即为叛国。即使我欲辞职，亦当向选举我为总统之议会，正式辞职也。广州自陈炯明主使其部下叛变以来，至今已将旬日，吾与叛军，始终奋斗，坚持不息者，亦惟守法尽职，对我国会与国家，负有完全责任而已。如我轻弃职守，偷生苟安，是自背初衷。从此，上无道揆，下无法守，其将何以立国，吾又何必创造民国，枉费此三十年来惨淡经营之精神乎？吾誓必戡乱，以谢国人。违法之举，非吾孙某所为也。"

二十五日

海军士兵，全体加入中国国民党，填写誓约，表示其服从总统，始终不渝之决心。间有士兵来问其官长，与叛军商订条约，是否得总统之许可者，总统颔之。海圻各舰士兵，疑其温司令与叛军议和，恐有不利于总统之举，故不许其司令回舰。总统为之解释劝慰，始得无事。

二十六日

叛军图谋海军益急。其始贿买吾海军官长之计不成，乃随即运动民军，联络河南叛军，图袭我黄埔海军。总统得此报告，即令海军温司令特别戒严。

二十七日

闻海军高级官长，有与叛军议和，行将成为事实之说。且闻陈炯明派吴礼和已来肇和，与该舰长某，接洽妥帖。总统闻之，皆一笑置之，深信海军各将领深明大义，决不为人利诱，毫不疑惑。故各将领对总统拥戴益力。由是上下相得益彰，谣言渐息。

二十八日

长洲要塞，敷设地雷告竣，海军陆战队举代表，来谒总统，表示服从总统之意。且谓闻其司令孙祥夫已为叛军贿买，并有逐长洲要塞司令马伯麟以自代之说。总统力辟其为子虚，惟以嘉言慰藉，勉其服从上官而已。

二十九日

浙江卢督[1]代表邓君、贵州代表李君来黄埔，晋谒总统于永丰座舰，晤谈甚久。总统专以国事勉励各代表，而不及其他。是日叛军某秘书辞职，来书报告陈炯明近日致叶举各电，谋害益急，并痛斥陈炯明诈伪之行。其中有云：陈炯明人格破产，良心扫地尽矣。彼之赞成文化运动，提倡社会主义，以及主张今日之联省自治者，无非迎合人心，利用潮流，以求达其个人之权利与虚名而已。究其实在，则彼对于文化与社会各问题，固未尝彻底研究，毫无心得。即其对于三民主义，至今尚在怀疑诽谤之中。吾昔日以陈炯明为中国之新民，孰知其乃比顽固守旧之不如者。盖其人为一多忌好疑、苟且偷安之人，故无论对于何事，无不疑信参半，所以其所言所行，无一不伪。以其凡事无彻底觉悟，故有此根本错误、倒行逆施之结果，即如其阻碍北伐阴谋盘踞者，亦不过利用中国苟且偷安之人心，以破坏此根本解决之大举，其亦误于伪之一字而已。若某秘书者，知之较深，故言之较切，异于寻常泛论者也。

---

[1] 卢永祥时任浙江军务善后督办。

三十日

海军司令温树德，下特别戒严令，闻败类何某，受叛军重贿，包办海军降逆事。幸各官长深明大义，不为所诱。各舰长皆来座舰，声明拥戴总统，表示其始终服从之决心。

七月一日

叛军谋袭长洲要塞、贿买海军之阴谋，至此益明。总统召集各舰长，研究移动舰队之利害，考虑结果，惟有镇定慎重，以静待动为是。故总统决心坚守黄埔、各舰长移动西江之议遂息。是日钟惶可持陈炯明手书来舰，晋谒总统，请求和解。总统置之不理。兹录其原函如左：

"大总统钧鉴：国事至此，痛心何极，炯虽下野，万难辞咎。自十六日奉到钧谕，而省变已作，挽救无及矣。连日焦思苦虑，不得其道而行。惟念十年患难相从，此心未敢丝毫有负钧座。不图兵柄现已解除，而事变之来，仍集一身，处境至此，亦云苦矣。现惟恳请开示一途，俾得遵行，庶北征部队，免至相戕，保全人道，以召天和。国难方殷，此后图报，为日正长也。专此即请钧安。陈炯明敬启，六月二十九日晚。"

又，魏邦平师长来舰，晋谒总统，问总统可否准其调解。总统仅以大义责之，并以陆秀夫之历史勉魏，而以文天祥自待。言宋代之亡，尚有文、陆；明代之亡，亦有史可法等；而民国之亡，如无文天祥其人，则何以对民国已死无数之同志，垂范于未来之国民，以自污其民国十一年来庄严璀璨之历史，而自负其三十年来效死民国之初心乎？

二日

总统对各舰长说明坚守黄埔，舰队不可移动之理由：（一）以西江水浅，如各舰移至西江，仅留三大舰在黄埔，则海军以分而力弱。大舰或为逆军所买，则将来更难取胜。（二）以大本营一离黄埔，则长洲要塞必失。广州附近水陆形胜，尽入叛军范围之中，牵制更难，贼焰必张。（三）以总统移驻西江，其地面较广，活动虽易，然黄埔为广州咽喉，且有长洲要塞，其地点重要，非西江可比。且总统驻于黄埔，广州虽失，犹易恢复，威望仍在。如移西江，地势偏僻，无以系中外之望。（四）海军如往西江，重来省河较难。如北伐军回粤，不能奏水陆夹击之效。（五）移驻西江，而弃长洲天然之要塞，另谋陆上根据地，能否占领，尚不可知。且西江各部陆军，态度不明，能否为吾所用，尚未可必。如果陆上毫无根据，陆军又不奉命，则海军势绌，可立而待。有此五害，故动不如静。坚持北伐军速来，以备水陆夹攻省城，则贼亡有日也。各舰长悦服，表示始终服从总统而退。

三日

汪精卫、古应芬二君来舰，晋谒总统。是夜，鱼珠炮台叛军，知照海军司令，限海军于本夜十二时，退出黄埔。海军将士闻之，愤激异常。海圻、海琛、肇和各舰将士，举代表来谒总统，请求总统速下攻击鱼珠命令，俾可先发制人。总统知士气振发，可以一用，乃即下令，命海军即向鱼珠、牛山各炮台射击。又命海军陆战队及各司令所部陆军，由海军掩护过江，同时进攻鱼珠、牛山两炮台。不意叛军怯馁，即来求和。而在省河之海军司令温树德，亦来电劝阻，事遂中止。闻叛军与温司令停战日期，以今日为限。叛军以总统未离黄埔，海军背约，故有此虚声恫吓之哀的美顿书。因见海军将士奋勇强毅，拥护总统，非可威逼，故复来请罪求和也。

四日

闻海军三大舰，有降北图遁之说。又闻三大舰将私离黄埔，任由鱼珠、牛山各炮台之叛军炮击其余各舰之说。众说纷纭，人心惊惶已极。当此风声鹤唳之时，如非总统果断明决，镇静坚守，未有不为浮说所撼也。

五日

钟惶可复为陈炯明来舰求和。总统以其无诚意，且言陈炯明对我，只可言悔过自首，不能言求和，故不允所请。魏邦平派人来舰商议调停之法：第一，逆军退出广州省城。第二，恢复政府。第三，北伐军停止南下。总统允之。又某旅长派代表来谒总统，总统派张秘书招待，代表言陈炯明愿来请罪，乞总统海涵宽容，并言某旅长愿以身家性命，担保陈炯明以后断无叛逆行为。张秘书言某旅长等，自愿附义讨贼，则总统必嘉奖优容，毫无芥蒂。如陈炯明者，饥附饱扬，外强中干，诿过推罪，嫁祸贻患，实为此次事变之祸首，亦即民国之罪魁，如可赦免，则反复无常之叛徒，皆将兴起效尤，其将置典刑法纪于何地耶？

六日

总统致前敌各将领手书，命各军从速回粤平乱。闻温司令为败类何某等挟制，故态度益形暧昧。总统言："我辈既为国牺牲，当置死生于度外。方寸既决，逆军其如余何？"又谓幕僚曰："当此危疑震撼之时，吾人惟有明断果决，支此危局而已。"是晚，见三大舰突然熄灯，人心摇惑。总统则起居如常，泰然不动，兵士因之渐归镇定。

七日

洪兆麟派陈家鼎持函来舰，晋谒总统。彼言拟与陈炯明同来谢罪，请总统回省，组织政府后，再任陈炯明为总司令。总统复函，以大义相责，惟不涉及陈炯明一字。魏邦平复来舰，请求总统发表与六月六日相同之宣言，以责备陈军各将领，则陈军必根据此宣言，拥护总统，再组政府。总统以其事离奇，且陈军甘心叛逆，责备何为？如其果有悔祸诚意，则可另予其自新之路，先使其广州附近军队，退出百里之外，以免人民遭殃，以广州完全归还政府，然后再言其他。否则，宁为玉碎，不愿瓦全。吾为国会选举之总统，不愿为叛逆军队拥护之总统也。

八日

接许[①]军长二日由南雄来函，始知北伐各军，已集中南雄；并悉朱培德总司

---

① 许崇智。

令所部之滇军，奋勇尤甚。自六月十六日以来，望眼将穿之北伐军，至此始得其回粤平乱真确之报告。总统阅之，为之欣慰不置。午后，闻三大舰今夜必离黄埔消息，总统决心将各舰移驻长洲要塞后方之新造村一带，免被叛军之封锁。是夜十一时，海圻、海琛、肇和三大舰，果升火起锚，驶离黄埔。总统闻此报告，亦即命其余各舰，由黄埔上游，经海心冈，驶往新造村附近，掩护长洲要塞，以防鱼珠叛军之袭击。盖叛军之计，以为总统座舰在黄埔，如三大舰移至他方，则黄埔各舰，直对鱼珠，皆在其炮台监视之下，无所掩护。黄埔后方之海心冈，平日水深只有六尺，各舰不能通过，总统座舰，即不为鱼珠炮火所毁，亦必为其封锁。彼以为座舰在黄埔之中，前有炮台，后无退路，必将任其所为。殊不料海心冈近来水深至十五尺以上，总统早已派人测定，各舰通过裕如，故临时乃得从容应变，不为叛军所陷，此叛军谋害总统第二次实施之毒计也。

九日

总统决心力守长洲要塞，不欲驶入省河，攻击叛军，徒滋人民之惊扰。至下午一时后，鱼珠炮台之叛军钟景棠所部，竟渡河袭击我长洲。当时，要塞司令马伯麟所部，开枪应敌，叛军死伤甚众。不图海军陆战队孙祥夫所部，遽竖白旗，投降叛军，反戈相向，引敌登陆，长洲要塞，竟失之顷刻。各舰兵士闻之，愤恨不置，乃即向鱼珠叛军发炮射击，徒以子弹缺乏，距离又远，不能见效。总统乃命令各舰，集中新造村西方，收容要塞溃兵，准备进攻车歪炮台，以为海军之根据地。当时各官长以车歪炮台，地形险隘，炮队密布，攻克不易，通过更难，故有主张舰队移至西江活动者。总统言："各舰由此出动西江，须经过牛山、鱼珠之叛军各炮台，又有三大舰已在沙路港口，监视我各舰行动；叛军炮台，或可鼓勇冲过，而沙路港口之三大舰，监视严密，其必妨碍我行动，阻止我通过无疑。故我舰队，此时惟有袭取车歪炮台，驶入省河之一策，其余皆非计也。"各舰长闻此说明，始释然无疑，乃皆鼓勇入省，以决此九死一生之策，义无反顾，不稍屈挠也。

十日

上午二时，总统命令永丰、楚豫、豫章、广玉、宝璧等舰，由海心冈驶至三山江口。拂晓，乃命各舰试射车歪炮台逆军之阵地，逆军发炮还击。当时各舰以逆军在车歪炮台布置周密，徬徨无措，进退莫决。总统以民国存亡，在此一举，今日之事，有进无退；乃于九时半下令，先以座舰表率前进，然后再命各舰，鼓勇直前，速向车歪炮台猛击（当时豫章舰长欧阳格，首告奋勇，攻击最为得力）。不料驶近至炮台附近，逆军野炮，足有二营之多，密布两岸，阵地至为坚固。我军以陆上部队太少，仅攻克东廊一岸。各舰通过时，皆受微伤。而座舰则连中六弹，死伤尤甚，不能久持，故通过车歪，直入省河白鹅潭，准备召集各舰，以图再举。此逆军在车歪炮台之两岸，密布炮队，注射座舰，实施其第三次谋害总统之毒计也。各舰集中白鹅潭时，永翔、同安二舰，亦随即来归。故舰队力量，较前增加。总统经此奇险，不以为忧，反以为乐，精神亦倍加于前。当时广州夏税务司来舰，晋谒总统，首问总统是否来此避难？总统言："此为我之领土，我可往来自由，岂可谓之来此避难？汝言何意，令人不解所谓？"夏乃言："白鹅潭为通商港口，接近沙面，万一战事发生，窃恐牵涉外国兵舰，引起交涉，不如请总统离粤，俾可通商自由。"总统言："此非汝之所应言者。吾生平不服暴力，不畏强权，吾只知正谊与公道，决不受无理之干涉也。"夏乃默无一言，如礼辞去。某西人在座，出谓其友那文曰："吾今日方见孙总统之真面目，是为中国之真爱国者。谁谓中国无人也？"海军总长汤廷光来函，请求总统停战，彼愿负责调解。总统复函允之。其函中有"专制时代，君主尚能死社稷，今日共和国家，总统死民国，分所应尔。如叛徒果有悔祸之心，则和平解决，吾亦所愿也"云。

十一日

总统慰劳海军将士，以各舰昨日通过车歪炮台，忠勇奋发，殊堪嘉尚。中国海军，皆能如昨日之奋往直前，杀敌致果，则前途实有无穷之希望也。总统赞叹不置。下午，接汤廷光总长等议和条件，以两方敌礼相视，且以明日十二时为限。各士兵闻之，不胜愤激！总统即命秘书起草，复绝其调停。函中有云，叶逆等如无悔过痛改之诚意，即如来函所称，准于明日十二时为限可也。是晚六时后，水上警察厅所辖之广亨、广贞二舰来归，驶至车歪炮台，与逆军对抗数小时，以舰力薄弱，不能通过，乃与东廊附近陆上各部队，向江门退却。

十二日

洪兆麟又派陈家鼎来见总统,并持洪致其代表与旅长之原电,其中有"余此来立于调人地位,无心利禄,列名通电,绝不赞成"等语,以表示拥护总统之意。总统派人接待,说明陈炯明嫁祸湘军之毒计,代表大为动容。海军各舰长发表宣言:(一)限省城逆军,于二日内撤退至百里之外,以免人民奸淫抢劫烧杀之苦。(二)以广州本为吾政府所在之地,当归还吾政府自由处置,不得有任何方面之干涉。是晚,闻北伐军已占领韶关之帽子峰及火山等处,舰队军心为之大振。

十三日

风浪甚大,船身摇动非常。闻北伐军飞机,昨日已过韶关,在马坝、河头等处,抛掷炸弹,命中甚多。惟盼北伐军克复韶关,速来广州,以便海陆军同时夹击也。

十四日

闻逆军在韶关大败,我滇军已占领芙蓉山、帽子峰等要害,军行甚速,所向无敌。逆军落胆,省城叛党,皆现逃遁征象,韶关不难指日而定。下午,永翔舰驶离省河,闻其奉海军温司令之命,故不阻其行。

十五日

海军各舰长复广州全体市民公函,谓:总统以民命为重,故海军不愿轻启战端。唯嘱其转告逆军,从速撤退广州,以免生灵涂炭也。

十六日

今日为陈炯明叛乱、谋害总统、炮击公府一周月之纪念日也。永丰冯舰长对士兵演说言:"今日为陈炯明谋叛一月之纪念日,凡为中华民国之国民者,皆当留此纪念,以戒世世子孙,无效此叛徒贼子之所为也"等语。得报,言韶关尚未为我军占领,众心犹豫。总统言事之成败利钝,不可逆料,惟有尽其在我,听之于天而已,死生祸福,所不计也。

十七日

前方消息，忽胜忽败，捉摸不定。惟闻翁源方面，我军大胜，李逆云复所部，皆倒戈附义，投诚来降，约千余人。逆料此后战局重心，将移至翁源、英德方面，而不在韶关之得失也。

十八日

得各方消息，皆言我军已占领韶关，未知其果确否？总统言："未得前方报告，终不敢深信。"

十九日

本日接各方消息，乃知韶关仍在叛军之手；又闻英德附近，已有战事。其或本军由翁源绕道而出英德，抄袭韶关叛军之后方乎？上午十一时，叛军水雷发现于永丰座舰附近，距离美国兵舰甚近。幸爆力微弱，虽发亦不中，不然，总统座舰，未有不为其所毁也。呜呼！陈炯明残忍至此，民国与之何仇，必欲置总统于死地，以逞其一时之快耶？此为叛军设放水雷，实行第四次谋害总统之毒计也。同在省河之英、美、日各国兵舰，以叛军侵害外舰，且无人道，故由其各领事，向叛军提出抗议，不得再有此野蛮举动云。

二十日

得前方消息：我军确于十八日，占领翁源，惟韶关仍在逆军之手云。又得许军长报告，言黄大伟司令所部，已于昨口集中始兴，不日即加入翁源战线也。

二十一日

接港友书，知叛军不支，黄、邓各逆，连来求和。总统复函，如其果有悔祸诚意，不妨允其所请。本日接各方报告，前数日叛军，屡战屡败，韶关确为我军合围，惟尚未占领。叛军驾驶飞机，翱翔于座舰之上，伺察海军形势，以为恫吓之计。士兵疑惧。而总统镇定如常，屹不为动，因之军心亦归平静。

二十二日

总统致李总长、许军长、朱总司令等慰劳之电。闻叛军贿买肇和、永翔二舰来白鹅潭，攻击各舰，诚所谓匪夷所思，叛军谋害总统，盖无所不用其极矣。无论肇和舰吃水甚深，不能驶入省河。即使能之，则海军将士，深明大义，必不为其所买。无奈叛军谋害心切，不计可否，徒见其枉费金钱，多耗人民脂膏而已。傍晚在芳村岸边，捕获叛军徐直一名，据供为伪江防司令周天禄派来，侦察海军形势，令其设放鱼雷也。叛军始则贿买我海军内变，继用水雷，以炸座舰，又用飞机示威恫吓，皆不为其所动，今复将以鱼雷来袭海军，谋害总统矣。迹其用心，无日不思谋害我舰队中之总统，以求逞其逆图，而置平昔恩义于不顾，是真所谓狗彘不食其肉者矣。

二十三日

徐犯口供，自认其为周天禄派来，侦察地形，投放鱼雷；且言逆军日前已买到鱼雷五个，以重金请某国海军军官包办设放。又言逆军图袭海军之计，水上用小轮船数十艘，袭取各舰，陆上在河南芳村两岸，用炮射袭海军为之助攻，可知陈炯明谋害总统之心，有加无已，此叛军第五次谋害总统之毒计也。本日消息，皆报我军在韶作战，大获胜利，惟不知其胜利究至如何程度？前方虽胜，而舰队中之元首，无时不在被谋害危险之中，因之望我前方各军速胜之心，益綦切也。

二十四日

各方消息：我军在韶关大胜；熊略与洪兆麟所部，昨今两日，皆已陆续运往北江附近参战；熊略亦于是日前进。大义不明，人心叵测，一至于此，可叹孰甚焉！

二十五日

今日前方消息，又捉摸不定，未知究竟胜负如何。消息隔绝，交通阻碍，殊为作战一大缺点也。闻洪兆麟今日前仕翁源方面督战。呜呼！人心莫测，恩以仇报，陈炯明之恶德为不孤矣！陈炯明宣传邓铿为洪派人暗杀，以为洪怀恨挟嫌，报复其排斥至沪之仇。又言：六月十六日，围攻总统府，为洪兆麟急电促成，故围攻公府，惟洪师所部之湘军，而非陈炯明本人所愿也。是耶，非耶？吾不得而知其究竟。惟陈炯明推祸诿罪，损人利己，是其长技。此次谋害总统，其事果成，乃必假仁假义，解散其起事之军队，屠杀其谋害之官长，以为一手掩尽天下人耳目之计；如果事败，其必推诿于僚属，而己则潜伏惠州，似未预闻其事者。是其所为，皆善于自处地步。今日受其指使之奴才，将来即为其屠烹之功狗。司马昭之用心，路人皆能知之，奈何湘军愿受其欺弄指使，而不知烹狗之祸，即伏其中也？总统言："将士沾泽被恩，无如陈炯明之厚者，今陈且叛乱，则洪、熊等之背义附逆，更不足奇矣。"

二十六日

本日消息：我军自二十三日以来，连获胜仗，叛军狼狈之状，不可言喻！广州叛党，亦恐惶万分。某旅长派其副官长来沙面，见程①次长，言其所部，不愿附逆自杀，以污辱其向来忠勇之名誉，请总统勿信谣传，免致离间。且言："其各官长皆知陈炯明可与共患难，而不可与共安乐者。其人性质，有私无公，有我无人，有亲无友，有口无心，冒人之功，诿己之过，阴狠诡诈，褊狭贪隘。如今日有求于我，则卑躬屈节，欺诈奸伪，凡为人之所不屑为者，而彼竟为之；倘一旦时过境迁，功成事毕，则负恩忘义，背信失约，举凡人类所不忍为者，而彼亦必忍为之。故数年来无论其战时平时，偶获胜利，则志高气扬，骄横跋扈，暴戾恣睢，为所欲为，忘其所以；如遭挫折，则恍惚迷离，怯馁惊慌，垂首丧气，手足不知其所措。人谓其为二十世纪之枭雄，则其胆力不足比；如谓其为二十世纪民生主义之妖孽，则其之阴谋邪说，皆不足以惑人心而乱天下。吾无以名之，名之曰疑忌嫉妒、卑鄙恶劣之小人，寡廉鲜耻、人面兽心之败类。吾军素明大义，决不充其'陈钟马'亲之死党，以供一家一族之驱使，而受人鱼肉也。"又云："某师长亲赴前敌，专为视察情形，决不充任总指挥名目。我军一俟其回省，拟即联名发表宣言，以为拥护总统、脱离叛军之表示。"总统派员

---

① 程潜，广州民国政府陆军部次长。

慰之曰：如某军甘心附逆，执迷不悟，则不过为叛逆陈炯明私人之功狗，终见其自杀而已！倘能觉悟自警，反正附义，尚不失为悔过之良好军人，吾固知某军必有悔悟反正之一日也。

二十七日

接许军长与李总长十九日来电，报告战况，乃知前方连获胜仗消息，皆非子虚，又知湘军陈嘉猷旅长所部，已集中仁化县，不日即可加入战线，总统阅之，不胜欣慰。本日接各方消息，皆言叛军大败，然尚未证明韶关为我所得也。

二十八日

本日消息：我军尚未占领韶关，而翁源方面，且有败退之耗，殊为疑虑。总统致电李总长慰劳前敌将士，并令其指挥前方各军，以收统一之效。闻第一师已在翁源方面附逆参战，总统言曰："该军如此，仲元①死不瞑目矣。"

二十九日

接许军长二十三日来电，报告战况，甚为得利，且知翁源失而复得。黄大伟司令所部亦已加入翁源战线，陈嘉猷旅长所部即可进攻乐昌云。是夜八时许，叛军乘民船，由车歪炮台方面，驶入我海军防线，冀图袭击海军，幸为我哨船发觉，开枪击退。

三十日

探报：陈炯明派陈永善，在江门装修钢板小轮船三十二艘，招募敢死队三百名，预备袭击海军之用。总统言："敢死队，纯出于自愿牺牲，岂可招募而得？且何处去招募如许敢死队与领江之人？陈炯明谋害之心虽切，此种伎俩，终无如我何也。传令各舰将士，严密防守，勿自惊扰。"

---

① 邓铿。

三十一日

总统致李总长、许军长电,授其作战方略。又致前方各将领函,本日叛军方面战报,言追击我军至周田、大桥等处,惟对于仁化、乐昌方面战事,毫未提及。如果其深入周田,必为吾始兴、仁化两军所夹击。总统深信我军退却,必有计划,不致仓卒无纪也。

八月一日

今日前方消息沉寂,不知胜负究竟如何?各舰将士,皆有为之青年,惟动激意气,不顾大体,且缺互助精神,士兵又多分省界,易滋误会。于此一月,余同总统在舰之苦心孤诣,排难解纷之劳剧,比诸前线作战之困难,更甚什倍,如稍无毅力坚忍之心,决不能维持至于如此之久也。

二日

近日前方消息不利,而总统则泰然如常,毫不以失败为念,深信最后之胜利必归我军,故绝无沮丧之态。

三日

总统致某师长函,说明北伐军决无为逆军消灭之理,令其从速起义,以挽回前方战局。总统对幕僚言,军事之得失与成败,当听其自然,不可勉强而行,徒使人以难堪,其事或有非人力所能为也云云。

四日

前方消息,言我军已失始兴,殊非意料所及,疑信参半。总统判断前方战况,言七月二十九日以前,我军左、中两路,似皆败退,惟右路仁化、乐昌方面之滇、湘军,仍旧坚持阵地,且有进步,则七月间第一期作战结果,我军不得谓之失败。尚望其能即日取胜,挽回以后战局耳。

五日

叛军用小轮袭击舰队之风声益急。总统面授各舰长以防备计划，布置完备，不患叛军之来袭也。各舰士兵，亦振作精神，服务习劳，日夜不息，毫不见其倦怠之色。总统言："吾国海军，皆能如今日舰队将士服从命令，则国事早定，岂复有如此次之变乱乎？"各国海军，见我将士勤劳守职，日夜不倦，亦为之赞叹不置，尝对总统曰："贵国海军士兵能如此服从坚守，陈炯明虽有三百艘小轮船、三千人敢死队，亦无所施其技矣。"

六日

致李总长电，问其前方战况之胜负究竟如何。有人来舰报告，言南雄已于四日失守，确为叛军占领。惟另一消息，又言我军已反攻至江口者。有言叛军翁式亮，已因伤毙命者。有言某方军队，已与叛军脱离关系，宣布独立，动员来省者。各方报告，纷纷不一，至难判断。总统言："须得其确实报告，方可深信，此皆不足为凭。"惟有照前定计划，慎防敌袭，巩固舰队，静待前方确实报告而已。

七日

各方消息，皆言我军败退，南雄为叛军占领，惟未得前方报告，不敢信以为真。有人言："前方既已失败，总统已无留粤之必要。盖逆军后方之兵力，已难牵制，此时又不能集合各方义军，攻取省城，而前方基本部队之战机，决非一时所能挽回，则总统在粤，昔日之所谓维系军心者，已失其效，如仍株守军舰，徒冒无谓之险，有何益处？此时当以速离广州，别谋进取，以安置前方军队为要图也。"总统言："须得前方确报，则我心方安，否则轻离舰队，放弃职守，其将何以对前敌与舰队各将士耶？"故总统决心，如一日不得前方败退确报，即一日不离广州舰队也。

八日

居正、程潜二君来舰，商议总统行止。总统以未得前方确报，决不轻弃职守，又言："敌报不足信，如前方军队未退，以我离粤，牵动前方军心，因以致败，则我将何以对前方两万余人为我牺牲之将士耶？"故其决心，迄不为动。各方消息，言逆军装制小轮船钢板已妥，必来袭击舰队。其言日日如此紧急，而终未见其来袭。总统料其必无来袭胆量，是以日日在惊涛骇浪之中，而日日安定如常也。

九日

有人密报陈炯明袭舰计划：专袭座舰一艘；一方面贿买座舰士兵中立，不加抵抗；一方面贿买某舰官长发炮，射击沙面外人居留地，假作抵抗之势，以为炮由舰队所发，使外人干涉，以拳匪之祸嫁于总统。陈炯明谋害总统之计狠毒如此，殊非常情所能测也。总统闻之，言："吾信陈炯明或有此计，然今日幸已败露，当不致为所陷害。吾可派人通告各国领事，嘱其自卫，如果有此惨无人道，嫁祸贻患之不轨举动，陈炯明当负其责也。"是日，某顾问来报，言前月杪南雄确为北军占领，故前方报告，不能达到。北伐军已于六日退龙南，此息确实无疑。总统以某顾问向不轻言战情者，闻其报告，乃召集各舰长会议，佥称：赣南失陷，南雄不保，前方腹背受敌，战局必危。总统株守省河，有损无益。遂议决离粤赴沪之计，并托某顾问通告各国领事以总统即日离粤之事。当时本拟趁搭商轮，公然离粤。后承英领事声言，孙总统如果离粤，则吾可派炮舰摩汉号，护送总统往港，不必另搭商轮。明日且有俄国皇后号邮船，由港往沪，如孙总统决意赴沪，请于下午三时，趁摩汉炮舰赴港，本领事可以电知香港，预备舱位也。某顾问回舰，报告英领事之意。总统以其盛意难却，故决于下午三时，率幕僚离粤。舰队善后事宜，委托林直勉秘书、李章达参军二人代为妥办，并发一月恩饷，以奖励舰队官长士兵忠勇勤劳之功绩。四时，摩汉号炮舰由广州出发，七时，出虎门要塞。总统自六月十六日蒙难以来，至此方离广州。总统与幕僚言曰："不图吾与君等，竟得脱险以有今日。一息尚存，此志不懈，民国责任，仍在吾人身上，不可轻弃，以自负初心也。"当晚悲歌慷慨，与幕僚谈时局及外交事，至深夜二时后始就寝。

十日

上午六时，船抵香港，旋即乘俄国皇后号邮船。香港政府派员前来，照料一切。正午十二时，由香港启碇，出口归沪。①

十一日

总统在船接广州英领事无线电，通报白鹅潭海军情形及保护人员离粤往港事。总统复电感谢。

十二日

总统在船决定宣言大旨。当讨论宣言主旨时，总统以联省自治与分县自治二者，言之为尤切。至其大意，以中国各省之土地与人民，皆比世界各小国为大而且多，故各省之自治，可不依附中央而有独立之能力。中国此时所最可虑者，乃在各省借名自治，实行割据，以启分崩之兆耳！故联省自治制之所以不适于今日之中国也。至言真正民治，则当实行分县自治。盖县之范围有限，凡关于其一乡一邑之利弊，其人民见闻较切，兴革必易，且其应享之权利，亦必能尽其监督与管理之责，不致如今日之省制，大而无实，复有府道界限之争也。分县自治，或不免其仍有城乡区域之分，然其范围狭小，人民辨别较易，以其身家攸关，公共事业之善否与是非，当不致为中级社会所壅蔽，且因其范围不广，故其对于中央，必不能脱离而称独立也。而如今日之所称为联省自治者，如果成立，则其害上足以脱离中央而独立，下足以压抑人民而武断，适足为野心家假其名，而行割据之实耳。吾之主张联省不如分县者以此，当世明达，必有抉择也。

十三日

总统在船，有人言：陈炯明自认此次广州叛乱为革命，视总统为南北统一之障碍，故要求总统实践与徐世昌同时下野之约言也。总统言："与徐同时下野之约言，不知其从何而来？吾在民国元年，曾有与宣统同时退位之语，而今日

---

① 查蒋介石日记载："五时船到香港，即搭俄国皇后号。上午，在船甚闷。季新兄来船邀其通行。正午开船。下午谈时局。与元首、季新二人研究宣言大旨。"

与徐同时下野之说则无有。其或造谣生事者，根据于与宣统同时退位之语而来，不过假此以荧惑世人耳目耳。如吾果有与徐世昌同时下野之语在前，是无异承认其为合法，承认其为正式总统，安能为之。吾之就总统职者，乃知名器之不可假借，职权之不可虚悬，正名定位，不使是非混淆，以乱天下人之耳目。名分既定，则吾自无与徐同时下野之理。至于南北统一之议，则吾已于六月六日宣言，表示与北方停战言和，以望统一之成，焉得谓之统一之障碍哉。至于革命与叛逆之名，则不可丝毫假借，其理甚明。盖革命为一宝贵尊严之名词，须知革命有革命之主义，有革命之道德，有革命之精神；法国革命之主义在自由，美国革命之主义在独立，而吾国之革命乃求实行三民主义也。故革命之精神与道德亦皆由此三民主义而出。至于陈炯明此次叛乱之行为，纵兵殃民，图袭谋害，适与革命之精神与道德成一反比例；而其主义，则在盘踞与割据，以逞其一己之私欲而已。此革命与叛逆之所以分，不容丝毫淆乱者也。假令彼能堂堂正正，以革政府之命，则革命为吾人所乐许，吾且奖励之不暇，焉能禁人之不欲加诸我也。惟乱臣贼子，不得借汤武神圣革命之名词，以实施其篡窃欺盗之行为耳。犹之魏晋宋齐之禅代，不能伪托唐虞商周之美名。此稍治历史者，所能别之。而况共隶于一护法旗帜之下，大业未终，自叛降敌，乃可谬援名称以自掩饰。公道在人，岂能尽欺耶？"

十四日

上午，在吴淞登陆，安抵上海。各团体代表等，在岸欢迎者，约数千人。闻连日飓风骤雨，鹄立江岸不倦，民情亦至可感。下午，召集同志，讨论国会与时局各问题。

十五日

发表护法总统宣言。总统自六月十六日蒙难以来，至此已经两月。明日又为陈炯明叛乱二周月之纪念日矣。

孙大总统广州蒙难记跋

中华民国十一年九月十三日

此记为余极沉痛之作，付印尤为余所不获已也。广州变乱，余惟自悲吾党之不幸，岂复忍以内容真相暴于世，以自贻其羞乎！粤变以来，余所以不愿以一言一字，露布其叛乱事实者，犹守绝交不出恶言之古训耳。九月杪，余养疴天童，见报纸有发表孙总统联德密函者，不禁发指眦裂，益觉陈氏谋害总统之心毒于蛇蝎。余虽欲为其缄默而亦不可得矣。呜呼陈逆！汝不能在广州嫁总统以拳匪之祸，汝今犹欲诬指总统为过激党乎！

世界大战告终，对俄对德之外交，如英，如美，如法、意、日本各国，无不急望其恢复邦交，以谋提携之道。吾与俄、德，岂能不再缔约，以修两国之好，其可永久绝交，终陷于孤立地位乎？况外交秘密，为各国所公认，而总统此函，又仅为同志间磋商之词，岂足为谋害总统之胜券乎？自此函发表以后，中外人士凡有知识者，莫不认为应有之政策。外人且以为总统之外交目光高人一等，又以为中国之有人，不惟不忌，而且表示其敬仰之意。故发表此函，徒足以彰陈氏谋害总统之罪恶，而又加其一重媚外卖国之铁证耳。广州叛乱，谋害总统之事实，其历历可数者，不下六七次。至余所闻而尚未发现者，又不知凡几。叛逆之智，不为不足。今既事过境迁，如其苟为天地父母之所生者，应有天良，于此当悔昔日之非，翻然自新，以恢复其堕落人格之不暇，奈何必欲置其十余年父事师事之长上于死地而后甘心乎？

呜呼陈逆！即使汝能谋害总统一人，其能谋害三百万之党友乎？即能掩尽中华民国四万万国民之耳目，其能抹杀汝遗臭万年之历史乎！自发表密函以后，虽倾西江之水，亦不能涤汝卖国叛党之劣迹矣。

呜呼陈逆！汝即不为国家计，其能不为个人计乎！呜呼陈逆！曾不一念自身与本党之关系，以及前后之事实乎！数年以来，曾与汝同生死，共患难，转败为胜，扶危为安者，果何人乎？汝今日之所挟以谋害总统之奇货，非粤军乎？汝之粤军，果何自来乎？其间如何成立，如何援闽，如何回粤，又如何援桂乎？汝所素称为益友之汪精卫、胡汉民，与汝所自认为良将之邓铿、许崇智，今皆安在乎？其不为汝所谋害者，亦皆为汝所排挤殆尽矣。汝素所敬畏崇拜之党魁，虽幸而脱汝之刃,然已退避三舍矣。汝固可以据粤自豪,独居安乐矣。汝之叛逆事业与恶劣人格,应可以从此知足自止矣。奈何欲更进一步,必为禽兽不为之事。汝不知冒人之功以害人,藉人之力以杀人者,必有人冒其功,藉其力,以杀害其人者。汝果不悔过自新,长恶不悛,则多行不义,必有自毙之一日。余尚不欲尽暴汝之罪恶,然汝果能自安于心乎?人即不欲杀汝而恕汝,汝果不急求其幸免自杀之道乎?

世有知人,其或曲谅余不获已之苦痛,而于此记加之意焉。

蒋介石识于太湖之万顷堂

(录自《先总统蒋公思想言论总集》,又据1922年民智书局版本核校)

六、蒋介石率孙逸仙博士代表团赴苏考察行程活动日记(1923年8月—12月)

按照孙中山的联俄方针,1923年8月—12月,蒋介石率孙逸仙博士代表团,赴俄考察军事、政治和党务。蒋介石日记中记载了他的行程、活动和观感。蒋氏综括在俄考察三月所得印象,以为俄共政权臻于巩固时,沙皇时代野心之复活并非不可能。

这里选录了《蒋介石年谱初编》的有关记载,大部分为日记内容。

1923年

8月5日　　晚,约会苏俄代表马林及各同志(张继、汪兆铭、林业明[①]等)商决赴俄事(筹组孙逸仙博士代表团,赴俄报聘,并考察政治及党务)。

8月13日　　(去沪)

8月16日　　(率沈定一、张太雷、王登云等,由上海乘神田丸启程赴俄。)

8月19日　　轮经大连湾,登岸逛街市。此横滨缩影也。华人聚居者约有

---

① 国民党本部财务部长。

七万，诉讼皆听于日人，并会审公堂而无之。关东州不能设一中国学校，又不能派一官吏，并不能如在外国置一领事。吁，深可痛已。言之可叹，思之伤心，莫甚于此。夜搭南满车北向行。

  撰《刊哀思录所感》成，寄沪付印。（……从此，道途日远，何时复得回乡扫墓，顾前思后，悲戚无异于二十年前初就外傅之日。余性顽陋，且习于安逸，曾不愿远离乡国，茹苦耐劳，以苏武、班超自期者。而对于友爱同志，公义私情更不能漠然忘怀，时作杨柳依依之念。及见经、纬两儿来沪远送，此心怦怦，益难惄置，乃知父母爱子之切尤甚于孺子之慕其亲者。回想先慈当时不忍舍中正外读而生离，与其易箦之际，不忍死别儿孙之悲惨神色，尤令为子者抱终身无穷之痛也。今既舍墓庐而远行数万里之外，而于先慈遗训中之学校墓庐，及可留为后人之纪念者三事，不能一一遵行，以毕先慈平生之志。乃于起程之日，特托吾同志楚伧先生搜集先慈丧葬中之文字，辑为一编，名曰"哀思录"。赠送亲旧，以志不忘。是亦中正离国远行之一纪念品云耳。）

  8月20日 薄暮，抵长春。自辽奉至此，一路所见闻，皆范围于日本之势力，不啻入其国境也。

  8月21日 午后至哈尔滨。

  8月24日 午后，由哈尔滨搭车上莫斯科行程，旁（傍）晚经安达站。

  8月25日 逾兴安岭站。午正，由海拉尔站开车，而望江站、而克拉洪德、而尺千站、而扎来诺拉，三时五十分至满洲里，即中俄两国分界处。居民约仅千家，华俄混杂，凡火车过此必经一度检查，并换车辆。俄方代表来站招待，陪同视察国境。其境界为一长塍，各无封人掌守，出入任自由。约四十分时，至孟邱夫斯克站，复上火车。

  8月26日 上午至赤塔，一路山明水媚，森林郁苍。想不到西伯利亚而亦有此异境耶！俄代表趋站候迓。午后三时复起程。

  8月27日 上午，至上乌金斯克。综观形势，山河错列，南眄蒙古，不尽感歔。十时零，由此开车，下午二时，未至姆伊叔滑也[①]时，已望见贝加尔湖，

---

① 姆伊舒哈雅。

风涛如海，茫无涯畔，蔚为巨观。三时后，经汤会①，行李受检查。五时，至姆尔禄附近，即见山巅白雪。七时十分，至司留强恨克②。九时，达贝加尔湖站，乃湖之西一小村落边。十一时，至伊尔库次克，已入梦乡矣。

  8月28日 上午过土龙③。下午一时至乌金斯克，乃一大站也。五时，至塔骇铁④。九时至伊拉恨斯克⑤，与莫斯科来车相遇于此。

  8月29日 拂晓，至鿍拉斯洛也尔斯克⑥。十一时，阿勤斯克⑦。十二时，朴霍笃路⑧。（午后）三时前，至也令斯基。五时后，也一也，六时半，至大伊舾，即托姆斯克⑨转车处。自过阿勤斯克站后，道路屋舍较为整齐，颇有西欧气象，比西伯利亚进步矣。

  8月30日 上午至白腊平斯基⑩。昨夜半已过洛屋——尼壳拉斯克也⑪，惜未觇其形势。十一时至揩恨有。午正，太太鲁斯克也⑫。三时半，至屋姆斯克⑬，过屋琶河⑭。六时半，至托拉盖近恨斯克也。经赤塔后，改用莫斯科钟点，较中国迟三小时。

  8月31日 晨，过淡孟痕站。九时，客姆渭写路弗⑮。（午后）一时，至爱

---

① 坦霍伊。
② 斯柳江卡。
③ 图伦。
④ 泰舍特。
⑤ 伊兰斯基。
⑥ 克拉斯诺亚尔斯克。
⑦ 阿钦斯克。
⑧ 博洛托尔。
⑨ 托木斯克。
⑩ 巴拉宾斯克。
⑪ 诺沃尼古拉耶夫斯科也。
⑫ 鞑靼斯克。
⑬ 鄂木斯克。
⑭ 鄂毕河。
⑮ 卡梅什洛夫。

客推令泊路吾①，为由亚洲至欧境第一大站，其地在乌拉尔山之东。六时，至写利也站，及至败路明②，已夜深矣。

9月1日　　晨六时半，至排利庆洛。八时，也路。九时半，辞伊福客。午十二时半，至维亚得客③，天大雨。二时半，至壳滩鲁利丘路。六时半，写路也④。深夜一时，过步意⑤，为伏罗街代⑥之径路也。

9月2日　　晨六时后过一小站，十时至阿林柯伦独拉夫站，十一时半至就路加也福⑦站。其地风景市廛皆呈欧化，若已至莫斯科者。午后一时到达苏俄京城莫斯科。外交部派员欢迎，导诣宾馆。途遇社会党群众运动，参会者约廿二万人，旌旗飞舞，观者塞道。初至其地，而恰逢此纪念大会，无任忭跃。

9月3日　　闻俄国革命党首领苏维埃共和国之创造者列宁，积劳成疾，不能谒晤，深致感咎。下午，往见东方部长。相见时颇诚恳，皆以同志资格谈话，尚未有失言过语之辞，我心亦安。晚致电国民党上海支部办事处，报告抵俄经过情形。

9月5日　　见外交委员长齐采令⑧。

9月7日　　上午，往见共产党秘书长⑨罗素达克，听谈革命史况，约两小时余。其革命成功之点有三：一、工人知革命之必要；二、农人要求共产；三、准俄国一百五十民族自治组成联邦制。而其缺点亦有三：一、工厂充公后无人管理；二、小工厂尽归国有，集中主义过甚；三、利益分配困难。又言现在建设情形：一、儿童教育周密；二、工人皆受军队教育；三、小工厂租给私人。云云。下午，见远东局长胡定斯基。晚，观剧于前皇家戏园。是园建筑伟大，约容六千人，正

---

① 叶卡捷琳堡。
② 彼尔姆。
③ 维亚特卡。
④ 沙里亚。
⑤ 布伊。
⑥ 沃罗格达。
⑦ 雅罗斯拉夫。
⑧ 通译契切林。
⑨ 《中华民国史事纪要》(1923年7月—12月)书中记为：苏俄共产党政治局秘书。见该书第365页。

厅座价每位需五金圆。太贵了。因叹莫斯科生活程度之高。

9月9日　　上午，往访党部之东方局长胡定康。下午，访陆军部次长司克亮斯克①，讨研中国现势。又会参谋总长加密热夫②。

俄国人民无论上下大小，比我国人民诚实恳切，令人欣慕，此点各国所不及也。其立国基础亦本于此乎！

9月11日　　往访教练总监彼得禄夫斯克③，知俄国军队组织之内容。每团部由党部派一政治委员常住，参与主要任务，命令经其署名方能生效。党员之为将领及士兵者，皆组有团体，在其团部活动并为主干，凡遇有困难勤务，必由其党首负责躬先之。

9月12日　　参观博览会。上午拟定"作战计划"（《中国革命的新前景》）。

9月13日　　在宾馆拟赴俄考察代表团致苏俄负责人员意见书。（书凡八千二百余言，说明中俄国共两党互助关系。甲、绪论，乙、军事计划书，丙、宣传，丁、结论。）

9月16日　　下午，为陆军学校毕业生游行纪念，自加利宁④（时任议长）以下陆军各要人皆有演说。前往参观，并与王允恭偕游 Zpam 教堂（俄国第一大教堂）。

9月17日　　参观红军步兵第一四四团。其军纪及整理虽不及日本昔日军队，然其上下、亲爱，出于自然，毫无专制气象。双首长制，亦无权限之见。大约军事指挥上事务皆归团长，而政治智识上事皆归政党代表，尤其是精神讲话，及平时除军事外之事务皆归（党）代表也。晚，与马林商议提案。

9月18日　　晚，往访马林。

9月19日　　上午，与马林、胡定康晤谈。下午，参观步兵第二学校。俄国武器研究及进步可与欧美各国相等，不比我国之腐败也。回宾馆后，接见中国留学生。

---

① 斯克利亚尔斯基。
② 加米涅夫。
③ 彼得罗夫斯基。
④ 加里宁。

9月20日　　参观军用化学学校，研究毒气之施用及防御法。并往应中国共产党青年团欢迎会。

9月21日　　下午看《马克思学说》。

9月22日　　往高级射击学校参观。自十五世纪以来各式枪械约数百种，皆储藏于此，最新式之福德来夫骑兵用机关手枪，每次可发三十五响，且轻便异常。俄国武器之研究及进步，可与欧美各国竞爽，非若我国之窳败也。

下午看《马克思学说概要》。

9月23日　　会鲁考夫基。（张太雷与俄外交人民委员部人员争论）其部员之下流无赖实使人讨嫌。

9月24日　　为外交部员无礼怠慢，使人嫌恶，几欲回国。余之性质，实太狭褊，不能放宽。奈何？乘飞艇空中望月，太虚清朗，四顾茫然，欲想复高，而司机者以天暮辞。

看《马克思学说概要》颇觉有趣，上半部看不懂，厌弃欲绝者再，看至下半部，则倦不掩卷，拟重看一遍也。

9月25日　　试乘旅行飞机，较昨乘军用机为稳，翱翔天际，如在陆地也。夜，搭车往彼得格列①。

9月26日　　上午11时，至彼得格列，诣外交部特辟国际宾馆，外交部员及海军部员皆来款接。下午，参观冬宫，先入其博物馆，柱壁址墙，皆以红白绿色大理石筑成，而什具如之，中藏瓷器、图书居多。会议场、礼堂、朝房、书室、膳厅、浴池等处，陈设尤各烂辉，有所谓金间、银间、翡翠间者，皆不过镀饰其外表，无足珍贵者。唯其中新设一层（新立一历史馆），标树其革命党经过历史之惨状，惟此足怵目悚魂，殊令人兴感也。

9月27日　　早起，致函稿成。参观海军大学及海军学校、海军机器学校。

9月28日　　早起，修正函稿。上午，参观海军博物馆，自大彼得至现代，海军历史上之人物及舰械模型，森然罗列。下午，参观海军印刷局后，即乘船浮

---

① 彼得格勒，今译彼得堡。

泥佛河①，至海口为止。彼得格列之形势壮伟，三万吨军舰可以直达城河，洵一海军雄港也。三时后，观制造潜艇机器及电气工厂，每艇二百四十箱（重一百二十吨）之电气，仅可用四小时，其经费之大可见矣。

9月29日　上午九时后，由彼得格列乘船，十二时到壳伦司太笃军港②，参观摩拉塔战舰。重量二万四千吨，十二时口径炮十二门，人员一千三百名。先观其炮仓，炮之开闭及子弹之起落，皆用电气，每仓并装大炮三门，自动连动均可。次观水蒸气间，其热无比，有新式空气管通气。次观机器间，热度更高，始入时殊不可当。中餐后，观练习舰与鱼雷艇，最后乃观第二号潜水艇，其长为百余呎，重六百吨。先观电气间及水雷发射机，次观照准机，置于中央最高处，及用反射镜也。次观仓尾，其构造与船头相同，头尾各装吸水筒二个，以为浮沉之用。六时，回宾馆。

9月30日　上午，缮正函稿。参观大影戏园，发电机器多至十余架，可惊叹也。下午，观依晒克③教堂，规制宏壮，实全世界的罕觏，其屋顶高至三十五丈，躐其最上层，彼得格列四郊百里内之景物，尽收眼底。夜看影戏。

10月1日　下午，往儿村即前皇村参观。先观亚历山大至尼苦拉西④以前各皇故宫，其建筑之宏大，装饰之华丽，诚所谓穷奢极丽，大理石与翡翠之柱壁、地板不足奇也。次观尼古拉西皇宫，规模虽少逊，而装饰及陈列则驾之。人言法国之凡尔赛尚不能及此，其言然乎。五时后，顺道访克浦斯汀，其眷属弥堪亲爱。晚七时半，上车回彼得格列。

10月2日　上午十一时，车抵莫斯科，回宾馆。游历彼得格列，目睹市况凋零，民气垂丧，皆不如莫斯科之盛，而其海军人员之气象更不良佳，殊堪为苏俄忧也。

　　　　宽容大度，包罗万象，方能成伟大事业。器小如此，奈何！

---

① 涅瓦河。
② 喀琅施塔得。
③ 伊萨克。
④ 尼古拉氏。

10月3日　晤安南志士阮爱国①。代表团中（为函稿及《中国革命新前景》）稍有龃龉。交友实难，吾自不慎，有何言也。

10月4日　上午看《马克思学说概要》。下午看《概要》。

10月5日　同伴参差，萧然寡欢。交友之难。可叹！

10月6日　上午，递外交部、军务部意见书各一份。下午，参观展览会及共产党历史部。

10月7日　访撒壳尼壳夫及马林。看《马克思学说概要》。

10月8日　与马林商议党事。晚后，往莫斯科大戏院观剧。此剧系俄国全民族各种戏剧模范。其教育人民委员鲁那楷斯②登台导楔，台上印刷机器随时印布宣传品，实乃共产主义国之特色也。二时，回宾馆。

10月9日　见总理复喀拉汉③宣言甚为得体，且有反对帝国资本主义之决心，无任忻佩。下午，看《马克思学说概要》。

10月10日　上午，往贺越飞诞辰。晚，留学莫京中国学生全体集会宾馆，庆祝双十节。讲述革命党历史，俄党组及外交部均派代表参加。宴毕，演剧，献伎，奏国际乐。下午，看《马克思学说概要》《经济主义》。复习第三遍完，尚不能十分了解。甚叹马克思学说之深奥也。

10月11日　甚笑中国自大之心及其愿为外人支配，而不愿意尊重国内英雄。此青年之所以能言难行而无结果也。党人好尚意气，重妒嫉。而俄党下级人员较吾中国更甚。此实为俄党虑也。

10月13日　往外交部会独霍夫斯基，得见总理致列宁、托洛斯基及齐采林三书，中多对己推重语，为之感涕。薄暮，散步莫斯科河畔。

天何不欲至诚之人成功，而使其久屈也！

10月14日　莫斯科桥畔雇船向西南行，登岸步入不寂之园，其址踞莫京最高处，极西为麻雀山④，相传拿破仑驻军于此。昂首四瞻，全城云簇，实为莫斯科

---

① 胡志明。
② 卢那察尔斯基。
③ 加拉罕。
④ 沃罗比亚夫山，曾被改名为列宁山。

第一胜迹。

10月16日　　看《共产党宣言》。

10月17日　　看《共产党宣言》。

10月18日　　上午看《马克思传》。下午看《马克思学说》乐而不能悬卷。接奉总理手电（今佚），知补助交涉已实行。中师诚挚之辞，每使人读之泪下，其非比长于文字者故为此笼络之语。此其更可贵也。

10月20日　　下午看《德国社会民主党史》。

10月21日　　下午，往会齐采令，谈蒙古问题，无结果而散。晚，马林过访。

10月22日　　晚，与马林座谈。

10月23日　　往访鲍尔廷①夫人。

10月24日　　送马林行。

10月25日　　致司克亮斯克书②。

10月26日　　致俄外长齐采令函。（函曰：星期天的晤谈，虽然没有讨论到什么具体的问题，我们很感谢你抽象的给我们的教益。昨日孙先生来电说："谁是我们底良友，谁是我们底敌人，我们胸中都十二分明了，所以我们很希望我们底良友能够谅解我们。"孙先生来电又称："友邦政府及政党，派代表鲍罗廷到粤援助之热心与诚意。"并言中俄两党志同道合，利害相共，如能办到之事，确信其不我卸。又嘱"吾等与友邦诸同志从长计议"等语。那天你说"蒙古人怕中国人"这句话。要知道，蒙古人所怕的是现在中国北京政府的军阀，决不是怕主张民族主义的国民党。蒙古人唯其有怕的心理，所以急急要求离开怕的环境。这种动作，在国民党正想快把他能够从自治的途径上，达到相互间亲爱协作底目的。如果苏俄有诚意，即应该使蒙古人免除怕的状况。须知国民党所主张的民族主义，不是说各个民族分立，乃是主张在民族精神上做到相互间亲爱的协作。所以西北问题正是包括国民党要做工作的真意，使他们在实际解除历史上所遗传笼统

---

① 鲍罗廷。

② 斯克利亚尔斯基。

的怕。我们尽量把我们的意旨对我们良友倾谈。你那天叫我们访问党部的首领谈话，我很希望你先把我们这一段意思，介绍到党部。）

10月28日　胡定康过谈。观芭蕾舞，演剧妇女之活泼动作，无异机械，吾国优伶万不及也。

10月29日　参观电灯泡制造厂及发电厂。其中工人俱乐部、学课及手工音乐补习室，各有专科教师，尤以社会科学为最主要，其余各贩卖合作社、图书馆、阅报室、膳厅、戏馆，无不应有尽有，而以职工会及少年共产党部主其政。关于工厂之历史、工人之状况及厂中资本之盈亏，皆制表揭示办公处，藉供众览焉。

10月30日　参观西乡太太儿等处农村，由苏维埃员导往。先入其村苏维埃，如吾乡之乡自治会，而制度不同。再观其小学校及消费合作社，校中成绩皆日用生活品，如衣食住什具之类。乃至第二村后，导观其乡苏维埃，规模较大，立法、司法、行政三权皆由此滥觞，乡警察隶属于此。观毕回京已七时余矣。途次觉甚寒冷。在俄日习其国语，喜弄琵瑟与琴，看马克斯学说上半部，颇欲厌去，至下半部，则生玄悟而不忍释卷矣。

11月1日　游莫斯科旧皇宫（克里姆林宫），规制壮宏，与在彼得堡者相埒，而藻饰则远不如矣。参观中央执行委员会，入其会员席，听卫生总长报告。看《德国社会民主党史》。

11月4日　下午往车站迓邵元冲，与同归宾馆，商议处置代表团方法（时诸代表意见龃龉）。苏俄各地皆有少年共产党支部，集中青年力量，以充实改造基础，是其第一优良政策。

11月5日　参观克鲁泡特金故居。

11月6日　往莫斯科苏维埃，参加革命纪念，听加密烈夫[①]、蒲哈灵[②]等谈说。又见海军革命发难二官长及一水手，登台表述其勋劳光荣，心颇感动。会散即回宾馆。

---

① 加米涅夫。
② 布哈林。

11月7日　为苏维埃共和国革命六周年纪念，履红色场观阅兵式，军队加入者约有两万人。

观今日之运动，足知苏维埃政府对于人民有基础，殊足以破帝国主义之胆。吾于苏俄无所间言。

11月8日　接杨庶堪、林业明电，知粤局稍定，然仍恐多变故也。远羁异域，独于中帅之起居，耿耿于寸心，此外非所愿闻。万一罹险，固由于一般党员以元首为孤注者所陷害，而我不能始终扈从，尽心卫主，又岂能逃其罪哉。

11月10日　下午，偕邵元冲、沈定一、王登云重游不寂之园。晚访白腊洛夫。

11月11日　会司克亮斯克及加密热夫。无论为个人，为国家，求人不如求己。无论亲友、盟人之如何亲密，总不能外乎其本身之利害，而本身之基业，无论大小成败，皆不能轻视恝置。如欲成功，非由本身做起不可。外力则最不可恃之物也。

11月14日　与邵元冲、王登云游不寂之园。是园地势高坦，树林整郁，其风景当推莫斯科第一。

11月15日　重游博物馆。

11月16日　往见苏维埃议长加利宁，一诚笃农民也。言语诚实，行动自在。问渠国外大势，不知所答，诚不愧为劳农专政之代议长也。

11月17日　游不寂之园，此第四次也。

接电，闻悉粤局极危，因之尝梦身护帅驾，夜惊起曰："中帅无恙耶，吾何以襄时必欲负气远行也，是亦不可以已乎。"

11月18日　上午，与赵世贤等谈事。青年有为之士，殊可贵也。下午，宴会，讨论莫斯科本党进行办法。对大众演述中国国民党主张及代表团来俄使命，至此方得一般谅解。

11月19日　与托尔斯基书。（大意：此次负国民党使命，代表孙先生来此，要求贵政府于本党所主张西北计划，力予赞助。华人怀疑俄国侵略蒙古一点，务望注意避免，并即辞行。）晚，列席莫京苏维埃大会，旁听一年来之政治报告，工业已恢复至战前百分之六十，赁金比去年增加一倍，筑就工人房舍，能容一万余人。三万失职工人,政府月各给银八圆,是其重要报告也。

11月20日　　访彼得罗夫斯基。

11月21日　　会教育人民委员鲁那哈斯基,其言教育方针:一、统一教育制;二、应办专门学校;三、接近实际生活;四、注意劳工学校;五、废除宗教;六、男女同学;七、学生管理校务。常年教育经费,中央与地方合计为百分之十四,统计为一万四千万元,尚不足其预算三分之一也。晚,访越飞君。

11月22日　　游不寂之园,仍与邵元冲、王登云同行,此第五次也。踯躅良久,就此与园怅别。

11月24日　　晚,宴雷文夫妇。

俄国缺少中级人才,政府往往为下级所蔽,而一般自满、专制、轻信、迟疑。尤其最显著弊病,遇大事不能潜机观察,好逗客气,个人无定识,尚不能自立,况于国家乎。

11月25日　　晚,共产党第三国际开会,由远东局长胡定斯基导见主席团。自徐诺维夫①会长以下,各国共产党主席皆莅会。我致答谢词。(大意:贵党现在的任务,应予特别注意的就是促进东方的革命。我们国民党专以三民主义作革命的旗帜,使大多数人民站在被压迫者一条线上。对帝国主义操纵的军阀,是我们唯一的敌人,则目标自易显明,势力更为张大。预料在两三年以内,必定有一部分革命成功。我这次来到此地,对于我们中国革命得到许多教训,是于前途有很大的利益。不过我们对诸同志谈话的机会很少,或者各位对于中国革命的现在情形及实地工作,有隔膜的地方。所以我很希望国际共产干部,多到中国去观察中国革命的现实,研究东方无产阶级的问题。)(自谓访苏以来讲话报告)亦以今日为最从容而有条理也。

11月26日　　往访陈启修。

11月27日　　见托尔斯基②,其人慷爽活泼,为言革命党之要素,忍耐与活动,二者相辅并行,而不可缺一也云。余之性质,厌倦与消极,此所以不能成

---

① 季诺维也夫。
② 托洛茨基。

事也。

11月28日　审阅第三国际对国民党决议文。吁！观其论调，不认识友党如此，应愧自居为世界革命之中心。前日晤其领袖徐诺维夫，似有颓唐不振之气。吾知不久必有第四国际出现，以对待该党不正之举也。殊无振奋气象，外强中干，其成功盖可知已。

下午，诣第三国际勉为辞行。三时，赴外交部公饯。凡想说的话，大略各露其端倪，使其自绎。

六时，送邵元冲登车游学德国。不尽依依，良友何去之速。

晚，与赵世贤述此次来俄经过情形，并勉其毋（不使）为外人支配而已。

11月29日　趣装，辞别越飞夫人。下午二时，启程归国。三时，由莫斯科站开车，车次不尽感怆，抑郁无聊已极。

11月30日　车外阴暗无光，风凌有色，冰天雪地，一望无际。日色沉沉，惨淡无光。晚，抵太尔克。

12月1日　晚，过爱克推林泊鲁吾①。

12月2日　知此地已为西伯利亚时，表准莫京，针指六时半，天响（晌）明。二时半，天入暝矣。夜，过屋姆斯克站。

12月3日　至诺伏尼柯拉伊斯楷也，为赤塔与莫京间之中心，此地时刻比莫京早三时矣。

12月4日　经瓣拉斯诺也而斯克。

12月5日　上午，经下乌金斯克。夜十_时，伊尔库次克。

12月6日　八时过汤会站，检查行李，其地设有税关。自此缘贝加尔湖行，约三小时，山态嶙峋，波光明媚，俨然天开异境，惟沿湖铁轨不平，车驶颇感震颠。二时后，到上乌金斯克，即西伯利亚入蒙古之要道，停车一小时余。

12月7日　八时后至赤塔，有苏俄代表来迓，旅馆澡体，感受风寒。拍电

---

①　叶卡捷琳堡。

致谢齐采令。

下午五时，登车上满洲里道。莫斯科与赤塔间之时计，约差四时有半。

12月8日　　八时前，入国疆，天空地阔，一片平阳。惟中国境内自东北至西北略见山脉，然不甚高。俄而至满洲里站，停息十时零，又开车。感冒未愈，精神疲惫，幸天气晴朗，正堪眠。

12月9日　　下午八时，到哈尔滨，其地长官都来迎迓，朱庆澜与焉。以假名不便露面，故避之。三时，过长春，当地官长亦来招待。五时，改搭南满车。

12月10日　　上午八时，抵大连，下车憩留客舍。午后，同孙鹤皋、王登云游老虎滩。

12月12日　　（登亚拉伯船，本定下午四时开船，次晨方开。）日商信用，远不如前，而船中腐败形状，不堪言尔。吾知东邦帝国资本主义之运命不久将尽矣。

12月13日　　上午九时半，大连开船，轮次阅留俄学生与总理书。至"忠臣多而同志少"一语，阅之甚骇。青年见解谬误若此，共信已失，党谊不敦，祸变将作矣。予欲无言。

少年轻躁自满，诋笑道义，殊为可叹！排人利己之徒，诱引青年，自植势力，而不顾党谊，其实决不能自成其势，梦梦之人，惟有一叹而已。

12月14日　　属游俄报告书稿。风平浪静，船位宽畅，亦一乐事也。

12月15日　　上午七时，船入吴淞口；九时，抵沪埠。午后，往访张静江。三时，趁江天轮归甬。胡汉民、汪精卫、廖仲恺、林业明、陈果夫均集舱房叙别，劝即回沪，处理一切党务。

（录自《蒋介石年谱初稿》，参考《中华民国史事纪要》〔1923年7月－12月〕修正补充，并以杨天石《孙逸仙博士代表团团长的苏联之行》文中所引蒋氏日记作为补充。补充内容以细黑字体排出）

七、蒋介石九一八事变日记（1931年9月）

这一部分选录蒋介石自1931年9月19日起至10月间部分日记。

1931年9月18日夜，日本关东军在沈阳发动武装进攻，三个多月内即占领东北三省。九一八事变发生时，蒋介石不在南京。事变发生后第二天他才得知信息，21日，蒋介石回到南京。当天下午，他召开会议，确定对九一八事变的处理方针：在外交上"诉诸国联"，争取国际的同情和支持，对日本施加压力，制止其侵略行径；国内加强团结，主要是解决宁粤对立，以共赴国难；经过一定时期的忍让，作好准备，最后采取自卫行动。

蒋介石九一八事变后的日记，记载了他处置事变的方针和态度。其中，9月22日的日记，记录了当天他在南京市国民党党员大会上讲话经过的一幕。当他讲到他抱定"国存与存，国亡与亡"的决心时，会场上有人讥讽他"言过其实"。蒋介石气坏了，发了脾气，摔了茶杯，并争辩说：1928年济南惨案时自己经历过日军炮火的劫难，表示自己决心与国家共存亡，并非夸饰之词。他感到自己的良苦用心不能被别人理解，"悲戚痛楚，欲哭无泪"。

这一部分日记反映了蒋介石痛恨日本阴险毒辣的侵略手段，憎恶粤方不能与南京和解，以及忧虑国内不能统一团结、难以抵御外侮的心情。

1931年9月19日

昨晚倭寇无故攻击我沈阳兵工厂，突占领我北大营营房。顷又闻，已占领我沈阳。又云已占领我长春，又云将占领我牛庄，盖九一八之莫大国耻起矣。

是倭寇果乘粤逆叛变、内部分裂之时，而来侵略我东省①矣！

呜呼，痛哉！夫我内乱不止，叛逆既无悔祸之意，国民亦无爱国之心，社会无组织，政府不健全。如此民族，如此国家，殊不易存于今日之世界。而况天灾

---

① 指东北辽宁、吉林、黑龙江三省。

频仍，匪祸纠缠，国家元气衰敝已极，虽欲强起御侮，其如力不足何！

呜呼，痛哉！虽然，余所恃者，惟有一片爱国丹心。此时明知危亡在即，亦惟有鞠躬尽瘁，死而后已，拼以一身，报我总理，报我民族，报我先烈，毋忝我之所生而已。呜呼，痛哉，夫复何言！

9月20日

倭寇野心既已暴发，必难再改。东亚从此无宁日矣。

今日晨，召何应钦、陈铭枢、熊式辉，协商处置急变策略。

昨夜确闻沈阳、长春、营口皆被倭寇强占，心神哀痛，如丧考妣，通宵未得安寐。苟为我祖我宗之子孙，则不收回东省，则永无人格矣！小子勉之！

因欲平定内乱，实现统一，终岁焦劳，迄无暇晷，以致对于外交太不注意。

卧薪尝胆，教养生聚，勾践因之霸越。忍辱负重，以求必济，是我今日之事也。

倭寇处心积虑，侵略东省，不幸今竟成为已成事实，一时殊觉无法补救。然而，如我国内果能从此团结一致，未始非转祸为福之机。

盖人之来侮，其根在我自侮。我苟自觉自悟，一心一德，则泱泱华夏，何惧彼么么小夷哉！是故对于内部当更速谋团结也。

9月21日

民国二十年　九月二十一日　星期一　晴　七十度①

雪耻　人定胜天　立志养气　立品修行

昨夜在回京船中，慨愤国难，又不成眠。今晨在舱中细思：团结内部，统一国中，振作精神，唤醒国民，注重外交，抵御倭寇，还我东省②，以雪国耻，余之天职，责无旁贷。

下午二时到京，召会干部，商讨方略。余主张：以日本占领东省事实，先行

---

① 此为气温温度计华氏度数。下同。
② 指东三省。1931年九一八事变后，日本迅速占领了中国东北三省。

提出国际联盟会①与签订非战公约诸国②。此时惟有诉诸于公理也。一面则团结国内，共赴国难，忍耐至于相当程度，乃出以自卫最后之行动。

至对广东，以诚挚赤忱求其合作。③一、令粤方觉悟，迅集南京，加入政府。二、只要粤方能负统一责任，到达南京，改组政府，则我南京中央干部，均可退让，断无异议。三、如粤方以为，胡、汪、蒋合作，其任艰巨，则我方亦当不顾一切，完全以国难为重也。

9月22日

民国二十年九月二十二日　星期二　晴　七十度

雪耻　人定胜天　立志养气　立品修行

上午到市党员大会，余讲至"国存与存，国亡与亡"之句，有一人讥为"言过其实"一语。余心为之碎。由此可知，人心已死，国亡无日。哀痛之至，抛碎茶杯，撕破倭本，不觉失态。余复言：我在日本炮火之中不止一次。倭寇在济南炮击机射，余实倭炮中遗留不死之身，决非夸词耳。乃益悲愤，因知爱国者多，而亡国者少，国事犹可为也。

下午请稚晖④、季陶⑤，详述余之怀抱与感想，要胡⑥、汪⑦合作，余交出政权

---

① 国际联盟，又称国际联合会，简称"国联"，成立于1920年1月。其宗旨宣称为维护国际和平和合作，但实质上为英、法等国把持。中日两国均为国联成员。日本发动九一八事变后，中国政府曾向国际联盟申诉，控告日本的侵略行径。
② 非战公约，又称"白里安—凯洛格公约"，由法国外交部长和美国国务卿凯洛格发起，于1928年由法、美、英、德、意、波、捷、日等国在巴黎签订。内容主旨为禁止缔约国以战争作为推行国家政策的手段，而以和平方式解决国际争端。但实际上，缺乏有力手段维护这一条约的原则。
③ 九一八事变发生时，国民党内部宁（南京）粤（广东）对立，双方战事一触即发。九一八事变发生后，蒋介石决定对粤方采取和平解决的方针。
④ 吴敬恒，字稚晖，时任国民党中央监察委员、国民政府委员。
⑤ 戴季陶，时任国民党中央常务委员、国民政府委员、考试院院长。九一八事变后，他又担任国民政府特种外交委员会委员长。
⑥ 胡汉民，国民党中央常务委员，国民政府立法院院长。1931年2月，因政见分歧，蒋介石将胡汉民软禁于南京汤山。至10月，胡被解除软禁。
⑦ 汪精卫，国民党中央核心人物，多次与蒋介石反目。1931年宁粤对立时，为粤方核心人物。九一八事变后，与胡汉民和蒋介石共同决定国民党内的统一，后任国民党中央常务委员，出任行政院长。

之意。①

悲戚痛楚,欲哭无泪,余之哀丧(伤)未有如今日之甚者也。

9月23日

粤方昧良,勾结倭寇,以图推倒中央政府为快。而东北诸人,又无远见,急谋解决,图全私产,不问国际形势如何,与将来单独讲和之丧辱如何。呜呼,外侮即已危急至此,而国内政客、官僚,非卖国即畏敌。如此民族,不亡何待?余其奈何!

得报:昨日国际联盟会②决议,通知中日两国,停止战时行动,双方军队退回原防,听候联盟会派委员查察裁判云云。此为一外交之转机,亦为我对内统一之良机。如天果不亡吾中国,则此次外交当不致失败也。

此次国际联盟会固已出而干涉,然我国内战不能一致对外,则我中国恐将从此无人格矣。左思右维,忧焚无已。

9月24日

晚,研究外交问题。对于国际仲裁事,决定取声明可接受,而不取要求方式。

9月25日

早起,预定要项:一、复刘峙函。二、电熊式辉来京。三、电张学良来京。四、组织紧急委员会。③

晚,思东省事:立法委员乘机捣乱;上海学生,愤激蠢动;而无聊政客,又借外交,攻击政府。国人之无程度如此!何能抗日,何能雪耻!思之真痛心哉!

惟闻国际联盟会之理事会不闭会,谓待中日问题之解决云。此或为外交上之一

---

① 当时国民党中央内部出现宁(南京)粤(广东)对立,蒋介石表示愿下野,请广东方面与南京统一。在广东方面的压力下,1931年12月15日,蒋介石被迫辞去国民政府主席兼行政院长职务。
② 简称"国联"。
③ 专门处理九一八事变的特殊外交委员会。

转机乎？然而，我苟不能自强，全欲借助于人，其何有济？吾为此惧！吾为此惧！

中村事件不向我中央交涉，此次侵占东省，又不欲国联干涉。日人之狡诈分化手段毒辣甚矣！

9月26日

下午，闻暴日不接受国际联盟会之通知，并主张中日直接交涉，乃国联之态度因此软化云。如此，则暴日之凶焰更张矣。倘与之直接交涉，或听其地方交涉，则必无良好结果。我断不能任其枭张横行。决与之决一死战，以定最后之存亡。与其不战而亡，不如战而亡，盖可以存我中华民族之正气与人格也。余今决心移首都于西北，集中军队主力于陇海路，严阵以待之也。

北平传：日方已向臧式毅①提出条件，内有沈（阳）海（龙）路中日合办、吉（林）会（宁）路开通、葫芦岛中日共同经营、内地杂居②等项。日人更盛传，将利用孙传芳、张宗昌、石友三分管三省之消息。军事之猛毒，外交之阴险，宣传之诡恶，世界之上，惟日本人兼之。可愤可叹！

9月27日

上午，批阅。

下午，与吴敬恒、李石曾诸公商谈对俄对日问题。

晚宿汤山。夜不成寐。国难家忧，危急情形，莫过于此日。然此日危难之责任，余一人所应担当。故不愿与无责者共生死，亦不忍使妻子共患难。余已抱定必死独当之志，以期无愧为人子而已。

9月28日

今日中央大学学生群集外交部，猛施攻击，并打破王外长③头部。而上海学

---

① 九一八事变时，臧式毅任辽宁省政府主席。
② 指要中国允许日本人自由在中国内地居住。
③ 外交部部长王正廷。

生来京请愿者络绎不绝。抗日救国绝大事业，散漫狂动，何济于业。乃彼于学生，竟至如此！此间必有被反动派所主使者。爱国行动，杂有政治作用。时局严重，已临亡国惨剧。诸葛孔明有言：鞠躬尽瘁，死而后已！余今于兹，既已迫近危境，万一不测，自当见危授命，终不至愧为我父母之子，我总理①之徒也。决心既定，持书以遗嘱。

蒋中正遗嘱

持其复仇之志，毋暴雪耻之气。兄弟阋墙，外御其侮。愿我同胞，团结一致，在中国国民党指挥之下，坚忍刻苦，生聚教训，严守秩序，服从纪律，期于十年之内湔雪今日无上之耻辱，完成国民革命之大业。是所至嘱。

出见学生代表，训话。

9月29日

上午，会客。往开国务会议。决议正式改组山西省政府，任徐永昌为主席。

下午，召集上海各大学生五千人，训话约一小时有余，皆领悟而去。

济南惨案之国耻未雪，而沈阳惨痛之国仇又来。呜呼，痛哉！

9月30日

上午，往开政治会议，决议：一、组织外交特种委员会。二、任施肇基为外交部长。三、赦免阎锡山。议毕，下令国内之纪律秩序，不辞任何牺牲，必须保持。

晚，又接蔡元培、张继、陈铭枢自香港艳申电，并所拟来双方和平通电文稿。②彼仍坚持统一会议，以改组既已统一之国民政府为条件，且间多有诬辱之句。呜呼！当此国家危急之秋，而余以一身当此横逆之来，既要余屈服，又要余负责。而若辈乃毫无负责勇气，既不顾大局，一意捣乱，而又无能力组织；既勾结敌国，动摇国本，而又无良策御侮救国。若辈所为，能不痛心！然余既以身许

---

① 孙中山。

② 时蔡元培、张继、陈铭枢赴粤，与粤方谈判，取消宁粤对立，双方统一问题。

党国，此时惟有逆来顺受，忍辱负重，以求万一之补救而已。

（观日军煽动东北各县组织"人民自治会"章程）日本军阀亡我国家民族之手段毒辣如此！苟不牺牲一切，以报仇雪耻，而救我人民，尚可算为人类中之人乎？呜呼！

10月7日

此次对日作战，其关系不在战斗之胜负，而在民族精神之消长，与夫国家人格之存亡也。余故深知我国民固有之勇气与决心，早已丧失殆尽，徒凭一时之兴奋，不具长期之坚持，非惟于国无益，而且反速其亡。默察熟虑，无可恃也。而余所恃者，在我一己之良心与人格，以及革命之精神与主义而已。是故，余志已决，如果倭寇逼我政府至于绝境，迫我民族至无独立生存之余地，则成败利钝，自不暇顾，只有挺然奋起，与之决一死战。恃我一己之牺牲，以表示我国家之人格，以发扬民族之精神。

余深信，有余一人之牺牲精神，必可由此一战，得以解决我国家一切之纠纷，涤雪我民族积久之羞耻，完成我生平未成之志愿也。

10月10日手书

救国之道，在和平统一；御侮之要，在守法奋斗。统一为和平之基，守法为奋斗之本。望我全国同胞，共同一致，努力于和平统一、守法自强二语，以达救国御侮之目的，永为中华民国双十节之誓词，共矢勿渝！

蒋中正　中华民国二十年双十节

10月13日

如世界公理果得伸张，倭寇强权果能制服，则东亚与人类之幸也。否则，余必为拥护公理而牺牲一切，盖非此不能保持民族精神与国家人格也。

10月17日

日寇充分表现侵略军事之进展。吾且以电请国联紧急制止后再定。如日寇相迫过甚,吾必与之一战,以存我民族正气。决心既定,相机应付,一切成败利钝,早已不在我度中矣。

10月30日

日军不如期撤退,一切困难,总无法解决也。

10月31日

对日交涉,此时中央实处于内外夹攻之中。而各报章舆论又为反动派所蒙蔽,是非不明,人心不定,此国家之所以乱也。吾人惟有忍辱负重,以自尽职责,虽举世非之,而不能动摇我坚定之志。完成革命,挽救危亡,惟在此一片坚决镇定之心而已。

(录自《中华民国史料初编——对日抗战时期》绪编,《蒋中正总统档案·事略稿本》第十二册,以及由周天度抄自美国斯坦福大学胡佛研究所蒋介石日记档案)

八、蒋介石西安事变日记
(1936年12月10日—31日)

1936年12月12日,发生了震惊中外的西安事变,东北军统帅张学良和西北军将领杨虎城联合对蒋介石实行兵谏,亦称"双十二事变"。

先是,九一八事变发生后,蒋介石和南京国民政府实行对日妥协和"攘外必先安内"的方针,与国内一浪接一浪的抗日救亡运动严重矛盾。蒋介石一面平息国民党内部军政势力之间的矛盾,一面进行"剿共"军事。当中共红军武装主力退却至西北陕甘地区时,蒋介石下令张学良加紧围剿陕北红军。张学良东北军在与红军作战中失利,丧师揭将。同时,中国共产党提出"停止内战,一致抗日"的口号。张学良秘密与中国共产党联系,不愿再进行剿共战争。西北军将领杨虎城身边也有中共地下工作人员。东北军和西北军与南京国民政府中央本来就存在矛盾，在抗日救亡运动日益高涨的新形势下，围绕是否继续剿共战争，矛盾进一步激化了。杨虎城主动向张学良提议对蒋实行兵变的主张。当1936年12月，蒋介石到了陕西对张、杨实行督战时，张、杨终于在12月12日发动了囚禁蒋介石和到陕的国民政府大批军政要员的兵谏。张、杨联合中共，形成西北统一对抗南京的局面。

但事变发生后，国内大部分军政势力并不支持张、杨的行动，南京国民政府对张、杨采取了强硬的讨伐立场。张学良原先寄望得到苏联和共产国际的支持，也落了空。事变发生后，中共中央派周恩来到西安参与谋划，在苏联和共产国际影响下，决定采取和平解决事变的方针。南京国民政府友人端纳、宋子文和蒋介石的夫人宋美龄先后到达西安，与张、杨和中共代表周恩来秘密谈判，事变终于得以和平解决。

本书完整地收录了蒋介石西安事变期间的日记，包括从12月10日起至蒋介石回到南京后，直到1936年12月31日止22天的日记。

蒋介石这22天的日记，从蒋介石本人的视角，记录了事变的过程：事变突然发生，蒋介石的应变行动，被捕被囚，绝食，拒绝搬迁住处；拒绝谈判张学良代表兵谏将领提出的各项要求；听从蒋百里的劝告，给何应钦写信，下令停止进攻西安三日，交蒋鼎文送到南京；端纳、黄仁霖、宋子文和宋美龄前来看望；应周恩来的要求，两次见周恩来；最后，张学良不听蒋介石的劝阻，坚持亲送蒋回南京。事变过程中，蒋介石还写下了给宋美龄和给蒋经国、蒋纬国的遗书。这些重要情况的记述，都是极其珍贵又极端重要的西安事变史料。

阅读这一部分日记，不仅可以了解西安事变过程中蒋介石的真实处境和思想心理，而且可以了解蒋介石回到南京后的一些重要情况。例如，蒋之1936年12月27日的日记，记载了两点重要情况：一是其胞兄蒋介卿逝世，其兄是因发生西安事变，为蒋介石担忧而加速死亡的。其兄之去世，与惦念他在西安蒙难有关。二是，这一天他与张学良相见。西安事变和平解决后，张学良送蒋回南京。张学良见到蒋后，仍坚持要求他改组国民政府。蒋介石很不高兴。他告诉张学良，军法会审将对张判刑，然后再请求对张特赦。张学良"昂昂然"而去。这是继西安事变后，蒋、张关系在南京上演的重要一幕。

西安事变后，蒋介石发表了《西安半月记》，披露了他在事变过程中的情况。虽然它是根据蒋氏日记写成，但因其经过加工补充，人们不易相信它的完全真实性。事变过程中，蒋介石的真实情况究竟如何，人们一直企盼能见到蒋介石当时日记的记载。

人们的愿望终于实现了。台湾学者刘维开先生曾在2003年《近代中国》杂志上发表了他整理的蒋介石西安事变日记。2007年，大陆学者周天度先生在美国斯坦福大学胡佛研究所档案室抄录了蒋介石西安事变日记，经他与孙彩霞合作整理，并对日记内容的背景加以阐述，写成《蒋介石西安事变时的心路历程》一文，在2007年《百年潮》杂志上发表。

编者将周天度、孙彩霞文中引述的蒋氏日记内容，与刘维开整理版的蒋氏西安事变日记两个版本，对照校核，并加以注释。因蒋氏西安事变日记经历年代较久，纸张霉烂，部分字迹模糊，难以辨认。不管是周天度抄录版本，还是刘维开抄录整理的版本，都有一些脱漏之处。这里辑录的蒋氏西安事变日记，对照两个版本加以补漏（但仍有个别地方的空缺无法补齐），力求比较完整。

1936年12月10日

雪耻。静敬淡一。

预定：一、陕南决派廿八师进剿，抑派四十师乎？二、樊[1]军拟派陕北。三、孙军暂驻陕南。四、发表蒋[2]、卫[3]名义。五、各清剿区主任参加。六、催三军填防。七、催筑天水铁路。八、复曾鼎铭信。

注意：一、对汉卿[4]说话，不可太重，免于心不安。

二、此人小事精明，心志不定，可悲也。[5]

---

① 樊崧甫。
② 蒋鼎文。
③ 卫立煌。
④ 张学良字。
⑤ 蒋介石《西安半月记》中写为："汉卿小事精明，大事糊涂，把握不坚，心志不定，殊可悲也。"

三、对蓉案①之解决，须待绥远②、青岛问题③之先解决也。

四、王英④所部杀倭寇反正，恐倭寇恼羞成怒乎，抑其以后不敢利用匪奸乎？

上午批阅，传见十三师官长。下午与汉卿谈话，心甚悲愤。晚与虎城、武鸣谈话。

12月11日

雪耻。住华清池。

预定：一、第二期整军武器补充计划核定。

二、智囊团条例及组组（织）纲领草案成。

注意：一、早起在院中散步，见骊山上有二人向余对立者约十分（钟），时心颇犹豫。及回厅前，见有军用汽车由西向东者甚多，心又疑虑。但以批阅公文之时间已到，乃即入室批阅，亦不复深究此种种发现之状态。

二、黎天才⑤与孙蔚如⑥（杨部）二人忽来求见，余心又稍□（疑），然亦照见。其实此二人乃张、杨派来探察余是否仍在行辕也。

晚，招张、杨、于⑦与中央各将领来行辕会议进剿计划。杨、于不到，而张之行色匆忙，精神恍惚，甚觉有异。乃以为其今日来时，或彼听得余对黎天才训诫之言，使彼心不安；又以其为昨日闻余切训，使彼不乐而已。

昨十时前临睡时，余心更觉汉卿今日形态之奇异可虑。本欲招钱慕尹⑧叮属行辕警卫应特别加严，然以寝时已到，亦不再招，以余过十时以后临寝，即欲失

---

① 蓉案，通称成都事件，1936年8月，成都民众为抗议日本欲擅自在成都设立领事馆，发生殴毙二日人引发中日交涉的事件。
② 1936年11月，日本关东军指使伪蒙军向绥远东部进攻，引发了傅作义指挥的绥远抗战。
③ 青岛事件，1936年12月2日，日本海军陆战队在青岛登陆捕人逞凶的事件。
④ 王英，日军操纵的伪蒙军司令。
⑤ 黎天才，原名李渤海，时任西北剿匪总司令部政训处副处长，为张学良的心腹参谋。
⑥ 孙蔚如，杨虎城部将。
⑦ 张学良、杨虎城、于学忠。
⑧ 钱大钧，军事委员会委员长侍卫长。

眠，故亦不加防范也。

12月12日

雪耻。成仁取义。住西安新城绥靖公署。

十二日上午五时半，余床上运动已毕，正在起床批（披）衣时，忽闻大门前枪声一发，余即命侍卫速即往查。少顷，闻第二发枪声继起，此后枪声连发不止。余乃知为东北军叛变，即带竺培基与蒋孝镇①上后山，经飞虹桥到东侧后门。以门锁紧闭，未得开钥，不得出，乃即越墙而出。是墙内低约丈许，而不知外墙脚下有一深沟，其高约二丈余。此时又黑暗，不辨高低，故跳下外墙时，身体即不能行动者约三分钟，时乃勉强起行。及至骊山娘庙时，已有余卫兵守候。见余，乃即负余登山，但山甚徙（陡），东面有（又）无山路，而西面山上也恐遇叛兵也。行不百余步，以无路之山而又倾斜，甚急，卫兵力乏，余乃自行。行约半小时，将登山巅，卫兵告余曰，至此已出险，当无虑。乃少息，一面令卫兵向巅上侦察有无叛兵。

少顷，手枪与轻机枪自巅上向余身上连发，卫兵已多中弹射死。余乃单身下山，及至山腹，适有一岩穴，荆棘丛生，但恰可容身。此时天已黎明，由穴中向外探望，见叛兵行动皆甚了然。

不一时，机枪与迫击炮声大作，余乃知行辕卫兵尚在抵抗中，所以叛兵乃用炮进攻也。此时当在九时许矣。

自此即不闻枪炮声。叛兵乃登山搜索，行经余穴之前后者约二次，并未发见。忽闻离余穴约二十余步之处有人被执，与叛兵问答，余闻其音，乃知为孝镇尚在余之附近不忍离也。余乃知孝镇被执，则余穴必发觉，以叛兵皆知孝镇为平日侍余最忠实之侍从也。叛兵乃在其附近尽力搜查。在余洞穴之上闻一叛兵曰："这里有一个是着便衣的。"又一叛兵曰："此必委员长。"前一叛兵应声曰："先击他一枪再说。"□□□□□□□□□□□□□□□□□另一叛兵曰："不要胡乱。"余闻此言，乃知叛兵中尚有能明大义者。少顷，叛兵即问曰："你是谁？"余

---

① 竺培基、蒋孝镇均为蒋介石的侍卫官，蒋孝镇系蒋介石的侄子。

应之曰："余即蒋委员长。"问曰："你是委员长吗？请委员长暂驻。"余曰："余为蒋委员长，今既为你等所执，你应即可将余枪毙。但余尚为你之上官，除枪毙余以外，你不得对余有所侮辱。"叛兵曰："你为我们中国救星，又为我国领袖，我们无敢加以侮辱，只求你带我们抗日而已。"此时叛兵向天空连放三枪，声言委员长在此地。

未几，有一营长前来向余跪泣。余不知其所以然，余问其姓名，彼答曰："余乃沈（孙）鸣九。"① □□乃知围攻行辕部队，为张之卫队第二营□共产党也，以□□□□党也。此余被执时经过之大略也。

12月13日

雪耻。住新城。生而辱，不如死而荣。

张连来见余四次，见其暗泣二次。余不知其所以然。

是夜十二时半，孙营长逼余迁住，余坚不允。

12月14日

雪耻。明礼义，知廉耻，今日幸无自负。住新城。我迁住张宅。

端纳②来见，邀余移住张宅。学良表示悔悟之意，似甚诚。彼实恐余住新城与杨③接近，为杨操纵，故急求余离新城。及至其宅，彼乃提出八条件，并明言此时有共党参加其间。余痛斥而深恨其无耻无信一至于此。

晚间，端纳为余言，南京对陕变已决议讨伐，余心乃安。端纳乃余妻托其来营救。而张于昨日自知此事不了，亦电彼与余妻来陕设法调处也。

张上下午来见共三次，向余连泣三次，然余知其伪泣也。

张持端纳电文示余，首见"蒋夫人转电已悉"句，余泪下如雨，泣不成声，而张亦假泣。□□□□□□知余二人在此对泣，其人之投机与无耻至此。其实彼

---

① 孙鸣九（一作孙铭九），张学良卫队营长。
② 端纳，蒋介石的顾问。
③ 杨虎城。

亦明知余为见"蒋夫人"三字而泣，而非为彼泣，而余亦与之对泣也。

12月15日

雪耻。住同前。以至暂至轻之痛苦，换得永久永生之胜利，小子勉之。

十四夕移住张宅后，余欲其实行在新城所约之言，即移□□（住后）一切事大家皆听从委座之意办理，送余早日回京也。及至其家，彼食前言，并提出八条件，并言此事有红军亦参加其间，故须事事□决。又言余太旧太右。余问其何为右，则彼答非所问。

□□□（张学良）以通信社电告余，以日本第三舰队集中，及华阴方面中央军前进之消息。见其状似甚悔悟，有欲求陕事速了之意。但未知其用意果何在也。张又云："如果为此亡国，余只有二路：一则自杀，一则上□（上山为匪）。"

12月16日

雪耻。住同前。人生何为，惟留正气在人间耳。

十五日，余甚盼黄仁霖①来见，携余信寄妻也。以黄昨与端纳同来，亦余妻使其来见也。张恐黄见余时将知真情，乃令黄候于机场，而将余信欲派人转送机场，言黄如再来时已不及也。余对张又贱视，不与之言，亦不写信。其后端纳出而为张言，如此太不对。然后张乃约黄来见余。事前张谓余曰："汝见黄时不必多言，只言身体甚好，以慰夫人足矣。"余不之答。

见黄时，余乃写妻信。大意为：兄决为国牺牲，望勿为余有所顾虑。余决不愧为余妻之丈夫，亦不愧为总理之信徒。余既为革命而生，自当为革命而死，必以清白之体归还我天地父母也。对于家事，他无所言，惟经国与纬国两儿既为余之子，亦即为余妻之子，务望余妻视如己出，以慰余灵而已。但余妻切勿来陕。写毕，余为黄朗诵者二，恐张扣此函，而使黄回京见妻时，能以此意口头报余妻也。

黄出，张果将此函劫持不发，并令黄亦留陕，不准回京报告也。以张本欲求余妻来陕调解，而余函尾有"余妻切勿来陕"之句，则于其鬼计不售也。然尔不

---

① 黄仁霖，黄埔同学会励志社总干事、新生活运动促进会总干事。

敢获罪于余妻,乃私属端纳飞回洛阳发电报于余妻以慰之。盖张惟一希望,为余妻在京能阻止中央军攻陕也。

12月17日

雪耻。住同前。读圣贤书,受圣水礼,此时不树万世之楷模,其将何以对生我之天地与父母也?

是日鲍文樾①来见,并言端纳与另一人已飞洛。余以为此同行者必黄也。其实鲍之来见,乃张所指使,欺余以为黄已回洛而已。

是晚张来见曰:"此□□(次事),为虎城(实)早(欲发动),已催促再三,余始终未允。惟十日受你痛斥,刺激太深,故始允纳,然后悔莫及。"

十六日下午,端纳回来。是晚张托蒋百里②先生来见余,托余致函中央,勿即攻陕,不久当可出来。余答曰:"如有一期限送余回京,则余可致函中央,或能停止进攻。"

张来为余言,前方已冲突,中央军在华县城与杨军接触,如仍向前攻,则此间军队只有退却云。余知其退却一语,乃借此恫吓余,将挟余他往之意。余置之不答。相信若彼言欲四日至七日,则此为缓兵之计,中央必不信也。

12月18日

雪耻。住同昨。临难毋过(苟)免,庶不愧为黄帝之子孙。

以张今晨来见余时,行色仓皇曰:"昨言我已将委员会说服,本定四日至七日可以送你出去,不料中央空军在渭南华县突然进攻,故昨夜之议,又将不能实行矣。"余闻其四日之七日之期,乃知此为逆辈欲请示于莫斯科者也。余心颇安,以苏俄决不能赞成张之叛逆行为,而且素知苏俄贱视张之为人也。

十七日上午,张又约百里先生来言曰:"张意即照委员长三日内回京之意致函

---

① 鲍文樾,东北军张学良部将领,曾任军事委员会办公厅主任。
② 蒋百里,蒋方震字,著名军事家,时任国民政府军事委员会高等顾问。

中央,并令停止进攻,请派蒋铭三①携信回洛。"余乃允之。致函敬之②,属其暂停三日,至星期六为限。

下午,张又来见余曰:"不管如何,先派铭三飞洛通信,余事再议,故刻已送铭三上机场飞洛矣。"余乃知前方进攻甚急,而一方则知张"余事再议"一语,是其为欲图赖三日之约之余地。固知张为急则求援,缓则罔信之徒也。

十八日晚,张来言,今接电称,子文③、墨三④皆将来西安。又言墨三电称,如张与虎城二人中之一人能约地相见,则墨三当可出面调解。张又言:□(我)已复顾电,称委座望你来西安甚切云。余乃始安心墨三之不来矣。如墨三再来西安,则张对中央将领一网打尽之计更售矣。张又云,铭三到京,尚无来电云。

是日铭三到京,正决定中央对西安剿抚之议。余甚盼剿讨部队能早到西安也。

12月19日

雪耻。住同昨。昨日以前,上身骨髓疼痛难受,今日则臀部亦大痛,几不能起坐也。

鼎镬在前,刀锯在后,人生死亡不过五分钟而已。十字架之受难,余不承辱,谁复承受。威武不能屈。庶乎我无愧受洗礼矣。

看《墨子》完。

十九日,至今三日停攻之约期已满,张并无任余回京之表示,余亦并无回京之希望。盖明知张之前日之约言为诈也。

是晚,张又来见,言子文、墨三尚未有来陕之确讯。惟铭三来电则称,彼到京报告后情形颇佳云。彼又言:"前所要求各件,最好能实行几条,以便速了此事。"余曰:"此八条件,如余不回京,任何一条皆不能行。"彼曰:"现在只须四条,无须八条。"余曰:"所删者何四条?"彼曰:"后四条皆可不谈。所谓后四条

---

① 蒋铭三,蒋鼎文字,西安"剿总"前敌总司令、军事委员会西安行营主任。
② 何应钦字,何时任军事委员会常务委员、军政部长。
③ 宋子文。
④ 顾祝同,字墨三,西安事变发生后被任命为讨逆军西路集团军总司令。

者,即一、建立人民阵线;二、联俄;三、容共;四、实行总理遗嘱是也。"余始则骇然,继乃知彼等对第三国际请示之结果,不愿提此四条,以避去共党参加此事之嫌疑也。因此余乃更知苏俄之反对叛逆。彼等荒谬如此,无能为之助也。

是夜,张又以警告方式言余曰:"现在中央政府皆为亲日派、贪污者所包围,你(指余)虽有御侮五分之决心,但易为群肖六分亲日之势力所打消。"余问其所谓贪污与亲日者之证据何在。彼曰:"如要证据,则现无犯罪之人矣。"彼乃指杨畅卿①而言曰:"夏斗寅之妻明告其妻曰,杨受其十万元贿赂。"余乃斥之曰:"杨要受贿,在余左右虽数百万元亦不难得,何贪此少数?而且何能受彼之贿?此虽至愚者亦能辨其真伪,而竟信之!试问:证据何在?且杨为余所用之人员,杨之□□□□□□□□,皆应由余个人负责,随时可以杀,余只要你有切实指证其事实可也。"彼又无言而退。

12月20日

雪耻。吾善养吾浩然之气。

本日上午,时闻飞机声。余以为停战期满,前方已经开战,故空军对西安不时来侦察敌情也。

谁知子文不一时与端纳及张来见,余不知泪自何来。子文即□(出)妻函交余,称:"如子文三日内不回,则妹必来陕与兄共生死也。"不觉呜咽,不忍出言者再。子文乃命张与端纳出外,而彼独自与余谈话。余先将遗嘱交彼,属其转寄余妻也。

1938年12月13日,西安事变两周年时,蒋介石补记如下内容:
本日捡得前年在西安寄妻与两子之遗嘱,读之不禁有隔世之感。此特录之。
贤妻爱鉴:兄不自检束,竟遭不测之祸,致令至爱忧伤,罪何可言。今事既至此,惟有不愧为吾妻之丈夫,亦不愧负吾总理与吾父吾母一生之教养,必以清白之身还我先生,只求不愧不怍,无负上帝神明而已。家事并无挂念,惟

---

① 杨永泰,字畅卿,蒋介石的亲信幕僚之一。1935年任湖北省政府主席,次年10月被暗杀。

经国与纬国两儿皆为兄之子,亦即吾妻之子,万望至爱视如己出,以慰吾灵。经儿远离十年,其近日性情如何,兄固不得而知。惟纬儿至孝知义,其必能克尽孝道。彼于我遭难前一日尚来函,极欲为吾至爱尽其孝道也。彼现驻柏林,通信可由大使馆转。甚望吾至爱能去电以慰之为感。

廿五年十二月二十日　中正

又嘱

经、纬两儿:

我既为革命而生,自当为革命而死,甚望两儿不愧为我之子而已。我一生惟有宋女士为我惟一之妻,如你们自认为我之子,则宋女士亦即为两儿惟一之母。我死之后,无论何时,皆须以你母亲宋女士之命是从,以慰吾灵。是属。

父　十二月二十日

次乃询问彼此情状。余将余之日记为张所得及其阅余日记后之言行告之。相谈约半小时,余催其速出,盖恐久谈为张所疑也。余并将以应即速进兵之意见属转达中央,并示以进兵之方略。

晚傍,子文又来见余,约谈半小时。余告以此时之处置与营救,应为公,而不可为私。□□□□□□□□□□□□□□(此时非迅速进兵,不能救国家脱离危险。)①

是晚,张来言曰:"趁子文在此之机,最好以改组政府与释放六人事决定办了,俾事得早日结束。"余曰:"余不回京,无论何事皆不能办也。"

12月21日

雪耻。其为气也至大至刚。

上午十一时许,余正在睡中,子文忽入门,余目犹迷雾,不辨其为子文也。少顷清醒,始识其真为子文,告余曰:"余(子文)即欲回去,后日或将再来。"余甚骇其回去之速。以彼昨告余,约住三日再回京也。余拟欲与之私言数语,彼

---

① 《蒋公大事长编初稿》卷三,第387页。

乃近余曰："门外有人窃视偷听，己不便言，惟京中军事计划与兄相同也。"余曰："照余之计，五日内可以围困西安，则余乃安全，虽危亦无惧，不可为余生死有所顾及（虑）也。"

彼不愿与余多言。余知其意，乃托二语曰："尔切不再来。"以手势全力示以速即进兵。"其次，切属余妻，无论如何余不欲其来此地，务请转达。"彼乃强应之。又曰："我约后日回来。"余以手势示之切勿再言。彼曰："不要紧，彼等对余尚好也。"

子文既出，仍回身向余曰："余后日必回。"余知其不忍离舍之状，亦未有甚于此者也。

晚间，张来言，称彼须离此一二日。余问何往？彼曰："前方已开战，且杀伤甚多，故推彼往前方指挥。"观其语意，似想探余对其所言者是否惊恐也。余泰然处之，彼乃拜去。

此时诚为生离死别，托家托妻之状，今日回忆，任何悲惨苦痛，未有甚于此者也。①

12月22日

雪耻。其为气也，配义与道，无是馁也。是集义所生者，非义袭而取之也。

今日唯静盼飞机与炮声能早入于余耳鼓。（照）昨夜张之状态，叛军必于惨败，中央军进展必速也。不料待至傍晚，仍无所闻。

而贤妻忽于下午四时余飞到西安营救，相见时悲痛不可名状，惊讶。余切属子文劝妻万不可来西安，乃不料其竟冒万险而入此虎穴也。妻见余，强作欢颜，而余则更为之忧。以今后所作，乃须顾虑妻之安危，而本身之生死早已置之度外也。

是日为冬至，清晨早祷告毕，翻阅《圣经》，恰至"耶□□□（和华要）"一节，其文句为："耶和华要做一件新事，即以女子护卫男子也。"

妻先告余以外间各方情况，并劝余能先设法出去再说。余曰："妻来此，

---

① 从语气看，此非当时日记语，明显为事后回忆批加也。

须知为公而非为私，为国家而非为夫君，决不可允其有签字违法之事，如签一字，则余即违法，更无离此希望；即使离此，则余虽□□□□（生犹死也）。"妻曰："余决不使夫君签字或违法□（事），夫可安心。但余来，夫有□□□□□□□□□□□□□□（共患难、同生死之人，君亦可以自慰也。）"

12月23日

雪耻。属子文准见周某。

清晨未起，趁监视者不能窥视时，余乃窃为妻私语曰：此事症结□□□□□（在于共产党）。该党代表周恩来前托张要求见余，余坚拒。而现今子文已来此，不如属子文与之相见，察其态度如何，再□□□□□（定对待方针）。后子文即约彼相见，与张、杨同座会议□□□□□□□子文与之所谈者之大略。子文对其所谈结果，颇觉满意。以彼□□□□（无甚难题），但彼只要求余与之一见，虽不谈话亦可。余固知其有此要求，幸事前明告子文，如其有此要求时，可答以蒋先生近日精神不佳，似不便见，蒋夫人可以代见也。约定明日十时来见余妻也。

是日，妻谓余曰："吾夫不如总理之得人。昔总理蒙难时，尚有学生如吾夫者为之赴难。今吾夫遭难，无有学生前来侍护者。"余曰："夫妻共生死，岂不比师生共患难尤难得乎！"

12月24日

雪耻。本夜周某来见。

上午，共党对余忽提出七项条件，并声明中央军未撤退潼关以东，仍留余在西安，此与昨夜子文所谈者完（全）相反，余乃知其中另有其故。盖料此为张指使共党做黑面，而彼自可做红面，卖情讨好，以为将来谅解之地也。

余乃嘱子文即将其条件退还，并言此条件不能示蒋先生也。子文照此进行，并声言如此只有决裂，以后不再谈判。

未几，张果出而调解，并声称："共党之无信义，只弄手段，如其作怪，我（张）必对周反面云。"此张自言对周痛斥之言也。未知其后经过如何。

共党并不再言条件，只要见蒋夫人时顺见蒋先生一面已足。余乃允之，但余必须张同其来见也。

夜间十时许，妻带周来见。此时余实已睡觉。余与之握手。一别多年，未免生情。彼尚□□余□□□□□□□□□□□□□。余仅曰："你如有事，可与汉卿详谈，余已属其与你接洽也。"彼知余意，乃即道别而出。

事后闻是夜杨虎城甚反对余回京，几乎与汉卿决裂，不知其果何如耶。

12月25日

雪耻。本日四时由西安飞回洛阳，五时半安全到达。感谢上帝保佑。

晨刻，子文来言：张决心送委座回京，惟格于杨虎城反对，不能公开□□□（送出城），故先送夫人与端纳出城，上飞机先行。昌言夫人回京调解，委座仍留陕缓行，然后委座化装□□（秘密？）出城，先到其部队，然后再设法起飞云。余妻即往访张曰："如委座不离此，则余（妻）亦必不离此。余（妻）决与委座同生死，共起居也。"张闻此言，心有所感，乃允设法同飞。

十时许，周又来见余妻，其事先为子文言曰：共党对蒋先生并无要求，但希望蒋先生对余面说一语"以后不剿共"是矣。余乃属妻找周来见余。余妻与子文求余强允之，否则甚难也。

妻与子文在邻室先见。余及见周，余谓周曰："尔当知余平生之性情如何。"周答曰："余自然知蒋先生之革命人格，故并不有所勉强。"余又曰："尔既知余为人如此，则尔今日要求余说'以后不剿共'一语，则此时余决不能说也。须知余平生所求者，为国家统一与全国军队之指挥，□□□□（尔等不为）余革命之障碍而已。若尔等以后不再破坏统一，且听命中央，完全受余统一指挥，则余不但不进剿，且与其他部队一视同仁。"周答曰："红军必受蒋先生之指挥，而且拥护中央之统一，决不破坏。"言至此，余乃曰："此时不便多言，余事望与汉卿详谈可也。"周乃作别而去。

子文属其再说虎城，使其赞成余今日回京。周乃允之。

约至下午二时半，子文来言，请先准备，约即可行。未几，张亦来言，虎城□□□（已不反）对。飞机已准备，可即出城上机。余乃属张召虎城来。约半小时，虎城果来。余命张、杨二人在余床前对坐而切训之，训话约半小时。训毕，问张、杨之意如何，有否□□□□□（他言？二人诺诺）而退。

余乃整衣而行，登飞机□□□，余再三辞张，不欲其同行入京。彼主动强求同行。余无法阻止，乃准其同飞。到洛已五时廿分矣。

晚，宿洛阳分校，接见各高级将领后休息。

12月26日

雪耻。

本日上午九时三刻，由洛阳起飞，十二时廿分，与妻同到南京。

晚，召集中央各要人报告陕变经过大略。

12月27日

民国二十五年十二月二十七日　星期日　晴

雪耻。

本日医病，下午会客。

胞兄介卿①正午逝世。余在病中，家人犹不愿使余闻知。呜呼，兄弟三人，今只残余一人矣！蒙难之中，使病兄惊悸，致其速亡。但余出险之讯，彼已闻知，当可慰其灵矣。

是日腿部痛苦未减，精神亦不甚佳，仅会客数人，问岳军②外交情形。

晚见汉卿③。彼犹强余以实行改组政府，而毫无悔祸之心。余乃以善言慰之，并实告以军法会审后，请求特赦，并予以戴罪图功之意。彼乃昂昂然而去。

12月28日

雪耻。本日会客，征求各方意见。

---

① 蒋介石长兄蒋介卿。
② 张群，字岳军，时任国民党中央政治委员会委员，国民政府外交部长。
③ 张学良，字汉卿。

本日会见各部长，征求对汉卿如何处理之意。

中央谈话会，多主张不能令汉卿再会（回）西北。惟子文则不肯失信于其友人，必欲任其回去，并深信张以后必能服从到底也。子文只知私人感情，而不顾国家□□□□□及也。余仍以好言慰之。妻为此事□□□□。

12月29日

雪耻。本日约张来谈。

本日病痛未减。

为处置汉卿问题，想求公私两全之法未得也。乃决心不准其再回西北而保全其生命□□□□益之、天翼①分别进行，并缓撤西北□□□□以备叛军抗命也。若复放其回任，不惟后患无穷，而政府之地位立即动摇。以彼回西北，不仅为其为所欲为，且可借口前所要求者如有一件不行，彼即可叛变也。彼所要求者为中央在西北部队一律撤退。此为其惟一要求。如果放弃西北，任其赤化，则不惟国防失一根据，而且中华民族发祥之地且陷于永劫不复矣。况西北动摇，则统一之局全隳，经济计划无从实行，十年建设成绩毁于一旦矣。

12月30日

雪耻。以静制动，持志养气。

预定：一、先发表判决文与呈请特赦文；二、特赦令暂缓发表；三、令速占宝鸡；四、朱逸民为皖主席；五、王德浦、罗贡华或吴次威为民厅；六、杨虎城免职或留任，孙蔚如为陕主席；七、工树常为甘肃绥靖主任，顾墨三②为西安行营主任；八、逸民为□□□□；九、发告西北将士书。

注意：一、对□□□□俄态度；二、对共方针；三、对力行社方针；四、□新组织之干部。

上午，会客。往访□□。对中央再呈辞职，准假二月。

---

① 朱培德，字益之；熊式辉，字天翼。

② 顾祝同。

下午，妻赴沪疗病，以在京刺激太深，此次操急，实非常人所能担负也。

对张①处置办法决定方针也。

12月31日

雪耻。壹是皆□，修身为本。

预定：一、多□总预备队；二、多用钢甲车；三、问天才②能否回陕；四、放鲍志一③；五、皖主席由□□□□；六、杨、于④革职留任；七、委□□□□副主任；八、与杨交涉驻兵东北□□□。

注意：一、心躁性急，病中应自忍耐；二、对侍卫应□之。

上午，军法审判张学良，闻其卫队陆续到宋⑤寓，已十有一人，如不审判，卸其武装，则彼逃也。余致书子文慰之，使其为难，于心不安也。

□　□□□□□对军事迟疑不决，且不愿负责，可谓无人格之至，不仅愤怒。

（据周天度抄自美国斯坦福大学胡佛研究所存蒋介石日记[周天度、孙彩霞《蒋介石西安事变时的心路历程》一文中引述]，参照刘维开整理之《蒋中正先生西安事变日记》校核，加工标点注释）

附　蒋介石《西安半月记》

蒋介石在西安事变脱险后，将事变期间的日记（12月11日－26日）交由其秘书，时任中央政治委员会副秘书长的陈布雷整理。蒋并向陈氏口述1936年12月12日至15日日记中未尽部分及对张学良谈话的要点，请陈氏笔录。陈布雷又得时任陕西省政府主席邵力子来函，补充12日、13日两日资料。邵力子于

---

① 张学良。
② 黎天才。
③ 鲍文樾。
④ 杨虎城、于学忠。
⑤ 宋子文。

事变发生后，连续两日前往西北绥靖公署探视蒋介石。陈布雷草成《西安半月记》一文，送呈蒋氏核阅。蒋修正补充，于中国国民党第五届中央执行委员会第三次全体会议期间，印送与会各中央执行委员参阅。1937年2月初，蒋决定将事变经过公布，即发表《西安半月记》。

《西安半月记》是以蒋介石西安事变日记为基础，又补充了若干情况而写成，为当时日记与最近期内补充了本人与他人回忆两方面内容，尽管有事后经陈布雷文字加工的成分，但仍不失为可供研究参考之史料，对于了解西安事变及事变过程中蒋介石的活动具有重要参考价值。

蒋介石《西安半月记》
中华民国二十六年一月于溪口

引　言

去年十二月十二日西安之变，事起仓卒，震惊中枢，几摇国本。

中正于二次入陕之先，即已察知东北军剿匪部队思想庞杂，言动歧异，且有勾通匪部、自由退却等种种复杂离奇之报告，甚至谓将有非常之密谋与变乱者。中正以国家统一，始基已具；且东北军痛心国难，处境特殊，悲愤所激，容不免有越轨之言论，如剀切诰谕，亦必能统一军心，使知国家利害之所在。同是黄炎胄裔，患在不明国策，岂甘倒行逆施？中正身为统帅，教督有责，此身属于党国，安危更不容计。

爰于十二月四日由洛入关，约集秦、陇剿匪诸将领，按日接见，咨询情况，指授机宜；告以剿匪已达最后五分钟成功之阶段，勖以坚定勇往、迅赴事机之必要；又会集研究追剿方略，亲加阐示。虚心体察，实觉诸将领皆公忠体国，深明大义，绝不虑其有他。不料仓卒之间，变生肘腋，躬蹈其危；推诚之念虽笃，虑患之智不周；此皆中正不德所致，于人何尤？

此次事变，为我国民革命过程中一大顿挫：八年剿匪之功，预计将于二星期（至多一月内）可竟全功者，竟坐此变，几全隳于一旦。而西北国防交通、经济建设，竭国家社会数年之心力，经营敷设，粗有规模，经此变乱，损失难计。欲使地方秩序，经济信用，规复旧观，又决非咄嗟可办。质言之，建国进程，至少要后退三年，可痛至此！倡乱者同具良知，亦必自悔其轻妄之不可追赎也。

自离陕回京以来，叠承中外人士，询问变乱当时躬历之情形。中正受党国付托，陷身危城之中，方自惭疚之不遑，何敢再有所陈述。即欲据事纪实，已不能无罣漏之感，亦何以避免揭人之短与扬己自诩之嫌？叛部虽早已不视余为其上官，而余则不能不认其为我之部属；部属之罪恶，实亦即余之罪恶；琐琐追述，又适以自增其愧怍。唯以诸同志及各方友好，均以不能明悉当时实情为缺憾，爰检取当时日记，就一身经历之状况与被难中之感想，略纪其概，以代口述，亦以志余谋国不臧与统率无方之罪而已。

十二月十一日

早起在院中散步，见骊山上有二人，向余对立者约十分钟，心颇异之[①]。及回厅前，望见西安至临潼道上，有军用汽车多辆向东行进，以其时已届余每日治事之时间，即入室办公，未暇深究。

黎天才等忽来求见，事前未约定，殊觉突兀。黎谈话时，对剿匪方针表示怀疑，与汉卿昨日所言者如出一辙；知其受毒已深，痛切诫斥之。

是晚，招张、杨、于与各将领来行辕会餐，商议进剿计划。杨、于均未到，询之张汉卿，则知彼亦于今晚宴来陕之中央军政长官，杨、于先在西安招待，俟此间会餐毕，将邀诸人同往也。

汉卿今日形色匆遽，精神恍惚，余甚以为异。殆以彼昨日来见时受余责斥，因之不快欤？或彼已闻余训责黎天才之言而不安欤？临睡思之，终不明其故，以时迟，亦遂置之。

十二月十二日

凌晨五时半，床上运动毕，正在披衣，忽闻行辕大门前有枪声，立命侍卫往视，未归报，而第二枪又发；再遣第二人往探，此后枪声连续不止，乃知东北军

[①] 原日记作：时心颇犹豫。

叛变。盖余此来仅携便衣卫士及卫兵二十人,而行辕大门外之司警戒者,即张之卫队营也。

少顷,侍卫官竺培基及施文彪来报:"叛兵已蜂拥入内,本已冲过第二桥内,被我等猛射抵御,死伤甚多;叛兵知我内卫线已有防备,刻已略退,请委员长从速离此。"

竺、施等报告方毕,毛区队长裕礼亦派传令来报曰:"叛军已冲入二门,但接后山哨兵所电话,称该处并无异状,亦未发现叛兵。"余问:"毛区队长在何处?"答:"区队长正在前院第二桥前假山旁率队抵抗,速请委员长先登后山。"余问:"叛兵如何形状?"答曰:"戴皮帽子,皆是东北军官兵。"

此时余犹疑为一部之兵变,必系赤匪煽惑驻临潼部队暴动,而非汉卿有整个之计划。盖如东北军整个叛变,则必包围行辕外墙之四周;今前垣以外,尚无叛兵踪迹,可知为局部之变乱。如余能超越山岭,待至天明,当无事矣。乃携侍卫官竺培基、施文彪与随从蒋孝镇,出登后山。经飞虹桥至东侧后门,门扃,仓卒不得钥,乃越墙而出。此墙离地仅丈许,不难跨越;但墙外下临深沟,昏暗中不觉失足,着地后疼痛不能行。约三分钟后,勉强起行,不数十步,至一小庙,有卫兵守候,扶掖以登。此山东隅并无山径,而西行恐遇叛兵,故仍向东行进。山岭陡绝,攀援摸索而上。约半小时,将达山巅,择稍平坦处席地小憩,命卫兵向前巅侦察。少顷,四周枪声大作,枪弹飞掠余身周围而过,卫兵皆中弹死。余乃知此身已在四面重围之中,此决非局部之兵变,而为东北军整个之叛乱,遂亦不再作避免之计,决计仍回行辕,再作计较。乃只身疾行下山。及至山腹,失足陷入一岩穴中,荆棘丛生,才可容身。此时身体已觉疲乏不堪,起而复仆者再,只得就此暂息,以观其变。

时天已渐明,由穴中向外瞭望,见骊山下已满布军队。旋闻山下行辕外机关枪与迫击炮声大作,约半小时许,知行辕卫兵尚在忠勇抵抗而不肯屈服,故叛兵用炮进攻也。计此时当已九时许矣。自此即不闻枪声。

叛部乃四出搜索,经过余所在之穴前后二次,均未为所发觉。忽闻距余二三丈外之地,有与叛兵厉声争执者;察其声,知为孝镇。时叛部搜索益急。闻岩穴上叛兵相语曰:"此间有一服便衣者,或即为委员长也。"另一叛兵曰:"姑先击以一枪再说。"又一叛兵呵止之曰："不要胡闹！"余乃抗声答曰："余即蒋委员长，尔等不得无礼！如尔等以余为俘虏，则可将余立即枪杀，但不得稍加侮辱。"叛兵称不敢，向天空发枪者三，高呼："蒋委员长在此矣！"

旋孙铭九营长前来，向余长跪而泣，连言："请委员长下山。"余乃知围攻行辕者，为张之卫队第二营也。孙随护下山，至华清池行辕前，余欲入内稍憩，见门内物件纷乱，尸体枕藉。孙坚请余登车入西安，谓："委员长所居之室，已凌杂不可居，营长奉上官命，请委员长入城。"

余命孙："找尔之副司令来！"孙曰："副司令在西安相候。吾人非敢对上官叛变，实对国事有所请求，将面陈于委员长，望委员长接纳吾人之所请。"余怒斥曰："叛逆狂谬至此！无多言，欲毙余，则速毙余可也！"孙与第一〇五师第二旅旅长唐君尧又向余敬礼，请登车入城。余欲见汉卿询其究竟，遂登车行。

孙铭九与唐君尧旅长既扶余登车，夹坐余之左右；另一副官坐车前，即张汉卿亲信之侍从谭海也。车向西安城直驶，经东关，遥见张汉卿之车，唐旅长谓："副司令来矣！"既近，实非张，乃来传令送余至何处者。唐旅长询前坐之谭副官："送委员长至何处？"副官答："新城大楼。"新城大楼者，即西安绥署，杨虎城所居。余闻而大疑：以围攻叛变者为东北军，何乃送余至杨处？时车已近东门，见守卫士兵均佩"十七路"臂章，余更为骇异。继思昨晚约宴各将领，虎城未到，必以先赴张宴，为张所绐，被其扣留。更念中央在西安之高级将领，必为其一网打尽矣。顷所见佩"十七路"臂章之兵士，疑系张部将第十七路军留西安部队缴械后，褫其军衣而令东北军服之，以掩人之耳目者。盖虎城参加革命之历史甚久，亦为本党之老同志，信其不致附和叛变也。

既入城，唐君尧向余喟然叹曰："委员长鬓发渐白，较二年以前我等在庐山受训时，苍老多矣！国家实不能一日无委员长！只看西安城内之繁荣景况，与二年以前大不相同，非委员长主持西北建设，曷克臻此？甚望委员长善自珍重！"余未及答。十时，抵新城大楼。

余既入绥署，未见虎城。移时，绥署之"特务营"营长宋文梅来，孙铭九以护卫之责交付于宋而去。宋告余以："副司令请委员长在此休息，副司令个一时即来。"余乃命觅张汉卿来见。

约半小时后，张始来，对余执礼甚恭。余不为礼，张垂手旁立。余问："今日事,尔事前知之乎?"答:"不知。"余谓:"尔既不知情,应立即送余回京或至洛阳,则此事尚可收拾。"张谓:"事变实不知情,但我有意见欲向委员长陈述之。"余谓:"尔尚称余为委员长乎?既认余为上官,则应遵余命令,送余回洛阳;否则汝为叛逆,余既为汝叛逆所俘,应即将余枪杀,此外无其他可言也。"张谓:"委员长如能听从余等之意见,则当然遵委员长之命令。"余斥之曰:"尔今究自认为部下乎?抑敌人乎?如为部下,则应服从命令送余回洛;如为敌人,则立毙余可耳!二者任汝择一行之,他不必言;即言,余亦不能听也。"

张遂自述其此次行动之动机,非叛变而为革命。余厉声叱止之曰:"然则尔尚诿称今日之叛变为不知乎?"张言:"即是敌人,亦有谈判余地。"余愤极,诘之曰:"敌人尚有话可说乎?尔以余为何如人?余岂能屈于叛逆与降服于敌人之劫持与威胁者?"

张气少馁,谓:"此间事非余一人所能作主,乃多数人共同之主张。余今发动此举,当交人民公断。倘国民赞同余等之主张,则可证明余等乃代表全国之公意,委员长即可明余之主张为不谬,请委员长退休,由我来干;如舆论不赞同,则余应认错,请委员长再来收拾。余始终自信为无负于委员长之教训。现在请委员长息怒,徐徐考虑之。"

余闻其"交人民公断"一语,乃知彼辈杀余之毒计,将假手于暴民之所为也。余乃怒诘之曰:"尔妄想国内民众与舆论能赞同尔等叛乱乎?恐即尔等素所称为'人民阵线'者,亦不至赞成尔今日之狂谬行动!尔自称为'革命',叛逆亦可称'革命'乎?陈炯明何尝不自称为革命,天下人谁能信之?尔之部下即在此室之周围,尔犯上作乱如此,又将何以率属,何以为人?尔能保尔之部下不效尤尔今日之所为者以施于尔身乎?尔应回忆:四年以前,国人皆欲得尔而甘心,余代尔受过者不知凡几;以余之宽容庇护,尔尚可安然远游海外。今日以后,茫茫大地,何处是尔容身之所?尔真生无立足之处,死无葬身之地矣!尚不自悟,余实为汝危之!"

张闻言,顿时变色曰:"尔尚如此倔强乎?"余反诘之曰:"何谓倔强?余为上官,汝为叛逆,国法军纪对汝叛逆均应执行惩罚,况斥责乎?余身可死,头可断,肢体可残戮,而中华民族之人格与正气不能不保持。余今日身在尔等叛逆之手,余即代表整个民族四万万人之人格,人格苟有毁伤,民族即失其存在。尔以余为威武所可屈而向汝叛逆降服乎？今日之事，尔有武器，我有正气；我虽无武器，须知正气与喉舌即为余之武器。余必捍卫民族之人格，而求无愧为总理之信徒，无负于革命之先烈，亦必无负于生我之天地父母与全国国民！尔小子何知，乃妄想余为尔所威胁，而视余今日之正气为倔强乎？尔如有勇气，则立时毙余；不然，则认错悔罪，立时释余。否则尔既不敢杀余，又不能释余，则尔将来更何以自处？余为尔计，应立即毙余，乃为上策。尔曷不决然杀余耶？"

彼闻言，低头不语，神色沮丧。移时，问："尔真无考虑余地乎？余去矣！"余挥之曰："去休！"彼乃改容以请曰："移居余处何如？"余曰："决不入敌人之居。"彼又谓："在此不甚安全。"余答之曰："余不需汝保护！"彼坐而复立者数次，在旁窥察余之神色态度。余闭目不理之如此半小时。（彼）屡言："余欲去矣！"继又坐，命役人以食具来，请余进食。余谓："余生已五十年矣，今日使国家人民忧危至此，尚何颜再受人民汗血之供养而食国家之粟？况义不食敌人之食！"坚拒之。张仍侧立，甚久而不去。

余问："邵①主席何在？"彼答："亦在绥署前面。"并言："中央诸将领均安全，毫无损害；唯钱慕尹②以格拒变兵，被枪伤，然亦仅耳际略被擦伤而已。"余命其请邵主席入见。彼乃命卫兵往觅邵，而仍旁立未行。

数分钟后，邵主席力子来见，询余起居毕，张即告退而出。余问邵："自省府来乎？"邵曰："自绥署卫士队队长室来。顷钱慕尹亦在彼处。慕尹受枪伤，弹由胸穿背而出，出血甚多，即将移地疗伤矣。"

其时，张虽退去，而宋③营长仍侍于门次。余两次命宋退，且闭室门；宋未从，余自起阖之。宋遽举足入内，谓："请原谅！奉有命令，侍护左右，亦不敢阖户也。"余知其监视，亦置之。以向所语张者约略告邵，并即起草一电稿致余妻，交宋营长转张拍发。盖自分以身为革命殉，不能无遗言以告家属。邵见余已决心牺牲，凄然有感，谓："委员长顷所语张之二事，逆料回洛必不可能，加害亦决不敢；但旷日持久，或生他故。委员长以一身系国家之安危，应以安全为重。忆民

---

① 邵力子。
② 钱大钧。
③ 宋文梅。

十六年、二十年曾两次辞职，但均以党国需要，不久复出，此次可否考虑及此？"

余庄言告之曰："余信人太过，疏于戒备，使国家蒙受重大损失；回京以后，当然向中央引咎呈辞，并请严加议处。但断不能在部下劫持之形势下，在西安表示辞职；即彼欲要挟余发布何种命令，或签认何种条件，余亦宁死必不受胁迫。余若稍事迁就，以求苟全性命，将何以对四万万国民之付托耶？"

邵闻言无语，见余衣薄，请加衣。余告以无需。宋营长进皮袍，亦拒之。侍役以早餐及饼干进，挥去勿食。其时体惫痛不能复支，乃就床睡。邵再四珍重而去。

邵去后，宋营长入见，问："委员长尚识余乎？"余告以不识。宋谓："学生乃军校第八期生，距毕业仅二月，教育长不知以何原因将余开除，与委员长固有师生之谊也。"宋侍余甚周到，奉衣奉食，婉劝数次。并劝余："此时对张徒责无益，不如容纳其一二主张，俾此事能从速解决；否则于国家、于委员长均极不利。"如此诤谏，前后凡数次。余屡命之曰："我在学校时如何教诲尔等，尔当能忆之。革命者所恃唯人格，余今日不能苟全性命以亏损人格。在校如何教，自身即应如何做。若行不顾言，何以为人师乎？"宋唯唯而退。

是日，终日未进食，侍役皆彻夜未睡，午夜一时，宋尚入室视余。

十二月十三日

八时起，侍者入言，张清晨六时即来此，以委员长方睡，不敢惊动。余命再请邵主席来。未几，张又来，执礼甚恭如昨，对余请许其再进一言。答以疲甚，无精神说话，彼无言退出。

宋文梅与绥署侍者以早餐进，且声明此为彼等私人所购备者。谓："我等知委员长不愿再食公家之食，特以私人出资为委员长备此。委员长一身系国家民族之重，昨已终日未进粒米，今日务请纳我等诚敬之意，勉为进食。委员长自身即不为身体计，亦应为国家珍惜此身。"余曰："多谢尔等之意！余此时尚不觉饥饿，如需食时，当再告尔等也。"

是日，仍竟日未食。而侍者每一小时必进茶点一次，意极殷勤，见余不食，辄忧形于色。此种诚意，出自内心诚挚之流露，亦殊令人感动。

十一时，力子又来见。余腰部及腿膝均作痛，不能起坐，邵乃坐床侧与余谈。宋营长仍在旁监视，如昨日状。余命其暂退，宋谓："奉张副司令命令，不敢擅退，务请原谅！"自始至终，监视未撤去。

邵曰："张顷来访，力言委员长在绥署起居太不便，今特预备高培五①师长宅，供委员长居住。彼处前有草地，房舍亦清净，且有御寒设备，于身体较宜。移居后，张亦得朝夕趋谒。以委员长盛怒未已，不敢进言，故嘱余转劝。"邵言毕，余告以："决不能迁住何处。此为西安绥靖公署，亦即为行政院在陕之机关。余为行政院长，唯居此乃为无亏于职守。汉卿如不能送余回洛，余即死于此，可以此言告之也。"

邵又言："张谓委员长怒气太盛，每见必严词呵斥，致不能尽所欲言；如再进见，盍少假以词色？"余告邵曰："余对汉卿期许过殷，且彼平日每自认为子弟，甚至谓事余如父，则余对之严词呵责，亦何不可？汉卿平日在余前畅所欲言，但在今日，则必汉卿不提出任何条件，余方能倾听之。可告汉卿：勿受人迷惑，作联俄梦想；亦勿自以为即使失败，尚可漫游海外。须知如此做法，如不速自悛改，世上无论何国、何人，皆不以为友，直将为举世所不齿耳。汉卿今尚自谓尊敬余，信仰余。应知：凡自称尊敬、信仰领袖者，如闻他人诬谤其领袖而不亟起纠正制止，反以中立自居或默认其说，则其尊敬与信仰皆为不诚，终必叛变其领袖，而自趋于灭亡。汉卿日前向余报告，在灞桥对请愿者说话，曾谓：'我可为你们的代表，有话可以代达；同时我亦可为委员长的代表，可酌量考虑你们的要求。'彼自以所言甚得体，言时甚得意。余当时即纠正其谬，谓一人决不能做两方面代表而站在中间，所谓信仰领袖应如此乎？如再晤张时，可以昔日余脱离陈炯明之故事告之。盖陈炯明之叛总理，余早已察知其微。余昔奉总理命，参加陈氏戎幕。陈氏初甚信任余，嗣陈氏知我信仰总理之心无法撼动，乃忽变态，时时加余以难堪，余皆愿为革命忍受之。一日共餐，叶举在座，大言诋毁总理，谓'孙大炮'如何如何，陈氏态度自若，似无所闻。余愤不可遏，置箸离座，邀陈至别室，问以亦闻叶举所言否，何以任令毁谤总理而不纠正之？陈漫词慰解，终无诚意表示。余遂知其必叛总理，立即束装归里。迨陈炯明实

---

① 高桂滋。

行叛变,总理蒙难,余冒险犯难,驰赴黄埔,随侍总理于永丰舰中,与陈氏作殊死战,势不两立。凡人信仰领袖,必绝对服从,不可有丝毫之怀疑,更不得持中立态度。汉卿今日之事,所由来亦非一朝一夕,乃仍矢言信仰余,服从余!此真未闻革命大道,宜其一切轻率,毫无诚意与定见,殊可悲也!"旋问力子:"曾见虎城否?何不令其来见?"并嘱力子移入大楼与余同住。力子诺之,尚不知张等允许否也。

是日,张连来见余四次,神色较前沉默。晚间,又穿军服来见,启门见余睡,即言:"委员长已睡,不惊动了!"旋即出至大厅,似集多人有所商,声细不可辨,似闻有交人民审判之语。

是夜十二时半,宋文梅入言:"孙铭九来见。"余告以已睡。宋又言:"孙必欲入见,乃来请委员长移居者。"孙即入内,携手枪见余,频言:"今晚必请委员长立刻移居。"余曰:"此处即我死处,余誓死决不移出此室。尔等二人俟我死后,可传令即以此室外大厅为余茔墓可也。尔持武器入室,形同胁迫。余此时虽无武器,须知余有正气,欲杀则杀我可耳,但决不移居。"孙词色稍和缓,频频请移居,至二时尚不去。余大怒曰:"黑夜持武器缠扰不已,是何理由?余为尔之上官,命尔立即出去,即应遵命立即出去。"孙乃退。

余知叛部之意甚险,决以正气与精神力量与之斗争。自念幼读圣贤之书,长隶革命之籍。古来忠烈,刀锯鼎镬,甘之如饴,千载下犹懔然有生气;景行既夙,应求无愧。而总理之大无畏精神,尤为后死者所宜秉持勿失。逆料今后险恶情状,可以想象而知。昔耶稣受恶魔四十九日之磨折试炼,其恶战苦斗尤甚于余今日之所遇。余唯提高正气之力量,以与叛部作激烈之抗争,且当时准备以十字架被难之精神,于叛部交付所谓人民公判时作最后之牺牲,以求不愧于慈母之教,无负于同志之望而已。到此,自验此心究竟作何景象,只觉神明泰然,无负平生所期,引为自慰。

十二月十四日

早晨,张又来见,立门后,对余流泪,若甚愧悔者。余未与之言,半晌,彼无言自去。余命侍者请邵主席来见,待一小时尚未至;再四催询之,支吾其词以对。余察彼等态度甚可疑，意郆已离绥署卫士队长室，或已遭不测欤？悬念不置。

正午，张又来，仍申前意，坚请移居，谓："此间警卫均非我所能指挥，进见时说话甚不便，对委员长之起居与安全亦不能完全负责调护，心甚不安。无论如何，请迁住高宅。"余答称决不移居。张乃言："委员长之日记及重要文件，我等均已阅读。今日始知委员长人格如此伟大。委员长对革命之忠诚与负责救国之苦心，实有非吾人想象所能及者。委员长不是在日记中骂我无人格乎？余今日自思实觉无人格。然委员长以前对部下亦太简默，如余以前获知日记中所言十分之一二，则此次决不有如此轻率卤莽之行动。现在深觉自己观察错误，既认识领袖人格之伟大，即觉非全力调护委员长，无以对国家。无论如何，居此间决非办法。委员长虽坚不允移居，但余必以全力请迁出此室。委员长不肯自行，我亦将背负委员长以出。"余仍力拒其请，并明告曰："除非送余回京，否则余决不离此。"

张曰："我欲委员长移居者，乃欲设法秘密送委员长回京而不使人知也。"余曰："余如离开西安，必须正大光明堂堂皇皇的出去，决不能鬼鬼祟祟随尔潜行。人格重于生命，已一再为汝言之矣。"

言至此，张突出端纳之电示余，谓端纳即将来此。端纳者，外间常误以为政府所聘之顾问，实则彼始终以私人朋友资格常在余处，其地位在宾友之间，而坚不欲居客卿或顾问之名义。此次因受余妻之嘱，来陕探视余之生死也。余告张以端纳到时，可嘱来见。张仍力请余允其移居。余不欲与之多言，仅谓迁居事，待见端纳后再说。张又泣下，久之始去。

下午四时，命杨虎城来见。余此时始知虎城对陕变确亦预谋。问杨何以收拾此变局。杨谓："余等始意不如此，后来做得太坏，实无以对委员长。现唯以委员长之命是听，委员长谓应如何则如何耳。"余又问："最初发动之情形究竟如何？"杨只谓初时实甚简单，而不肯明言其他。余告以："万想不到尔等受人煽惑，中人毒计至此。然余亦不能辞其责。余平日推心置腹，防范太疏，致启反动者煽动部卜之祸心，以肇此变，即此应向中央及国民引咎。尔等应即收束此局，送余回京，并向中央请罪，庶变乱不致扩大以贻祸国家。当知救国大计，已为尔等贻误不少矣！"杨称当退与诸人商之，遂出。

下午五时，端纳来见。以一异国人而不辞远道冒险前来省视，其忠义足令人感动。见余，询安好毕，出余妻之手函示余，即自请与余同住。余允之。端纳谓："此间起居，实太不便，务请珍重身体，另迁一处。"其时张亦在侧，力白悔悟，意似颇诚，谓："只要委员长俯允移居与端纳同住，则此后一切事，大家均可听命办理，并早日送委员长回京。"端纳亦坚请。余不忍拂之，遂以下午移居于高宅。当时细思张如此一再坚请余移居，终不明其故；或彼以余住新城，乃在杨之势力范围内，时久恐余与杨接近，则彼无从作主欤？

移居以后，张入见。余询以："今既移居矣，尔等已决定送余回京否？可速商定来告！"张忽谓："此事殊不简单，既有多人参与，一切须取决于众议，且我等已发通电，陈述主张八项，总须容纳数事，庶我等此举不致全无意义；若毫无结果，则众意必难通过。"所谓八项主张者，即（一）改组南京政府，容纳各党各派负责救国；（二）停止一切内战；（三）立即释放上海被捕之爱国领袖；（四）释放全国一切政治犯；（五）保障人民集会结社一切自由；（六）开放民众爱国运动；（七）确实遵行孙总理遗嘱；（八）立即召开救国会议。余责其食言无信，令勿终其词，并谓之日："勿论尔等主张并无何种意义，即再说得动听些，而尔等行动如此背谬，亦必无人见信，更无任何人赞成之也。"

张又继续陈说其八项主张之理由，欲余酌加考虑。余谓："已决心牺牲此身，以维持国家之正气，成仁取义，筹之至审。在新城言之已详，何终不省？须知此身可被劫持，而意志万难劫夺，余决不稍有迁就。非余到京，不欲听尔对此事有只字之陈述，多言无益也。"

张谓："尔亦太专制，余即为一人民，亦应让人民有陈述国事意见之机会。"余谓："今日余既担负国家存亡之责，凡效忠民国之国民，此时皆应听中枢与领袖之命令；反之，若劫持领袖，强迫领袖，岂尚得自称为人民？况尔为统率军队之军人，更何得自居于人民？今日凡危害国家者，即为余之敌人，亦即为国民之公敌。即使尔自居于人民，如欲说话，亦应在国民大会或地方议会中去说。至就政治及党的组织系统言，如有意见，亦应向中央依法陈请。尔等躬为叛变，不速自悔悟，尚托于陈述国事意见以自解，其谬孰甚！总之，余不回京，尔无论有何条件或主张，均不能谈。"

张问："回京以后，则可向中央提出欤？"余谓："余可允尔等提出于中央，但余必声明,余不能赞成尔等之主张。"张谓:"你不赞成,则虽提何益乎?"余曰:"党有纪律与议事规则,余不能独断,可否应决之于多数也。"

张半晌不语,旋谓:"委员长人格实太伟大。但有一点不无令人遗憾,余觉委员长之思想太右太旧!"余问:"何谓右?何谓旧?又何谓太右?"张茫然不知所答,继乃言:"委员长所看之书,多是《韩非子》《墨子》一类,岂非太旧?"余曰:"余不知尔所看之新书几何,且尔之所谓新书者系何种书籍?尔是否以马克斯《资本论》与共产主义之书籍为新乎?尔可将尔所看之新书择要问余,余可为尔详解也。须知精神之新旧,不在所看之书新旧。尔岂知尔等之所视为新书者,余在十五年前,已不知批阅几次矣。"

久之,张又谓:"举一例以言,委员长满脑筋都是岳武穆、文天祥、史可法,总觉赶不上时代。为何不从成功着想,而只求成仁?且我数当代人物只有你一人,为何你不稍假借,容纳我等请求,领导我等革命,岂非就可成功,为何必欲成仁?以余等所见,成仁决不是办法,亦决不是革命者之真正目的。"

余讶其思想错谬至此,乃告之曰:"尔此言余实觉奇异。尔须知革命乃是牺牲,而非投机也。成功、成仁本是一件事,总理所谓'不成功,即成仁',其意并未将成功成仁看做两件事也。实告尔:我之成仁即是成功,余何日成仁,即革命何日成功矣。尔未读总理军人精神教育讲演中有'我生则国死,我死则国生'之二语乎?"彼谓:"余未阅读及此。但'我生国死',此语尚不难解;若'我死国生',则作何解?"余叹曰:"尔真未闻革命大道,难怪错误至此也。'我生国死'云者,譬如余今日若只求偷生视息,置国家利害民族存亡于不问;或偶遇艰险,便生畏怯,身为军人,人格扫地,国家将何以免于危亡,岂非'我生则国死'欤?反之,义之所在,不夺不摇,生命可牺牲,而正气与主义不可牺牲,能保存高尚之人格而死,则精神永远不死,自有无穷之继起者秉此正气以担当国事,此即所谓'我死则国生'也。故今日如有人存此妄想,以为劫持我或危害我即可使中国无办法者,徒见其愚昧而已。"彼见余不可强干,乃无言而退。

张退后,端纳告余以事变发生后中枢之决议及处置,对叛逆已决定讨伐云云。余心滋慰,益信息埕之历史教训遗留深远,虽历任何艰危而无足为虑也。端纳又告余以余妻必欲来此。余告之曰:"切不可来!务请转达余妻,待余死后来收余骨可也。"

闻黄仁霖与端纳同来，乃迄未来见，殊可异。

十二月十五日

余甚盼黄仁霖来见，俾可携余手函致余妻，盖明知前日一电未必发出也。张来时，余以此意告之；讵张不欲黄来见余，恐其察知余在此间被严密监视形同囚絷之真情，而归告中央，故令黄候于机场。对余言："有信可派人送至机场交黄带去，因天气不佳，恐飞行误时也。"余对张此种举动，意大不怿，遂不与之言，亦不作函。旋端纳出告张，责其不应如此。张乃使黄来见余。黄未入前，张请余："对黄勿有他言，但谓身体甚好以慰夫人，则与余等所去之电相符矣。"余不之答。黄来时，余即作一函致余妻如下：

余决为国牺牲，望勿为余有所顾虑。余决不愧对余妻，亦决不愧为总理之信徒。余既为革命而生，自当为革命而死，必以清白之体还我天地父母也。对于家事，他无所言，唯经国、纬国两儿，余之子亦即余妻之子，望视如己出，以慰余灵。但余妻切勿来陕。

书就后，为黄朗诵者再，恐张扣留此信，不令携去，则可使黄回京时口述于余妻也。事后，知张果将此函留匿，且不令黄回京。盖张本欲余妻来陕向余劝解，而余函尾有"切勿来陕"之嘱，则其计将不售也。然彼亦不敢使余妻悬盼余之消息，乃商于端纳，使返洛阳以电话向余妻报告此间状况以慰之。盖西安诸人之唯一希望，即为余妻在京能设法缓和中央军之攻陕也。下午，鲍文樾来报告，谓端纳与另一人已飞洛阳，余以为此同行者必黄仁霖。事后，乃知鲍之来见，盖张使之，俾余揣想黄已回京而已。

是夜，张又来见，手持通讯社电稿，报告国际近状，谓"关东军"有向绥远前进消息。察其状，似甚悔悟而急求陕事之速了也者，莫明其用意所在。又告余此次之事，杨虎城实早欲发动，催促再四，但彼踌躇未允。唯自十日来临潼亲受训斥，刺激太深，故遂同意发难，然实后悔莫及。如因此亡国，则唯有二途：（一）自杀，（二）入山为匪云云。

按十日张来见时，畅述其对请愿团体解说作两方代表之言，余当时曾痛斥之。盖以张在西安收容人民阵线，招纳反动政客，放任所谓"救国联合会"者，对学校及军队煽惑反动，顿使西北社会浮动，人心不安。对此现状，倍觉杞忧。

余对张，尝念其十七年自动归附中央、完成统一之功，因此始终认其为一爱国有为之军人。故不拘他人对张如何诋毁，余终不惜出全力为之庇护。当西北国防重地全权交彼时，与之切言曰："望尔能安心做事，负责尽职，以为雪耻救国之张本！"原冀其为国家效忠也，而今彼之所为，实与我预期者完全相反，几使大好西北，又将被其沦为东北之续。故中心郁结，辄自痛悔知人之不明，用人之不当，一至于此，不唯无以对党国，亦且无以对西北之同胞。因此时用悲愤，不胜为之焦灼。故当日日记中曾记其事，且有"汉卿小事精明，大事糊涂，把握不坚，心志不定，殊可悲也"之语。张今必已备阅之矣。

十二月十六日

清晨，张来见余，形色苍白，告余曰："昨夜我本已将此间之委员会说服，原定四天至七天内可送委员长回京。但中央空军在渭南、华县等处，突然轰炸进攻，群情激愤，故昨夜之议又将不能实行矣。奈何！"余闻此语，知中央戡乱定变，主持有人，不啻客中闻家庭平安之吉报也。然察彼所谓四日至七日之约期，则知彼等或有所待而不能自决乎？午后，端纳自洛阳回陕，知陕、洛间军事仍在进行，此心更慰，以党国与人民必安定，则个人安危固不足计也。

是晚，张浼蒋百里先生来见余。百里先生于事变前适来陕，同被禁于西京招待所者。为余言："此间事已有转机，但中央军如急攻，则又将促之中变。委员长固不辞为国牺牲，然西北民困乍苏，至可悯念，宜稍留回旋余地，为国家保持元气。"再四婉请余致函中央军事当局，告以不久即可出陕，嘱勿遽进攻，且先停轰炸。余谓："此殊不易做到。如确有一最短期限可送余回京，则余可自动去函，嘱暂停轰炸三天，然不能由张要求停战，则中央或能见信。如照彼等所言须停止七天，则明为缓兵之计，不特中央必不能见信，余亦决不受其欺也。"百里先生谓："当再商之，总须派一人去传述消息。"

旋张又来见，言："前方已开始冲突，中央军在华县与杨虎城部对峙中，如再进攻不已，则此间军队只可向后退却。"其意在以"退却"一语，暗示将挟余他往，以相恫吓。余置若罔闻。

十二月十七日

午前，张又约百里先生来见，谓："张意即请照委员长之意致函中央，令军事当局在三日内停止进攻，并请派蒋铭三①携函飞洛阳。"余可之。旋铭三来见，余乃亲函敬之②，嘱暂停轰炸三日，至星期六日为限，付铭三携去。午后，张又来见曰："此事甚多转折，现在不问如何，先派铭三飞洛通信，余事再议。顷已送铭三上飞机赴洛矣。"余乃知前方进攻必甚急。而味张"余事再议"一语，则知其又为日后延缓迁宕之伏笔，然亦听之而已。

十二月十八日

事变迄今已一星期，安危生死，所志已决。阅《墨子》自遣。

是晚张来言："今日接京电，子文③、墨三④皆将来西安。"前闻端纳于洛与京中通电话，有子文等将来陕之说，想系张所电约也。张又言："墨三来电，如张、杨二人中有一人能约地与之相晤，则墨三愿出任疏解说明之责。"并称："我已复电墨三，言委员长盼尔来甚切。"余闻此言，始觉安心，知墨三必不被欺来陕矣。如墨三再来西安，则中央高级将领又续来一人，岂不将全陷危城，一网打尽乎？张又言："铭三到京，尚无来电。"状似焦急。余知京中必有决定，甚盼中央剿讨部队能早到西安也。

十二月十九日

昨日以前，上身骨节疼痛难受，今日则臀部亦作剧痛，几不能起坐。看《墨子》完。

今日为星期六日，三日停攻之约期已满，张等并无送余回京之表示，余亦不作回京之希望，盖明知日前彼辈之约言不可恃也。是晚，张又来言："子文、墨三尚未有来陕确期，唯铭三已来电，称彼到京报告后情形颇佳。"余知此"情形

---

① 蒋鼎文。
② 何应钦。
③ 宋子文。
④ 顾祝同。

颇佳"四字之意义，断非如张之所揣测者也。张又言："现在此事亟待速了，前所要求之条件，最好请委员长加以考虑，择其可行者先允实行几条，俾易于解决。"并言："现在已无须八条，只留四条矣。"余问："所删者为何四条？"彼答言："后四条皆可不谈矣。"余告以："余不回京，任何一条皆不能实行，亦无从讨论，不问为八条、四条也。"

十二月二十日

上午，闻上空有飞机声，以为停战期满，前方已开始作战，故飞机到西安侦察敌情也。讵未几，子文偕张及端纳来见，始知此机乃载子文来陕者，殊出余意料之外。

与子文相见，握手劳问，悲感交集，几不能作一语。子文出余妻一函示余，略谓："如子文三日内不回京，则必来与君共生死！"余读毕，不禁泫然泪下。子文示意张及端纳外出，彼独留与余谈话。此为余被劫以来，撤去监视得自由谈话之第一次，然监视者仍在门外窃听也。

余知黄仁霖未回京，即将预留之遗嘱交子文，俾转示余妻。次乃互询彼此近状。子文言：邵元冲同志在西京招待所被叛兵击中数枪，已伤重殒命。闻之不胜悲感。余告子文以余之日记、文件等均为张等携去阅读，及彼等读余日记及文件后态度改变之情形；并告子文此时非迅速进兵，不能救国家脱离危险，亲示子文以进兵之方略，俾其归告中央。谈约半小时，恐久谈生疑，促子文速出。

傍晚，子文又来见。余告以此事之处置，应从国家前途着想，切勿计虑个人之安危。吾人做事，应完全为公而不可徇私。如其速将西安包围，则余虽危亦安，即牺牲亦瞑目矣。

是晚，张又来见，谓乘子文在此之机会，商定实行一二事，以便速了此局。余仍正色拒之，以非余回京，无论何事，不能谈也。

十二月二十一日

今晨睡极酣。上午十一时，余尚在睡中，子文推门入见，曚昽中几不辨为谁，移时清醒，乃知为子文。彼告余曰："今日拟即回京。"余讶其归之速，以彼昨告余，将住三日再回京也。

方欲有所言，子文移身近余，谓："门外有人窃听，不便多谈，唯京中军事计划与兄正同也。"余曰："如照余之计划，五日内即可围攻西安，则余乃安全，虽危亦无所惧。宜告京中诸同志，勿为余之生死有所顾虑，以误国家之大计。"子文颔首者再，止余勿多言，即与余握手告别。

余乃高声语之曰："尔切勿再来！且切嘱余妻，无论如何切勿来陕！"一面以手示意，暗示中央应从速进兵。子文强慰余曰："后日当再来陕视兄。"余再以手示意，令勿再来。子文言："余来无妨，彼等对余之意尚不恶也。"既出，忽复入，重言曰："余后日必再来视兄。"余知其不忍遽离。念生离死别，人生所悲，况余自分已决心牺牲。此时诀别之情绪，兼以托妻托孤之遗意，百感交集，真不堪回忆矣。

今日张来见时，余询以："前次遗书既未交黄仁霖带去，今置于何处？"张答："他日若委员长安全返京，自当亲交夫人；如果不讳，亦必亲交夫人，决不有失。"言次，显有恫吓之意。

是晚，张又来，言彼须离此一二日。询以何往，彼言："前方已开战，杀伤甚多。此间推余到前方指挥，去一二日当再回此。"察其语气，似欲探余对其所言是否惊恐也者。余泰然置之，彼乃无言而去。

十二月二十二日

今日终日盼望飞机声与炮声能早入余耳，以观昨晚张来见时神色仓皇之情况，知叛军必惨败，中央军进展必极速也。不料待至午后，竟寂无所闻。

而余妻忽于下午四时乘飞机到西安，乍见惊讶，如在梦寐。余日前切嘱子文，劝妻万不可来西安，不意其竟冒万险而入虎穴。感动悲咽，不可言状。妻见余强作欢颜，而余则更增忧虑。盖旬日以来，对自身生死早已置之度外，而今后乃更须顾虑余妻之安危。

余妻智勇慈爱，平时已信其必能为党国效忠；且与余同心互勉，誓为总理之主义奋斗到底，期其有成，何忍任其牺牲于危城中乎？

今日清晨偶翻《旧约》，得某章有"耶和华今要做一件新事，即以女子护卫男子"云云。午后余妻果至，事若巧合。然余妻冒险相从，非受宗教素养甚深者不可能也。

妻告余以外间种种情况，谓今日同来者有蒋鼎文、戴笠、端纳、子文等四人，并劝余应先设法脱离此间，再言其他。余告之曰："吾妻爱国明义，应知今日一切以国家为重。此来相从患难，亦为公而非为私。如他人或有非义之言托以转劝者，必严词拒之。余决不能在此有签允任何条件之事。如余签一字，则余即为违法而有负革命之大义与国民之付托，且更无离此之希望；即离此，亦虽生犹死也。"

妻急慰余曰："君千万勿虑！君所言者，余知之已审；君之素志，更所深知。余重视国家甚于吾夫，重视君之人格甚于君之生命，余决不强君有违背素愿之举。然余来，则君有共患难、同生死之人，君亦可以自慰也。"

余妻并为余言："侍从人员及侍卫官在华清池殉难者，有组长蒋孝先、秘书萧乃华、区队长毛裕礼、侍卫官蒋瑞昌及汤根良、张华、洪家荣诸人。而竺培基及施文彪二人受伤甚重，其余尚待调查。"念诸人以身殉职，均不愧余平日之教诲；然变起仓皇，忠良同殒，殊为之凄怆不止。而萧生乃华以文职人员，抗贼不屈而死，为尤可悲也。

十二月二十三日

与余妻研究此次事变之结局，觉西安诸人心理上确已动摇，不复如前之坚持。但余决不存丝毫侥幸之心，盖唯以至不变者驭天下之至变，而后可以俯仰无愧，夷险一致，且为战胜艰危唯一之途径也。

妻欲余述总理在广州蒙难之经过，余为追述之。妻谓余曰："昔日总理蒙难，尚有君间关相从于永丰舰中，相共朝夕，今安从更得此人？"余告之曰："此无足异，情势互不相同，来此均失自由，即赴难亦何益。且余知同志与门人中急难之情，无间遐迩，非不欲来也。余虽无赴难之友生，而君数千里外冒险来此，夫妻共生死，岂不比师生同患难更可宝贵乎？"

是日，子文与张、杨诸人会谈约半日，对于送余回京事，众意尚未一致。夜，子文来言，谓："当无如何重大之困难，决当做到不附任何条件而脱离此间，誓竭全力图之耳。"

十二月二十四日

西安诸人中对昨与子文所谈忽有提异议者，声明中央军未撤退潼关以前，决留余在西安。子文甚不怿。余坦然置之，不以为意。以本不作脱险之想，亦无安危得失之念存于此心也。

旋彼方所谓"西北委员会"中激烈分子，又提出七条件，嘱子文转达。子文决然退还之，谓："此何能示蒋先生？"已而汉卿果出而调停，谓："不能再弄手段，否则张某将独行其是。"遂又将所谓条件者自动撤回。

一日之间，变化数起。至夜间，又闻杨虎城坚决不主张送余回京，与张争执几决裂，究不知其真相如何。

十二月二十五日

晨，子文来言："张汉卿决送委员长回京，唯格于杨虎城之反对，不能公开出城，以西安内外多杨虎城部队，且城门皆由杨部派兵守卫故也。张拟先送夫人与端纳出城先上飞机，对外扬言夫人回京调解，委员长仍留陕缓行。然后使委员长化装到张之部队，再设法登机起飞。"未几，张亦以此言达余妻，速余妻即行，谓："迟则无及，城中两方军队万一冲突，将累及夫人，张某之罪戾益深矣。"

余妻即直告张曰："余如怕危险、惜生命，亦决不来此；既来此，则委员长一刻不离此，余亦不离此一步。余决与委员长同生死、共起居。而且委员长之性格，亦决不肯化装潜行也。"张闻此语，深有所感，即允为设法。

至午，子文来言，虎城意已稍动，但尚未决定。下午二时，子文复来告："预为准备，今日大约可以动身离陕矣。"旋张亦来言："虎城已完全同意，飞机已备，可即出城。"

余命约虎城来见。半小时后，张与虎城同来。余命二人在余床前对坐而恳切训示之。训话毕，问张、杨之意如何，尚有他语乎？彼二人皆唯唯而退。

余乃整衣起行，到机场已四时余矣。临发时，张坚请同行，余再三阻之，谓："尔行则东北军将无人统率，且此时到中央亦不便。"张谓："一切已嘱托虎城代理，且手令所部遵照矣。"遂登机起飞，五时二十分抵洛阳，夜宿军官分校。

十二月二十六日

九时四十五分由洛阳起飞,十二时二十分抵南京。下机后,见林主席及中央诸同志均迎于机场,向主席鞠躬致谢,并向诸人答礼。登车入城,见夹道民众欢迎甚盛,心中悚惭无已。

回忆半月来此身在颠沛忧患之中,虽幸不辱革命之人格,无忝于总理教训;然党国忧危,元气耗损,溯源祸变,皆由余督教无方防范不力之所致。疚愧之深,实非笔墨所能形容。幸赖中枢主持得宜,党、政、军各方同志与全国国民同心一德,于国家纲纪则维护必严,对个人安全尤关切备至,卒能消弭变局,巩固国基,使震惊世界之危机,得以安全渡过。

余以自分殉国之身,乃得重莅首都,洵有隔世之感。对同志同胞之垂爱,与林主席及中央诸同志之焦劳顾念,私衷感激,直将与此生相终始。今后唯有益自惕励,倍矢忠贞,以期报答于万一而已。

(录自《革命文献》第九十四辑《西安事变史料》上册)

附　宋美龄《西安事变回忆录》

西安事变发生后,宋美龄忧虑焦急万分。她反对国民政府对西安用兵,力主谈判和平解决事变。继端纳、宋子文赴西安探视后,她也亲赴西安,陪伴蒋介石,同时与张学良、杨虎城和中共代表周恩来谈判。事变最终和平解决,宋美龄与蒋介石回到南京。

宋美龄将事变发生后的亲见亲闻亲历过程写成《西安事变回忆录》。它对了解和研究西安事变具有重要参考价值,故亦附录于此。

蒋宋美龄《西安事变回忆录》
中华民国二十六年一月

外国作者有视西安事变为一滑稽之喜剧者,余则视此为决定我国命运最后一次革命正义之斗争也。盖去年十二月十一日以后,半个月内,西安事变之经过,其情状之复杂,决非中国既往一般称兵作乱之叛变所可比拟;而其关于国际与外交者,尤有特殊之形势,倘处置失当,即酿成民国以来空前之战祸。至其对于内者,则包涵个人与全国各种复杂问题,且有最猛烈之爆炸性蓄积于其间。今欲事后回溯,表现其准确明了之事实,固非易事;苟勉为之,首应排除个人之情感,以客观的态度,分析各方面同时活跃之经过,方能窥得其真相之全豹。

余初闻余夫蒋委员长为西安叛兵劫持之讯,不啻晴天霹雳,震骇莫名。时适在沪寓开会讨论改组"全国航空建设会"事,财政部长孔祥熙得息,携此噩耗来余寓,谓:"西安发生兵变,委员长消息不明。"余虽饱经忧患,闻孔氏言亦感惶急。时西安有线无线电报交通皆已断绝,越数小时,仍不能得正确消息。然谰语浮言,已传播于全球,骇人者有之,不经者有之,群众求知之心切,颇有信以为真者。世界报纸,竟根据之而作大字之标题矣。

南京虽为首都,其在黑暗中摸索之状况,不减上海。余偕孔部长及端纳(余已约彼伴余飞赴西安)匆促入都。时政府中人深受事变刺激,情态异常紧张。中央常务委员会及中央政治委员会已于星期六深夜开会,决定办法,立付执行;并将叛变首领张学良明令免去军事委员会委员及西北剿匪副司令职,交军事委员会严办。命令措词,异常严峻。京中已于是日晨接到西安发来之通电,署名者除张学良、杨虎城及其重要部将外,复有在西安之中央官吏多人。电中列举非难中央之事状,皆足令人发指者;并称彼等曾"涕泣诤谏,屡遭严斥",故不得不"对介公为最后之诤谏,保其安全,促其反省";最后提出自命为"救国主张"之八项要求,希望南京当局"俯顺舆情,开诚采纳,为国家将来开一线之生机"。至所列八项要求,则为:改组南京政府,停止内战(实际注重于"剿共"军事),立即释放在上海被捕之救国联合会分子七人,释放一切政治犯,保障言论、出版、集会自由,开放民众爱国运动,实行总理遗嘱,立即召集全国救国会议。

此我等于十二月十三日(星期日)晨抵京时,京中紧张迫切之状况也。此时当余之前者,不仅为余夫一人生死之关系,实关系全民族最重大之问题,其变化实易受热情与狂想之激荡,而余本人复系有严重个人之利害。第一念袭我心头,余为妇人,世人必以为妇人当此境遇,必不能再作理智之探讨;故余必力抑个人感情,就全局加以考量。继余复念,此事若处理得宜,必能得合乎常情之解决,余必坚持我主张,将一切措施纳诸合理轨范之中。

中央诸要人,于真相未全明了之前,遽于数小时内决定张学良之处罚,余殊觉其措置太骤。而军事方面复于此时,以立即动员军队讨伐西安,毫无考量余地，认为其不容诿卸之责任，余更不能不臆断其为非健全之行动。军事上或有取此步骤之必要，委员长或亦悬盼此步骤之实现，然余个人实未敢苟同。因此立下决心，愿竭我全力，以求不流血的和平与迅速之解决。是非得失，将付诸异日之公论。

是晨八时前，余即电张学良，告以端纳拟即日飞西安。端纳亦同时去电，盼其即复。余等到处搜索消息，而消息始终沉寂。周遭接触者惟紧张之流露，形形色色之猜测，辗转传布，如飞沙，如雷震，诸凡捕风捉影之传说，眩人欲迷。时西安电线早已中断，不特西安之真相无从探索，而亦无人能一究事实发展与结果何如也。

余迭向京中诸要人剀切陈述：于未得确实消息之前，务镇定其态度，信任民众精神上之后援，勿采急遽之步骤。余主张：既未能确证西安将领别有企图，曷若姑信其言之由衷，一方面迅速搜寻其动机之真相。余曾作臆断曰："或者彼等确有不平之情绪，而自谓其有相当之理由。一部分国人若对中央怀抱不平，中央应虚怀若谷，探索其不平之究竟，而尽力纠正之。同为国人，苟有其他途径可寻，又何必求军事解决也。"

西安来电所提八项要求，余初未加以重视，当时一般人亦多作如是观。盖张学良部以西北地瘠民贫，驻军其间，早感不满，故测其所提政治条件，实只备为移调丰腴省份谈判时之借口而已。主张讨伐者或即因此而益坚其主张欤！

是日晨，得张学良来电二通：一致孔部长，一致余者，皆经中途阻碍，延搁已久。读其致余之电，涉及委员长，语多不逊。余初愤甚，继念：安知此电果为张所亲笔签发者，安知张非与其部下有隔阂者？即此电确为张所亲发，又安知张非在激昂情绪下措词失检耶？时端纳西安之行，待张学良复电尚未至，为节省时间计，端纳决于午后先飞洛阳。余恐或有需译员处，派黄仁霖偕行。余复请端纳携一函致委员长。函中述：余深信吾夫一切措施，皆以民族利益为本，余日夕为彼祈祷上帝，愿彼宽怀。余复以长函致张学良，告以：彼等此举，将使国家前途受严重之打击；余深信其鲁莽灭裂之举动，初无断送国脉陷害领袖之恶意，应及时自拔，勿贻噬脐之悔。

端纳于夜间由洛阳来长途电话称：于日落时抵洛。彼处离西安虽只余一小时半之飞行，然消息之沉寂，不减于南京。且言是日已有飞机三十余架在西安上空飞行示威，目的欲告谕叛军：洛阳飞机场仍在中央之手，以张学良预令其驻洛直接指挥之炮队占领机场之命令，其部下实未遵行也。端纳复称：彼不问张学良有否复电，决于明晨飞赴西安。余于是夜卒得张学良致端纳电，欢迎其入陕。于是端纳所乘飞机中途被击之顾虑，始得释然矣。

时军政部长已受命，在委员长未回京前，执行指挥调遣全国军队之职权，空军亦归其统辖。然余仍继续进行"全国航空建设会"改组事宜，盖不独事务本身之重要，未容诿卸；且努力从公，亦暂时可使身心得所寄托。闻左右偶语，竟窃窃私议，委员长已不讳，且谓即幸存，亦无生还望。诸人于面对时，未尝不表示同情与慰藉；然一转背间，即充满悲观之空气。而全国斥责西安叛将之怒焰，则已蓬勃不可抑止矣。然余个人于事变发动之初，即决心与劫持我丈夫之西安将领作正义之周旋，任何牺牲，任何代价，皆所不顾；至咒诅谩骂，则非所愿为。盖余深信，惟诚挚与真理乃能建树永久之基础。此为余生平之信念，遇西安事变而益坚。

当时局势虽黑暗危殆，然余深感必有可以解决之途径，故愿中央诸公共信之。因此反复申述，请各自检束与忍耐，勿使和平绝望；更请于推进讨伐军事之前，先尽力求委员长之出险。盖战事开始之后，委员长即不为其亲自统率之陆空军轰炸所误中而丧生，亦将为怨恨暴戾之叛军所残害。不料，此时余已陷入甲胄森严与战斗意识弥漫之重围中矣。

或有责委员长不应轻赴西安作此不必要之行，可免躬蹈危机者。余即告之曰："委员长若欲不愧为委员长，无论在何时何地，皆应作冒险牺牲之准备。彼所朝夕萦心者为国家人计，更安有余暑顾虑其个人之安全？策划其安全者，实非委员长分内之事，而为其部下及其左右义不容辞之责任。彼为其干部者，实应随时随地敬谨注意，策其万全。如委员长自抱其本身安全之顾虑，又安足为全国领袖哉？"

复有人言："为维持国民政府威信计，应立即进兵讨伐。"余又告之曰："今日国难至此，若无委员长，即不能有任何统一之政府。今舍委员长外，更有孰能领导全国者乎？"当时群情激昂，主张纷杂。或言委员长殆已不讳矣；或言国家存亡应重于个人之生命；更有人不明余所主张之理由，词色之间似谓"彼一妇人耳，仅知营救丈夫而已"。

余乃详告诸人曰:"余虽为妇人,然余发言,绝非为营救丈夫之私意。倘委员长之死,果足为国家造福,则余必首先劝其牺牲。惟目前处置西安叛变,若遽张挞伐之师,径施轰炸,不独使举国所拥戴领袖之生命,陷于危殆,即陕西数千万无辜良民,亦重罹兵燹之灾,且将使为国防而建设之国力,浪作牺牲。故为国家计,不得不吁请诸公妥觅和平解决之途径。愿诸公深信我决非朝夕萦怀于丈夫安全之妇人。今日此举,实抑制情绪,抓紧现实,乃以公民之资格,要求以最少之牺牲,为国家与民众解决此严重问题之症结。倘余夫或余个人之牺牲可以为国家造丝毫福利者,余必不假思索,力主牺牲。今日若遽用武力,确将危及委员长之生命。而国难严重如今日,在余心目中,在全国民众之想念中,委员长之安全,实与国家之生命有不可分离之联系。此余之所以主张必用和平方法以保证其安全也。诸公今日,一面尽可能作阵地之配备,惟须力诫勿开枪、勿轰炸以启衅;而一面当乘此时机,努力营救委员长出险。倘和平已至万分绝望之时,再开始战争,亦未为晚。凡余对此大局之观察,以及余所贡献解决之方策,事后必能证实其不谬。深信诸公虽与我观感两歧,而态度之诚挚则同。余今自信所取态度之不误,必将竭全力以求我主张之实现。谩骂不足以慑服叛徒,更不足以解决现局,幸诸公深思之。"

余言既,复明告彼等,即亲自飞往西安。群议哗然,以为不可,反对之声纷至。盖当时谣传,血与火充塞西安,该处已成赤色恐怖世界。而悲观者更以为委员长即未死,亦难幸免。故向余进言时,不曰余此去决无收获,即劝余勿作不必要之牺牲;不曰余去被囚,徒令叛变者多一要挟我夫之凭借,即曰最少我投身作质,徒扩大事件之纠纷。悲戚、失望绕我四周,欲思索真理固难,欲坚持我信仰更难。余虽未受悲观者之影响,然亦不禁黯淡凄怆。尝自反问曰:岂我等求出生民于水火之努力,已至最后绝望时期耶?岂我等复兴民族,建立国家之计划,果将从此毁灭耶?深思终不得解,然余终坚持我信仰不舍。于是迷梦渐去,始恍然惟"信仰可以移山",欲纠正一切错误,惟有坚持我对上帝及全人类之信仰耳。

年来委员长出巡各省,余必相随,此次独因病未果,深觉怅然。盖余每自信,倘余在西安,局势当不至恶化至此。然此种思索不足自慰,徒增烦扰。而群集我室者,宾朋如云,或进同情之辞,或索时局真相,更有作消息之报告者,扰攘终朝,益增我之烦恼。

余日无暑刻之闲，各机关首领纷纷向余询问对于应付现局之意见，尤以黄埔军校同学代表要求指示为更切。军校学生皆为余夫亲自教育之生徒，坚请训话。余不能却，因向其集会作公开之演讲。余告诸生：于未明事实真相前，切勿遽加断定，遇事镇定，勿尚感情。民众对西安叛变之负责者，怨恨愤怒已不可遏，诸生幸勿再以行动或语言刺激之。并告诸生：已嘱端纳赴西安探真相，迄今尚无一人出入西安。故吾人所知西安消息，除孔部长与余所得二电及西安将领之通电外，无片纸只字可为凭借。继复诫之曰："委员长抚爱诸生如子弟，目前遇此事变，正为诸生敬谨遵行师训之时。委员长统一全国军队之功绩，固为国人所乐道，然其手创之新生活运动，且应更对国家精神建设有积极之贡献。诸生既为彼忠实之信徒，不惟须努力继续推行此运动，更对国家精神建设有积极之贡献。诸生既为彼忠实之信徒，不惟须努力继续推行此运动，且应恪遵其信条为终生之圭臬。余深信西安叛变者，目睹其妄动所引起之全国反响，必能憬然悔悟，痛恨前非。凡诚意悔悟者，应开其自新之路，则谈判之途径，自当勿令壅塞。叛逆如有悔罪之诚，我黄埔诸生当宽大为怀，迎其来归，不究既往。"继余复言曰："凡余所言，绝非为叛逆求开脱，盖其妄动无开脱之可言；余所努力者，欲令叛逆反省其妄动之影响国家者为如何可怖，求其及时悔悟，自赎其罪谴而已。"

当余精神肉体忧劳交迫之时，孔部长及余两姊孔夫人、孙夫人与其他戚友，掬诚慰藉，爱护之情，至足铭感。然西安真相仍笼罩于消息沉寂之中，悲剧之阴影，紧依彼等心头，则其慰藉之辞，亦黯淡甚矣。最可感者，孔部长兼代理行政院长之职，既代委员长为一国行政之首领，所处地位备感困难；然彼于谨奉职守之余，仍能充分同情余所坚持之主张。

十二月十四日（星期一）晚，始发现第一次希望之曙光，确证余主张之未误。盖端纳自西安来电，报告委员长平安，居处甚适，彼正随侍在侧。该电复称张学良亟盼孔部长赴西安，尤盼余偕行。后又得张学良直接致余电，邀余赴西安，并保证无危害委员长之意。

时论忽有置疑端纳来电者，余闻之骇然。盖南京一部分人士，咸认叛部计划异常险恶，以为委员长即不死，亦必身陷危境，对于与此歧异之消息，反不愿轻予置信。彼等之言曰："端纳来电，实迎合西安心理，欲诱孔部长入陕，多一重要作质者，以加厚其谈判之力量而已。至张学良致余电，用意亦同，亦欲诱余入陕而加以拘禁耳。"凡此种种推测，皆不足以动摇余之初衷，反令余信念益坚，知避免战争之奋斗，更有努力推进之必要。因此余竭全力求赴西安，孔部长与余之诸姊弟皆愿伴余同往，尤足感人。然主张讨伐者仍竭力阻我成行，余始终未为所动，当激烈辩论，情绪亢张之时，竟无暇计及发言之态度矣。

是时西安电报交通虽已中断，不料余于星期二（十二月十五日）下午，突得端纳由洛阳打来长途电话，诚令余惊喜欲狂。盖端纳于是晨冒恶劣的气候之危险，飞抵洛阳，直接告我以西安之真相。彼以简短之言辞，叙述全局，谓：委员长并未受苛刻待遇；端纳到达后，委员长已允迁入较舒适之房屋；斯时委员长始初次与张学良谈话，惟怒气仍未息；张表示决随委员长入京，盖彼自承举动虽错误，然动机确系纯洁；张盼余入西安，亦盼孔部长同行，彼与其部下，对余推崇备至云云。然最后又言：委员长坚嘱余切勿赴西安。余请端纳明日来京，端纳称，彼已允委员长及张当日返西安，惟气候恶劣，不利飞行，决于明晨返西安，京行势难办到。余因告以军事长官已决定立即进攻西安，彼返西安，或有危险，并嘱其以此真相设法转告委员长。端纳复言：彼虽不能来京，张学良亲信之爱而德与彼同机出陕，将于明晨飞京，可当面详述经过情形；彼并嘱携一函致我，补充未尽。

是晚，余又以长途电话告端纳：孔部长因医生坚嘱，不令飞陕；况孔为代理行政院长，势难离职。因嘱端纳征求对方意见，可否以宋子文或顾祝同代之。且告以各方阻我成行，然余已决心飞陕。余复告以外间传言，彼有袒护张学良之倾向，询其曾否发送新闻电。端纳答称，彼曾发二电：一为新闻之概述，一为答纽约《泰晤士报》^①记者阿朋之询问。

是日，适有人以端纳致阿朋电示余。电中略述委员长健康如恒，张学良已承认劫持领袖之错误，惟自称其动机纯为爱国。来人即持此为端纳捏造消息、袒护张学良之确证。此种推论实难理解，或者军人为情绪激发，应作如此想象。余因即电端纳，嘱其此后勿再拍发任何新闻电报。端纳昔随委员长赴边远各处，各报记者每去电探问真相，端纳辄一一致答；今突守沉默，各报记者骇怪之余，当不

---

① 今译《纽约时报》。

免武断西安局势之恶化,以为端纳亦已被扣,不知彼处发生如何不幸之变局。此时实施检查之影响,更使消息沉寂,而谣诼亦因以丛生。盖此时之西安,就新闻观点言,已成死城矣。

星期三晨,余乘端纳未启行前,复与通话一次。余嘱端纳告张学良,彼若不愿手造惨酷之国难,应立即护送委员长返京,并请以目前余所处之境遇告委员长,详述余努力阻止战争之经过。余复嘱端纳抵西安后,应速乘机返京。彼答曰:"否,我愿留西安。"余最后曰:"余若不能阻止战争,则尔在西安或有生命之危险。"彼答曰:"或有其他办法,我今不能多言。"时孔部长在余旁,即接电话机继续向端纳说话,嘱其转告张学良:彼即不计令誉,当知彼之生死存亡,亦将以能否确保委员长之安全为断。彼欲拯救自己,拯救国家,当以飞机护送委员长赴太原,恢复其自由。倘能照办,一切皆可不究。

此后余即运用我忍耐之全力,以待爱而德所乘由洛来京飞机之到达。该机在蚌埠被迫降落,又向南飞一小时,故爱而德于午夜始来见我。据彼诉述:委员长失足倾跌,今尚负伤。事件发生,实属意外。当日天明时,西安城中张学良部队已为杨虎城缴械,杨氏统制全城,即张学良部下出入城门,亦必先向杨氏领取通行证。张学良部队在城中者,只有卫队四百人,在城外者亦只六千人,是即驻守飞机场之防空队也。其被缴之枪械,至是日下午始得发还。当日并有杨部兵士一队赴飞机场,初意欲将停留该处之中央飞机,捣碎油箱,击毁机身,后经爱而德劝阻,仅倾倒其箱中储油而去。高射炮皆经封口,严禁使用。飞机场职员皆经遣往他处,只留若干哨兵看守。黄仁霖已于昨日晤委员长,惟因委员长嘱其携亲笔致夫人之函,故被扣不得来京。但委员长草毕此函时,曾当众高声朗诵,故爱而德犹能忆其概略。据称:"委员长函中表示宁死不受挟持,且以身后事向夫人叮咛嘱咐,足证其已抱牺牲之决心。"

端纳在洛阳电话中之最后一语,所谓"或有其他办法"者,犹震荡余之耳鼓而不能去怀,因询爱而德以张学良自备之鲍音①飞机今在何处。爱而德称该机尚在西安。余又问曰:"倘攻击开始,张学良有否挟委员长乘此机离陕他去之意乎?"

---

① 今译波音。

彼曰："颇有可能。"余因作推测曰："此殆准备中之计划欤？"又询："张学良之正驾驶员巴尔安在？"答："在汉口。"余愕然曰："然则鲍音机将由何人驾驶耶？"曰："将由其副驾驶员李奥邦任之。"余托其邀巴尔由汉来京见我。爱而德诚挚言曰："我等皆愿为夫人效忠，当立电巴尔，想彼必乐受驱策也。"因嘱其速招巴尔来。

凡上事实，皆为余等以前绝未闻知之真相。今则危机毕露，明示其他部队哗变之时，张学良实无保护委员长之能力。因此余阻止进攻之决心益坚。在委员长固公忠为国，不计个人生命之安危，亟盼挞伐之实现，余则未愿作如是想。委员长致余函之内容，余亦未告军事长官，盖深知此函立意之宣露，更将影响彼等之心理，益艰余之处境。余知轰炸西安必置委员长于死地。为中国计，此时万不能无委员长以为领导；委员长生还之价值，实较其殉国尤为重大。此为余始终坚持之信念，故愿决死为和平奋斗，以期其成。因此余决意立赴西安。此时虽张学良在城内无甚部队，其在城外之兵数亦甚寥落，明知事态异常险恶，然余亦不愿多加考虑矣。

已而，避免武力以求和平解决之希望，又微露其一线光芒。盖是晚接端纳来电，称已抵西安，向委员长及张学良转达我电话中之意旨，今西安将领已欢迎子文与顾祝同之人陕矣。于是余以和平方式营救委员长出险之主张，始得第一步事实之佐证。然此后数日，焦虑奔忙，困惫更甚。因潼关以西之军事，业已发动，虽幸飞机为雪所阻，不能超越华山而向西安轰炸，然洛阳与群山间沿路各处，被轰炸者已不胜数，又安能保证群机之无冒雪西飞径向西安投炸者也！后得端纳来电，称委员长已遣蒋鼎文主任飞京，携其亲笔致军政部长函。不料政府中人闻讯，声称彼等不独不愿与西安作谈判，且亦不愿在委员长离陕前，接受任何命令——盖此书即出委员长手，又安能确证其为出于委员长之本意者。诸公竟测其领袖将屈服于劫持之下，宁不可异？余因直告之，并叹曰："诸公与彼共事多年，竟未能了解其真性格至此耶！"二日后，蒋鼎文果来，彼等闻其面述委员长令，始服从无闲言。蒋鼎文并恳切劝告：勿任南京、西安间之裂痕日见加深，谩骂之无线电广播及恶意之报纸论文，皆以中止为佳。同时，其他方面阻止冲突之努力，亦在进行中。孙科、王宠惠等诸先生访余，拟商请阎锡山主任出面调停，营救委员长出陕，因决定由党政领袖联名电阎，此电亦经拟妥发出。

巴尔由汉来，余即与研究张学良是否有挟委员长同乘飞机出陕他往之可能。余昔日飞行曾深入西北边省，故详知彼间地形崎岖，人烟寥落，难觅飞机着陆场地之情况。余更预料：凡有中央军驻守之机场，必为张学良所不敢去者，则其目的地点当在共产军阵线之后，或者即在新疆。余问巴尔："倘鲍音飞机满载其携带油量，足敷飞往新疆之用否？"巴尔答曰："可。"又问："张学良曾提及乘飞机往新疆否？"巴尔答曰："曾言之。"余因与之再研究地图，倘张迫于环境，须乘机出陕他去时，张挟委员长至何处最为可能。余并告以张学良若真挟吾夫他飞，余必跟踪往探；故余愿深知何机所携油量，足达鲍音机满载后中途不再添油而可往返之地点。巴尔答曰："德格拉斯机如只有夫人一人乘坐，舱中储油，足应长途之用。"余因嘱其留待后命，倘余不能阻止进攻西安，乃有飞行之必要也。

委员长被禁后一星期，十二月十九日（星期六）余电告端纳，子文决入陕。后因阻力横生，余又去电取消前讯。一小时后，再电告其最后成行。盖子文力排群议，最后请以私人资格前往。我等主张：政府虽不能与叛变者直接谈判以自贬威信，亦应准许我等作劝导叛变者之工作。故子文行后，政府令各报登载，充分说明子文此行，纯为私人资格之意义。

及十二月二十日晨，停止进攻之期限已届。余力争展限三日，决偕子文同机入陕，神经兴奋，几不能持。行前最后一瞬间，政府中高级长官群集余所，坚请暂留。亦有谓余若留京，尚可于委员长未离西安以前，劝止中央军之进攻者。余乃自动与彼等约，倘子文去后，三日内不能返京，则不得再阻余飞西安。同时接张学良来电告余，倘不能阻止进攻，切勿往陕。盖彼亦无力护余矣。

次日晨，得子文二电：一告委员长平安，一告端纳即日飞京。然是日端纳未抵京，惟由洛阳来电话，据称座机在黄河岸被迫降落，将于二十一日（星期一）来京。余复接子文电，亦称将于是日到京。星期一下午，端纳、子文先后到达，各述闻见。余坚持明晨必偕彼等同机返陕。端纳云："张确有计划，拟于进攻开始后挟委员长乘机离陕他行。"余闻言，自觉能想象张之心理如见其面；因此益自信，倘能与张当面商谈，必能以余信心感其迷瞢（蒙）。当时余对西安事变（之解决）已具一种感想：譬之造屋，端纳既奠其基，子文已树柱壁，至上梁盖顶完成之工作，实为余无可旁贷之责任矣。

时蒋鼎文亦已出陕来京。余念委员长或需军官如彼者为代表，请彼与戴笠偕行。且对西安表示中央之信义，决不一去不回，稍示怯懦之意。然鼎文夫人方喜其夫得离危城，故力请偕行，坚持不让其夫独冒此险。翌晨，余在机场恳切劝之曰："余非强蒋主任为余所不愿为者，余一妇人，所冒危险实较汝夫更大。汝夫为军人，其生命本已贡献于国家，汝为一高级军官之夫人，应鼓励而安慰之，此方是汝之本分。"鼎文夫人乃默许余言，慨然允诺，不复悲戚。孔夫人在侧，亦以温言慰之，携之侧立。余等即登机行矣。人或有称余此行为勇敢者，然余自念，所作所为并无异人之处，二万万中国妇人处余地位，皆必取同样步骤。鼎文夫人经余说明后，竟不坚持同行，而肯为国家利益牺牲其丈夫之安全，即其一例。余登机前，已熟闻各方危险之警告，即余本身，亦详悉西安城中军队之性质。但余启行时，神志清明，镇定坚决，绝无怯意。然冒险而入叛军统制之区域，能了解此危机之巨大者，当时固无人较余更深切也。

一星期来，今日独异常晴朗，然机抵洛阳上空，俯视机场，轰炸机罗列待发，心坎突增阴影。余下机与该地中央驻军及空军将领面谈后，即登机，坚嘱洛阳空军司令，未得委员长命令，切勿派机飞近西安。及机启飞，余渐感悬悬，不识前途如何。时飞机正在盖雪群山中循铁路线前进；过华山，远望如晶莹之冰山，闪烁作光；最后见平原，知近西安矣。端纳于白色山丛中遥指一方形城邑告余曰："彼处即为临潼，委员长被劫处也。"此时余万念猬集，怅触若狂。俄顷，余等似已盘旋于西安及飞机场之上空。余于飞机着陆前，出手枪授端纳，坚请彼如遇军队哗噪无法控制时，即以此杀我，万勿迟疑。余复筹划，面对劫持我丈夫者，应取若何态度；盖余深知成败契机，全在于此瞬息之间。最后决定余对彼等之态度，即使彼等行动暴戾，而余必须强为自制，勉持常态，只有动以言辞，以达余来西安营救委员长之惟一目的。

飞机盘旋机场上空，乃未见机场中有迎候之车辆，只有三两守兵木立于其间。继思我等启行时所发之电报或未送达西安，因此折飞西安城上环绕数匝，引起城中注意。俄顷间，乃见车辆陆续向机场来矣。

机方止，张学良首登机来迎，其状甚憔悴，局促有愧色。余仍以常态与之寒暄。离机时，乃以不经意之语气，请其勿令部下搜查我行装，盖惧紊乱不易整理耳。彼即悚然曰："夫人何言，余安敢出此！"时杨虎城亦踵至，余坦然与握手，似偶然过访之常客。杨状甚窘，但见余镇定，又显觉释然。

车行街道间，初未见意想中之紧张。及抵张宅，彼即问余是否欲立见委员长。余请先得杯茗，盖欲示意，余信彼为君子，愿以安全寄彼掌握间。此时余忆在京时，曾有人戒余，倘赴西安，不独不能晤委员长，且将被囚作质，丧尽尊严。余固知张之为人，不至如此，今更得证明矣。时委员长尚未知余至，余不愿其延候焦急，故戒勿通报。委员长被禁处离张宅只一箭之遥，禁卫森严，且多携机关枪者，盘旋于四周。

余入吾夫室时，彼惊呼曰："余妻真来耶？君入虎穴矣！"言既，愀然摇首，泪潸潸下。余强抑感情，持常态言曰："我来视君耳。"盖余知此时当努力减低情绪之紧张。时吾夫以背脊受伤，方卧床，面甚憔悴，因先加看护，缓言其他，使得少些舒适。此时目睹吾夫，负伤床笫，回忆遇劫当时，黑夜攀登山巅，手足为荆棘与山石刺破，遍体鳞伤之状况，余实情不自禁，对于事变负责者不能不深加痛恨矣。

吾夫言曰："余虽屡嘱君千万勿来西安，然余深感无法相阻也。今晨余读《圣经》，适阅及：'耶和华今将有新作为，将令女子护卫男子'句，今君果来此。"我夫历述被劫之经过，并称在劫持中，决不作任何承诺，因要求我勿以签订某种文件相劝。余告之曰："余本视国家福利重于吾夫之安全，幸勿虑我有强劝吾夫屈服之举。"吾夫屡言，苟利国家，愿以身殉。余告以自彼被困之后，全国民众，忧疑惶急，向所未见；即平日反对其政策者，亦抱同感，祈祷其出险者，遍布全球；稚龄学童，号哭如丧考妣；兵士闻其不讳之误传，竟有自杀者。因劝之曰："此后君不应轻言殉国矣。君之责任乃在完成革命以救国，君更应宝贵君之生命。愿君自慰，上帝常伴我等。余此来，分君苦厄；上帝愿余死，死无悔；若愿余生，亦当保此生命，与吾夫共为国家努力也。"余复告以感觉劫持彼者已萌悔祸之意，倘处理得宜，或可立即解决。我等目前应自制，应忍耐。吾夫述十二日晨经过情形时，感情冲动，不能自持，余即温慰之。出《圣诗》就其榻畔诵读者有顷，始见其渐入睡乡。

余今又来西安矣。西安本为我中华民族产生地之摇篮，今岂将变成其棺木欤！倘委员长不获生还，中国之分裂与灭亡立见，此后不幸之变化未易测也。若幸而脱险，则国家之团结益固，可怖之祸乱或将蜕变而为国家之大庆。余之心头似嘤鸣"祸中得福"之颂辞，余深信之。然到此关头，需具信心与智慧，偶一错失,立人死亡之陷阱。我等处境,实遭大难:四周军队皆整装待发,叛军之后,复有共军,此又为委员长多年剿讨之寇雠也,凡此各方,皆屏息以待,立可爆发。而中国境外,复有各国静观此间之结果。所谓东北军者,人数众多,军械精良,其作战之计划,即以后方之共军为其惟一之后盾;万一战争发动之日,即共党重生其活力之时,则其影响将如电流之疾走,酿成空前之内战,招致不可预期之浩劫。而虎视眈眈之帝国主义者,正悬盼中国内战之爆发,俾得借口以大规模之侵略,完成其统制中国之迷梦,则此种现象之造成,自将引起彼方无限制之干涉。凡上述之危状,皆为日来缠绕我心坎之魔影,自闻军事长官坚决主战之论调后,未能一日忘怀者也。

余见委员长后,再召张来见。彼或因余未加斥责,显有快慰状。余立以镇静诚挚之态度与之商谈,告以彼等自谓此举得全国民众之拥护,实属错觉;今大错已成,若何补救,实为当前惟一问题。并语之曰:"汝若向余问以后之方针,余可以诚意告汝,尔等欲恃武力以强迫委员长做任何事,皆无成功之希望。"张曰:"夫人如在此,决不致发生此种不幸之事。"此语殊出余意外,骇然久之。张续曰:"我等劫持委员长,自知不当。惟我自信,我等所欲为者,确为造福国家之计划。然委员长坚拒不愿与我等语,自被禁后,怒气不可遏,闭口不愿发一言。深愿夫人婉劝委员长暂息怒气;并望转告我等实一无要求,不要钱,不要地盘,即签署任何文件亦非我等所希望。"余表示深信其言之由衷,不然,则彼等行径又何异于旧时军阀。惟目前欲示世人以无他,应放弃胁迫态度,立即恢复委员长之自由。因复语张曰:"尔性太急切,且易冲动。尔当知世上有许多事,皆非躁急之举动可以成功者,惟步骤一致渐进之行动,乃可得真正之进步。换言之,即全国人民程度进至适当之水平线后,仍将感效果之迟缓。然余之经验告余,躁急者百分之力量,只能得一分之收获;而徒求快意一时之举动,决不能致中国于富强,惟坚忍卓绝之苦干,始能得理想中之成功。"张闻言,颇感动,诚挚言曰:"夫人,余已觉悟此举之不当,决不愿托辞掩饰。惟自信动机确系纯洁。倘此次夫人能一如往昔偕委员长同来者,余敢断言,决不致发生此不幸之事变。今余屡欲向委员长有所申述,彼辄禁我启齿,厉声呵斥,奈何!"余曰:"汝仍未能了解委员长也。彼所斥责者,每为其寄有厚望之人;倘对汝鄙为弃材,则决不再费如许精神对汝斥责矣。汝每称事委员长如事父,彼信汝此言之诚,故不假颜色。"张应曰:"夫人应信我敬戴夫人之诚,即余部将亦一致敬戴夫人。委员长被禁后,彼等搜索其文件,得夫人致委员长函二通,拜诵之余,益感夫人之伟大。盖此二函中,夫人为民众求福利之至诚毕露,故深信夫人此来必可调整现局,使委员长早日离陕。余及余部将实同具此种信念。我等希望委员长安全离陕之热情初不后人,盖我等不独不愿阻碍其政治上之工作,且一致推崇彼为我等唯一之领袖。今但求向委员长面陈款曲,一切皆无问题,深信夫人必能助我了此危局。"

余骇问所称二函究竟何指。张曰:"一为请筹援绥经费与补充空军事宜;在另一函中,夫人缕述救国感想,实足动人。夫人告委员长,有'深感我二人共同救国之事业,未能尽责之处甚多,此后当加倍努力,一方面不负人民付托之重任,一方面不背我二人结婚时为民服务之誓言'之语。我等读此二函,实感动万状。"余即乘机向彼劝导:"汝当更忆及函中之又一语,即谓我等救国之努力,乃随时默祷圣灵之启导,始能免于错误。汝若诚意欲有所建树,亦应随时祈求圣灵之向导也。"盖彼此次举动,不独扰乱秩序,自坠人格,且身为军人,竟甘超越轨范、毁灭纲纪如此之甚。更可痛者,数年来辛苦经营之统一,幸告完成,正足增进中国之信誉,造成万世之福利,今竟为彼等毁其垂成于一旦。

余复令追忆彼欧游初返时余向彼告诫之言。余当时之言曰:"活动能力之强盛,若不能纳之轨范,危险实大。"曾嘱彼处事要随时谨慎。至彼称无伤害委员长之意,余又告之曰:"十二日事变发生之晨,枪声四起,委员长未衣棉衣,备受严寒之侵袭,且流弹飞舞于四周,若未获上天之默佑,彼不饮弹而亡,亦将罹肺炎而死矣。然而已过者今勿再提,目前应讨论者,如何可使此事件迅速结束。盖委员长留此间愈久,国家之损失亦愈大。汝意以为如何方可收拾此危局?"余复述前言,促其速自悔悟,力图善后。张屡颔其首,并言彼个人亟愿立即恢复委员长之自由,惟此事关系者甚众,不得不征求彼等之同意。余因促之曰:"然则速将余意转告彼等。倘彼等欲与余面晤者,可遣之来见;凡委员长所不愿见者,余皆愿代见之。余留此候汝复音。"我等谈话至此告一段落,时夜已深矣。

余坐候至十一时,张尚未至,以电话询其行踪,据答称,彼尚在开会。因留语,散会后嘱其来我所。及清晨二时,仍不至。复以电话询,越数分钟,始至,目光疲倦,为状惫甚。彼言散会过迟,料我已入睡,不愿扰我,故未来。余急问:"彼等何言?"张曰:"杨及其部将不愿释委员长回京。彼等言,子文与夫人与我交谊甚厚，我固可自保生命，彼等将奈何？彼等责我使其牵入漩涡，并称所提之条件无一承诺，遽释委员长，岂非益陷绝境？明日将再开会。"余见其疲惫不支，知多谈无益，因曰："已将三时矣，明日可继续再谈，汝当去休息。"

此后数日，令人焦悚之问题益多。盖疑惧之军官，因急欲保证其本身之安全，随时有囚禁我等之可能。因此人抱不安，空气益呈沉默之紧张，剧变之发生，固意中事。即屋外监视之卫兵，似亦受此种心理之影响，盖当子文与余往来各室，与诸人会晤时，彼等咸现探询究竟之目光。余与子文惟一可以暂弛神经之法，为散步于积雪之前院中。院中各处皆有荷轻机关枪之守兵，日夜巡逻，以防外人之擅入。而院墙之外，更有大队之守兵，以防委员长之出走。仰首上瞩，天宇清朗，白日行空，此昭昭之青天白日，殆为此间惟一具有光明之物象。余二人绕院行，周而复始，守兵皆作怪异状，不辨我等有无用意。及闻我等发笑声，骇怪益甚，殊不知我等故意纵笑，以减去紧张空气之压迫也。

是日，子文正往来各将领间，作多方面之接洽。各方说辞纷至叠来，所谓"最后要求""最后论据"竟层出不穷，说服其一，第二第三乃至十余种之"最后"与"不可能"者接踵而来。然就西安军人之心理观察之，盖皆惧遭国法谴责之闪避行为耳。我等此来实已造成彼等内部之分裂：端纳入陕，张学良即招群疑；自子文及余与彼谈话后，张坚主立释委员长，西安将领竟目彼为"我方之一分子"矣，于是欲将彼与我等一网打尽之危机益迫。此所以各将领每次开会议决之办法，散会之后，突起疑团，于下次开会之时又全盘推翻，坐致一无成就。怀疑顾虑，笼罩一切，似已无止境可寻。余告委员长曰："此中央军日迫西安之故也。"然此时之委员长，对于事件之开展，已不感关切，彼厌见周旋，厌闻辩难，尤厌倦于周遭疑虑之空气，出陕与否已不在彼顾虑之中。曾语余曰："事态既继续如此，余决不作脱险之妄想，望吾妻亦不枉作匪夷所思矣。"然余深知在此重要关头，惟忍耐自制为成功之要素；我等当使叛变诸将领深信我言之诚挚，彼等若能悔祸，我可劝委员长呈请中央不究其既往，决不兴师讨伐，以造成内战之危机。

我等此次到陕，尚未闻赤祸之威胁，有如外间所传之甚。曾有人向我等申述，其党无劫持委员长之意，且主张立即恢复其自由。然我辈不能健忘彼等过去残酷之行为，今虽一时沉默，仍未减其威胁之危险性。更有人告我等，彼等早已放弃其昔日之政策与行动。然我亦不愿信此无稽之谈也。我等不惟自警，且警戒西安人士，告其勿中彼等之诡计也。

余全日出入室中，每有新转变，辄报告委员长。某次，余正与委员长谈话时，余之侍媪忽牵余入邻室，耳语余曰："夫人出言务请谨慎，窗外守兵正在门隙窃听，幸余及时阻止之。"余问如何阻止之，彼曰："余瞪视之，并告之曰：'尔必听有趣新闻，余愿伴汝同听之。'因是坚留不肯远离，彼始悻悻去。"

时张学良正竭力解劝疑惧中之各将领，并介绍一参加西安组织中之有力分子[①]来见，谓此人在西安组织中甚明大体，而为委员长所不愿见者。余与此人长谈二小时，且任其纵谈一切。彼详述整个中国革命问题，追溯彼等怀抱之烦闷，以及彼等并未参加西安事变，与如何酿成劫持委员长之经过。余注意静听，察其言辞中，反复申述一语并不厌赘。其言曰："国事如今日，舍委员长外，实无第二人可为全国领袖者。"述其对于国防上所抱之杞忧，亦喟然曰："我等并非不信委员长救国之真诚，惟恨其不能迅速耳。"余俟其言竟，然后温语慰之曰："青年人血气方刚，每病躁急。中国为一古国，面积之大，人口之众，领袖者欲求成功，理当作合理之进步，安可求快意于一时。更有进者，领袖之实行其理想，决不能超越群众之前而置群众于不顾，尤当置意于经济问题之重要。"彼言经济实为国防最重要之部分。余复言："汝等若真信委员长为全国之领袖，即当遵从其主张之政策；不然，则混乱扰攘，国家与民族更受巨大之损害。若欲达同一目的，固可遵由不同之路线；然既择定一途，即当坚持不舍。不负责任与不重程序漫无计划之行动，必无达到目的之一日。我人对领袖既信任其有达此目的之诚意与能力，则唯一之道，即矢我等忠诚，步其后尘而迈进。"彼又言，此次兵变实出意外。余又告之曰："如此小规模之政变，彼等尚无力阻止其流血与暴行，又安能自信其有主持国家大政之能力耶？"彼又言，彼等崇敬委员长十年如一日，未改初衷；奈委员长始终不愿听彼等陈述之意见何！谈话结果，彼允劝告杨虎城早日恢复委员长之自由，并约次日再见。

次日，余又见彼，嘱其转告各方：反对政府实为不智，并历数最近十年来称兵作乱者皆无幸免之史实。倘彼等果有为国为民服务之诚意，必在政府领导

---

① 此"有力分子"，不指其名，实为中共代表周恩来。

下共同努力，方是正道。今日此等举动，徒增加人民之痛苦与彼等个人之罪戾，应及早悔悟。我等皆为黄帝裔胄，断不应自相残杀，凡内政问题，皆应在政治上求解决，不应擅用武力，此为委员长一贯之主张。即对共产党亦抱此宽大之怀，故常派飞机向共产党散发传单，劝告彼等，如能悔过自新，作安分之良民，决不究其既往，一念从善，即可为中国造福。……国难如此，今日民族运动者如为真正之爱国者，应即放弃其不能实行之政策，各尽其在中央领导之下诚意协作之任务。

圣诞夜转瞬至矣，是日一日间之前后形势，希望固迭生，而失望亦踵至。余告张学良：圣诞日为停战限期之最后一日，如今日不能释委员长回京，则中央军必开始进攻。我等固死，汝亦不能独免。此外，正如孔部长在南京所言，若于此日恢复委员长自由，不啻"赠国家以无价之圣诞礼物"也。张闻言，状甚踌躇，惟允当勉力达我期望；但彼既无多数部队驻于城中，城门又皆为杨部所把守，此为难耳。彼又曰："如杨部反抗，我等固可与之抗战；然夫人为一女子，则处境极危。或者夫人与端纳先飞洛阳，余再设法潜偕委员长出城，此计如得售，则大佳。余可向彼等托词，请夫人再赴南京交涉罢战言和；一方面暗中将委员长化装载以汽车，混出城门，径赴东北军所驻营内，再派车送赴洛阳与夫人会合。"彼并以此计告子文，谓最后办法，只可如此。子文亦以为一切计划失败后，不妨留此作最后之尝试。然余坚决反对，不独委员长背伤不能受汽车长途之颠簸，且如此鬼祟行藏，亦决非委员长所愿为。余曰："委员长决不肯化装，倘彼不能公开乘飞机离陕，余必同留此殉难，决不愿离此一步也。倘彼因中央军开始攻击而殉国，余决不愿独生也。"

余知张及子文咸憾余不屈不挠固执之态度，不能稍为彼等移易委员长之决心；然余已具决心，不能妥协。张将出，余又语之曰："汝当劝告彼等，应立即释放委员长，全中国甚至全世界皆向汝等作此要求。全球各处之中国人皆纷纷通电要求恢复委员长之自由，斥汝等为卖国贼，汝等知之否？"张曰："余知之，彼等亦有电致余，然彼等实未知余无加害委员长之意也。"

子文与张之努力，益增沉默中紧张之程度，正不知圣诞日将发生如何之景象；然就现状观之，乐观成分实甚少。余频频警告彼等，停战之限期已届，余深知南京掌军权者之感情与心理，过此限期后，大规模之进攻即行开始，无人能挽此浩劫，尔等亦不能幸免此巨祸之临身。西安将领所惴惴者，实只其本人之安全。余因告之曰："尔等如真能悔祸，个人安全决无问题；若不知悛改，任何人决不能保证尔等之将来。委员长平素之大度容人，为尔等所深知，今日即当信任其度量。"时张已躁急不能自持，向彼等声称，倘彼等不即"改变旧态"，彼将自取适当断然之行动。

所可喜者，双方辩论虽甚激昂，始终绝未提及金钱与权位问题。历来叛变军人所斤斤不能去怀之主题，此次竟未有一人置怀，由此足见彼等此举有异于历来之叛变。民意与公论已促成自私心理之消灭，实为中国政治进步最大之征象，足令人认此实为最后一次叛变之史实。就事实言之，中国将领所主张之种种要求，委员长亦早有加以详讨者；彼等读其日记及私人文件，已稔知之。委员长之性情，每有计划，非俟其成熟，不愿告人；遇他人向其陈述意见时，或有不容异议之见，而以对其部下为尤甚。盖彼以为服从命令为军人唯一之天职。委员长为主张厉行纪律之人，见其部下将领有违反军人基本信条之举动，自将深嫉痛恨。彼所期望于部下者，为军人唯有严守命令，战死沙场，不能擅加探讨。

然深蕴于委员长心底之唯一信心，则永远为求人民之幸福，以完成真正足以代表民意之三民主义，为其努力之标的，不惜竭全力以赴之。当其推进剿共军事之时，仍注重于招抚投诚，开其自新之路。……① 使了解行政上种种革新，实皆为大众求生活之改善。此即新生活运动之所以能奠定广大之基础，而赣省农村运动之所以有今日显著之成效者也。……② 即开始恢复地方之繁荣，重奠人民生活之基础，先于各处成立组织，指导民众自力更生之方法；复经赣省教会之合作，成立"江西省基督教农村服务联合会"；继复发起新生活运动，使人民得精神生活之信条，教以家庭卫生、自力工作与合作服务，以及其他新国民应有之常识。此项运动今已遍布全国矣。

圣诞之前夜，失望之成分仍较希望为多，直至深夜，谈判尚无结果，于是圣诞日至矣。每至圣诞日，委员长辄与余约：是日先致圣诞贺辞者，即得享受全日

---

① 此处有删节。
② 此处有删节。

计划决定之福利。今日彼得胜利矣。盖曙光初露，委员长即于被褥深处，呼"圣诞快乐"。余对此寒冷清晨，颇感不怿，然仍抑此情绪，欣然应曰："祝君圣诞快乐。"时余不睹圣诞树，心殊怏怏；然深知在此颠危中，何来圣诞树？圣诞老人即过西安，亦将望望然去之矣。此念闪过我心头尚未消失时，忽见室门顿启，以委员长卧室之外，监视者始终看守，无论昼夜，不能锁门也。二仆人相随而入，每人手中各携一沉重之长物，酷似巨大之圣诞袜。审视，果为袜，惟为"高尔夫球"置棍之长袜，先见一袜，系一手提打字机，并系片祝余夫妻圣诞快乐；另见一袜，系一厚暖之旅行毯，是为致委员长者，盖余夫旧有旅行毯已在兵变时遗失矣。噫！圣诞老人竟来西安耶？而此老人竟与余等共居一屋中！彼昔为我先父之友，现常为我家之宾，亲朋皆呼为 Gran，或呼为"端"。委员长仰首笑曰："真老人至矣。"此为余首次在西安闻委员长之笑声。

圣诞阳光挟希望与快乐而俱来，然在上午，疑云仍未去。叛变者仍要求于释放委员长前必得其亲笔签字之令，而委员长坚持不愿落一字，且亦不愿发一言。余为助长勇气计，开始整理行装，希望于日落之前飞达南京。如以此作标准，则必于十一时半启行；及至十时，结果杳然。俄十二时半过矣，张来言："飞机已准备，然一切仍未决定。"至一时半，我等希望已粉碎，然仍不愿放弃。有人言曰："我等可先飞洛阳过夜。"余急应曰："然，余等万勿失望，若诚挚祷告，必能达我愿望。"时诸人皆奔走往来，状甚混乱。子文入新城访杨虎城，其他各人亦分头疏通，求解此结。然午后二时又至矣，仆人告曰："午饭已备。"但并无人来报消息，希望似绝，然我等仍进餐；既饭，希望似又复生。即有人建议曰："即四时启行，我等亦可于日落前抵洛阳。"因此我等决定下午四时为最后关头矣。三时响未既，见张越庭院来，身后随一工役，荷一提箱，守兵皆露惊异状。时子文等方在各处向诸将领反复说明，即委员长在此决不能有亲笔命令，但返京之后余信其决不咎既往，以释其疑。然迄无消息传来，电话仍继续不断，交涉迄未完结。正焦虑间，子文忽入门，携来喜讯，城防司令杨虎城已同意我等成行矣。张曰："日云暮矣，曷勿明晨径飞南京？"余呼曰："尚欲等候耶？离此愈快愈佳！岂将等候彼等之改变态度耶？犹欲等候彼等之恐惧与妄忘，而发生变故耶？当知今日为圣诞日。不！决不能作片刻留！应速行，毋再滞疑。"张忽又言："杨虽允我等行，然其部下多有未知者，苟风声传播，或有不稳；故我等虽行，仍应小心，请勿带侍媪。"余呼曰:"岂将留彼任变兵处置耶?我等离此后,真不知彼等若何结果。"张曰:"彼定可安全。"余曰:"否,彼等忠于我,余决不忍令彼冒此险。当余离京时,余曾告以此行危险万状,彼若恐惧,可不随行,然彼答余,愿随我至任何处所。"最后解决,余以此媪交黄仁霖,始双方皆无间言。

余告委员长可以行矣。彼言:"且暂缓行,余等行前,须与张学良及杨虎城作临别训话以慰谕之。"因即召杨虎城。此时杨不在家,约候半小时后始至。张告委员长,彼已决心随委员长赴京,委员长反对甚力,称无伴行之必要,彼应留其军队所在地,并以长官资格命其留此。张对余解释,谓彼实有赴京之义务,盖彼已向各将领表示,愿担负此次事变全部分之责任;同时彼更欲证明此次事变,无危害委员长之恶意及争夺个人权位之野心。余等深知此次事变确与历来不同,事变之如此结束,在中国政治之发展史中,可谓空前所未有。张之请求亦有其特殊之意义,足使此后拟以武力攫夺权利者,知所戒惧而不敢轻易尝试。故余与子文赞成其意,允其同行。余更愿在此特别声言,负责叛变之军事长官,竟急求入京,躬受国法之裁判,实为民国以来之创举。此中央政府之所以赦宥张学良,而为若干人所骇为不解之真实理由也。

当杨虎城率卫队若干人来时,空气益形紧张。彼偕张径入委员长室,立正敬礼。委员长邀其就座,彼等皆屹然不敢动。余即进言,委员长尚病不能起座,故不得不卧谈,如彼等就座,较易听受,乃始勉就椅坐。委员长与彼等语,余即在座速记。彼等闻委员长诚挚之言,余从旁察觉彼等容态,实显现一种非常感动与情不自禁惭愧之色。

谈话约半小时始毕,时已四时余矣。急整装行,委员长与余偕张学良共乘一车,张径就车之前排坐。子文、端纳与杨虎城另乘一车。车抵飞机场,径开至张座机之门旁。机已开热备用,一声怒吼,离地腾空上升,余夫与余乃向西安作愉快之告别。

是夕安抵洛阳,祝颂圣诞佳节。此日之纪念,不惟恢复委员长与余之自由,而中国全民众解放之基,实亦肇于此乎!

(民国二十六年初版,中央文物供应社1977年再版本,此处录自《革命文献》第九十四辑《西安事变史料》上册)

九、蒋介石卢沟桥事变日记
（1937年7月8日－31日）

1937年7月7日夜，在华北北平西南宛平城卢沟桥附近，日本军队主动发起进攻，中国军队奋起抗击。这就是卢沟桥事变。卢沟桥事变发生后，蒋介石下定了"不求战，必应战"的决心，采取了积极抵抗日军进攻的方针，于是，中国八年抗日战争开始了。

卢沟桥事变爆发时，蒋介石正在江西庐山。事变发生后，7月8日，蒋介石立即下令冀察当局："宛平城应固守勿退，并须全体动员，以备事态扩大。"同时，他下令军事委员会办公厅主任徐永昌和参谋总长程潜调师北上增援冀察第29军。徐当即部署与宋哲元有渊源之部队孙连仲第26路军、庞炳勋第40军与高桂滋第85师等部调动。蒋介石于9日令以上各部北上向石家庄集中；令开封豫皖绥靖公署主任刘峙派一师至黄河以北，准备两师待命出动；令正在重庆主持川康军事整理会议的军政部长何应钦即返南京，部署应战准备；令沿江沿海及重要城市负责长官严行戒备，各地重要工事限期完成。当日，蒋又指示徐永昌、程潜、唐生智（军事委员会训练总监）和何应钦："我军应准备全部动员。各地皆令戒严，并准备宣战手续（后研究，不宣战）。"

7月17日，蒋介石在国民党中央邀集的社会各界名流和领袖人物的庐山谈话会上发表演讲，阐明了国民政府对待卢沟桥事变的态度。他强调：日本军队向卢沟桥进攻，决不是一个局部问题，而是中国存亡的关头。他指出了卢沟桥事变的严重性："现在冲突地点已到了北平门口的卢沟桥。如果卢沟桥可以让人压迫强占，那么我们百年故都、北方政治文化中心与军事重镇的北平，就要变成沈阳第二！今日的北平，若果变成昔日的沈阳，今日的冀察，亦将成为昔日的东四省。北平变成沈阳，南京又何尝不可变成北平！所以卢沟桥事变的推演，是关系中国国家的整个的问题，此事能否结束，就是最后关头的境界。"蒋介石表示：中国还是希望和平解决事变的，但是中国有严正的立场和最低限度的条件四点：（一）任何解决，不得侵害中国主权与领土之完整；（二）冀察行政组织，不容任何不合法之改变；（三）中央政府所派地方官吏，如冀察政务委员会委员长宋哲元等，不能任人要求撤换之；（四）第二十九军现在所驻地区，不能受任何约束。蒋介石明确指出：国民政府已经确定了"应战而不求战"的方针："我们希望和平，而不求苟安；准备应战，而决不求战。"他说："如果战端一开，那就是地无分南北，年无分老幼，无论何人，皆有守土抗战之责任，皆应抱定牺牲一切之决心。"

为贯彻"应战而不求战"的方针，国民政府一方面作了争取和平解决事变的外交努力；另一方面，根据日本向华北增兵、欲图扩大战事的情势，料定卢沟桥事变"必不能和平解决"，故作了应战的种种部署，督导冀察当局应战。国民政府不断通过外交途径与日本交涉，谋求和平解决事变。中国外交部向日本提出严重抗议，要求日方严令肇事日军立即撤回原防，恢复该处事变以前状态。对于中国政府和平解决事变的努力，日方置之不理，除反诬事变责任在中国一方外，还蛮横表示，事变由"现地解决"，拒绝中国中央政府处理事件，离间中国中央政府与冀察当局的关系。直到7月27日，日军已开始在廊坊发起进攻后，中国政府仍表明了为和平解决尽量忍让的态度。但日军在北平近郊四出挑衅，蓄意扩大事态，并源源不断从日本国内向华北增兵。

中国政府还作出种种外交努力，试图得到国际协助，通过第三国制止日本侵略，斡旋中日纠纷，求得事变的和平解决。甚至在日军向北平大举进攻后，蒋介石还亲自与几国大使晤谈，试作努力。直到7月27日（廊坊事件发生之后）、30日（平津失陷），蒋介石还先后接见与日本订有反共协定的德国大使陶德曼、意大利大使柯赉，希望该两国能劝止日本的战争行动，但均得不到响应。

针对宋哲元和冀察当局迷惑于日方"现地解决"的"不扩大方针"，对事变的和平解决存有幻想，蒋介石、何应钦反复提醒宋哲元和冀察当局，对日方"和平"烟幕要保持警惕，要放弃与日方谈判以和平解决事变的幻想，令宋哲元速赴保定坐镇指挥。蒋介石担心冀察当局受日方的挑拨离间，不能与中央一致对日，反复电示宋哲元："此次胜败，全在兄与中央共同一致，无论和战，万勿单独进行，不稍与（予）敌人以各个击破之隙，则最后胜算，必为我方所操。""今日对倭之道，惟在团结内部，激励军心，绝对与中央一致，勿受敌欺，则胜矣。除此之外皆为绝路。"

尽管中央政府反复多次督导宋哲元等人应战，但宋哲元在日方"和谈"烟幕面前疏于备战，且不愿中央政府所调援军北上。他要求将北上支援各部稍为后退，以便"缓和"形势。殊不知，日方调集大军完成对北平、天津的包围后，迅即发起进攻，北平、天津数日内失陷。

蒋介石卢沟桥事变日记，清晰地记录了蒋介石在八年抗战的开始——卢沟桥事变发生后，是怎么应对，怎样判断形势和决策抵抗的过程。事变发生后，蒋介石逐渐判明形势，日本调兵来华，战争不可避免。他从事变发生当天立即下令冀察部队坚守勿退，并调增援冀察部队北上。他下令调拨运送弹药到华北，派徐永昌任石家庄行营主任。他担忧宋哲元和冀察当局对日方屈服，反复对其进行应战督导。他在庐山发表决心应战的谈话后，斟酌以"告国民书"方式，还是以"谈话"方式正式对外发表，分析是否因此而引起战争。正当炎暑酷热的7月中旬，他命令行政院各部回南京办公。蒋氏本人也于7月20日从庐山回到南京。他对抗战作部署准备，赶筑工事，疏散物资，部队动员，召集壮丁演习，布置防空等。日记中还载了与中共方面的谈判，考虑编组中共部队等情。他并考虑召开国策审议会和国防会议（后在8月7日召开国防会议和国防党政军联席会议，通过抗战的决策）。

中国为落后的弱国，要与强暴野蛮的日本帝国主义拼斗，下定进行一场全面抗击日本侵略的战争之决心，是多么不易。从卢沟桥事变日记，读者可以深入窥视蒋介石的决策心理过程。

过去，在抗日战争史学界，对卢沟桥事变发生后，蒋介石有未下定抗战决心，曾有不同认识。阅读蒋介石卢沟桥事变日记，当能作出实事求是的结论。

这一部分日记是由周天度先生从美国斯坦福大学胡佛研究所档案室存放的蒋介石日记复印本抄录而得。编者加以校核、注释。现再参照斯坦福大学所藏蒋介石日记另一抄本校核。

1937年7月8日　星期四　晴

雪耻。以事实来定解决问题的方法。

预定：一，令孙连仲①、庞炳勋②、高桂滋③部动员。二，廿一与廿五师动员。三，抽调高射炮队。四，令长江沿岸戒严。

注意：一，倭寇在卢沟桥挑衅，甲，彼将乘我准备未完之时使我屈服乎？二，与宋哲元④为难乎？使华北独立乎？三，决心应战，此其时乎？四，此时倭无与我开战之利。

上午，特务工作会议。与亮畴⑤部长商外交问题。拟讲演稿。得倭寇今晨在卢沟桥挑衅之报。下午会客。晚到海会。

7月9日　星期五　晴

雪耻。怠者以指染食，取馔入口，犹嫌其难。此其所以懒而畏惧，无事不难也。

预定：一，为中倭冲突案通令各省。积极运兵，北进备战。二，社教与警察戒争，戒闹，戒闲观，而首重秩序。三，派谭伯羽⑥为驻德检货代表。四，研究对俄交涉。五，英国借款条件之研究与其顾问之聘期。六，问傅病。

注意：一，乘此次冲突之机，对倭可否进一步要求其撤退丰台之倭兵，或取消冀东伪组织？二，归宋⑦负责解决。三，倭对宋有否进一步之要求？四，令宋乘机与倭折冲见面。五，积极运兵北进备战。

早起处理对日战事，准备动员，不避战争。十时开学典礼，训话二小时，不觉其疲。身体已复元（原）矣。

下午，回牯岭途中修改国难教育稿。闻中倭两军已撤开卢沟桥，而以石友三⑧保安队接防了之云。

---

① 孙连仲，时任第二十六路军总指挥。
② 庞炳勋，时任第四十军军长。
③ 高桂滋，时任第八十四师师长。
④ 宋哲元，冀察政务委员会委员长、冀察绥靖公署主任、第二十九军军长。
⑤ 王宠惠字亮畴，时任外交部部长。
⑥ 谭伯羽，谭延闿之子，任中国驻德使馆商务专员、一等秘书。
⑦ 指宋哲元。
⑧ 石友三，时任冀北保安司令。

7月10日　星期六　晴

雪耻。静敬淡一。

注意：一，石友三之行动与倭寇之侵略。二，见李仲平。三，倭寇今又反攻卢沟桥，是其不达目的不止也。四，惟我已积极运兵北上备战，或可戢其野心。我军已开始北进，彼或于明日停战乎？

本周反省录

三，倭寇于八日在卢沟桥挑衅，与我守军对战，其意在非夺取卢沟桥不休，至今犹未告段落。此为存亡关头，万不使失守也。动员六师北运增援。如我不有积极准备，示以决心，则不能和平解决也。

下周预定表

……叁，积极备战。肆，对共党问题解决，但缓发宣言。伍，谈话会开始。①

7月11日　星期日　晴

雪耻。实的教育，行的教育。

注意：一，倭政府态度坚强表示作战，故倭王②由叶山避暑回东京，与近卫内阁上奏之类，以及准备两师（团）开动，与关东军入关等之形势。以余观之，皆为内虚中干之表示也。二，本日倭又反攻不已，是其非攻克卢沟桥不止之表现。然而，其结果必暴露其失败无能之弱点而已。

7月12日　星期一　晴

雪耻。建国运动要在国难中完成。

---

① 指庐山谈话会，国民党中央和国民政府邀请各界名流、著名学者与党政负责人员共同商谈国家政情和建设的国是会议，于1937年7月16日开始，29日结束。与会者共200多人。

② 指日本天皇。

预定：一，电宋①、秦②，商中央部队集中地点。二，决定在永定河与沧保线持久战。三，倭寇计划威胁冀察当局屈服，完成其永定河以东为不驻兵区域，以及其防共协定。四，最大限度为其占领永定河以东地区，成立伪组织。然而平津（事件）责任则应由倭寇担负，而且国际关系及各国权利所在，倭寇必不能单纯安全占领也。五，政院③回京。

注意：一，非至万不得已，不宜宣战。二，明令宋、秦固守北平与永定河线。三，中央军集中保定。四，倭寇空军尚未出动。五，廿九军内部是否推张④出任与倭妥协。

本日⑤纪念周训话二小时，不甚觉倦。批阅倭寇关东军到津内阁宣言。

动员全国政党与产业界宣言拥护其阁议，表示其外强中干之态度，但势必扩大，不能避战矣。

下午点名，与汪⑥商谈时局。

7月13日　星期二　晴

雪耻。惟精惟一，允执厥中。政治情形与关系复杂，牵一发而动全身。欲求一事之彻底，非所能也。勉之。

今日预定：一，抽高射炮到华北。二，运送子弹。三，派次宸⑦为石家庄行营主任。四，派戈定远⑧北上。五，发魏款。六，倭府宣言与同盟社电急呈。

注意：一，对运兵进驻保定之宣言。二，对宋之授意。三，对倭之宣言：甲，维持冀察政委会现状与人事；乙，塘沽协定范围以外地区驻兵不能受限制；丙，

---

① 宋哲元。
② 秦德纯，冀察政务委员会常务委员、北平市长、第二十九军副军长，时代理冀察政务委员会委员长职。
③ 指行政院。
④ 张自忠，时任第二十九军第三十八师师长、天津市市长。
⑤ 以下为13日补记12日事。
⑥ 汪精卫，时任国民党中央政治委员会主席。
⑦ 徐永昌的字。徐永昌时任军事委员会常务委员、军事委员会办公厅主任。
⑧ 戈定远，冀察政务委员会委员兼秘书长。

倭在平津一带驻兵地点及其行动，应遵守《辛丑条约》。四，统制外汇。

上午以卢案扩大，故未赴海会，在牯岭行政会议。令各部回京办公。正午宴客。下午会客，点名。

7月14日　星期三　晴

雪耻。建国要在国难中实施，不可以倭患而中止建国工作也。

注意：一，对卢案，英美已有合作调停趋势。二，宋①住津态度不定。可知其果为倭寇软化，受其欺乎？三，北进部队之行动，应立于进退自如之余地。如果宋完全屈服，则中央部队决不南调。四，如能办到卢沟桥仍驻正式陆军不受限制，则胜矣。

上午手拟建国运动方案。虽在倭寇压迫加重之中，此心泰然。建国工作进行不变，而且感觉兴味益浓。对倭寇有形无形间之恫吓，无所不用其极之手段，以我视之，皆不在意中也。下午访孔姨②。会客。

7月15日　星期四　晴

雪耻。致中和，天地位也，万物育也。

注意：一，宋明轩③为其个人计，亦无屈伏之理。二，宋如屈服，则看其程度如何。三，倭寇第五师（团）在秦岛④集中，则其（第）十二师（团）亦必用于平津而无在青岛进发部队，其仍为局部动作也。

……接明轩电，有放弃天津之意，严令禁止。岂其已允倭寇退出天津乎？可疑之至。

7月16日　星期五　晴

雪耻。

倭寇既备大战，则其权在倭王。若我宣言能感动彼，或可转危为安。是较之

---

① 宋哲元。
② 孔祥熙夫人宋蔼龄。
③ 宋哲元字。
④ 秦皇岛。

平时权在下级与前哨者当易为力乎。其次，卢案已经发动十日，而彼倭仍徘徊威胁，未敢正式开战，是其无意激战，志在不战而屈之一点。此其外强中干之暴露也。若果不能避免战争，则余之宣言发亦无害，故发表为有利也。

预定：一，拟宣言稿。……

注意：一，宣言对倭寇影响为利为害，应再研究。二，倭志在威胁冀宋①不战而屈，不惟无开战之决心，而且局部之战争似亦有所顾忌也。三，借英机。

上午在庐山图书馆开谈话会。正午宴客。下午会客。仿鲁②北上。为收编共军事，愤怒甚盛，但能忍也，故犹未发耳。

7月17日　星期六　晴

雪耻。倭寇使用不战而屈之惯技，暴露无余。我必以战而不屈之决心待之，或可制彼凶暴，消弭战祸乎？

预定：……五，改告国民书为谈话式。四，（日记中原顺序如此）研究倭提备忘录之复文，与对倭提"何梅谅解"③事件抗议之答复方式。

注意：一，告国民书发表后之影响，是否因此引起战争？决不致此。我表示决心之文书，似已到时间。此中关键，非常心所能知也。人以为危，而我以为安。更应使倭寇明知我最后立场，乃可戢其野心也。

本日谈话会，发表讲演决心。下午修正《建国运动方式》完。

本周反省录

……

二，倭寇调关东军入关，威胁冀察脱离中央，以图其扩张伪组织之野心。余即派中央军入河北，到保定，不惟打击其目前之野心，而且打破其"何梅协定"也。

三，倭寇屡攻卢沟桥不克，可以制敌野心。

---

① 冀察政务委员会宋哲元。

② 孙连仲。

③ 指1935年华北事变中，时任军事委员会北平分会代委员长的何应钦致日本华北驻屯军司令官梅津美治郎的复函，属备忘录性质，日文称"觉书"。过去习称"何梅协定"，实际上并无《何梅协定》。

……

下周预定表

一，发表为卢案告国民书，或改为谈话式。二，决定共部解决办法。三，对卢案应积极准备。四，准备回京主持一切。五，对倭寇不战而屈之战略，应注重还击与反攻时机，不可太早，亦不可太迟。六，运用各国外交，使英美联名出任调解。七，战费之筹备。八，核定战斗序列。九，国防会议日期，对鲁、晋、桂、川之协商。……

7月18日　星期日　晴

雪耻。紧急时，更须宽缓。此治国平乱与对敌惟一之道也。

注意：……三，对沈等①保释。四，对共党态度。

……午宴聚餐训话后，即回牯岭，商谈对倭交涉与宣言稿。

7月19日　星期一　上晴下阴

雪耻。听静夜之钟声，唤醒梦中之梦；观澄潭之月影，窥见身外之身。

预定……

注意：一，应战宣言既发，再不作倭寇回旋之想，一意应战矣。二，对沈等之处置宜早解决。三，对共党之收编应即解决。四，对冀宋与鲁韩②之安慰与奖勉。五，战斗序列之核发。

本日心苦而身乐，闻喜多③对敬之④谈话与高宗武⑤之报告后，决定发表告国民书。人人（以）为危，阻不欲发，而我以为转危为安，独在此举。但此意既定，无论安危成败，在所不计。惟此为对倭最后之方剂耳。惟妻独赞成吾意也。决定

---

① 指沈钧儒等"七君子"。
② 山东省政府主席韩复榘，兼山东省保安司令。
③ 喜多诚一，日本驻华使馆武官。
④ 何应钦字，何时任国民政府军政部长。
⑤ 高宗武，时任外交部亚洲司司长。

明日回京。

7月20日　星期二　晴正午大雨

雪耻。水上云影闲相照，林下泉声静自来。

……下午三时由牯岭下山，五时由九江飞南京，七时前到京。

……本日倭寇仍对卢沟桥不断炮击。

注意：一，财政金融之筹备。二，共党问题。三，沈案①了结。四，宋②、冯③心理与态度。五，倭寇之弱点：甲，对"何梅协定"不敢速提。乙，志在华北局部而不敢扩大。丙，战事最多限于局部。丁，空军尚不敢正式使用。戊，对余宣布之讲演是否即下哀的美敦书，或进一步之强逼，当视其今明两日之态度，可以全明矣。本日倭在卢沟桥等处不时炮击进攻，仍不为动，则明日乃可无事乎？

7月21日　星期三　晴

雪耻。宁静致远，淡泊明志。

倭寇虚实与和战真相，可于今日表现。如过今日尚无最后通牒或坚强动作，则我国精神战胜者十之八，而形式胜利尚在其次也。然而此次集中一点，作最后之反攻，危则危矣，此乃攻心之道，运用在乎一心也。

预定：……

注意：一，倭间接要求我对近卫④之宣言响应，与间接表示与宋交涉范围不出于我最低立场之四条，其弱点益露矣。二，对英使说话太盲，无论如何知交，对外交立场应留有旋转余地，不可自行束缚也。……

7月22日　星期四　晴

雪耻。和平应植基于正义之上。

---

① 沈钧儒"七君子"案。
② 宋哲元。
③ 冯治安，时任第二十九军第三十七师师长，兼河北省政府主席。
④ 近卫文麿，时任日本首相。

（要言）应钦①愚劣私陋，毋使预闻政治，否则，害国误国必此人也。

预定……

注意：一，宋复电之请示用意。二，应停止军运。三，卢案了结乎？当非如此之易。四，中央军撤兵时机必待倭寇（撤兵）同时举（进）行。五，何梅谅解事项抄交英使。六，德、意态度不良，益露矣。

上午会客。批阅。闻卢沟桥卅八师撤退，而未知宋与倭交涉之内容究为如何，不胜惶惑。阅何致梅函稿而更愤激。何愚劣至此，诚贱种也。下午，军事会报，研究战事、财政，批准发行国库券。

7月23日　星期五　晴

雪耻。"玩强敌倭寇于股掌之上，使之进退维谷。"卢事以不涉政治条件为限度。

注意：一，倭阁近卫属秋山派宫崎②来接洽，而且要求极秘，果为何事？二，明轩只报告十一日与倭方所协商之三条，而对十九日所订细则尚讳莫如深。似不加深究为宜，使其能负责也。三，从速完成沧石防线。四，倭寇已悟中央部队既入河北，对彼华北独立阴谋已受重大打击，不能达成其目的矣。

上午会商对宋复电办法。批阅。下午批示空军作战计划，处理一切。

7月24日　星期六　晴

雪耻。余妻筹备空军，协力谋国之苾诚，世无其匹也。

预定：……二，见张冲③，商共部收编事。

注意：一，倭寇今夜以前之求战较前更急，而今夜则忽求和。彼或知余已同意于宋哲元之三条所致乎？可知，外交与军事皆瞬息万变，不可执一而终，但不能不有一定目标耳。二，在和战未决之前，对倭要着，须使国际之空气笼罩，使

---

① 何应钦。
② 秋山定辅、宫崎龙介，日人，近卫文麿首相曾派其来华谈判，但出发前和出发时分别在东京、神户被宪兵拘押逮捕。
③ 国民党中央委员，被指派与中共方面谈判之代表。

彼有所顾忌，不得不以速撤兵耳。三，以后当注重撤兵与交涉问题。

本日运用军事与外交费尽心力，而倭寇之形势险恶，亦于昨今两日为甚。此彼恐我反对宋哲元所订条件与不肯撤兵耳。下午会英使，派林蔚赴石家庄主持。

本周反省录

……四，中央军进入河北，倭寇至今始悟其华北独立之阴谋已为我打破，而其大陆政策亦大遭阻碍矣。故此次派兵入冀，战略之利在其次，对倭政略战胜之利，无人能知者也。

五，共部编组交涉已告一段落。

六，倭阁见余谈话后，开阁议两次，皆不能决策。以后无论其和战，精神战胜已属于我矣。

下周预定表

……四，督促共军之编组。五，解决沈案[①]。

7月25日　星期日　晴

雪耻。倭寇与我以进兵冀察之机，使我对国防工事能逐步推进，一如我自定之计划也者，岂非不忘不助之效乎？然而，危险犹在后也。

预定……

注意：一，闻英美要求倭外部对华北不扩大之保证，故倭态度忽变缓和。……

闻西园寺派定其孙探我对于解决满洲之意向，乃知近卫派宫崎来华亦为此意也。可鄙之至！下午见美伎，详告其东亚已入最险关头，属其政府作转危为安之计。

7月26日　星期一　晴

雪耻。遭必不能之战祸，当一意作战，勿再作避战之想矣。

---

① 沈钧儒"七君子"案。

预定：一，编组共部。二，解决沈案。三，速定各地防空时刻。四，疏散物品。五，下令各处赶筑工事。六，各部动员与迁移演习。七，各地壮丁召集演习。八，粮服管理机关与人选。

注意：……自昨夜起至今晨九时，倭向廊房（坊）卅八师攻击，今申①又在北平广安门对战。倭必欲根本解决冀察与宋哲元，而宋始终不悟，犹以为可对倭退让苟安，而反对中央怨恨，要求中央入冀部队撤退。可痛也乎！

7月27日 星期二 晴

雪耻。倭寇既正攻北平，则大战再不能免。预料北平必能固守，则战时当可着着进行。我仍立于主动也。

预定：一，对共部之研究编而后出乎？不编而令其自出乎？二，派徐②、熊③赴保定。三，问沧保线工事材料。四，保定、石庄④之防空布置。五，石庄、彰德⑤、新乡三机场应速修成。六，防毒面具之调查。

注意：一，万一北平被陷，则战与和以及不战不和（应战）与一面交涉、一面抗战之国策，须郑重考虑。二，对民众内部之态度，预备应战与决战之责任愿由一身负之。三，国策审议会与国防会议之召集期。今日见各国大使已完。

本日北平城四郊皆发生战争。宋哲元至此始着急。平时不信余言，以为一意与敌敷衍，即可苟安，故不敢构筑工事，惟恐见疑于敌也。廿五日前，敌人对北平包围之势早成，而彼犹燕雀处堂为安，要求入冀中央军之撤退也，可痛也乎！

7月28日 星期三 晴

雪耻。

倭寇进攻北平，虽廊房（坊）与丰台为我廿九军袭击恢复，然而北平近郊毫

---

① 下午4时前后。
② 徐永昌。
③ 熊斌，军事委员会参谋本部次长。
④ 石家庄。
⑤ 今河南安阳。

无工事布置，南苑失陷，副军长①阵亡，部队溃退，将士未经爆炸与炮声之习闻，乃即心怯胆寒。宋军长六时离平赴保，北平城于夜十一时完全退出。闻张自忠代理冀察绥靖主任之说，未知其内容究如何也。政府应照既定决心，如北平失陷，则宣言自卫与对倭不能片面尽条约之义务矣。

预定：一，调朱怀冰师到绥东。二，令康泽②来谈。三，共部参长人选。四，粤港路接轨。五，调马部。六，购英、法飞机。

本日处理军务。人人闻廊房（坊）、丰台恢复之报，其喜若狂。余甚念北平汉奸作祟与布置全无为虑。故今日心神不安异甚。

7月29日　星期四　晴

雪耻。即凡天下之物，莫不因其已知之理而益穷之，以究至乎其极。

注意：一，宋哲元电请派张自忠为冀察委会代理委（员）长，是其对倭之诱引尚未觉悟。哀莫大于心死。可悲孰甚！二，倭寇欲以占领平津求告一段落，其弱点益露矣。三，汤部③从速集结待命。四，共部之编组。五，发表对时局意见。

晨起，阅电，知北平电话于三时起已无人接话，乃知宋部全撤。北平不保，痛悲无已。然此为预料所及，故昨日已预备北平失陷后之处置。不足惊异也。上下午皆开会，讨论军事、外交、内政之方针。闻天津城至傍晚犹在激战中。倭寇对城中轰炸甚惨。

7月30日　星期五　晴

雪耻。试看暴日究能横行到几时。

注意：一，察省布置。二，冀察政治。三，英态突变。四，倭以我谈话为对内作用，故不以为意。五，俄为与倭先谈妥协。

长辛店廿九军昨夜退完。倭机今炸保定。

---

① 佟麟阁。
② 康泽，国民党秘密组织别动总队总队长，抗日战争爆发后，受任第十八集团军联络事宜。
③ 汤恩伯部，第十三军。汤为第十三军军长。

7月31日　星期六　晴

雪耻。余得享余手造之收成，天之所以赐余者，何独厚耶！能不勉旃。

预定：一，令冀、鲁、豫、苏各省民间限期掘成各乡村之外壕，使之连成一线。二，战车抵御炮应速分拨于前线，分配表查报。三，高射炮同上。四，问当时南苑工事情形。五，察刘①归阎②指挥。六，编制各种战术。七，腰击炮位促成。八，航委会发表对平津战事谈话。

注意：一，民间防空。二，冀省民众训练，令张荫梧③负责。三，政训处设战时常委会。

本日会客，对外交、战务筹划实施，几无暇晷。妻对空军筹备尤苦。吾人若不任劳怨，则何人能任也！傍晚访汪谈外交。

本周反省录

……二，七月廿九日北平沦陷，卅日天津失陷，烧杀惨状，不忍闻睹。倭寇凶横，看你究能到几时。三，本周倭寇尚未向沧保线进攻。我军集中计划与工事程度皆已成就七成矣。

本月反省录

一，倭寇随手而得平津，殊出意料之外。但其今日得之也易，安知他日失之也亦非易乎！此或天之冥冥者果有其意也。

二，对倭外交，始终强硬，其间不思运用。如当时密允宋哲元准倭筑津石路，则至少可有一年时间之展缓，准备亦较完密。此则余对外交失策，一惟舆论是从，而疏于远虑，自乱大谋之过也。政治（家）与外交家应指导舆论，而勿为舆论所误也。戒之。

三，倭要求我共同防俄，承认满伪与华北特殊化。若与俄先订互不侵犯条

---

① 察哈尔省（今内蒙古自治区锡林郭勒盟与河北省西北部）政府主席刘汝明，并任第二十九军第一四三师师长。

② 阎锡山，时任军事委员会副委员长、太原绥靖公署主任。

③ 张荫梧，时任军事委员会保定行营民训处处长。

约，则可先打破其第一迷梦，不再要求。盖允其共同防俄以后，不仅华北为其统制，即全国亦成伪满第二矣。故联俄虽或促成倭怒，最多华北被其侵占，而无损于国格，况亦未必能为其全占也。两害相权取其轻，吾于此决之矣。

四，倭寇果强占平津，则其政略与战略皆已陷入绝境。此诚最后之时机。若其不至于此，则余乃无机可乘也。

十、蒋介石一九四九年日记摘录

1949年，是中国历史发生空前大变动的一年。中国共产党武装推翻了国民党在大陆的统治，建立了中华人民共和国。蒋介石于年初辞去民国总统职务，由李宗仁代理。李宗仁与中共和谈失败。国民党政府迁广州、重庆、成都，最后撤至台湾。

本书摘录了蒋介石1949年的部分日记，反映他因国民党政府兵败，在国民党中桂系势力压迫下暂时下野，然犹以国民党总裁的身份实际操控国民党政权的军政权力，部署残余的势力向台湾撤退等情况。

一月一日　晴

大学之道，在明明德，在新民。汤盘铭曰："苟日新，日日新，又日新。"

今日又是一个新年新日子，我的德行、心灵果有新进否？去年一年的失败与耻辱之重大，为从来所未有，幸赖上帝的保佑，竟得平安过去了。自今年今日起，必须做一新的人，新的基督人，来作新民，建立新中国的开始，以完成上帝所赋予的使命，务以不愧为上帝的子民，不失为基督的信徒自誓。去年一年，经过全年的试验，遭遇无数的凶险，对于上帝与基督的信心，毫不动摇，实可引为自慰也。

六时起床，祷告后，朝课如常。国防部团拜。谒陵后，特到基督凯歌堂。默祷毕，即入总统府团拜，致词后，与德邻①谈，准备去职工作必须经过一时间，

---

① 李宗仁。

不能草率行事，以致将来有负彼望。其转劝健生①稍安勿急也。

正午，设宴防部高级将领。

下午，与经儿游汤山后修正讲稿，七时方毕。

晚课后，与经儿车游市内。伤兵满街，杂乱无状。不胜忧虑，应急加整理。本日文稿发表，自读，甚慰。逆谋或可打消，寸衷较为宽舒也。

一月二日　晴

自余和平主张及准备去职之消息公布以后，美国政府连日表示其支持蒋总统之政策与态度，明显无遗。此为三年来所未有。岂其因此觉悟，如余果真下野，则其在华政策将完全失败之理由，故其政策不得不急转直下乎？……

下午约次宸②、墨三③来谈湘鄂军事部署意图后，与经儿车游北郊。回寓后与岳军④谈话，讨论共口反响之预期。其和平条件非余下野不可之意出之，应于此研究对策也。听课后约川、滇、黔三省主席聚餐，示以时局大体。毕，与经儿游下关。

一月三日　晴

朝课后，到中央纪念周主席。往访孙、于、王⑤各院长，胡校长适之。最后，访李德邻⑥，约谈半小时。彼对敬之担任西南绥靖主任甚注意也。……

一月四日　晴　摄氏（零）下三度

朝课后，约见文白⑦，商讨西北政策。

巴大卫来见。美国援助之军械三舰已全部到台。其政策果已改正乎，抑一月五日 新国会开会，其政府恐被议会指责，故不得不急速运交乎？

---

① 白崇禧。
② 徐永昌。
③ 顾祝同。
④ 张群。
⑤ 孙科、于右任、王宠惠。
⑥ 李宗仁。
⑦ 张治中。

晚傍，哲生①来谈约商四国调停和平事。余属以慎重出之，应研究俄国与中共之政策，及其利害之所在何如也。

晚课后，如宴京沪各军师长。

得报，杭州空校中运输机一架被共□运动飞逸也。可痛！

一月五日　晴

朝课后召见鸿钧②后，写杜光亭③信，指示出击方针。……

正午，约岳军、敬之及川滇黔三省主席聚餐谈话。正午，写宜生④、李文、石觉、华国等函。……

晚课后，约雪艇⑤、岳军谈政局与外交事。

闻军粮仍报六百卅万人，殊为惊骇，痛愤之至。军政与党务干部拙陋至此，虽欲勉强支持，亦势所不能。不如从速去职，任人淘汰也。否则，公私俱败，更难收拾矣。

一月六日　晴

朝课后审阅战报。派郑介民赴北平慰劳将领，指示方针……再函杜光亭作战要领。召见国防部首长等，训斥其军粮及军额预算之无理要求，不胜痛愤。……

下午，召见六人。发现桂系阴谋对中央逼余下野，李继任可发号司（施）令，宰割一切，对西南以李济深为中心，企图七省联盟，夺取广东为其地盘。不图此计为共□窥破，恐为共□今后之障碍，故先劫李济深北去，任其傀儡，以粉碎桂系之西南大梦。可怪……

晚，与叔铭⑥研讨对援助杜⑦部之空军计划甚详。

---

① 孙科。
② 俞鸿钧。
③ 杜聿明。
④ 傅作义。
⑤ 王世杰。
⑥ 王叔铭。
⑦ 杜聿明。

一月七日　晴

一，杜聿明部情势危急。我存徐州化学炮弹未能毁灭，竟被口所利用，以摧破我阵地，残害我官兵。此乃剿总刘、杜①皆应负其大责也。可痛之至。

二，驻台陆海空军及机关，均应归陈②主席统御指挥。

三，照会美、苏、英、法，说明政府对剿共战事力主结束与恢复和平之决心，并望其能协助进行，但不要求其斡旋或调解，以免其干涉内政。此乃完全为对内对外表示我政府和平之诚意也。

审阅战报，知杜部战况甚激烈。正午约见魏伯聪聚餐，听取其台湾报告。

正午召见六人后，约上海代表商谈和平进行之第二步骤。彼等对余下野事表示极端惶惧也。

晚课后，约岳军等商谈其赴汉慰白③之要旨。哲生等来谈四国照会办法。

一月八日　晴

朝课后，约岳军来谈，嘱其到汉后与白谈话要旨：甲，余如果下野，于彼桂系之利害究竟，以及彼对共口和平有否确实把握？乙，余下野，必自主动，而毋使我陷于被动而致无法下野也。

召见郑介民自平慰劳将领后回京复命。决定将北平各军官空运青岛撤退也。

正午，接孙科在行政院会议无故借口将中央银行俞鸿钧总裁撤职，不胜悲痛。自悔处置不当，以致彻底失败也。

哺见舒城与可亭，告其俞（鸿钧）撤职令不能下，嘱其转告孙科。

晚课后约适之谈话甚久。

一月九日　晴

今晨三时起床，祷告恳求上帝默佑我永宿间杜部本日出击能如计成功也。

---

① 刘峙，杜聿明。
② 陈诚。
③ 白崇禧。

朝课后得空侦报告，昨夜杜部尚能稳定为慰……接杜、邱①等电，准令其高级将领至战局绝望时，空运其来京也。

约俞鸿钧来谈。昨日孙院长无故将其撤职之处分，其心不可问闻矣。天下事莫过于无耻无赖者之处理大局，全为重（其）一人所毁矣。

对周至柔反对辞修②事，严加训斥。此为不可想象之事。是乃革命的必有之现象乎？

与亮畴③商议中央银行对行政院法律地位问题。礼拜如常。孙科狰狞益甚。……晚课后约俞、王、吴④谈对孙科事。愤甚。看电影。

一月十日　晴

杜聿明部今晨大半似已被□消灭，闻尚有三万人自陈官庄西南突围，未知能否安全出险，忧念无已。……今后下野可以无遗憾矣。前之所以不为桂系强逼下野者，惟此杜部待援，我责未尽耳。……但过昼尽复平息，每念不愧不怍、不忧不惧之箴语，则又天君泰然矣。

一月十一日　晴

朝课后，空军侦报，昨夜我突围部队尚在包围圈外卅里之处分路战斗，但今日影踪杳然，不知下落，系念之至。上午研讨蚌埠部队南移计划与日期，决在蚌埠、临淮各留一团兵力，构成据点留守，余皆络续南撤。北平部队决空运青岛也。

正午，听咏霓⑤谈中央银行事。下午批阅要务。召见六人研复白函。晚课后，手复白函。

晚，商讨中央银行总裁人选，犹未决定。孙科似已知余决心不为其去留力争所胁制，故其对中行人选不敢坚持也。

---

① 邱清泉。
② 陈诚。
③ 王宠惠。
④ 俞鸿钧，王宠惠，吴忠信。
⑤ 翁文灏。

一月十二日　晴

任傅宜生①为东南区绥靖主任。……

朝课后召见黄杰，命携带白信赴汉。上午约德邻谈话，告之与白来往信件内容后，研讨蚌埠以南部署及督运北平部队。

手拟辞修电令，痛斥其对记者之狂语。此人不自知，不反省，诚无望矣。

下午召见二人记录进退之利害，对国家前途考虑甚久。

宣传会报，综核半月来美国记者皆造谣惑事，每日总有动摇政局之消息，尤以合众记者张国兴为甚，不断报道余三日内下野，及已离京之消息。此乃桂系甘介侯等有计划之造谣，供给其消息，借美国记者反宣传，阴谋颠覆政府也。

一月十三日　晴

朝课后召见汤恩伯。白对汉口中行运粤之银行，又强迫在中途追回。其逆迹奸谋仍未掩藏悔悟也。

正午研讨津浦线以及长江北岸之布防。参谋部之疏懈无能复加斥责。北平部队空运青岛今日开始。城外口炮向机场射击，故妨碍甚大也。下午召见巴大卫及青海代表等六人。……

晚课后补记下野后各种问题之预测数则。召见徐堪后，与经儿车游下关，视察车站，秩序尚称良好也。

一月十四日　晴，十时二十分地震

朝课后……研谋战局，督导江防部署。

下午会客五人，与鸿钧谈中央银行处理事。……

晚课后，约立夫、岳军等商讨对英与美复文之研究。接宜生浸电，与次宸、墨三研究处理方针。彼实忠诚，无他意也。

十时后，经儿以毛口首泽东今晚广播和平条件八条，为谈判基本，其实毫无悔悟，暴力叛乱到底也。应即宣布其所提条件，使军民有所判别责任所在也。惟

---

①　傅作义。

桂系及各方反动派反应,因此必进一步藉口之条件而更要胁我下野,以求投降也。余只有行我预定计划,尽其职责也。

一月十五日 晴

朝课后,手拟宜生函件。召见人凤①与叔铭,授予北平军政处置要者。约见鸿钧、席德懋,指示中央、中国两银行外汇处理要旨。总勿使两行外汇为后来者消耗于无形,略为国家与人民保留一线生机耳。又指示革命债务会款项保存之指示。

下午会客后,宣传会报商讨对毛□昨晚广播条件之对策,决定暂不置答。姑待俄国对我照会之复文如何,并征求各省党政之意见。研究毛□广播全文。……阅读宗谱父考传。

据报,□已于今晨突入天津市内。

一月十六日 晴

朝课后,检阅首都附近之军警三万八千人毕。礼拜如常。正午……对全体受检阅军警在陵前致训。

正午到陵墓谒陵默祷,此为离京别陵之纪念也。

余以为毛□特指出第一名战犯蒋介石一语,其俄、共必非去余不能和平之主张,及其政策甚为明显。如奸徒必欲求和,则余必下野之决心不能不定也。

下午……回寓观《清宫秘史》电影,无甚意义。

晚课后约宴张君劢、左舜生等民、青两党领袖,讨论时局。对毛□广播之对策及意见之交换,皆有可采之处。惟邵力子主张无条件投降,名为爱党,而实际上卖国,良心丧失已尽矣。

一月十七日 晴

朝课后约余握(幄)奇②谈广东绥靖问题甚久。批阅公文,清理积案。

---

① 毛人凤。
② 余汉谋。

晚课毕，召见（黄）仁霖，听取来台之美军械数目报告后，与君励谈话。再与岳军谈川局。

闻今日政治会议讨论毛囗广播，有人对余诽评甚多。而立法委员致函哲生，要求政府派员迅速向共囗求和者，有五十余人之多，不仅皆为党员，而且为中央委员者亦有十人。其用意在逼我立即下野，当然受桂系之指使。党务组织与党员精神以及革命人格扫地殆尽。一切皆不忧惧，惟对此立法委员令人悲伤与绝望。乃决心下野，重起炉灶也。

一月十八日　晴

昨日共囗由宿县大举南下，其对蚌埠进攻必在此数日之内。此因爆破淮河铁桥太早之故，所以引起其提前取蚌也。如蚌埠失陷，则京沪更形紧张矣。

七时，哲生①来谈和战方针。详示其利害，并拟以全权交李德邻，进行和平之意告之。

一月十九日　晴

召见幄奇②研讨江防部署。约见德邻商谈时局，表示退职之意。嘱礼卿③、岳军④、文白⑤等洽议接代⑥各事。

一月二十日　阴

朝课后，岳军等报告昨夜与德邻谈话经过良好。李之态度和善，一以余之意旨为意旨。其接任时期（间）亦以由余决定，不如上月杪之急迫，尤以人事及行政院长概不更动。不能不叹其憬悟之速也。

---

① 孙科。
② 余汉谋。
③ 吴忠信。
④ 张群。
⑤ 张治中。
⑥ 指李宗仁接任代总统职务。

一月二十一日　晴

本日为余第三次告退下野之日，只觉心安理得，感谢上帝恩德，能使余得有如此顺利引退，实为至幸。离京起飞抵杭游憩，如息重负也。

七时半，开始会客。汤恩伯、张耀明闻余下野，痛哭甚悲。其精诚可感也。

召见孙①、吴②、二张③等，协议宣言④，加以修正。密告孙、吴金融与外汇之处置及实数。对德，实告其政治、军事及人事之部署。彼等似皆有所感也。

正午，约宴五院院长。

下午，约中央常委叙谈，报告余决定下野，出示余与李副总统之宣言全文。田昆山与潘公展皆有异议。余制之。略有修正，即告散会。

一月二十二日　晴

昨正午，特赴基督凯歌堂默祷告辞。

下午四时四十分由京起飞，以天晚即在杭州下机。宿于空军学校天健北楼。与辞修⑤、经儿同到西湖楼外楼聚餐。心地安闲，如释重负也。

回校接岳军电话称：宣言中以常委改正之点，未注明出处，须加以修正。不料其对余"既不能贯彻戡乱政策以奠永久和平"一语亦并删去。殊为不料也。后闻白、李⑥商谈，如不照此改正，则李之宣言不发相胁耳。晚课后，九时十五分就寝。

本廿二日七时起床。昨夜甚能安眠。朝课如常。九时见辞修，商谈今后台湾军政经济及对反动方针后。十时起飞，安抵故里。拜谒母墓，即往慈庵内健步游乐。自得极矣。

---

① 孙科。
② 吴忠信。
③ 张群、张治中。
④ 指蒋介石下野宣言。
⑤ 陈诚。
⑥ 白崇禧、李宗仁。

本星期预定课目

一，李^①已擅自令释张、杨^②，是其显与余为敌矣。

二，南京应否固守，对李政府应否维持？……

三，囗军主力未到江岸，则当维持京沪现状。

四，第二道防线与第二步步骤之决定。

五，江浙皖、浙赣闽、鄂湘赣、粤赣湘、川鄂湘、陕川甘、宁绍台、温处严、闽粤赣、浙海、闽海，应分以上各区进行游击战，以掩护闽粤台之根据地建设。

六，政府迁粤与李任首长之利害如何？

七，李入粤，桂军是否随李驻粤？

八，如桂军移驻南京，则国军应即撤守？

九，谈和代表各种出卖政军之预防办法如何？

一月二十三日　晴

下午在故乡浏览山水，认为平生最乐之事，尤其在战尘中下野之时，更觉其乐无穷。

晚餐，手拟夫人及李（宗仁）、孙（科）、吴（忠信）、于（右任）、王（宠惠）等及宋希濂各电稿。……

昨夜仅在一时后略醒，直到今晨六时半才醒也。起床后闻经儿报告，李代总统昨午夜一时曾与经儿电话，称北平与共囗已成立休战条件，准在城内与共囗成立联合办事处，所有军队，除少数外，皆开出城外整编。此事殊出意外。万不料宜生怯愚至此，变节如此之速乎！余诚不识其人矣。

上午进藏山公园，甚觉移步换形，四周山水绝美丽也。再到乐亭旧地巡游一周回庵。召见（王）叔铭、（刘）安祺、（余）程万。

---

① 李宗仁。

② 张学良、杨虎城。

一月二十四日　晴

昨日与王、刘、余三生在庵聚餐后，再指示叔铭对驻平李文等将领自处之道，令其密告转达也。

下午与叔铭电话后，与经儿游白岩，探访徐母舅住址，屋与人皆已矣，不胜沧海桑地之感。径往显灵庙游览，成为兵棚矣。每见官兵无智，部队散乱，及青年傲堕，礼义扫地，社会风尚浮滑浇薄，军民纪律荡然，廉耻丧尽，此皆共口、美马①之所赐予。共之害民卖国不足怪，而美马害华卖友，国乱至今，实皆由此一人所致也。然此乃余之缺乏定见，以及人民重外轻内，百年来自信心由以致之耳。

晡，在家中做年糕，与孙辈玩笑，一乐也。食芋头充饥，甚觉有味。

本廿四日三时初醒。北平国军形势危急万状。傅已被口胁制。如其非卖国军，则彼亦必已为其左右所卖矣。故决定空军警告共口，如约空运，国军南撤，勿再阻碍。否则，对其作毁灭性之轰炸，不惜同归于尽也。

一月二十五日　阴

昨晨六时后起床，令经儿告叔铭，派员飞平印刷传单，以陆军革命同志会名义警告共口，一面嘱次宸电询宜生，为何不提空运要求，究何用意？并嘱墨三电令李文指挥北平中央各军，积极准备战斗也，皆自拟稿发电。

正午文、章、武②三孙来屋游玩，在院中草地上娱乐，甚快也。下午修正电稿后，与经儿同游溪南下庵，即锦溪庵。此为余七八岁随王表公来此念经旧游之地耳。

本廿五日朝课后，专为北平国军设计如何南撤之策略。又闻傅与共口条件预定，一月后国军改编为人民自卫队一条，而并未如提及空运南撤事。是其出卖整个国军，对口投降矣。万不料傅之变节如此。是诚忘恩负义之不如矣。因之，重新修改传单，不能提及傅名，而且不能责口之违约也。

---

① 马歇尔。

② 蒋孝文、蒋孝章、蒋孝武。

一月二十六日　晴

近日德邻以民主、自由名词为其讨好共□，投降共□之准备，亦是其毁灭政府基础之唯一之方针。此乃必然之事。而余愚拙，未先计及耳。此不惟李应如此，而傅①、□等亦且叛离变节。

一月二十七日　阴哺微雨

昨午指示营救北平国军方针毕……晚课后约立夫②聚餐。晚，予、立夫谈党务及对共过去策略之错误与仁慈太过，以及美国马歇尔、华莱士等之为害中国，皆受俄史③之导演，而彼不自知也。

一月二十八日　晴

昨夜以军事经济关系，自十二时初醒后，未能酣眠沉睡。惟乍醒乍睡，恍惚离迷未已。

晨起……处理上海中央银行现款运出之指示，并决定固守江防，不即放弃南京之方针。

午餐毕，乃与岳军同来庵中叙谈各方情形。德邻致毛□首函，内容不仅承诺其八条件为和谈基础，而且述说国共两党关系，其肉麻乞降，诚不知天地有羞耻事。

一月二十九日　阴晴

昨晚在家度旧岁，实自民国二年以后卅六年间第一次也。孝武嬉戏谈笑，至为快乐。岳军、立夫、彦棻亦能同席，甚难得也。

（乡族亲友贺年。晋谒母墓。各处敬祖。）与经儿特到宁波蒋公祠，即金紫园庙游览。此其追溯祖先最难得之纪念也。

---

① 傅作义。
② 陈立夫。
③ 斯大林。

闻美国议会宣布援华条件，现时未尝无益耳。

一月三十日　晴

朝课毕，约见彦棻谈党务，迁粤后就现状加以整顿与振作。至根本改革，当从长计议。余以为，非彻底改造，不能复兴革命也。

再约岳军、立夫，示以今后对内对外方针及余之内心，精诚，坦白，详明，使之转达各方同志：甲，此次引退，视为心，无论党国与个人，实为转危为安惟一关键。得此良果，实出于理想之地。乙，自此，余如终身服务于党务，领导革命，而不再从政，是为惟一报国自全之道。否则，亦须在予五年奠定民众基层工作，再出而当政，以建立独立自强基础，而不再受外力所压制，美、俄所侮辱，非有此根据，不再出而当政也。

正午，复得美国经济委员会援华具体条件之声明，美国之幼稚极矣。……陈仪之寡廉鲜耻，忘恩负义，一至于此。人心叵测，更增悲戚矣。

一月三十一日　晴

北平将领李文、石觉已离平到青岛。傅奸总部已迁西郊。其复余函尚称为大局打算，无耻之至。前拟空运部队离平计划已成泡影。

正午，蔚文①、叔铭②由京来谈。指示：一，青岛守军就去速撤退，不必再问美国意见。二，加强江防守备。三，对李谋和之原则：甲，不是投降式和平，必须对等言和。乙，必须由中央整个全面和平，而，反对局部和平，（否则）等于个别诱降零卖也。二，加强沿海华南要港防务。四，准备各省边区分设游击根据地。五，修理定海与长山岛之机场。六，对日联系之进行。

二月一日　阴

昨日德邻到沪，与孙、吴③等洽商。甲，派人民代表颜惠庆等赴平求和。孙、

---

① 林蔚文。
② 王叔铭。
③ 孙科、吴忠信。

吴表示反对。乙，对美国援华条件暂时不作反响，似皆得体也。今后所应注意者：一，俄共防制余再起，故不得不利用李作傀儡，以建立联合政府。二，俄共对美国援华之防制，似更应用李以阻碍美援。三，桂系要防制余再起，更不能不向共口求和合作。因其要铲除国民党基本力量，与革命历史及领导权，共口之目的完全一致。但桂力单薄，共不能利用桂以制国，而又不能不助桂，为其后患耳。

二月二日　阴，夜雨

约（谷）正纲、（彭）昭贤来开会。……晚课，闻立法、监察童（冠贤）、于（右任）二院长在京致电孙（科）院长，嘱其回京，勿逗留沪滨之信。童、于恐为共、桂所勾结。到今后，政治更难处置矣。

二月三日　阴晴

昨游览城乡，可说乡村一切与四十年以前毫无改革。甚叹当政廿年，党政守旧与腐化自私，对于社会改造与民众福利，毫未着手。此乃党政、军事、教育，只重做官，而未注意三民主义之实行也。

二月四日　阴晴

一，美国将领在东京会议以后，对青岛问题必重加估计。我军应否如期撤退？不问美国如何，我应如计撤退为宜。

二，上海现金运完否？

三，保密局基金之保存。组织。

四，浙省府。

二月五日　晴

上星期反省录

，史大林对美记者发表两国共同作不用战争解决争端的声明。

二，美国国务院与杜鲁门已正式声明，不赞成与俄国作任何有国际性问题之声明，应由联合国机构用正当途径共同之解决。

共口五日广播,明白说明:不承认李(宗仁)所代表之(南京)政府。未知李、白与邵力子、张文白(治中)等如何感想矣。彼无耻至此,尚计其革命之历史与人格乎?

三,美国陆军部长罗耀与魏德迈等先到东京,并来青岛会晤,研究西太平洋防务,其对青岛之重视可知。我应直告其决定撤退青岛,增防长江,再观其作如何反应。

四,共口五日广播,明白说明,不承认李所代表之政府。未知李、白与邵力子、张文白作如何感想矣。无耻至此,尚 计其革命之历史与人格乎?

五,立春三日,由手臂与指掌略觉痛楚,然比之往年轻微多矣。痰咳今冬几乎极少也。

二月六日　阴

昨夜十时三刻就寝,一直睡至今晨五时后初醒,足有六小时半以上之熟眠,实为近年来未有之佳景也。今日午睡酣眠一小时以上,快慰已极。

七时后起床。朝课后,召见李文、石觉、袁朴,分别谈话后,即在庵中同进朝餐,以(训)勉其在北平此次之教训与耻辱,应特加黾勉。深悔不遵古语"防人之心不可无"之格言为憾耳。

上午再与彭(昭贤)、谷(正纲)、张(群)等同志分别谈话。……对戡建大队在杭占住民房,败坏纪律,以此为经儿有关者,不胜忿怒,加以斥责。

下午,阅报,研究俄共政策,及其共口是否渡江南进问题,甚费心神也。

二月七日　晴

厦门警务司令石祖德,杭甬警备司令周岩应先发表。

二月八日　阴

昨午由大松头回庵,沿途乡人男女老少自远方来见,沿途迎接,其情至挚可爱也。

派宏涛①赴沪，指示中央银行处理要务。以李②急欲夺取该行也。

下午见李弥与叔铭。……约李（弥）、王（叔铭）聚餐。听李弥报告陈官庄突围经过及其归途情形，不胜嘘嗟。训勉其从事做起也。

晚复宋希濂电，并致顾（祝同）、汤（恩伯）各电后记事。

二月九日　雨

立法委员昨在沪集会，决议仍在南京复会。其间多不知死日将至，仍如往日之放肆，毫不觉悟。思之烦闷。乃嘱立夫回沪调解，力主在粤开会也。正午与立夫谈话。

二月十日　雨

批阅函电。致彦棻③与孙、吴各函，为改组省政府也。

宏涛自沪回来，中央银行存金已大部如期运厦、台。存沪者仅二十万两黄金而已。此心略慰。以人民脂膏不能不负责设法保存，免为若辈浪费耳。

二月十一日　上雨下阴

一，据德邻自称，共口压迫其完全脱离美国为惟一条件。此极自然之事，且其必将接受也。惟其果其投降耳，则于我利害如何？尤其在现阶段之关系如何，应彻底研究，及其有否打消之可能耶？

二，李欲改组行政院，其对时局利害如何？应否与问或阻止其事，抑听其自然乎？

约见樵峰④，协议招商局事，以今后根据地在沿海各省，故海上交通之船舰比之铁路更为重要也。

---

① 周宏涛。
② 李宗仁。
③ 郑彦棻。
④ 俞飞鹏。

二月十二日　九时微雪后晴

青岛之（进退）取舍问题，现阶段对共□之关系尚小，而对美国之试验其有否决心与对我之诚意如何之意义实大。故非有其具体之保证，决不为其看门以自害也。及对顾[①]总长具体指示，如其无保证，则仍应如原定之决策迅速放弃。……彼陆军部长在东京与青岛会议后，反又要求我军之坚守不撤，表示其积极暗助，谁其信之？

朝课后，约黄仁霖来谈，听取其接收美援此次到台之武器数量，以及军费之数报告。后再约人凤[②]来谈浙省等事。

资源委员会等机关主管人员皆受共□之威胁，不主迁移，亦不敢破坏也。可痛极矣。

二月十三日　晴，风，甚冷

季陶昨晨逝世……是其饮片自杀无疑。此为布雷去世以后所屡为忧虑之事。……平生对余最忠实之两同志，皆服毒自杀，是余不德无能，以致党国危殆至此，使友好悲绝自杀，其罪愆莫大。然其天性皆甚弱，不能耐怨忍辱，时时厌世，于其个人，则生不如死。余亦不甚可惜也。朝课后写（戴）安国侄唁函，命处理丧葬事宜。派立夫、希曾、纬国飞粤协助也。

二月十四日　晴，风，甚冷

昨夜清风明月。又读"明月松间照，清泉石上流"之句，在慈庵院落中优游自得不置。乃再往慈园（即上山公园）独步龟山上听歌赏月，一尘不染，澄澈无比，在乱世中战时□氛枭张之中，而尚能辞卸职责，且能享此清福，实乃平生幸福之最大者也。焉能不感谢慈悲天父之祝福耶？

批阅函电，对白复电颇费踌躇。乃以秘书之名义复之。正午，约诸孙子女玩耍。武孙聪明可爱。

---

① 顾祝同。
② 毛人凤。

二月十五日　晴

昨下午由下坪回庵，假眠几乎一小时。半醒后，仍懒眠不起。甚觉平静安乐快活。故乡美丽可爱。四十年来，至此方司人生乐事有如此也。

读《荒漠甘泉》：十二月二十七日，正中所谓得到圣洁的方法，就是相信神的儿子，"信能把我罪恶中救出来，信能使我们成为圣洁。""除了神填满我心的一切空处之外，我再也没有什么希望，什么意志与悬念了。""圣洁使我们的心能变成神的花园，里面充满了佳美的果子和花卉，享受着暖和的、活泼的阳光，惟此方能表现我之心境也。"

朝课。约见毛人凤等四人。考虑对桂系政策，希望其不降共，不参加联合政府，不违反党纪。则应始终支援之。对共口不能有所期待，而以阻止其渡江为惟一要务。

二月十六日　晴

（下午）四时半，伯川①到来，即在台（妙高台）上叙谈，约二小时之久。

二月十七日　晴

伯川对政局意见：一，不可使德邻无法执行而自逃，亦不可使之放纵无忌而败坏。二，政治委员会代理人应在国府与政院之外另选一人，使之能调剂府院不生冲突。三，共口条件过苛，不与我言和，于我越有利。否则，只有大害而无一利也。

二月十八日　晴

昨午听取谷②、张③报告，全国几乎反对孙科，不能再加掩护。此诚抬举不起之阿斗。为之奈何？

---

① 阎锡山。
② 谷振鼎。
③ 张群。

本十六日初醒沉思立法院地点仍以广州为宜。行政院重要部会主管应驻南京，但其机构仍在广州。至于行政院院长人选，由李自决定，不加预闻。答敬之①。

朝课后，约见扩情②、咏霓③。再约敬之等，公开谈话，指示方针。并以伯川来电之意示之。嘱其转达百川，余甚同意其与德邻所谈者也。

二月十九日　晴

闻李明日飞穗。白今日来京，并知李将到长沙、桂林。而白对敬之称，如敬之不担任行政院长，则白不回武汉。

约见刘为章④，谈一小时。余仍以左右部属待之，直告其李以毛⑤之八条为和谈基础，真等于投降。……并嘱转告白，切勿再如余当政时任意反抗中央，破坏法令……刘之行态或纯受白之主使而来探视，但余决不以此为疑，乃以坦白应之。

二月二十日　晴

回台（妙高台），候刘司令安祺来谈青岛近况，及美国海军对青岛态度与前一变，表示不愿放弃，并要求国军固守不撤。余以前所拟三条要求，彼不能保证，故对其表示仍拟随时撤退之意，亦不愿保证其困守青岛也。

二月二十一日　晴

下野回乡至今正足一月，时局变化尚不甚激剧也。

一，李代总统昨日飞粤，所可注意者：甲，美合众社污辱余谋再起，并以余仍暗中主持军事与指挥中央银行运移金银，仍行使总统职权。此一消息当为桂系有意宣传，其将以此为借口贾罪于余，以为其卸责之地乎，抑使余不敢预闻军政

---

① 何应钦。
② 曾扩情。
③ 翁文灏。
④ 刘斐。
⑤ 毛泽东。

各事乎？乙，其左右明言，只要毛泽东邀约李氏晤，则李愿赴（北）平会毛云。此最不解者也。彼岂为俘虏，充任共口傀儡，以消灭我革命力量与历史乎？不可以不防也。

约见沈百先、毛锦彪等，谈台湾与新编部队，及国防部之散漫危状可虑。

二月二十二日　上晴下雨

昨未刻到岩下村后，直至溪坑，觅访其溪坑龙潭无着，乃循其方向迈步前进。无径无蹊，崎岖蹭蹬，周回曲折，最后卒在陡壁沙岩下觅获此潭。其形如第二隐潭，瀑布高度亦有丈余。其实可称第四隐潭也。游览徘徊，与儿孙辈拍照后，再往第三隐潭。惟经儿与武孙同行。其余之人皆以乏力未能伴随同游也。回至岩下，适单侄婚事热烈，欢迎礼遇备至，乃客坐送礼而回。

二月二十三日　阴，晚雨

桂系所谋者三事：甲，急谋除去代总统之代字。乙，急谋求和之出路。丙，除孙（科）改组行政院。

二月二十四日　雨

下午清理积案，手复妻电。

朝课后记事，批阅文件。接见段沄军长等。此心悬如：对来访者，轻重厚薄，甚难适度也。

二月二十五日

朝课后批阅函电，手拟电稿数通。极想以浙东为革命根据地，而以宁（波）属六县为着手起点也。

下午阅览各报，召见云南省卢（汉）副主席之代表王晋，并派朱国材赴美留学，此生甚有希望也。

报载：邵力子、颜惠卿已由石家庄见毛口回平。同机回平者有傅作义，诚可耻也。

二月二十六日

朝课后，批阅电文，研究工作计划。

餐后，阅报：德邻已于昨日回京。彼拟必欲调换孙科院长职，而强何敬之继任。闻居觉生以党之元老资格反对其提案，院长人选应由中央常委会推选。如李代总统不依照此秩序而擅提立法院，则不合手续。粤自有异议，且启分裂之端。此事关键太大，成败存亡所系，不能不加注意与消弥隐患也。

二月二十七日　晴

鄞（县）奉（化）交界之处，向北下行，在张家视察青年救国团住食衣等问题，乞丐叫花之不如也。痛心极矣。何以救国，何以革命？

二月二十八日

至妙高台，与（戴）安国、（蒋）纬国谈季陶葬事。

四月十七日

共口对政府代表所提修正条件二十四条款，真是无条件的投降处分之条件。

共前文序（叙）述战争责任问题数条，更不堪言状矣。黄绍竑、邵力子等居然接受转达，是诚无耻之极者之所为，可痛！余主张一方面速提对案交共口，一方面拒绝其条件。同时将全文宣布，以明是非与战争责任之所在。

四月二十三日

上星期反省录

二，据报：南京自李、何由杭回京后，当夜即下长江南岸京（芜）沪线各军总撤退命令，连南京亦完全撤空，亦不留宪警维持秩序。此为意想不及之事，未知如何对人民，尤其对国际，使国家与政府更无立足余地。可痛之至！只有严嘱汤恩伯固守上海，以期能如预定方案，能移堕势也。

四月三十日

上月反省录

四月份最重要之事，莫过于共□对政府所提"国内和平协定"条款，使李代总统等主和求降，甚至所谓"投降即光荣"之投降派亦无法接受，而不得不宣告和平决裂，重新作战。此固最近时局中遭遇重大之灾难。然中华民国生机与国民革命之复兴，亦即在于此也……

对余之方法虽有不同，而其① 非得余而不能甘心，以及其非彻底毁灭我国家之基力不可之目的，则完全相同。

五月二十一日

上月反省录

本周自定海飞来澎湖岛视察各地，最使我愧悔者，以三年前所接受日降之物资与建筑各物，皆残破零乱废弛荒芜，无人承管，最足痛心悲愤，几乎无颜见世，作遁世绝迹之念。以如此大好机会与黄金时代不能应用积极复兴，而反遭受此次之败亡，诚无地自容。若非信仰上帝与自信其必能完成上帝所赋予之使命，则早已厌世矣。

五月的上月反省

桂李可以"投机取巧，争权夺利，寡廉鲜耻，忘恩负义"十六字表之。

美国卖友助敌，必将后悔莫及，此应由马歇尔负其全责，实为美国历史上最大之污点也。

六月十二日

彻底反省以往领导干部之无方，不仅使革命重受挫折，而且使革命干部对余之观念与认识有此错误，仅重视法定总统之职位，而不以革命领袖之身份待之，殊为惭怍。但余在台，决不放弃革命领袖之职责与权力，无论对军对政必尽我监

---

① 指共产党。

督与指导之责任，任何人亦不能加以违抗也。

六月十八日　晴

台湾主权与法律地位，英美恐我不能固守，台湾为共□夺取，而入于苏俄势力范围，使其南太平洋海岛防线发生缺口，亟谋由我交还美国管理，而英在幕后积极怂恿，以间接加强其香港声势。对此一问题最足顾虑。故对美应有坚决表示。余必死守台湾，确保领土，尽我国民天职，决不能交还盟国。如其愿助我力量，共同防卫，则不拒绝，并表示欢迎之意。料其决不强力收回也。

上星期反省录

共□已于十五日在北平召开新政治协商会议，且将改国号国徽，闻之悲乐交感。

八月五日

今日，美国发表对华白皮书，实为我抗战后最大国耻也。

八月六日

（对美国发表对华外交白皮书）此心泰然，毫不动心……只觉可笑耳。……余阅之并不惊异，而且心神安恬异常。到韩国[①]后，更觉定静光明，内心澄澈无比，是天父圣灵与我同在之象征也。

对美国"白皮书"可痛可叹，只对美国国家之强权无理，不仅为其美国痛惜，不能不笑其幼稚无智，自断其臂而已。甚叹我国处境，一面受俄国之侵略，一面美国无故之侮辱。此皆受英国阴谋之所赐也。若不求自强，何以为人？何以立国？而今已实为中国最大之国耻，亦深信其为最后之国耻，既可由我受之，亦可由我湔雪也。

---

① 当时蒋介石正访问韩国。

八月十日

马歇尔、艾契逊（通译艾奇逊），因为要掩饰其对华拥护中共、遏制政府之错误与失败，不惜对中美两国国交之基本彻底毁灭，陷于中国打倒蒋某，以快其心，而不知其国家信义与外交上应有之轨仪，亦被彼等扫地净尽。其堂堂领导世界之美国总统杜鲁门，竟准其发表此失信鲜耻之"中美关系白皮书"，为其美国历史遗留莫大之污点。不仅为美国羞，而更为世界前途悲！

八月十一日

白皮书对于我国内政政治影响之恶劣，比之俄史侵害我国，制我死命之毒计为更恶也。

十月五日

接妻密函报告（孙）立人事，其会被共谍所利用而不察，如非余之明见，则误大事矣。

十月十日

今日国庆双十节，四时起床，盥洗后凝神默祷，卜问中华民国之前途，得使徒行传第九章四十一节之启示，有"彼得拯救，多加起死回生"之象。感谢上帝，使我中华民国得由忠贞子民介石之手，能使之转危为安，重生复兴也。

十月三十日

幸金门胜利以后，定海士气亦受良好影响，官兵较能积极奋发也。

十月三十一日

本日为余六十三岁初度生日，过去之一年，实为平生（所未有）最黑暗最悲惨之一年。当幼年时，命相家曾称余之命运至六十三岁而止，其意即谓人余六十三岁死亡也。惟现在已过今年之生日，而尚生存于世，其或天父怜悯余一片虔诚，对上帝对国家对人民之热情赤忱，始终如一，有增无已，所以增添余之寿命，而留待余救国救民，护卫上帝教会，以完成其所赋予之使命乎。

十一月十四日

此次飞渝，乃为中华民国之存亡，全国人民之祸福惟一最后之关头，如幸邀天父眷顾，此去果能转变局势，使民国转危为安，革命转败为胜，是乃天父之全恩。若以人事与现局而论，实是危急存亡之秋已至，成败利钝非所逆睹，鞠躬尽瘁，死而后已之时也。言念前途，不知所止，惟内心不愧不怍，故能无忧无惧耳。

十一月二十日

正午，闻白崇禧衔李（宗仁）命飞渝，复闻李已于上午飞港。殊为骇异。此乃稍存人格与政治常识者所不为也。此实临危弃职，乌乎可！而且飞往英属香港，其将置国格于何地？且其宣言与私函对其职权并无交代，仍将以国家元首名义为养病，实为求援，廉耻国格为其扫地殆尽。甚悔当时所托非人，诚以为天下得人难矣。

十一月二十一日　阴

李（宗仁）出国，既不辞职，亦不表示退意，仍欲以代总统名义向美求援。如求援不获，则留外不回，而置国家与政府于不顾，完全为其个人之利害作打算。此种无耻无知之作为，实为国家羞也。

本日与白谈话，表示决不复职，必欲李回渝，面定对内对外方针，如此则未始不可赞同其出国。但必须由行政院长代理职权。故首领召集立法院，提出行政院长，通过改组行政院，使之健全。彼时出国，方能安心。

十二月一日

本一日，为余结婚第廿三年纪年（念）日，夫妻未能相聚一堂为憾也。

十二月十日

与（胡）宗南单独面商三次。乃于午餐后起行，到凤凰山①上机，十四时起飞，途中假眠三小时未能成寐。二十时半到台北。与辞修（陈诚）入同车，入草庐回寓。空气轻淡，环境清静，与成都晦塞阴沉相较，则判若天渊矣。廿四时前就寝。

十二月十二日

本日为西安蒙难第十三年纪念日，时时追想当时危难险恶情形，则感今日亡命台湾，犹得自由生活，殊觉自慰，故频谢天父与基督洪恩不置也。

十二月二十三日

昨晚冬至，夜得梦，在新建未漆之楼梯，努力挣扎，扒上梯顶时，已力竭气衰而醒。若以此为预兆，则前途虽艰危可知，而成功可卜也。

十二月二十五日

从前种种譬如昨日死，今日种种譬如今日生。过去之一年间，党务、政治、经济、军事、外交、教育，因胡宗南逃避琼岛之故，彻底失败而绝望矣。如余能持志养气，贯彻到底，则因彻悟，新事业，新历史，皆从今日做起。

十二月三十一日

与立夫单独研讨重新组党之要旨，在湔涤领袖与干部过去之错误，彻底改正作风与领导方式，而以改造革命风气，凡不能与共党斗争之行动生活与思想精神者，自觉领袖起皆应自动退党，而让有为之志士革命建国也。

（原摘录自《蒋总统秘录》《蒋经国自述》等书，经与《蒋介石日记》抄件校核，有所补充）

---

① 成都凤凰山机场。

卷三

家族追思

中国自古崇尚孝道。蒋介石受传统教育熏陶，对于祖先和长辈恪守孝敬之道。他追怀先祖，对于蒋氏宗族谱系非常重视。1943年他收到蒋经国派人从沦陷的故乡带来的蒋氏宗谱，"三复循诵，几忘寝食"。抗日战争胜利后国民政府还都南京，他搜集江浙各地蒋氏宗谱，参照研究，终于考订出，追溯蒋氏远祖为周公，周初封蒋国，传千余年，至汉朝兖州刺史蒋元卿，传三十三世，二千年来，一脉相传。1948年重修蒋氏宗谱，他将蒋氏族系的脉络考证清楚，亲自撰写序言《为武岭蒋氏宗谱手书先系考序》。

"哀莫大于亲丧。"1921年，蒋介石母亲病逝后，他当即写出《哭母文》，追怀母亲王采玉养育之恩，赞颂其母嘉德懿行。接着，他又撰写了《先妣王太夫人事略》。他托叶楚伧搜集母亲丧葬过程中的文字材料，编成《哀思录》，赠送亲友。1923年8月，他在赴苏联考察前为《哀思录》撰写了序言，即为《先妣王太夫人哀思录感言》。访苏归来后，蒋介石母墓建筑告成。他写《慈庵记》，记述慈母茔墓前纪念堂建设完成，名"慈庵"，配祀其父蒋肃庵于其中，并将自其曾祖父蒋祈增起至其亡弟之神主（牌位）均移于慈庵。1964年11月9日，值其母百岁诞辰，蒋介石又写了《先妣王太夫人百岁诞辰纪念文》，尽缅怀母恩之思。因此文系追思其母，抒发情怀有涉政治立场，除个别处作删略，原貌保持以存文气之连贯。

蒋介石的胞弟蒋瑞青，四岁而夭。蒋介石母亲甚为哀痛，为免断祀，曾以蒋介石之子蒋经国作其嗣。当时蒋介石在汕头于军务繁忙之中，撰写了《亡弟瑞青状》，借以纪念。

蒋介石同父异母兄蒋锡侯，于1936年12月下旬，西安事变和平解决，蒋介石回到南京后病故。西安事变时，蒋锡侯也曾为蒋介石的安全担忧。蒋介石在《祭长兄锡侯先生文》中，写道："兄病之增剧，乃由弟之患难。兄以忧弟而病，弟归而兄乃不及见。茫茫人天，此恨宁有终极耶？"文中充满了缅怀兄长之情。

蒋介石在蒋家系庶出，父亲早亡，他对母亲娘家人的感情更深。自幼，其母即以他外祖父、外祖母的德行和关爱来教育他。为纪念外祖父、外祖母，他分别为他们撰写传略，以资纪念。

1936年10月31日，蒋氏50岁生日感言《报国与思亲》一文，以其母刻苦自强之教诲，由家庭而喻国家，都须自立自助自强，勉励全国同胞精诚自励，以纾国难，复兴民族。

为武岭蒋氏宗谱手书先系考序
（1948年6月11日于南京）

左氏传云："凡蒋邢茅胙祭周公之胤。"我蒋氏出于周公，信而有征。惟谱牒散佚，世系阙略，常以文献不足为憾。

民国三十二年十一月，先太夫人八十生辰纪念，适长儿经国遣人从故乡倭寇重围中密携宗谱，间道入赣，辗转送达于重庆。余三复循诵，几忘寝食，追惟先太夫人慈德之隆，益切不肖报本之思。旧谱列叙世次，自五代时延恭公始，由是而上，或云来自天台，或言旧居栝苍，未能详也。自抗战胜利还都以来，乃假集江浙各地同宗谱牒，参校研核，仍苦无端绪，盖年湮代远，书阙有间久矣。

嗣有天台宗人，以家藏旧钞本龙山蒋氏家谱相示。龙山者，在宁海，与天台诸蒋统系不相属，不知其谱何由入天台。谱中则有摩诃公、金紫公一支，且载金紫公以下数世葬奉化禽孝乡三岭。余大喜慰，惜其纂例未严，非出学者之手，所系世次，亦有羼入旁支及时代颠倒之误。孤本传钞，未敢遽以为信。

久之，乃从鄞县横山蒋氏、奉化峩阳蒋氏两谱中，发见延恭公、摩诃公两世之名，而延恭公之父讳显，尝为四明监盐官，实始迁明州。大父讳达，兄弟四五人，皆用辵旁为名，校以临海、黄岩、仙居诸蒋之谱，皆有此兄弟之名，虽其间序次，略有出入，而诸谱纂例较优，且各本符合，宜较龙山谱为可信。于是参互钩稽，详加考订，上起汉兖州刺史元卿公，下与旧谱相衔接，确有世次可考者，凡得三十有三世，系明绪正，复核无稍遗误，足慰平生溯源追本之志。

乃复进而探索我世居与迁徙之迹，其有史籍可证者，周初始封蒋国，后为楚期思邑，刘宋改称乐安，赵宋为光州仙居县，即今河南固始县境。汉时蒋氏子孙迁居杜陵，治元卿公四世孙亭乡侯少明公始迁阳羡，八传至晋吴郡太守伯机公，转迁台州，又二十传，乃迁明州，其大较如此。自元卿公以上，距周初始封之世，又千余年，宜兴、临海、天台诸谱，详载世系名爵完整无阙，顾于史无征，未敢苟同。谨附阙疑之例，以待异日之续订。

呜呼！自五季乱后，故家右族谱牒沦亡，欧阳氏为《唐书》宰相世系表，称述先代，大抵近引梁、陈、魏、周而止，更不远溯汉晋。

我蒋氏犹能及今考寻先系，上逮汉世，二千年来一脉相承，罔有阙失，何幸如之！

夫民族之学，我国所重，虽几更乱离，旧籍舛互，而留心考索，则本源固自可溯也。今岁戊子，吾族重修宗谱，特聘武进吴先生为总裁主其事，慈溪陈君布雷、鄞县沙君文若为编纂，襄其成。余敬览先系考脉络分明，考订精审，窃喜其能发前人所未发，得偿余多年之宿（夙）愿，爰为之序。诗有之："夙兴夜寐，无忝尔所生。"书曰："黍稷匪馨，明德维馨。"我蒋氏世世子姓其念之哉。

中华民国三十七年六月十一日迁四明第二十八世孙周泰谨序并书于南京。

哭母文（1921年6月15日于溪口）

悲莫悲于死别，痛莫痛于家难，哀莫哀于亲丧，苦莫苦于孤子。呜呼！天胡不吊，夺我贤慈，竟使儿辈悲痛哀苦，至于此极哉！

回溯吾母来归，已三十有六载，当吾父健在之十年间，家中鞠育之苦，嫁娶之劳，饬家接物，皆吾母一人之内助，其苦心孤诣，已可感于无穷者矣。洎乎先考中殂，家难频作，于此二十六寒暑间，内弭阋墙之祸，外御横逆之侮，爱护弱子，督责不肖，维持祖业，丕振家声，何莫非吾母诚挚精神，及无量苦心，有以致然也。

呜呼！吾母艰苦卓绝之志，既如此其甚，而不孝冥顽不灵，则又如彼。回忆当时忧危之情，愧惶几若无地。痛念至此，百身莫赎。人子若斯，尚有何颜立于天地之间乎！

呜呼！自今以往，外应族，内主家庭，安能得吾母复生，再为我独承劳怨也。且复谁能容我狂愚，恕我暴戾，抚慰我激愤，曲谅我苦衷，为我代苦代忧，至死不怨，如吾母者乎？

呜呼！凡昔之足以裨益于儿，不惜茹苦饮痛，自甘枉曲，明祝默祷，吁求安全，如吾母之慈圣者，今竟欲一再见其声音笑貌，而不可复得矣。

呜呼！吾母一生，为乡里服劳，为国家酬德，嘉言懿行，至多极美，吾不能于伤悲之际，毕忆无遗。吾不惟痛吾母以爱护儿辈而凋瘵，以教养儿辈而病困，而又独为不肖一人以牺牲其身。虽上升兜率，无所遗恨，惟生者之罪恶之苦痛，自此益难为怀矣。吾更痛心于指胸难过之语，吾尤痛于易箦之顷，强为药好酒好以慰儿之言。自此儿虽连声直呼，不复更闻吾母之咳唾。犹忆当时吾母呼吸迫促，儿乃趋抚母背，以冀挽危亡于顷刻，然竟因是不获睹最后慈容之悲戚！

呜呼恸矣！从此抱恨终身，不知生存于人世，复更有何意趣耶？其惟勉图报亲，藉慰地下之灵，未减儿辈罪孽于万一，以聊舒终天之痛恨乎。呜呼！其可得耶，其不可得耶！母而有灵，鉴斯哀忱。

先妣王太夫人事略（1921年6月25日于溪口）

先妣王太夫人，讳采玉，嵊邑葛溪王有则先生之女也。年二十三，来归先考肃庵府君，越一年而中正生。

中正幼年多疾病，且常危笃，及愈，则又放嬉跳跃，凡水火刀梏之伤，遭害非一，以此倍增慈母之忧。及六岁就学，顽劣益甚，而先妣训迪不倦，或夏楚频施，不稍姑息。

岁乙未，不幸先考弃养，吾家内外之事，一萃先妣一人之身，而家难频仍，祸患相乘，先妣节哀忍苦，状至惨恻，尤有非不肖之所忍追述者。中正年十三，出外就傅时，先妣垂泪而教之，曰："自汝父之殁，吾辛辛苦苦，使汝读书者，非欲攫显宦拥厚资也，所望为国自爱，以保先人之令名足矣！"平居燕语，亦屡以是相勖。

有清之季，举国士夫盛倡留学救国之说，中正年十八，蓄志东渡习陆军。人有尼之者，先妣则深为嘉许，筹集资斧，力促就道。然先妣自是益勤俭逾平时，盖将以其所余资中正学费也。

辛亥民军起义，中正督战沪杭间，戚党闻之，多骇愕失色，而先妣则曰："男儿报国，死则死耳，何足为虑！"及捷报至，亲友皆欣喜相庆，而先妣则又处之如素，且时以书加警惕焉。民国肇造，中正练兵海上，思迎养，而先妣仅许为旬日留，濒行特训之曰："汝须念念勿忘穷约时，且须谨慎将事，为国尽力，勿令先人积德，堕于汝身，则吾虽家居，意之适，犹愈于迎养也。"归里后，蔬食布衣，但闻佛偈机声，常相和答，了无欣幸之色，里党间翕然敬之。

癸丑义师败衄，中正亡命海外，戚里惊惧，以为大祸将临，而先妣仍处之如素。中正尝以公私之急，驰书白母。怯者惧祸劝弗应，先妣则毅然曰："天下安有其子危急，而母乃漠然不顾者，吾若无儿，于先人遗产复何需！"故中正在外，所求未尝不应。其间或有贪官暴吏借此恫吓者，先妣视之，蔑如也。

先妣长斋礼佛，二十余年，其所信仰，老而弥笃，人尝谓先妣清素坚贞之操，险难不足累其心者，盖得力于释氏为多。先妣于《楞严》《维摩》《金刚》《观音》诸经，皆能背诵注释，尤复深明宗派。中正回里时，先妣必为之谆谆讲解，教授精详。近年来中正尝治宋儒性理家言，而略究于佛学者，实先妣之所感化也。

先妣素性慈悲，凡遇乡里有孤贫无告者，莫不周济而体恤之，其于亲属之游惰废业而来告贷者，则严词峻拒，不稍假借。尤关心地方公益，环武岭二十里内外之桥梁路亭，其十之八九，皆为先妣之所创建。迄卧病中，尚出巨资捐助方桥之公益医院，倡办百丈沙之慈云亭及武岭之茶亭。临终，复命以遗产之半，自办义务学校，以教育乡里子弟之力不足以求学者。其对于社会事业之尽力，盖如是也。

先妣自幼即以智慧称于里闾，课读女红，他姊妹均弗及，故外王父母钟爱特甚。其来归吾先考也，乃继先妣徐、孙两太夫人之后。徐太夫人生吾姊瑞春，与兄锡侯，先妣教诲鞠育，视之无异己出，婚嫁之事，一身任之。自产中正后，三年而瑞莲妹生，又三年而生三妹瑞菊，菊妹不幸而夭亡，弟瑞青则又后菊妹三年生，其居吾弟兄行为最末，而天赋殊姿，兄辈均莫能及，以故先妣爱之尤笃。先考既弃养，先妣为吾弟兄三人析产，以兄为前母所生，独厚予之。分爨未及二年，而瑞青弟殇。先妣悲痛深至，精神与躯体因之乃大衰耗；而其期望中正自立之心，亦于是益切矣。嗟夫！中正自九岁失怙、至今已二十有六年，其兢兢不至陨越，与胞兄锡侯，幸得不为当世贤人君子所弃，皆先妣谨严之教所赐也。

呜呼！先妣经三十六年之患难，仔苦停辛，不辞劳瘁者，盖皆为其不孝之子，欲期其有所成立。而中正不肖，既不能立德树业，以慰先妣之心，又未克修定省之职，顺承色笑，以博老人一日之欢，致先妣衰暮残躯，病切肺腑，十有余年。近复以其心脏虚弱之症，抑郁浮沉，二月于兹，竟于今年六月十四日辰刻，弃不孝而长逝，享年五十有八岁。

呜呼哀哉！不孝如中正，滔天罪孽，百身莫赎，悠悠苍天，曷其有极！谨述懿德，不能万一。

中华民国十年，孤哀子蒋中正泣述。

先妣王太夫人哀思录感言（1923年8月）

哀思录是中正生平所最哀痛而不能忘者之一种纪念。非世俗之光前裕后、生荣死哀、以亲丧为荣，如旧社会之所谓荣哀录者可比也。

曾忆中正十二之年，先妣命出外就傅，时中正依恋啼泣，至不堪言状，一如远离膝下，为人生惟一之痛苦者。当时童稚梦梦，但觉寸心如割之不能忍，而不知慈母之心，究作如何感想也。至今母丧告毕，制服将阕而未阕之前一日，以命令与时势所迫，不能不舍墓庐而远行，守制未终，殊为私心之所难安而不能忍者也。从此道途日远，不知何时复得回乡扫墓，顾前思后，悲戚更甚于二十年前初就外傅之日。

余性顽陋，且习于安易，曾不愿远离乡国，茹苦耐劳，以苏武、班超自期者，而对于友爱同志，公义私感，更不能掣置忘怀，时作"杨柳依依"之念。及见经、纬两儿来沪远送，此心怦怦，益难为怀，乃知父母爱子之切，尤甚于孺子之慕其亲者。回想先慈当时不忍舍中正外读而生离，与其易箦之际，不忍死别儿孙之悲惨情状，尤令为子者，抱终身无穷之痛也。

今既舍墓庐而远行数万里之外，而于先慈遗训中之学校、墓庐，及可留为后人之纪念者三事，不能不一一遵行，以毕先慈平生之志。乃于起程之日，特托吾同志楚伧①先生搜集先慈丧葬中之文字，辑为一编，名曰"哀思录"，赠送亲旧，以志不忘，是亦中正离国远行之一纪念品云耳。

慈庵记（1923年12月17日于溪口）

岁次癸丑，吾兄锡侯与中正既安葬先考肃庵公于县北之桃坑，时先慈王太夫人健在，谆嘱吾兄与中正曰："余百年后，不必因袭俗礼同穴，以余墓之工事，重惊尔父之灵，当为余营别圹。"每中正归省，无不以此见责，且自置墓碑，以示其意志之坚决。易箦时，又以是为遗嘱于吾兄弟二人者。中正既未能尽色养于生前，复何敢违先人治命，滋厥咎戾！因于辛酉岁，卜吉鱼鳞岙中垄，为先慈安窀穸。

呜呼！四明屏列，望之巍然，而母仪壶范，已可仰而不可接矣！淅沥潇飒，泫然泣然，令人入于耳而不忍闻者，其惟墓前潺潺之漪流；而堂上之梵声，庭前之徽音，则邈然不可复闻。永怀鞠育，昊天罔极，触景伤心，徒令孤哀增陟岵之感已。

循兆域而东，有蹊介然，可达白崖西祠庙，蜿蜒陂陀，曲折如羊肠，蹑足下行，可百余武，势忽坦夷，仰瞻茔墓，高如也。用复辟地二亩，鸠工筑墓庐三椽，吾兄锡侯董其事，姊婿式仓宋先生襄成之。

癸亥冬月工竣，值先慈六秩诞辰，中正适于是日自西欧倦游归，展墓毕，因得升堂尽礼，以告服阕。翌日，乃奉曾祖祈增公以下至季弟周传之神主于堂之中，标额曰"慈庵"，以成先慈建庵供佛未竟之志，而又配祀先考肃庵公，权合古人祔庙之义也。

---

① 叶楚伧。

中正幼秉懿训，长劳倚闾，曾几何时，星沉露冷，从此白云孤庵，但有凄望心恻而已。呜呼！不其恫夫！

中华民国十二年冬日，蒋中正谨记。

先妣王太夫人百岁诞辰纪念文（1964年11月9日）

年事益长，慕亲益切，而追维身世，感怀国事，乃愈益惆怅惶恐，不知所止。昔予于五十生日，曾以《报国与思亲》一文，略述先妣一生守节抚孤，保家教子，凄怆悲戚之情状，并自述五十以前之身世，认为其前二十五岁，乃为遭逢家难，零丁（伶仃）孤苦，困知勉行之身世。后二十五岁，则为承负国难，颠沛困厄，动心忍性之身世。顾艰难岁月，逝者如斯，中正今年已七十有七矣！不惟又经此第三期之二十五岁，且忽忽遂逾二年。而此第三之二十五年中，乃更为国土变色，世局颠倒，空前未有之时期。此其间，中正拂逆空乏，集尤丛谤，为世所倾陷遗弃者，更不堪回顾，而颠沛造次，蹇晦否塞，孤立苦战，至今为甚。是则又可谓为一明耻忍辱，困心衡虑，扶颠持危之身世矣。

尝忆九岁丧父之时，一门茕茕孤寡，觊觎既多，迫辱备至。先妣乃奋其坚贞自信之一念，当家难之迭遭，独以一身任之，抚孤成立，再造吾家。当时吞声饮泣，枕上泪痕，荼蘖茹苦，灶间晕厥之惨状，仿佛目前，抔心追慕，益增怛恻。……是则中正之身世，实不啻回复于第一之二十五岁年代乎！

然自二十五岁以后，亦即进入第二之二十五岁时期，是正吾母苦撑坚忍，而使吾家由剥而复之开端。若以国肇于家之理推之，而以家喻国，家难愈甚，而有志者，其必愈能精勤砥砺，刻苦奋进，以自免于怠荒暴弃。国忧愈深，更将致力集义养气，负重致远，以自拔于颠危险阻之境。今后第四期之二十五年，岂不正为吾党国否极泰来，再造复兴之契机乎！

今日中正虽已历经第三之二十五岁，而父母之遗体，不敢有所毁伤，且自信其身心之康强，并不逊于第二期五十岁前之当年，故予并不以今日之艰危困厄，为忧为惧也。

惟是中正一生，载驰载驱，以至于今日之戡乱复国，固皆一秉总理之遗教，革命之纯诚，操危虑患，生死以之。而其初志，则无非出于母教慈训，良知血忱之所驱策。今大陆未复，民族之耻痛，莫此为甚。民生流离，伦理之危机，日深一日。而先妣百岁诞辰，忽焉已至。尝念先妣毕生，闵斯鞠子，为国劬劳之勤，勉子以不辱其亲，雪耻自强之道。四十三年来，辄未敢息忽自弃。良以哀痛未尽，思慕不已，知惟笃此奉身许国，毋忝所生之一义，始足以上报鞠育之恩于万一耳。

缅怀童时，诵读《孝经》，先妣辄为解忠孝之义曰："孝者非晨昏定省，奉养无亏之节文而已；乃顺意承志，委曲无违之笃行是也。"又曰："以忠荩事则孝，以敬事长则顺，为国献身，移孝作忠，乃谓之大孝。故顺为孝之始，而忠为孝之终，甚望尔能身体而力行之，则吾意得矣。"中正一生即以先妣此教，自惕自勉。亦以此教其子弟，勖我国人。

诗云："民之秉彝，好是懿德。"人之生也，皆具天地万物一体之仁，此即天命之性，粹然至善，灵昭不昧之明德也。而忠孝之行，实为此明德发见之初基。……惟是天之所覆，地之所载，日月所照，霜露所坠，凡有血气者，莫不尊亲。人性既不可以久抑，正气自沛然而莫之能御，故此根于天命之性之忠孝，乃适为我直指人心……今日复国保民之道，莫先于此。而发愤雪耻，自强不息之志，亦莫不由来于此。

先妣尝述吾父盛德，严明果决，宽厚慎重，谓为中正生知之性之素描，并勉予继志述事，毋令先人长德，隳于一人之身。而中正平生，亦以先妣之慈祥坚贞，与先考之严正宽厚二者，相联为先人之遗体自况。然而终以素行无似，顽钝不肖，未能时时顺承亲意。语有之：不得乎亲，不可以为人；不顺乎亲，不可以为子。今日月于迈，而于毋忝所生之遗训，尤感于儵然赧然而不能自已。

每念先妣在日，中正以革命之故，多出亡于外，未能跪进壶觞，称一日之寿。及丁先妣之忧，国父驰电夺情，墨絰前军，又不得尽人子庐墓之哀。今则大陆焚如，岁时且不得一展拜于松楸之间，方号泣攀慕于海峤之上，年齿日增，悔累益深，嗟乎！陟彼岵屺，瞻望父母，言念乡国，无非宗庙田园之所托，亦即民族生存之所依，使此大陆之壮丽山河，不能兴复重建，则将何以对生我者父母！教我者总理！以及辅我望我之革命诸先烈在天之灵也！惟当益励志节，相与全国军民，光复汉业，重整河山……期毋负于先妣之鞠育顾复，劬劳恩勤则幸矣。

呜呼！中正不肖，回顾先妣逝世以来四十三年间，国事杌陧，至今未靖，革命挫折，亟待奋厉，夙夜蹉跎，而亲恩罔极。今仅以此孤臣孽子耿耿赤心，为先妣百岁诞辰纪念，未能仰答慈教于万一，不孝之罪，终身之痛，其可追耶！其不可赎也！

亡弟瑞青哀状（1918年4月10日于汕头）

亡弟瑞青，讳周传，年四岁而夭。母哀之甚，欲勿殇命，以周泰①长子经国嗣。生于中华民国纪元前十七年十月廿六日申时，卒于纪元前十四年三月廿三日未时。

哀哉吾弟！弟之生至今二十有四年矣，如不殇则成学立业之期不远，与乃兄以左右手，可以执干戈卫家国矣。即不然，亦可以瞻家守业，分吾内顾之忧，侍老母，教子侄，代吾尽定省之礼，而轻吾教育之责矣。而今何如耶？吾弟后吾八年而生，吾弟之殇，吾仅十一龄，适吾父之服未阕，而吾母痛父之卒，正惽烈时也。自吾弟殇，吾母椎心号泣，视父死时尤剧，今且忧愤成疾矣。抑自吾弟殇，吾家分崩离析，傲扰不安者，几十余年。而吾更孤苦零丁（伶仃），凄怆荒凉，强颜承欢，忧心忡忡者，亦十有余年。凡此皆吾弟蚤殇致然，吾弟其有知耶？其无知耶？呜呼！吾弟关系于吾家之重且大如此，而竟死，是亦余之命也乎？

每一念及二十年前事，诚兀兀不堪回首者也。当是时吾与吾弟，并肩而坐，惟见其貌之温而丽，与其性之静而淡也。与吾弟携手而行，唯见吾弟潇洒逸逸，

---

① 蒋介石本人原名。

举止不苟如成人也，与吾弟嬉笑而游，唯见吾弟妙言巧歌，奇态异状，虽群儿之狡者莫能难，乃兄视之瞠乎后矣。其见长上也，敬恭如礼，至处侪辈之间，其亲爱无忤，尤为难能。闻母哭父声，即趋而之侧，婉言谓母曰："母勿哀，母哭则儿亦欲哭矣。"母闻其言，哀尝为之稍节。吾课毕归，弟乃相与怡怡于亲侧，冀有以解母之忧，先意承志，吾自愧弗及。

乃弟之病，始于感冒，而终于喘急，起落浮沉，迁延不定者，约二旬。初不甚剧，宜若可瘳，如天不处吾以逆境，则吾弟或不殇，今竟殇，是岂非余之命也乎？一日弟病稍瘥，忽强步而出，坐待于门阈，见乃兄嘻嘻来迎。是时吾弟病容苍白，体貌憔悴，吾已窃讶其疾之深，自此竟未起而再与乃兄游矣。

当弟病剧之夕，寒灯孤影，倍极凄凉。吾母悲而泣下。弟乃执母手，拭母泪而告曰："儿无甚病，必能起。母勿过忧，过忧则母亦将自病矣。"吾母视弟病时不眠者数昼夜。吾弟慰之曰："母倦矣，请安眠，切勿忧。"吾弟慰藉吾母之言类如是，吾母至今犹含泪道之。乌乎！吾弟之所为慰藉吾母者，以不乐使吾母痛，孰知其更使吾母不能不痛，尤使吾母痛之毕生而未尝稍忘，此亦天性之发，不容已者也。

不见吾弟者几疑吾言为妄，以其言行，成人者犹若弗及，而况于不盈四岁之髫龀乎，不知造化者有意弄人，特赋幼殇，以殊资而使其所亲哀悼憯怛至不能已，亦云酷矣。

弟殇之日，吾母殓之如成人，明日葬于石蟳岙祖茔之左百余武。己未岁，吾母为配王氏女合葬之，且为之立嗣，以志不忍忘。今吾生有二子，以母命长孙经国为吾弟后，然吾家族规：殇者勿能传。吾于此既不能遽破族规，以贻来者之口实，而又不忍重违母命，以伤骨肉之至情，不获已仍以长子经国嗣之，并以此状载诸族谱，表之墓碣，以为吾弟一线之延。

世世子孙，读斯文者，知吾母与吾今日哀其子若弟之苦心，庶奉吾弟祭祀，永永弗替，则吾二十年来耿耿难忘之隐衷，至是或可稍舒矣。

中华民国七年四月十日晚，胞兄中正哭述于汕头军次。

祭长兄锡侯先生文（1937年4月15日于溪口）

呜呼！吾伯兄竟自兹长逝耶？何吾家之不幸，一至于斯耶？

溯自中正九岁，先父见背，越三年而有季弟周传之丧，早慧夭折，痛之毕生。及中正三十五岁，而慈母又以尽瘁吾家，殒于下寿。自兹以往，㷀然在疚，长为鲜民，惟与吾兄形影相依，出入相慰。家族乡里之事，惟兄以一身承之，而俾吾得驰驱于国事。弟之疏陋，惟兄谅之，弟之事业，惟兄成之。今何不幸而兄又弃我而去，而今而后，孑然一身，助我者谁欤？知我者谁欤？每诵昔人"父母俱存，兄弟无故"之语，盖慨其言之真切有味也。

吾兄宅心笃厚，秉体贞强，习劳靡倦，素鲜疢灾。昨岁春日，偶抱微疴，予扫墓返里，病榻执手，窃见吾兄容颜黧黑，羸异于平时，忽凄然心动，徘徊而不思遽去。孰意此别竟无再见之期，手足同气，岂真有感召于不知不觉间者耶？

兄病笃之时，弟遘西安之变，问医求药，未尝一为躬亲。及由洛回京，次日即得吾兄之凶问，力疾驰归，仅得抚棺一视，而兄之遗言，终不可得闻矣。闻家人言，弟遘乱西安之日，兄犹出游社庙，闻讯即惊痛以归。然则兄病之增剧，乃由于弟之患难，兄以忧弟而病，弟归而兄乃不及见，茫茫人天，此恨宁有终极耶？

自今以往，惟有益秉先人之遗训，戮力国事，期无忝于家声，用孚吾兄九原之望，而于敦宗恤里，兴教劝农，以及整饬门户之事，悉秉兄之遗绪，继兄之志，慰兄之灵，如此而已。

呜呼！武山苍苍，溪流湛湛，而吾兄之笑语，今不可复接矣！

薄奠一卮，惟以告哀，兄其有灵，庶几来格！呜呼哀哉！尚飨。

外王父品斋王公传（1932年6月13日于庐山牯牛岭）

外王父品斋王公，讳有则，嵊邑葛溪人，幼而敏学，精通诗礼；长弃举业，远游四方。体格魁梧，风范雍容，远近之人，无论知与不知，望而识其为葛溪王先生也，其为世向慕如此。

太平天国既亡，公痛民族之沉沦，里居郁郁不乐，乃游皖南与浙西，至安吉、孝丰，招集流亡，经营垦殖，居数年，田日辟，产日富，方数十里，皆公壤也。公以其间，疏河渠，开道路，办保甲，阴以兵法部勒其人，赏罚黜陟，秩然而不犯，一方以安，人至今诵德不衰。

公虽富，而治其家以勤俭，教养子女以礼义廉耻之节，尤谨于女教。先妣王太夫人，习诗书，工女红，独得外王父母钟爱，及归吾家，一以外王父之法度，庀其家事。中正九岁，而先考肃庵公即世，先妣食贫自守，抚其遗孤，以至于成人。盖先妣之大节，与所以教中正者，得于外王父母为多云。

中正幼年，先妣王太夫人尝以古瓷玉器示中正曰："此外王父之所遗也。外王父购自远方，独以赐予，当珍藏之。"又告中正曰："外王父平居喜渔猎，钓无不获，弋无不中，网罟田猎，老而弥擅其能，盖其聪明才力，有以大过人者也。"

公晚年归老于乡，斥其资财以开奉嵊通道，披荆棘，刊山谷，通津梁，筚路蓝缕，以迄于蒇事，皆公之力也。

夫善居积者，往往聚而不能散，故曰"为富不仁"矣。以其身致之之难，思以贻其子孙，又未尝教以礼义，以成今日民族骄惰之风，乃至国弱民困而不可收拾。求一治公如治私、治乡如治军，勇于为义，不惮险远，不见用于世，则以礼义廉耻之教修于家人父子之间，如我外王父者，岂非古之贤者哉！

中正自其幼时，先妣王太夫人则举公之言及其行事以诏中正。去年冬，卸职归里，展谒外王父母之墓庐，及浏览王氏之谱牒，钦其世德，追维母教，不胜诗人鲜民之痛！今在军中，疴病少瘥，又值先妣王太夫人逝世十一周年之日，伏枕次公之行义，以为公传，亦以见中正有立于世者，其来有自也。

公生于嘉庆二十五年五月初七日，殁于光绪八年四月十二日，享年六十有三岁。原配姚太夫人生子三，贤侯、贤宰、贤达；女一，适石门单氏。继配姚太夫人生子二，贤钜、贤裕，女一，即我先妣慈庵王太夫人也。

蒋中正谨于庐山牯牛岭

外王母姚太夫人传（1932年11月8日）

中正九岁而孤，逾岁，而母弟瑞青又殇。当是时，先妣王太夫人哀痛之情，童稚如中正，固不得尽识其苦，然犹领悟其一二，乃至终身不能忘。盖先妣之苦节，与中正之孤露，有非他人所能想象及之，而于是时，与之共居处、同休戚，朝夕保育而慰藉之者，惟我外王母姚太夫人一人而已。

外王母嵊县欢潭姚氏培松公女，归我外王父品斋王先生，生吾四母舅贤钜、五母舅贤裕，及先妣王太夫人。外王母性娴静，仪容温厚，接之蔼如，与人慈爱，持家勤俭，教子女有法度，而于先妣与中正爱护尤笃。

外王母老而康强，先妣每岁必迎外王母至吾家，恒累月留。中正课余假归，侍外王母与先妣于冬日爱堂中。中正读，先妣织，外王母念佛，机声梵音，与书句相间如唱和，此情此景，仿佛犹在目前。中正年十三，从姚宗元先生馆于外氏，外王母时其寒温，谨其饮食，考其学业，循循而善诱，故不肖之孤，远离膝下，而先妣无姑息之爱者，以有外王母在也。

夫世之贤母多矣，然其贤大抵止于其子或及其孙，未有施及外孙，如我外王母者也。凡教其子孙者，大抵望其富贵，以褒显父祖，为门户光而已，亦未有教以德义，勖其志在四方，如我外王母者也。

外王母以清道光十七年丁酉五月初八日生，卒于光绪三十一年乙巳三月十三日，享年六十九岁。外王母殁，先妣之恸尤甚。中正时年十六，先妣每顾而叹曰："吾为未亡人，今母又逝，吾大事毕矣！然儿未成人，吾其忍死须臾以待乎。"

呜呼！先妣之丧，于今亦十有二年矣，外王母与先妣之教，犹在吾耳。而国事日艰，外侮益亟，中正德不加进，业不加修，以不肖之身，负党国付托之重，寄天下安危之责，如此夙兴夜寐，将何以副外王母之教，以无忝于所生?！每一念至，未尝不汗下沾襟也。军中追维旧事，谨次为传，聊以述外王母之恩勤，而襮中正蹉跎之过，以自儆敕云尔。

蒋中正　谨撰

报国与思亲
——五十生日感言
（1936年10月31日于洛阳）

中正半生忧患，革命报国之志未遂百一，而五十之年忽焉已至。慨自弱冠以前，革命从戎，即受国家教养，迄今三十余年。凡吾所食所衣与夫一切生活所需，无一不仰给于国家，亦即无一非民众之脂膏与血汗，中正蒙恩被泽，可谓深且厚矣。今兹又承吾海内外同胞男女老幼，节衣缩食，购机见祝，精诚相感，勖勉备至，吾同胞策励之力与期望之殷，盖如此其甚，益使中正惭惶惴栗，不知将何以图报也。更念往日明师之教益，同志之扶持，与夫袍泽之患难相共，牺牲相继，往事历历，如在目前。至今戎马余生，然视息，俯仰天地，诚又不知何以为怀。其间印象最深刻而不能一日忘者，则不肖孤露之身，自鞠育教诲，以至于成年，胥唯母氏劬劳之赐为独多。迄今吾母之墓木已拱，而慈闱所望于藐孤，以报国淑世不辱其先者，乃蹉跎而无所成就。党国多艰，民生日瘁，复兴之业，前路方遥，维岁月之不居，愧天职之未尽，抚兹时序，尤为旁皇悚息。爰述吾母夙昔保家教子之道，藉明孤苦成立之艰，且愿以刻苦自强之义，与吾同胞同志相共勉于报国之业焉。

中正生长乡僻，家仅温饱。吾祖吾父数世耕读，勤慎节俭，薄有资蓄。中正九岁丧父，一门孤寡，茕孑无依。其时清政不纲，吏胥势豪，夤缘为虐。吾家门祚既单，遂为觊觎之的，欺凌胁逼，靡日而宁。尝以田赋征收，强令供役，产业被夺，先畴不保，甚至构陷公庭，追辱备至。乡里既无正论，戚族亦多旁观。吾母子含愤茹痛，荼蘖之苦，不足以喻。

当此之时，独赖吾母本其仁慈，坚其苦节，毅然自任以保家育子之重，外而周旋豪强，保护稚弱，内而辑和族里，整饬户庭，罔不躬亲负荷，谨慎将事。其于中正抚爱之深，常如婴孩，而督教之严，甚于师保。出入必检其所携，游息必询其所往，罢读归来，必考其所学；而又课以洒扫应对之仪，教以刻苦自立之道，督令躬亲佣保猥贱之工作，以励其身心；夜寐夙兴，无时不倾注其全力，期抚孤子于成立。中正幼性顽钝，弗受绳尺，又出身孤弱，动遭挤摈。及年稍长，立志出国学习军旅，邻里异，辄相尼阻，其力排群议，拮据筹维，以成其学业者，吾母也。既闻革命大义，许身党国，备历艰危，戚族相戒，莫敢通问。其笃信不疑，多方委曲，以壮其行，辛苦持家，以坚其志者，吾母也。

民国纪元，中正始有以致菽水之养，而稍慰倚闾之望，然吾年于兹，已茌苒二十有五矣。以军阀窃国，主义未行，革命事业屡遭挫折，其剀切申戒，勖以勿馁勿辍，贯彻始终者，又罔非吾母圣善之教也。

溯自中正九岁以至二十五岁，吾母殆无日不困心衡虑于家难之迭遭。及中正二十六岁以后，又常以亡命生活劳吾母之顾念。吾母惟一秉自信之坚，以再造吾家为惟一之责任。尝语中正，谓吾以茕茕弱嫠，历人世难堪之境，当其孤苦，曾不知何以自全。所确信而不疑者，则惟孤子之必须教养，方可有成，与吾家之必当有后，宜使之努力自助，以毋坠家声而已。又尝谓艰危困厄，世所恒有，而自立自强必当尽其在我。故家世愈艰，而礼法不可不饬，门祚愈薄，而志气不可不坚。孤寡弱小之赖以自存，舍奋勉自立，刻苦自强，更无他道。

及中正矢志革命，吾母又尝勉以大孝报国之义，谓追念吾家往昔岌岌不保之苦状，即当推而广之，俾人世无复有强陵众暴之惨史。故口体之养，世俗之誉，非所以尽孝，男儿惟以身许国，乃为无忝于所生。凡兹懿言，皆吾母诏示中正所以立身处世之道。

中正虽勉思继述，而迄今犹无以慰吾母九泉之望，每忆昔日寡母孤儿，形影相依之情景，弥觉罔极深恩之图报无日也。中正既蒙国恩，弥怀母教，辄自检讨，其五十以前之人生，究为如何之身世！则不能不认前二十五岁乃为茹蘖含辛，遭逢家难，零丁（伶仃）孤苦，困知勉行之身世。后二十五岁乃为承负国难，颠沛困厄，动心忍性之身世。艰难岁月，逝者如斯，更不知以后是否再有二十五年之身世，而此后之二十五岁，究不知其身世果为如何也？由剥而复，事在人为，察往知来，理有可信，是以中正于此不能不为吾同胞同志，进而阐论国家民族所以自立之道。

先哲有言："国肇于家。"故家庭兴废之理可通于国，国之盛衰靡常，正犹家之兴废无定，其或不胜摧折，而终于败亡，或蹶然兴起，以自致富强，则悉视其国民之觉悟及努力与否以为断。中外古今，事无二致。而近百年间，新兴诸邦，艰苦复兴之史迹，尤足为吾人今日之楷模。天下无不劳而幸得之收获，亦无徒劳而不获之耕耘，唯贯以一致之精诚，出以持续之努力，则任何艰危，无不可以突破之理。以中正所躬自体验者言，吾家当中正幼时，孤弱艰危，可云至矣，然而豪强之侵逼，能陷吾母子于困厄，而不能挫吾母保家教子之志节，亦不能阻吾家自求多福之途径，则知天下事，安危祸福，罔非自致，而转弱为强，必资自力明矣。

民国十四年国父孙先生崩殂以后，内外交迫，祸乱相乘，始则赤焰蔽天，党国屡危，继则外侮频仍，东北沦陷。其间疑惧交作，毁谤丛生，民命国脉，朝不保夕者，盖十有余年矣。其情势之危急凄厉，实较中正九岁丧父时童昏无知，孤寡失倚者为尤甚。然中正犹以为一时之艰危不足忧，公理之消沉不足惧，国力之薄弱亦不足患，而存亡兴废所系，惟问吾国民有无励精知耻，刻苦自强之决心。苟吾同胞皆能以孤寡再造衰宗之志，戮力报国，则国家之转危为安，必可计日以待。而吾全国诸姑姊妹咸能致力于持家教子，知礼明义，则于国家民族富强康乐之关系为尤大也。以中正个人之身世而论，自孤幼以至今日，其获益于贤母之家教与良妻之内助者，殊非浅鲜。苟吾全国二万万女同胞皆能如吾寡母之保家教子，使为人子者皆能保卫其国，岂有不能致华夏于复兴之理。

盖无论国家与个人所以竞立于斯世，其道不外乎自立自助与自强。唯自立乃有以自存，惟自助始可得人助。而国家当衰微危弱之际，为国民者尤当察所处环境之险恶，明自身地位之孤弱；勿慑于强暴，以馁其气，勿狃于急效，而乱其心，是则刻苦自强之义，更为复兴建国之要图，所当无间始终，一以精诚贯彻之者也。

唯吾先民之教，以孝为先。总理尝语吾人，以中国立国，自有其道，不可徒效外国之皮毛，更不可抄袭帝国主义者之霸道。"忠、孝、仁、爱、信、义、和、平"八德，为吾中华立国固有之精神与道德，而孝道尤为总理遗教所特重。可知中国立国之道，自来皆以孝为本，唯孝莫大于尊亲，其次曰不辱。所谓尊亲，谓发扬光大吾祖先黄帝之遗绪；所谓不辱，谓当勿贻吾父母以陨越之羞。以我民族历史文化之久远，我不自亡，人孰得而亡我！诚使我同胞人人有"耻不若人"之觉悟，而昕夕惕励于雪耻图强之一念，锲而不舍，金石可镂，则不辱之义，庶乎得之。

中正俯仰国家，深愧职责未尽，既无以副国民殷殷之望，亦有负我寡母闵斯鬻子之勤，复何敢自信其能胜吾寡母平生保家教子者之重任，勉尽中正今日报国之天职于万一。然而抚时感事，推小及大，所祈望于吾全国同胞以孤孽自居，以精诚自励，共同一致，奋勉自强，以保我民族历史于千秋万世者，其意弥挚，而所望弥切。唯报国家之愿一日不达，即鲜民[①]之痛一日不得而纾；是用不辞缕，历述此一日间之所感，用彰以往蹉跎之过，而期补赎于来兹。吾海内外全体同胞，倘不以吾言为谬，晓然于家国兴亡之道，以黾勉提挈，共同致力于报国根本之途，此则中正之所大愿，亦即所以期报国家民族与吾全体同胞于万一者也。

（以上录自《先总统蒋公思想言论总集》）

---

① 无父母穷独之民。典出《诗·小雅·蓼莪》。

卷四 人物纪怀

清末，同盟会成立后，蒋介石即参加反清革命。他追随领袖孙中山，孙中山对蒋也颇为倚仗。特别在历次革命斗争中，国民党军事人物牺牲较多，蒋介石成为继陈其美之后孙中山深为信任的军事指挥人才。蒋介石尊孙中山为师，为领袖，他对孙中山是敬重的。孙中山逝世后，国民革命阵营内部和国民党内矛盾、分化加剧。蒋介石迅速成为国民党中的核心人物，集军政实权于手中。他自然以孙中山事业的正统继承者自居。

孙中山逝世后，蒋介石当月就撰写《祭总理文》。1928年夏，北伐战争胜利，蒋介石到北平，祭奠孙中山，他又写了《克复北平，祭告总理文》。其后，蒋介石又写过多篇纪念孙中山的文章。蒋介石追念孙中山的革命功业和三民主义思想，表示继承孙中山的遗志，一定要完成国民革命的任务。当然，他既以正统自居，自指责国民党内外与之相异之势力，从中可见他的思想轨迹。

自参加辛亥革命起，蒋介石结交国民党中许多重要人物。一些人物为革命早逝，蒋介石写出祭悼文，宣扬他们的功绩，缅怀他们的品德，忆念与他们的友情。如祭陈英士文，祭廖仲恺文，祭谭延闿文。国民党元老吴稚晖八十寿诞、百年诞辰和国民政府主席林森百年诞辰时，他都写了纪念文，颂扬他们的功德。

孔祥熙为蒋介石的连襟，黄郛为蒋介石的挚友，蒋介石也为追念他们写了纪念文章。

中国传统，逝者为大。蒋介石所写纪念文不免多为赞颂逝者之德行功绩，虽然被纪念者中有的在生前曾受到蒋氏指斥批评之词。

在这些纪念文中，蒋氏自许孙中山的忠诚继承者，宣扬三民主义，坚决反共，并固守其企图"光复大陆"的政治立场。文中除一些突出的反共辱骂词句段落作删略处理外，为保持文气连贯，并循史料贵在存真的原则，基本上保留原貌，以便读者可从中了解蒋介石的真实思想感情。

祭总理文（1925年3月30日于广东兴宁军次）

维中华民国十四年三月三十日，弟子蒋中正，致祭于总理孙先生之灵前曰：

呜呼！山陵其崩乎！梁木其坏乎！三千学子，全军将士，其将何所依归托命也！廿载相从，一朝永诀，谁为为之，而竟使至此！

英士既死，吾师期我以继英士之事业。执信踣亡，吾师并以执信之责任归诸中正。中正素怀澹泊，与俗鲜谐，不及早兴，辜负厚望，而今已矣，夫复何言！

忆自侍从以来，患难多而安乐少，每于出入生死之间，悲歌慷慨，唏嘘悽怆，相对终日，以心传心之情景，谁复知之。黄埔一役，吾师以民国之文天祥自待，而以陆秀夫视中正。去年临别北上，以军校既成，继起有人，主义能行，虽死无憾之语语中正，而乃于昔年蒙难之地，留此明教，以为纪念。岂两楹之奠，早梦见于吾师耶？！

抑中正尝思之，数命果可信乎？胡使哲人不常存，国运果有待乎？胡使主义不早行，而卒致吾师悲悯愤激，以病以死者何哉？要亦党徒之不力，人事之不臧。而令吾师悲悯成疾，以致（至）于今日之不起，付之于数命，归之于国运可乎？

呜呼！抚今思昔，瞻前顾后，举凡可歌可泣、可悲可伤、心摧肠断之终身隐痛，其谁与诉？其谁与知？而今而后，岂复有人生之乐趣乎！朝闻道夕死何憾，主义不行，责任未尽，鞠躬尽瘁，死而后已，成败利钝，非所逆睹。今惟教养学子，训练党军，继续生命，复兴中华，以慰在天之灵而已。

呜呼！精神不灭，吾师千古；主义不亡，民国长春。神灵显赫，率英士与执信，以助党军革命之成功。北望燕云，涕零不止。魂兮归来，鉴此愚诚。呜呼！尚飨。

克复北平祭告总理文（1928年7月6日于北平）

维中华民国十七年七月六日，国民革命军既奠北平，弟子蒋中正，谨诣香山碧云寺，致祭我总理孙先生之灵曰：

溯自我总理之溘逝，于今已三年余矣。中正昔侍总理，亲承提命之殷，寄以非常之任，教诲拳拳，所以期望于中正者，原在造成革命之武力，铲除革命之障碍，以早脱人民于水火。乃荏苒岁时，迄于今日，始得克复旧都，展谒遗体，俯首灵堂，不自知百感之纷集也。

方总理哀耗抵粤之时，正中正产除陈逆①驻军兴宁之日。追忆总理"政纲精神不在领袖"之遗言，不啻对我同志永诀之暗示。中正服务在军，病不能亲药饵，殁不及视殡殓。惟我父师，不可得复，戎衣雪涕，疚憾何穷！

自兹以还，唯以继志述事，痛自策勉，恪遵全部之遗教，益为革命而戮力。三年之间，本党基础濒于危亡者，先后五次，革命势力几于覆败者，凡十五次，而军事危机，尚不与焉。每当艰危困厄之来，中正唯一秉遗教，追随先进，勉图靖献。盘根错节，更历已多。洎乎本年中央第四次全会，方克安渡艰难，重现团结。回忆曩时同志，在纷歧离析之中，主义遘晦冥否塞之会，若非总理有灼然昭垂之遗教，将不知何术以复归于共同。至若横逆之纷然而来，毁谤之无端而集，若非总理有成败不计，与各用所长之宝训，亦几不能力排艰难，奋斗以迄于今日。

兹当肃祭灵前，怀过去则抚创而思痛，念未来则临冰而知危，所欲复告于总理者，万绪千端，更仆难尽，已往不追，固不欲琐琐陈述，以渎灵聪。而来日大难，辄敢以微愿所寄，奉祈昭鉴。谨籀其概，为我总理陈之。

我总理昔日为集中革命势力而容共，为联合平等待我之民族而联俄。乃自总理逝世，中国□□□竟忘服从三民主义之前言……我同志为保持国民革命之目的，于是有去年四月清□之举。然对于苏俄，犹冀其能尊重宣言，不相凌犯

---

① 陈炯明。

也。不料□党作困兽反噬，而苏俄则为穷寇赍资粮，借外交关系之掩护，有参加暴乱之行为。我同志以其显违平等待我之精神，转为革命时期之障碍，爰于本年一月，继清□之举而绝俄。凡兹政策之变更，皆经同志反复考虑，认为无背于总理之遗教。然使总理迄今健在，□党当不致逞如是之狡谋，人民庶可免蹂躏之浩劫。是则我总理之中道殂谢，奚止国民革命之不幸。今总理既不可复作，而全国同胞困穷凋敝之余，又何堪再受剧烈之牺牲。是唯有阐明主义，以遏止异说之传播，戮力自强，以致邦交于平等，废除不平等条约之遗嘱，必贯彻于最短期间。此中正所兢兢自勉，以勉同志，敢为我总理告者一也。

忆昔第一次全国代表大会开会时，我总理垂诲谆谆，以纪律废弛，人自为战为厉戒，以精神结合，团结一致相诏勉，诚有见乎革命之危机，往往伏于内部之涣散。乃自总理逝世以来，同志之间，每因观点之偏差，辄肇意志之分，或因互信之动摇，妨及共信之根本，言行趋向，遂有异同。质直言之，不独二百万之武装同志，未能悉明党义，竭诚信仰，尊重中央；即我党员之间，对于主义，亦未能全体一致，有确切不摇之认识。党基未立，胥坐此故。总理之灵，应有遗憾。今军事扫荡，幸将告成，建国伊始，尤需要有统一坚强之党。若非全党同志，精诚结合，悉泯已往之纠纷，共图今后之建树，过则相忘，善则相劝，牺牲个人之自由，确守严明之党纪，一致同归于三民主义指导之下而努力，将何以绝反动之觊觎，负救国之大任。抑亦何以对我奋斗毕生之总理。此中正所兢兢自勉，以勉同志，敢为我总理告者二也。

溯自辛亥革命，我总理即主张以南京为国都，永绝封建势力之根株，以立民国万年之基础。以袁逆①为梗，未能实现。我同志永念遗志，爰于北伐战争戡定东南之日，即迁国民政府于南京，而建立中华民国之国都。今北平旧都，已更名号②，旧时建置，悉予接收，新京确立，更无疑问。凡我同志，誓当拥护总理夙者之主张，努力于新都精神物质之建设，彻底扫除数千年传统之恶习，以为更新国运之始基，庶异日遗榇奉安，得藉灵爽监临，而普耀主义之辉于全国。此中正所

---

① 袁世凯。
② 北京于1928年6月改名北平。

兢兢自勉，以勉同志，敢为我总理告者三也。

革命首先革心，为我总理重要之遗训，而于革命垂成之时，尤宜切实服膺。今革命军事，已达造终之时期，人民疾苦，亟待切实之解放。凡我同志，若不于此日检束军心，痛自省惕，则虚荣利禄之诱，地盘权位之私，个人主义之企图，封建思想之留遗，处处皆有政客包围之危险，时时可中官僚堕落之恶习。稍存疏懈之心，即不免蹈辛亥革命之覆辙，使先烈赤血凝成之丰碑，顷刻碎为齑粉。自唯有遵总理革命之训，懔履霜坚冰之戒，而后过去成绩，始能保持，循环革命，得以防止。此中正所兢兢自勉，以勉同志，敢为我总理告者四也。

三民主义之国民革命，依据我总理遗教所诏示，全部事业，异常艰巨。军事告终，仅系破坏时期告一段落，并非国民革命全部之成功。我国人民狃于法美诸国革命之先例，以为军事胜利，政权移转，即系革命完成，此实不明国民革命之真谛。盖继此以后，关于"心理""物质""政治""社会"之建设，及民生幸福国际平等之蕲求，有需于全体同志全国同胞之共同奋斗者，殆十倍于军事时期。譬之征途千里，甫发其轫，既不宜矜功自画，尤不可中道懈弛。总理有言："革命尚未成功，同志仍须努力。"必至三民主义完全实现之日，方为全党同志克尽厥责之时。此中正所兢兢自勉，以勉同志，敢为我总理告者五也。

本党为解放民众而革命，破坏期间，民众已饱受不可免之牺牲。军事既终，苦于军队问题，无适当之解决，不独国家财政，不胜巨额军费之负担，人民膏血，不能再应无量之供求，而以二百万少壮同胞之劳力，悉令弃置于不生产之军队生活，尤为社会经济之损失。我总理昔当军阀未除，尚以实行裁兵，望国内军阀之觉悟，化兵为工之政策，博大仁慈，昭垂天下。今北伐完成，久困之民，渴望天日，值兹更始之际，合国防计划与兵工政策，为整修之计议。确定兵额，分别裁留，以裁兵者强兵，且以裁兵促全国庶政入于正轨，此实千载一时之良机也。吾国之苦兵祸久矣，唯贯以革命之精神，乃可望彻底之解决。此中正所兢兢自勉，誓以全力督促武装同志，务底十成，敢为我总理告者六也。

溯自我总理和平救国之主张，格于军阀官僚之顽梗，而不克实现。本党欲铲除障碍，不得已而用兵，惟当转战之际，目击战区同胞之困苦，以及前线将士牺牲之重大，常觉革命成功之后，应有根绝内战之图。诚以国家兵力，当为捍卫民族利益而用，国内战争，实为无上之耻辱。此次北伐，动员数逾百万，转战岂止千里。残破者均中国之领土，死伤者皆中国之同胞，痛定思痛，只有哀矜。自今以往，宜使全国皆知内战为可耻，而注全力于国防。明耻教战，唯以自卫，卧薪尝胆，以求贯彻总理民族独立自由之遗训。此中正所兢兢自勉，以勉同志，敢为我总理告者七也。

至于破坏之后，亟待建设，我总理遗著之《建国大纲》《建国方略》，对于程序节目，早有显明之规定，只须全体同志，笃信力行，即不难建筑三民主义之国家，以竟国民革命之全功。值此军政告终之时，若不以实际政治之设施，表示革命建国之力量，则武装同志奋斗而得之成绩，将因人心失望，而不易保持。故今日最要之计，宜使一切政治，完全无背于建国大纲。而军政、训政交替时期，尤须遵照建国大纲之规定，赳日实施地主自治之基础工作。举凡调查户口，测量土地，办理警卫，修建道路，首应训练民众，努力实行，辅之以主义之宣传，证之以实行之成绩，务使全国人民之思想，悉以三民主义为依归，全国政治之设施，悉从本党之指导，厉行总理以党治国之主张，俾中国能得系统之建设。此又中正兢兢自勉，以勉同志，敢为我总理告者八也。

中正海隅下士，未尝学问，得闻大义，追随革命，胥出我总理教诲裁成之所赐。窃见总理遗教，崇高博大，论其精意，实古昔圣贤所未发，中外宏哲所未规。语甚平易，实大埋人情之结晶，野老村妇所共解，奚止具兴顽振懦之功，实亦为生命建树之本。今当建国伊始，而总理已长辞人世，不复能躬亲指导，千钧之责，寄于后死之同志。唯有戮力同心，勉为祖继，以总理之精神，团结本党之精神，以总理之思想，统一全国之思想。国家之基本既立，人民之解放可期。中正自许身党国，久已矢之死靡他之决心，初不意百战余生，尚能留此微躯，诣总理之灵堂，而致其瞻礼。今后有生之日，即为奋斗之年，竭其全力，济以忠贞，成败利钝，未遑计也。灵爽匪遥，唯昭鉴愚诚而默相之。

孙中山先生的革命理想与战后世界①
（1942年11月17日于重庆）

国父中山先生对于信徒的遗嘱，开始便以"革命尚未成功"一语相提示。我辈于一九二七年以后，虽国民革命已推倒军阀、统一中国，仍自认为革命政府。而不加以深思者常曰：君等既建立全民的政府，为何仍称之为"革命"？意者其将革自己之命乎？且革命将何时终止乎？

中山先生的国民革命，有三个根本主义：（1）民族主义，目的在达到完全的国家独立。（2）民权主义，目的在进行彻底的民主政治。（3）民生主义，目的在改进群众的生活，使人民普遍满足其生活。我辈相信，经此次战争之后，我中国必已充分的达到国家独立，民族自由。至其余民权、民生两大目标，恐尚须经过长期的努力，方告成功。国民革命的目的一日未完全达成，即吾人革命的责任一日未尽，我辈所以自认为革命政府，即表示吾人革命之责任所在。

先言国家独立。中山先生之三民主义，最终目的在求得全世界人类真正之平等。关于民族被压迫之痛苦，我们中国所受的经验为最深。所以我们对于战后，不仅要求得中国之完全独立，也主张世界上再没有被压迫受痛苦的民族。为着人类永久的福利，大西洋宪章及罗斯福总统所提倡的四大自由，要普遍的为任何人类所共同享受。我们相信，在战后决没有变相的帝国主义思想，残留于世界。

再说民权主义。阶级的划分，虽先进的民治国家亦不能避免，然而中国一贯的政治思想，却是，"民为邦本"。所谓"民"是无分区域或贫富的。所以中国在其思想与生活方式上，本来是天然的民治化。中国社会上一向以来，就没有富人可压迫贫人，而从政的权利，亦不是那一个阶级所能独享。但表现民意的机构

---

① 1942年11月，《纽约先锋论坛报》在华尔多夫阿斯托利亚大厅举行第十一届时事问题讨论会。蒋介石提交之论文，于壹柒日晚由中国驻美大使馆公使刘锴，向与会之美国各地代表与各界领袖三千人宣读。罗斯福总统亦有论文发表，内容均系讨论战后问题及联合国创建之重要性。

与制度，及现代民主政治的复杂工具，并不能于一朝一夕造成。有经验者自能知之。我们国父的民权主义，是要实现全民的普遍选举权，而不采取以财产或职业为限制的选举制度，这个理想的实现，当然更需要较长时期的准备，但我们必将不断努力，以达此目标。

再言民生主义。中山先生于在世最后数年中，对于中国经济的建设，计划及著述最勤，对于将来中国经济建设所结的果实，坚持其应为全体人民所享有。余相信先生伟大的表现，当无逾于此点者。近数十年来，中国未有强有力的中央政府，以任指挥及推进之责，同时受不平等条约的束缚，而处于次殖民地的地位。最可痛恨者，又有日本的百方牵制。为此种种原因，经济的建设，几乎完全停滞。此次战事结束之后，中国即已脱离桎梏，中国政府必能完全自主的行使职权，不受牵制，自必专以开发国家为责任，中国的人民，亦必充满欲于物质上、精神上建设国家的志愿。余深切感觉，大时代即将到临，且觉此大时代，必将消纳中国人民数代的力量，造成使友邦人士对中国刮目相看的种种对社会的贡献。中国完成他的经济建设，不仅为本国的繁荣，也要对世界有裨助。民生主义的目的，决不仅为一个阶级或一个国家谋利益，而要使全国人民和全世界人类都能增进其生活。

上面所说种种未来光明的希望，曾经于对日本艰苦的抗战上，给予吾人以不少的鼓励。但若此次世界的合作，不能成为事实，则此种希望行将变为灰烬。

余闻之，余之美国友人，对于实行家的意见较对于理想家者尤为尊重。余一生为革命而奋斗，且半世戎马，是以认清有着重实际之必要。除非我辈对世界一切不拘大小的民族，忠实的愿意待以政治的、社会的、经济的公道，我辈将不能得有和平与前途。余深信，我辈为铲除不公道及暴力压迫而战斗的联合国家，必能成就此世界改造的伟业，必能组织有效的国际团体，立刻实现和平及公道，并且同样急迫的，开始将这原则适用于我辈本身，虽使我辈各国有所牺牲而不惜。上次世界大战，卡伐尔被戮时，曾谓："在此须臾临终之前，余只觉单知爱国，确尚未足。"我辈应勿忘此至理名言。对于新的国际秩序，我辈中国人，虽非盲目轻信其能使世界变成桃源，然亦不信其只为幻梦而已。四海一家之义，乃中国大同性的哲理所固有者，此种主义于中山先生的思想上，最为显著。而中山先生所指示的途径，至少已使我辈中国人知其非幻想家而系最伟大的实际主义者。

最近有为中国将为亚洲领导者之论,一若不成器的日本的衣钵行将传于我国。中国百年来历受压迫,对亚洲沉沦的国家,自来无限的同情,但对此种国家的自由与平等,我辈只有责任,并无权利。我辈否认我辈将为领导者。盖在欧洲"富拉"Fuehrer的原则,不能避开控制与搾取,亦犹"东亚共荣圈"之于日本,只凭荒唐的神话,妄想以一个民族,统治其他受征服的民族。中国并不期望以东方式的帝国主义,或任何种类的闭关主义代替西方式的帝国主义。我辈应从同盟集团及其他特殊作用的团体,进而作有组织的全世界的结合。我辈以为在新的自由国家间,平等互赖的世界,非东方式闭关主义,亦非欧美的闭关主义,而系全世界整个的合作,乃得消弭任何方式的帝国主义而代之。

中山楼文化堂落成纪念文
（1966年11月12日）

我中华民族文化,垂二千五百有余岁,至孔子始集其大成,故曰:"天不生仲尼,万古如长夜!"而此尧、舜、禹、汤、文、武、周公、孔子圣圣相传之道统,屡为邪说诬民者所毁伤,降至今日……民族不幸,竟遭此空前绝后之浩劫!而我五千年来,传统优秀之文化,几乎濒于熄灭而中绝,幸我国父诞生,乃有三民主义之发明,而道统文化,又一次集其"充实而有光辉之谓大,大而化之之谓圣"之大成。此不惟使我中华民族,于长夜漫漫中,启明复旦!亦使人类履道坦坦,共跻于三民主义之新时代也!

我中华文化之基础,一为伦理。故曰:"孝弟也者,其为仁之本欤。"其始也,固在"人人亲其亲,长其长";其终也,则"不独亲其亲,不独子其子";且使"老有所终,壮有所用,幼有所长,鳏寡孤独废疾者皆有所养"矣。

二为民主。故曰:"民为贵。"又曰:"民惟邦本,本固邦宁。"是以圣人之于内也,则选贤与能,讲信修睦;于外则继绝举废,治乱持危;且以为"天下还近、大小若一",乃曰:"大道之行也,天下为公。"

三为科学。此即正德、利用、厚生之道。故孔子以为政之急者,莫大于使民富且寿；而致富且寿之道，则均无贫，和无寡，安无倾耳。语其极致，斯"货恶其弃于地也，不必藏于己；力恶其不出于身也，不必为己"，"衣养万物而为主"者也。

国父发明三民主义，以继承我中华民族之道统为己任，乃使我五千年民族文化历久而弥新，盖我中华文化之精华，尽撷于此也。是以国父谓"有道德始有国家，有道德始成世界"，此即民族伦理道德"壹是皆以修身为本"之秉彝也。又谓"余之民权主义，第一决定者为民主"，此则民惟邦本思想之发皇也。又谓"凡事皆要凭科学道理，才可以解决，才可以达到圆满目的"，此乃"建设之首要在民生"——而民生所日用必需不可或缺者，莫过于食、衣、住、行、育、乐六者，故国父特以此六者科学化之建设，为使民富且寿之张本也！且以语于中华文化"尽己之性"之义，非伦理与道德欤？以语于"尽人之性"之义，非民主与自由欤？以语于"尽物之性"之义，非科学与建设欤？故余笃信伦理、民主、科学，乃三民主义思想之本质，亦即为中华民族传统文化之基石也。盖国父建国之道，乃以伦理为诚正修齐之本，以民主为福国淑世之则，以科学为正德、利用、厚生之实。是以三民主义之思想，乃以天地万物一体之仁为中心，即所谓性之德也，合外内之道也，故时措之宜也。

我中华民族文化，历五千年而业益光，道益盛，不惟无人能予以摇撼摧夷，亦且愈经摇撼摧夷，愈见其刚健焕发，而可大可久！故国父三民主义之思想，不惟为中华民族文化之汇归；而三民主义之国民革命，乃益为中华民族文化之保卫者也！今日复兴基地之台湾省，实为汇集我中华文物精华唯一之宝库；且又为发扬我中华民族文化使民富且寿之式范也！所惜者，台湾省久经割让之痛，虽已光复逾二十年，既霑既足，而居室之陋，建筑之隘，无以见我中华仑奂之美，与文化之盛！今者国际人士之来台观光者，与日俱增，尝以其仅见中华文物之丰富，而未能一睹我中华文化传统建筑之宏规，引为莫大之缺憾！去岁国父百年诞辰，政府请于阳明山启楼建堂，且乞以楼颜之曰"中山楼"，以堂颜之曰"中华文化堂"，意在纪念国父手创民国之德泽，亦以发扬中华文化之矞皇。议其堂庑之制，则咸以为自节用爱人而言，即土阶石室，犹以为大；但自表彰中华文化之博大悠久而言，虽重檐藻棁，犹以为小。中正谨如众议，许崇其堂庑，经营兴作，盖诚不可以栖栖者，以俭于国父；亦不可以吝此区区者，使无以见我中华文化之久而且大也。

经岁而堂成,今以国父一百晋诞辰,敬启管钥。惟此一堂庑,仅略具我传统建筑范畴之一二,自不足以言代表中华文化之全貌!凡我国人,来瞻于此堂此楼之下,顾其名而思其义,应念国父之遗志未竟,愿相与一心戮力以竟之!又当思三民主义,乃为我民族之所托命,亦为我文化之所凝聚,愿相与实践而振德之!

……(以下删略)

美国纽约圣若望大学中山堂落成贺词（1973年9月8日）

中华民国国父孙中山先生,承五千年中华文化之传统,集中外圣哲学说之大成,手创三民主义,博大精深,影响宏远;更亲自领导国民革命推翻专制,建立共和,启亚洲民主政治之先页。其事功尤足光耀史乘,永垂不朽。不仅受国人之崇敬,且为举世所同钦。

兹者美国圣若望大学兴建中山纪念堂,既以表达对此一代伟大之景慕,复以激励彼邦学者对其思想事功之研究与宏扬。固北美学术机构之创举,亦东西文化交流之盛事。对于增进人类了解,促进国际和平,以几于中山先生所倡世界大同理想之实现,必多裨助。且识数语,乐观厥成。

祭陈英士[①]先生文（1916年5月20日于上海）

维民国五年五月二十日,盟弟蒋介石致祭于英士先生之灵曰:

呜呼!自今以往,世将无知我之深、爱我之笃如公者矣。丁未至今十载,其

[①] 陈其美,中华民国沪军都督,反袁护国之役被袁世凯所害。

间所共者何如事？非安危同仗之国事乎？所约者何如辞？非生死与共之誓辞乎？而乃一死一生，国事如故，誓辞未践，死者成仁取义，固无愧于一生；而生者守信坚约，岂忍惜于一死。

呜呼！大难方殷，元凶未戮，继死者之志，生者也，完死者之业，生者也。生者未死，而死者犹生，死者之志未终而生者终之，死者之业未成而生者成之，不终不已，不成而不死亦不已，以履去春握别扶桑第二化身之文件袋谶语，以守我之信，坚我之约而已。

呜呼！追念前情，悲多而乐少，思深而恨长。辛亥以前，谋浙谋粤，一事未成，患难日迫，感激日深，几不知复有尔我之分也。辛亥以后，祸乱相寻，变故百出，非知爱之挚，鲜不为奸人所中伤。癸丑一役，败挫之余，从公往来，不离朝夕者，曾几何人。长逝以后，继公事业，不渝初衷者，更有何人。向之趋炎附势，排我斥我毁我诬我者，果何如乎？今之幸灾乐祸，妒公忌公讥公刺公者，又何如乎？诚耶，伪耶？是耶，非耶？不恨生前之中谗，惟愿死后之可告慰耳。噫！赤枕未剖，奸邪抵隙，忠言失察，竟成今日之祸！

悲乎哀哉！而今而后，教我勖我，爱我扶我，同安同危，同甘同苦，而同心同德者，殆无其人矣！已矣哉，感此苍凉，吾复何言？世路崎岖，人心崄巇，瞻前顾后，徒增寒心。白发在堂，黄口离抱，奉老扶少，更切苦思。公其有灵，来格来歆。

祭廖党代表仲恺文（1925年8月31日于广州）

维中华民国十四年八月三十一日，蒋中正谨致祭于仲凯先生之灵曰：

呜呼！总理逝世未半载，而先生突死于凶徒之狙击，是犹慈父见背，而盗又杀其长兄。国民革命之大打击，中华民族之损失，岂只三千学子，全军壮士，痛失师承。

呜呼！先生追随总理，革命二十余年，临大节而不夺，屹然为吾党之长城。其好学深思犹曷及，最难能者，为勇猛精进，献身主义之精诚。先生积二十年之经验，知非先有为人民奋斗之武力，进而以武力为人民所有，则革命将终于无成。乃赞襄总理，手创本校，谬以中正为知兵。一年以来，学子成业，党军成师，皆赖先生之殷勤训诲，辛苦经营。东江、广州诸役，奉主义以深入群众，所至箪食壶浆以迎。先生持不妥协之特性，与反革命派不两立。兵士受其感化，杀贼之速，乃为举世所震惊。国民政府成立，先生为其中坚，禁绝烟赌，统一军政财政，援助罢工工人，皆以促国民革命之进行。庸讵知道高一尺，魔高一丈，先生为群小所侧目，竟作主义之牺牲！

呜呼！先生尽瘁于党国，人皆知其无私怨，其扶植农工团体乃欲救民众之困苦，泯人类之不平。君小曷为而杀先生，甘为帝国主义者之虎伥，其事甚明。

呜呼！民国五年之夏，英士遇害于沪滨，中正经纪其丧，中夜不寐，痛哭失声。匪仅以恸其私，实虑无英士在，更难制止大憨之专横。自兹以后，哭执信[①]，哭仲元[②]，皆切人亡国瘁之痛，惴惴焉，惧大厦之将倾。今先生又殒命于外人屠戮我国同胞之时，虽罪人斯得，亦何足稍减后死者伤痛之情。

呜呼！三千学子，全军将士，何以慰先生在天之灵。亦惟奉行遗训，彻底革命，誓将一切帝国主义打倒，一切反革命派肃清。人孰不死，或视泰山为重，或视鸿毛为轻，为革命而死，为主义而死，为拥护人民利益而死，则万古不朽，正气常存。

呜呼！成败利钝，非所逆睹，鞠躬尽瘁，死而后已。中正曩以昭告于总理者，今又敢以昭告于先生。九原有知，来格来歆。呜呼！尚飨。

致祭谭延闿院长[③]文（1930年10月18日于南京）

维中华民国十九年十月十八日，国民政府主席蒋中正暨全体委员等谨荐馨

---

① 朱执信。
② 邓铿。
③ 谭延闿生前任国民政府行政院院长。

香,致祭于国民政府委员、行政院院长谭公组安之灵曰:

呜呼!大乱渐平,而建设为当务之急,公竟释党国之责任而长逝耶!鞠躬尽瘁,死而后已!公之身虽没,公之功不朽也。昔年辛亥武汉起义,首先响应者,实惟湖南。而危难之中,出任艰巨,此公之功也。讨袁、护法诸役,信义大白于天下,作西南之保障,此又公之功也。挈湘军以赴国家之难,而岭表驰驱,总理在时,则竭智尽忠,含辛茹苦。迨乎总理逝世,迄以定都南京,五院成立,数年之间,患难频仍,所更非一,往往定大计,决大疑,俾我国家拯于危堕,卒致统一和平之盛,此尤公之功也。方期政治修明,生民乐利,或有时可以遂公东山之志,乃元恶大憝之肆行叛逆者,自去年以来,迭相倚伏,自不得不以国家之武力,扫除训政时期之障碍。艰难转战,动经岁时,赖公坐镇中枢,经纶密勿①,而中外引以为重。初不意响之所以忧劳成疾者,一发而终不可治也。然公究未尝以其身为己之身,故犹力疾在公,夙夜匪懈。更不意大军告捷,底定中原,而天不愸遗②,哲人遽丧。

呜呼哀哉!任重道远,盖古之所谓弘毅者也,毕生功烈,炳炳麟麟,固将著之简册而昭明,垂之百世而不泯矣。政府深惟崇报之义,已明令国葬,务极哀荣。惟戮力神州,斯人不作,几筵布奠,咸不自胜其悲从中来也。中正等亦惟有恪遵总理遗教,励行三民主义,庶几以竟公之志者,慰公之灵,冀鉴精诚,祐我党国。尚飨。

林故主席百年诞辰纪念文(1968年2月11日)

今天是前国民政府林故主席子超③先生的百年诞辰。子超先生为主义而奋斗,为革命而行仁,对国家民族有不朽的贡献,其德望的崇高,功业的伟大,

---

① 密勿:机要。
② 天不愸遗:古文中对大臣逝世表示哀悼之辞。
③ 林森。

足以光耀史乘，垂范后世。当我们纪念其百年诞辰的时候，诚有无限的仰慕与追思。

子超先生自幼以其乡贤黄道周先生，为立身处世的规范，故能矢志革命，复兴民族，为其毕生事业。早年在福州创办民报社，借言论鼓吹正义；在上海组织学生会，率同同学加入同盟。数年之间，翊赞国父，为建立中华民国奔走呼号，而以光复九江之役，卓著功绩。民国初建，任临时参议院议长。民国三年，奉国父之命，赴美主持美洲党务，并创办航空学校，奠立海外党务的基础，开航空救国的先声。民国五年，参与护法之役于广东，任大元帅府外交部长。七年任参议院议长，嗣并兼宪法会议议长。十年，国会集会广州，被选为非常会议议长，选举国父为非常时期大总统。十一年，任福建省长，旋调任为大本营建设部部长。十三年，任中国国民党中央监察委员，兼海外部部长。十四年，任国民政府委员。十五年，再膺中央监察委员之选，并被选任立法院副院长。二十年，被选为国民政府主席，在任达十二年之久。综其一生辉煌的事迹，与伟大的人格，给我印象最深，而为国人所爱戴景仰者：

第一，公忠体国的志节：前面说过，子超先生自幼胸怀大志，其志节就是为国为民，无私无我。曩者常居国父左右，服膺主义，力赞枢机，在历经讨袁、护法以迄北伐、剿□、抗战诸役中，可以说是精诚不渝，夷险一致。尤其是主持中枢时，忧劳惕厉，凝壹民情，用能造成当时安定的局面，奠定日后胜利的基础。于临终时，犹以"服从总裁命令，为国家民族尽职"作最后遗言。可见其为国尽忠，为党尽瘁，实属胆肝照人，示节宏远。

第二，坚苦卓绝的精神：子超先生在致力革命的过程中，其所处的环境，常是艰难险阻，荆棘丛生，但均能履险如夷，见（临）危受命，且愈处逆境，意志愈不动摇，决心愈为坚定，义之所在，一往无前。二十一年一月二十八日，日军进侵淞沪，政府暂迁洛阳，时子超先生就任国府主席不久，雍容坐镇，积极应变。二十六年卢沟桥事起，中枢为长期抗战，决试迁重庆，建为陪都，自此所面临的时代，可谓风雨飘摇，而所遭遇的问题，亦属盘根错节。子超先生在艰弥厉，遇挫不回，镇静坚贞，朝乾夕惕，痛下革新精进的功夫。当时国府礼堂及办公室，两度受敌机轰炸损毁，主席即饬鸠工修复，并以

"敌机虽能毁吾人之物质,不能毁吾人之精神"与僚属互勉。我尝谓"兴国者必于至危之地",以子超先生艰苦卓绝的精神,才使我们益信"多难兴邦"的真理。

第三,宁静淡泊的修养:古人有言:"淡泊以明志,宁静以致远。"子超先生宁静淡泊的修养,正合先贤先哲立身行事的准绳。他待人宽、责己严,他乐山水、爱园艺,凡此均为陶冶其高尚的人格,表现其治事的态度之成因。唯有宁静,才能专心一志,以心为主,以志帅气,则此心不乱,此志亦坚;唯有淡泊,才能崇尚俭朴,厉行节约,整肃生活,而以身作则,树为风声。常人有谓子超先生若"无为而治"者,殊不知其宏猷渊深,睿谟默运,故能临大事,当大任,处变而不惊,慎谋而能断;弭祸患于无形,决疑难于转瞬。至其起居衣食,无异平民,又为国人所习闻、所钦服。子超先生有"心定则神旺,理直则气壮"的两句嘉言,这是他修养功夫的最好说明。

第四,宽大仁慈的气度:子超先生待人接物和蔼可亲,常轻车简从,察访僚属生活,探问民间疾苦。其平易近人的丰采,表现了宽大仁慈的气度,正因为这种气度,才见其光风霁月,民胞物与的襟怀,其己饥己溺之念,先忧后乐之心,每于顾盼之间,见于眉宇。特别是热心培育英才,对于我国青年研究科学的志趣,影响深远。犹忆民国二十八年,先生预立遗嘱,将其仅有节余的官俸,悉数充作奖学基金,并手订办法二十四条,对考选的手续,经费的运用等,规定至为周详,读之令人感奋兴起。

综观子超先生生平体道的精深,养性的纯笃,持躬的勤俭,接物的谦冲,洵足表率群伦,悬为典范。而其奋身以赴难,修己以及人,在国民革命的史册中,实写下了光辉的一页。古人有立德、立言、立功三不朽的事业,子超先生实已一身兼备,永垂不朽。

我们在此纪念子超先生的百年诞辰,除了表彰其大德殊勋,记取其嘉言懿行,并铸造铜像,供国人瞻仰以外,希望海内外人士暨负有奖励学术之责的团体,与政府通力合作,奖学育才,以实现先生的遗志,发扬民族的光辉。

……

追念孔故资政庸之①先生事略（1967年9月2日）

八月十六日，□□□□□孔庸之先生，卒于美国纽约医院，饰终之礼，国典攸存。中正与先生久同患难，共仗安危，于先生生平，知之较详，用撮崖略，以告世人。

先生讳祥熙，字庸之，山西太谷人，祖庆麟，父繁慈，母庞氏。太谷孔氏，本为山西望族。自庸之先生之祖庆麟公起，经营商业，其在太原所设行号为义盛源，其在北平有义合昌，在西安有志成信，在沈阳有源泉溥，在广州有广茂兴药材行等；其他内地各重要城市，以及东北各省与蒙古之库伦②，新疆之迪化③，越南之西贡④，皆有其分号，遍布于全国，故世人皆称太原孔氏为山西之首富。

庸之先生早岁留学美国，志存匡济，追随国父，献身革命，宣力效忠，早获倚任。曾密携国父亲书建国大纲，往说北方将领，对于华北党务之扩展，及士气人心之鼓励，贡献至宏。自十五年由欧返国，即任广东财政厅长兼理后方财政部务，经营草创，内顾民力之成长，外应革命之军需。迄北伐军进抵南京，新都甫定，而世局风云，尤多激荡，先生奔走各方，联络疏解，党政统一，北伐成功，实有赖也。

迨一·二八事变突起，政府确定攘外必先安内，抗日必先建军之政策，乃密令先生走访欧美，接洽借款，购备械弹等事宜，归来具陈政府，综合各方意见，促成中央空军官校之创立，并奠定中国航空事业之基础。二十二年四月，就任中央银行总裁，十一月就任行政院副院长兼财政部长。二十六年七七抗战军兴，先生晋任行政院院长，仍兼中央银行总裁暨财政部长。稍后，复以中正自兼

---

① 孔祥熙字庸之。
② 今乌兰巴托。
③ 今乌鲁木齐。
④ 今胡志明市。

行政院长,先生仍任副院长并兼财政金融原职。其间综理庶政,竭虑殚精,举凡救济凋敝农村,彻底革除釐金,收回关税自主,以工商建设,培厚国家资源,以财政统一,奠定国家基业。他如预算制度之确立,公库制度之实施,直接税制度之推行,农贷及合作制度之创建,田赋征实制度之兴办,凡百战时行政措施,巨细不遗,在艰弥厉,此皆为世人所共见者也。

先生天性笃实,不尚浮华,平昔治学论政,皆本实事求是之精神,与不困不惑之修养。在综理庶政,日不暇给之余,对教育事业,扶植青年,奖掖后进,特加注重,故齐鲁大学、燕京大学等校,皆聘先生为董事长,而先生亦乐与学术界人士往还,讲学论道,休休有容。平生留意人材,善善从长。复能推其爱众济世之心,对于社会救济与社会福利事业,策划推行,不遗余力,论者美之。

综观先生一生,为国尽瘁,自民国十五年北伐,至三十四年抗战胜利,此二十年间,皆在国民政府艰难缔造,顿挫丛生之时,承担行政、财政、经济及金融事业等各项重任,均著特殊之贡献。尤以自民国二十年之后,内有□□之叛乱,外受日本军阀之侵略,当国家环境最为险恶,与军民生计最感困窘之际,而先生临危受命,卒能沉着筹维,屡使革命大业转危为安,抗战军事转败为胜。举其要者:其一,为统一全国币制;其二,为统一各省财政;其三,为维护教育经费;其四,为充实军队饷糈。尤以依照当时所定战略为方针与经济政策,筹拨铁路公路建设经费为第一。在日本军阀向我大陆侵略之前,协同交通等部,将粤汉铁路、浙赣铁路、湘桂黔铁路,以及陇海铁路——由河南观音堂至西安之线,如期完成;另并筹建成宝①等重要干路,以及西南之粤、桂、湘、赣、川、黔、滇与西北之豫、陕、甘、晋、绥②、宁、青,暨陇新③各公路,均依照战略交通计划,一一完成。其对于抗战成败关系之大,尤足称道。此乃在民国二十二年至二十六年五年之间,日本军阀侵入本土之前,全国积极建设,亦即世人所谓中国突飞猛进之时期也。当时我政府决策,对日本军之战略,舍弃由北向南,而决取由东向西之计划,使敌人在我大陆,不得不深陷泥淖,达八年之久,而无法侥幸得逞,

---

① 成都至宝鸡线,今通称为宝成线。
② 绥远,现为内蒙古自治区西部地区。
③ 甘肃至新疆公路线。

并使我国以空间换时间,积小胜为大胜之战略,获得最后胜利者,实当时主持行政与财经责任之庸之先生之贡献为最大,乃为中外所共睹。尤当日本军阀侵华之初,沿海各港口皆被敌人封闭,我国陆海交通与贸易与国外完全断绝,迨至民国三十一年太平洋战争既启之后,国际交通路线仍在封锁之中,而我前方军需,后方民生,皆无匮竭之虞,更为其对国家贡献最堪纪录之时期。所谓"兴国者必于多难之时,治国者必于至危之地",先生实足以当之。

及至第二次世界大战告终,即我抗战结束之初,□□乃千方百计,造谣惑众,动摇中外舆论,企图推倒我国民政府者,必先推倒我财经当局之阴谋,于是其矛头乃集中于庸之先生之一人,使其无法久安于位,而不得不出于辞职之一途。惟当其正式交卸其后任时,其在国库者,实存有外汇九亿余万美元,而其他金银镍等各种硬币,所值美金一亿三千万余元,尚不在此数之内。以上两项合计,实值美金十亿美元以上,乃可谓中国财政有史以来唯一辉煌之政绩。在庸之先生功成身退之时,虽遭中外诽谤,所谓中国政府贪污无能之□□谣诼,社会之中,亦竟有受此影响而多存怀疑之心者,至此当可以事实证明,其为贪污乎?其为清廉乎?其为无能乎?其为有能乎?自不待明辨而晓然矣!

然当其辞职以后,国家之财政经济与金融事业,竟皆由此江河日下,一落千丈,卒至不可收拾。于是未及三年……而我国家与民族,至今竟蒙此空前之浩劫,政府与人民且遭受如此奇耻大辱,更足证明孔前院长在其任职期间,自北伐剿□以至抗战胜利为止之二十年中,不辞劳怨,不辩枉屈,而一心竭智尽瘁,报效党国,其革命之精神,自足为吾辈与后世崇敬难忘者也。

近年来先生养疴北美……终以宿疾难瘳,至于不起。我友邦人士及海内外同僚友好,莫不同深伤悼!顾先生一身之进退,对国家之安危,其关系之重大如此!当此盖棺论定之际,世人与历史,自有其公正之论断。惟中正受全民付托,负国家重任既艰且久,对我同僚之功过是非,不得不以经过事实,略加申述。而今庸之先生,既已为国尽瘁,自不顾其潜德幽光,湮没不彰,乃不能再避亲姻之私,而述其大略如此。世人当不以中正为有所偏私而加以辩解也,惟期对党国忠贞不贰之庸之先生在天之灵,有所慰藉云尔。

致吴稚晖先生祝贺八十寿函
（1944年3月22日于重庆）

稚老先生道鉴：兹值先生八十诞辰，嵩华泰岱，不纪岁年，仰体旷怀，不敢世俗祝寿之举。然二十年来，同舟风雨，教诲之殷，气节之盛，使中正受益无量，仰止之情，不能自已。敬以寸笺，聊将敬意，惟祝康强逢吉，长为我党同志之表率。他日建国成功，得奉侍杖履，徜徉庐山五湖之间，从容话旧，补晋一觞，当为先生之所许，而亦中正之所祷祝者也，敬颂健胜！

附亲题寿轴"高山景行"四字。

吴稚晖接蒋介石祝寿函后，曾记注云：人总以为戎马倥偬之人，凡有应酬，必假手于秘书，故所书与黄膺白先生家传序文，两两相较，知出一手，具见天姿高朗之人，固无所不能也。

吴敬恒[①]先生百年诞辰纪念文（1964年3月25日）

各位贵宾、同人们！

今天是我们中国近代一位伟大的哲人吴敬恒先生的百年诞辰，我们在此举行集会，庆祝这位哲人，并且得到中外各位贵宾的参加，甚感荣幸！吴先生是我国当代一位伟大的文学家、哲学家、教育家、书法家、社会改革家，不但是国民革命的先觉，而且是国父孙中山先生所特别推重其是一位"革命的圣人"。他有渊博的中国学问，在英法留学时期，又接受了若干英法的政治、社会以及文化思想。他在民国纪元前七年，与国父欧洲相遇，乃订下了深挚的友谊，遂参加国父所领导的国民革命，成为革命同盟会的忠实同志。他早在民国纪元前

---

① 吴稚晖。

十年,在上海创办爱国学社,以生动的文字,倡导驱逐鞑虏,复兴中华的革命理论,影响了国内外的广大青年群众,因之触犯了清廷,即在纪元前九年,为上海苏报案发,而亡命海外。当我每见国父与吴先生相晤,无论其在私人聚谈或共同会议时,国父对之总是肃然起敬,尊之如师。因之,吾党同志对先生莫不以师礼事之,尤其是我平生承教请益,感受最深。每遇党国有疑难大事,总是先就教于先生,并以其一言而决。故后来诸同志竟常称之为"先向吴先生卜卦再说"。吾党对先生信仰之深切,盖有如此者。民国成立以后,他始终不就官职,仍以言论文字,震动一时。民国二年,本党讨袁革命之役失败以后,先生再赴欧洲,更加研究我国文化教育与文字语言之缺陷所在,而愿毕生献身,从事于文化教育工作。先生一生为民族,为革命,完成其最重大贡献事业的,还是在这一时期之中为最多。

先生少年孤苦,到老仍保持其"素贫贱行乎贫贱"的纯洁风俗,清风劲节,使人仰之弥高。其平生教学处事,常出之诙谐幽默,令人自反自悟,而从不加以厉色严词。因其平生言行毫无掩饰,纯出自然,一秉至公,绝无自私,故人亦莫不欣然领受其指导,而乐从其规戒(诫)。并且他常以毕生为国民革命服务自矢,认此为其生平天职,故其对党国大事,乃以为不可不问。但其生活却始终以闲云野鹤自居。尤其当国家民族的艰危关键,先生辄挺身而起,正气凛然,毫不假借,真有孟子所谓"吾善养吾浩然之气"的精神,和"自反而缩,虽千万人,吾往矣"的气概,而为全国学人的表率。民国十五年,当国民革命军在广州誓师北伐,先生乃主持授旗大典。至民国十六年□□□徒阴谋篡窃政权,先生则联合忠贞耆老,毅然发动清党。及至对日抗战开始以后,长期奋斗的艰苦岁月之中,先生力主抵抗到底,不屈不挠,以打击敌伪的阴谋和罪恶……凡此数端,不过举其大者。其余力持正义,明辨是非,防祸于未然,消患于无形的幽光潜德,嘉言懿行,更是不胜枚举。但先生均以国家安危、民族祸福为立场,而从不涉及私人的好恶与恩怨。这正是先生特立独行的品德,一言而为天下法、一行而为万世师的精神所在。

先生的思想是永远进步的,故其学问亦是不断革新的,所以他决不以古非今,亦不以今非古,而力求民族文化的发扬光大。他认为宇宙不断的生生不已,人类的智慧也进展不已。他所谓这个"不惮烦"的宇宙,正是配合人类不断创造事业的"舞台"。"惟其如是,故能引而前行","日新又新"。像我们这样五千年悠久的民族，所以至今仍能自立于世，而不受邪说暴力的腐蚀与摧残者，其故即在于此。这就是先生"万物并行而不相害"的进化论！这亦就是他一生活泼泼地天机、生生不息精神，无往而不乐观之所自出也。

在先生的智慧中，"沉着""高明"兼而有之。他以哲学的眼光探求宇宙的秘奥，并因此而扩大人生的价值。宇宙的自然界与人类的生存，不仅是不可分离的，而且人类要倚赖自然界的供应以为生。所以人类的生命的安全和发展，便要以科学来支配自然，再进而以"受过支配的自然"来增进人类的幸福，然后家给人足，大家都处于富强康乐的境地，这才能逐渐"胜残去杀"，以进大同！所以他的思想，总是为民族、民权、民生的三民主义之先导。而且先生认为实行主义，不能徒托空言，必须从事于"科学与工艺"，而以提倡"勤工俭学"，培植青年，为革命建国的种子。这亦就是先生胸中建立中国为一个现代国家的一贯主张。

先生以为求人类的进步，还要注重思想的交流，这就要求之于便利的语言文字，以为工具。中国因地区广阔，山河修阻，以致文字尚可同，而语音却大异。无疑的这是文化发展，感情团结，与政令传播等等的重大障碍。先生认为我国"书同文"还可勉强过得去，但"字同音"则距离太远，于是在民初即尽全力研究并推行统一国音运动。到了今天，可以说先生这一伟大运动大部分已经成功。我们全国同胞无论散布在任何天涯海角，都能借此达意通情。这不但便于传达政令与沟通知识，且使我同胞们因语言交流，而情感融洽，精神团结，愈益强固。

台湾光复以后，曾经沦陷在日本统治下五十年之久的在台同胞，今日不论居住在高山或是平地的，无论男女老幼，都能说标准国语。这项成就，外国的语文专家来到台湾，经耳闻目睹以后，也都认为奇迹，这都是吴先生的化泽深远所赐，乃是一个显著的实例。

但是大家不要忘记这件大事，并非容易成功的，乃是由于他的精通我国文字音韵的学问，再加上运用东西文字拼音比照的方法，费了他毕生心血的研讨，才能克底于成的。所以大家认为吴先生乃真是一位中国新文化的先驱和导师。

至于吴先生在中年留学欧洲的时候，曾发表有关无政府主义的言论，以致引起若干人士的误解。其实吴先生于民元前四年八月一日在巴黎出版的那期《新世纪》内，就明白指出："民族革命乃为一复仇革命……由民族革命而进为共和革命，由共和革命而进为无政府革命。"他所说的民族革命，就是指民族独立革命。

他所说的共和革命，就是指民权平等革命。他于是继续明白指出他所说的"无政府革命"，乃是世界"大同革命"。这个意思，他是说得很清楚的，他说破这个"大同"的目的，正与我们国歌里"以建民国，以进大同"的目的，和实现三民主义的程序，完全相符合，而决非如一般无政府主义者建立其乌托邦的思想之所谓。何况，吴先生嗣后又说："无政府革命还是三千年以后的事。"他只是悬此目标，以"坚决革命党的责任心"，以达到其大同世界的目的。吴先生屡次在文字上公开说他自己"烧了灰，还是国民党的党员"，这正是其自矢为本党三民主义的忠实信徒，而始终不渝的精神所在。所以我愿在他百年诞辰盛典的时候，以先生自己的话，来解除若干人对于先生思想的疑点，想先生当能含笑许我！

我们今天参加吴先生的百年诞辰庆典，大家都有"高山仰止"的心情。我们为怀念这位伟大的哲人而惆怅，但是我们也为景仰这位伟大的哲人而兴奋。"虽无老成人，尚有典型。"我很恳切的请今天与会的诸位都能把吴先生的学问、言行、文字和他的思想、风范、品德，带到国际间、社会上、学校里，尤其是一般广大青年中间，加以阐扬与师法，使吴先生之号（稚晖）与其精神思想，在文化地位上，正如朝阳光辉，全球普照；使敬恒先生之名与其品格事业，在革命历史中，正如日月永恒，万代敬仰。敬以此为吴先生寿！并以此为吴先生颂！稚晖先生万古常存！稚晖先生永垂不朽！

最后，我代表"中华民国"为联合国文教组织对于吴敬恒先生百年诞辰的重视，及其所通告各会员国一同纪念的盛意，敬此致谢！

黄膺白①先生家传序（1945年11月28日于重庆）

辛亥以来，英士②、膺白二先生，皆与余以安危同仗、甘苦共尝、相互勖勉，金石交期，不啻手足。今英士殉国将三十年，而膺白忧国谢世，忽忽亦已十年

---

① 黄郛。
② 陈其美。

矣，宿草频凋，精诚弥耿。

　　回溯膺白许身报国，见危受命，志足以慑强寇之气，而势不能弭铄金之口，其忍辱负重，诚有非常人所能堪者。自来志士仁人，临汤火而不避易，受疑谤而不辞者难，当其困心衡虑，不计毁誉，以一身翼卫国族之安全，谓非大仁大勇，曷克臻此！皎皎此心，至今日抗战胜利，乃克大白于天下，可哀亦可庆也。

　　亦云[①]夫人撰此家传，其于逝者心事，实能推见至隐。省览斯编，曩昔忧患共同之史实，历历在目。惟此足慰亡友膺白于九泉已尔。

民国三十四年十一月二十八日中正序

（以上录自《先总统蒋公思想言论总集》）

---

① 黄郛夫人沈亦云女士。

卷五

书翰忆述

蒋介石勤于动笔，书函文电亲手起草者甚多。此卷收录其书函文电三件，皆有关蒋与孙中山关系者，表现了他对孙中山的忠诚。

蒋介石编有《增补曾胡治兵语录》，其所作序，反映他对太平天国运动时期太平天国将领和清军将领双方之军事活动均大为推崇，并作过研究。此序文笔流畅，条理清晰。

《武岭乐亭记》和《游石仓记》二文，笔力简练，有散文韵致。

《革命思想起源和早期革命活动》文，系蒋氏对其幼年遭遇和早期革命活动的自述回忆，是了解他早年历史的史料。

阅读以上几篇文章，既有助于了解蒋的历史和思想，亦可领略其文风笔法。

上总理书（1921年3月5日）

中正匆促言旋，途中稍有感冒，致回里后身婴微疾，呻吟床笫者四五日。现在热度虽退，而元气尚未全复，病体懒弛殊甚。惟对于本党进行计划，仍日夕贯注全神，未尝须臾忘也。此次勾留广州旬日，决定援桂要纲，竞存①、汝为②均各赞同，心窃幸之。

然目前为中正所切忧，有一不忍言而又不能不言者，厥为选举总统是也。上次因此意见分歧，致滋误会，嗣经商榷一再，始行解决。惟现在为期伊迩，根基尚虚，桂逆既未铲除，西南难望统一，议员又未足数，国会尚未正式，则选举总统一节，鄙见以俯顺各方舆论，从缓进行为是。

此前在粤时，亦同汝为细加研究。彼言对党惟有服从，于此固无异议。然以事实上之利害关系而言，平桂之后首举大元帅，再选总统，则凡百进行较为稳当。此汝为对中正一人之私言，乃中正对先生亦一人之私言，谅勿以此视汝为亦反对先生之人也。

先生之主张早选者，其目的在乎注重外交与对抗北京政府为最大关键。但由中正观察，或有未尽然也。回忆吾党失败之历史，无一次不失败于注重外交者。民国二年及五年二度之革命，先生皆借重日本以为我党之助，乃日本反助袁、助岑③以制我党之进行，吾党因以失利。逮乎民国七年，先生督率海军南下，声势不可谓不浩大，而又恃美国外交为之援助，宜乎不致失败。不料西南主张纷歧，内部不能统一，吾党又因以失败。英国从中妨碍，而美国反为壁上观，则外交之不足恃盖可知矣。近观俄国外交之近况，尤足借证。列强各国对于俄国之压迫，可谓无所不用其极：兵力压制之不已，继之以封锁，及其封锁之无效，又利用波兰及反劳农军以捣乱俄国。而俄国卒不为其所固者，亦以其内部之团结坚强，实

---

① 陈炯明。
② 许崇智。
③ 岑春煊。

力充足，乃有所恃而无恐耳。

吾党标榜显著，外人目中无不视吾党为劳农制之化身，故无论为美为法，与吾党个人有极善之感情者，至一顾及其本国之政策，鲜有不为其所反对与阻梗者。故本党惟有团结内部，放弃外交，以苏俄自强自立为师法，以谭义金等反动军凭借外交之失败为殷鉴，则内部巩固，实力充足，自有发展之余地也。将来桂逆一平，或顺长江而下，或自西北而进，直捣黄龙，统一中国，固非难事。若以选举总统之后，党见随以歧异，内部因之不一，西南局势亦顿形涣散，仍蹈民国七年之覆辙，所谓对抗北京政府者，安在哉？

近闻北京伺南方之选举总统，以海市蜃楼为倒孙之张本。此言虽未足深信，然亦可作一参考之材料，不无注意之价值也。

至论广州现状，先生之于竞存，只可望其宗旨相同，不越范围；若望其见危授命，尊党攘敌，则非其人。请先生善诱之而已。

敢布腹心，幸垂鉴焉。

《增补曾胡治兵语录》序

太平天国之战争，为十九世纪东方第一之大战。太平天国之历史，为十九世纪东方第一光荣之历史。而其政治组织与经济设施，则尤足称焉。余自幼习闻乡里父老所谈，已心向往之。吾党总理又常为余讲授太平天国之战略战术，及其名将李秀成、陈玉成、石达开等治兵安民之方略，乃益识其典章制度之可仪。因欲将当时之军事、政治、经济、社会种种纪录，搜罗研钻，编纂太平天国战史，庶几使当时革命之故实、诸杰之经济得垂永久，而不为前清史臣一笔所抹杀。

余既以愿为此，十余年来，留心于太平天国有关系之中外著作，不遗余力。独惜材料缺乏，事实不详，而又不能得一系统之书以资参考，乃不能不于反太平天国诸书，如当时所谓"满清"中兴诸臣曾、胡、左、李诸集中，反测其对象。辛亥以前，曾阅《曾文正全集》一书。然其纪载仅及当时鄂、赣、苏、皖中一部分之战事，其他如浙，如川贵两广与夫北方诸省之战史，皆非所及。且其所述者，皆偏重清军一方之胜利，而于太平天国之史料，则十不得一二。因是，战史之编纂无从着手。

洎乎民国二年失败以后，再将曾氏之书与胡、左诸集悉心讨究，不禁叹胡润之①之才略见识与左季高②之志气节操高出一世，实不愧为当时之名将。由是，益知其事业成败，必有所本也。

夫满清之所以中兴，太平天国之所以失败者，盖非人才消长之故，而实德业隆替之征也。彼洪、杨、石、李、陈、韦之才略，岂不能比拟于曾、胡、左、李之清臣？然而，曾氏标榜道德，力体躬行，以为一世倡，其结果竟能变易风俗，挽回颓靡。吾姑不问其当时应变之手段，思想之新旧，成败过程之如何，而其苦心毅力、自立立人、自达达人之道，盖已足为吾人之师资矣。余读曾、胡诸集既毕，正欲先摘其言行，可以为后世圭臬者，成为一书，以饷同志，而留纂太平天国战史于将来。不意松坡③先得吾心，纂集此《治兵语录》一书。

顾其间尚有数条为余心之所欲补集者，虽非治兵之语，而治心即为治兵之本。吾故择曾、胡治心之语之切要者，另列一目，兼采左季高之言，可以为后世法者，附录于其后，非敢擅改昔贤之遗集，聊以增补格言之不足耳。

噫，曾、胡、左氏之言，皆经世阅历之言，且皆余所欲言而未能言者。其意切，其言简，不惟治兵者之至宝，实为治心治国者之良规。愿本校同志人各一编，则将来治军治国均有所本矣。他日者，太平天国战史告成，吾党同志更能继承其革命事业，以竟吾党之全功，乃无愧为吾党后起之秀矣。吾同志其勉旃。

蒋中正序于广东黄埔陆军军官学校
中华民国十三年十月

---

① 胡林翼。

② 左宗棠。

③ 蔡锷。

致黄郛电函二则

（一）

致黄郛电

一九二四年十一月十八日

膺白兄鉴：

　　手示诵悉。自闻北京政变，各军改称国民军。不问而知为兄之主张。可知，人分南北，而彼此精神贯注始终如一也。英①兄虽死，孙②公犹在。吾党成败终不能离打铁约言。请兄以英兄之事孙公者事之，则他日安危倚仗有人。英士不死，介石苦志乃伸。对于国事方箴，尚祈坚持到底，以期贯彻主旨，并请加入本党。是否？乞复。中正叩。巧。

（二）

复黄郛书武岭乐亭记

一九二五年一月二十日

　　接诵手教，怆念无穷。昨撰复电至中段，凄然泪下。未知兄又作如何感想耶？

　　民国存亡，全在中师③一人。英兄为民国而死，亦为中师而死。英兄不死，中师至今或不至卧病京中。时势所趋，而使黄钟毁弃，瓦釜雷鸣，言之殊堪痛心。

　　今弟既不能随中师北上，英兄亦不能复生以佐中师。中师来京，当非偶然。而兄自不能不以英兄与弟之事中师者事之也。兄与弟如果能以英兄之心为心，则

---

① 陈英士，即陈其美。
② 孙中山。
③ 系蒋介石对孙中山的尊称。

英兄诚不死，而其目乃瞑矣。

粤中纷扰，日甚一日，要想于纷乱中理出一个头绪来，恐非朝夕所能为力。然粤治之时，即为国治之日。此时要知：治国非难，治粤为难。

望兄在京以全力事中师，使弟在粤专心灭贼，则党事庶豸乎？

并问，何时入党。翘首北望，神驰何似。伏维心照不宣。

武岭乐亭记（1925年6月18日）

武岭突起于剡溪九曲之口，独立于四明群峰之表，作中流之砥柱，为万山所景仰，不偏不倚，望之岿然。其独以武岭名者，殆取义于武德，即其地以况其所居之人耶？

岭之上，古木参天，危崖矗立。其下有潭，流水潆回，游鱼可数。牧童渔父徜徉其间，乐且无穷。其幽静雅媚之景象，窃叹世外桃源，无事他求矣。而隔溪之绿竹，与岭上之苍松，倒影水心，澄澈皎洁，无异写真。其有岁寒君子之逸致乎！

旧有榭阁，名曰文昌，规抚狭陋，无足以资游瞩者。甲子春，余还里扫墓，见其楹栋欹斜，行将就圮，乃勘地绘图，亟思有以改造之。吾兄锡侯欣然赞焉。爰董其事，命匠鸠工，建亭三楹。落成之日，属余名之。

余以其位在山水之间，凡远方同志来游者，莫不徘徊依恋而不忍舍夫。盖无间乎仁与智，皆有乐于此也，乃以名之曰乐亭。甚愿吾乡同志朝夕游乐，顾其名而思其义，因观感而有所兴起，卓然以自立也，庶不负今日改造斯亭区区之意也夫。

民国十四年六月

蒋中正记于广州黄埔军官学校

革命思想起源和早期革命活动[1]

余于旧历除夕在布雷处,既草余自幼年至廿三岁经过之追想录,而未述余革命思想之起源,故续述之。

余少年自先父殁后,即随余先慈受社会劣绅之压迫、贪吏之剥削,以过孤儿寡母之悲境。余忆:自亡弟瑞清亡后,余兄介卿受恶讼与劣友之挑拨,思分亡弟之遗产不遂,几至涉讼,而以讼词恫吓先慈。先慈朝夕惕厉,忧患备尝,但毫不为遗产所动,以其已出继于伯父,而且已经分拆产业,授其家室。余当时知胞兄不甘心,而又恐获罪于先慈,乃私书寄胞兄,属其勿争琐屑,如余长大,必以全产交彼,惟此时勿使母多忧也。

以后,吾乡以钱粮不足,须由甲首[2]赔偿。而田亩在十亩以上者,须帮助甲首赔款,其所赔之数,多寡不一,概由胥吏与劣绅串通,随意摊派。是年,适族人兴水当甲[3],而余赔甲,其款数逾常,先慈不能承认。不料兴水听胥吏邬开怀之主使,而又见吾家内不和,胞兄虽有势力,亦毫不帮助,袖手以观。余孤儿寡母之涉讼,竟使差役到家勒逼,以牌票传余,以为乡间最污辱之事。是余母子所最痛心不能忘也。后卒以赔钱了事。自此,吾母望我读书成业更切。而余则自知,非读书立业,亦无以雪此耻辱。此约余十五岁之事也。

当时只觉孤寡,备受贪官污吏土豪劣绅压迫之苦状,非改革推翻不能出头,且不能雪此奇耻。而不知吾之革命思想已基于此社会上之一点而来也。因欲解决此痛苦,与湔雪此耻辱,故凡可以强吾之身体,励吾之志愿,结交友好,可以为我上进之路,无不努力竭虑。虽历尽艰苦,亦概不惜。于是,当时乡人多有出洋留学为上进最捷之途径,故余为欲必达此出洋之目的而后已。及至出洋,乃知非学习陆军不能达革命之目的。故穷思竭虑,乃必欲学陆军,以

---

[1] 此篇记载于蒋氏日记中,内容系蒋介石自述其幼年思想和早期革命经历。篇名为编者拟。
[2] 甲首,施行保甲制度时的甲长。
[3] 当甲,即当甲长。

成其志也。

及入陆军振武学校，以非入同盟会之革命党，则仍不能达吾志。乃三致书于盟主。盟主恐余为侦探，不之信，乃命陈英士详探余之为人。及知余乃为革命有志之士，不惧当时满廷之侦探，而竟毅然致书于盟主，此为最难能之事，故嘉慰倍至。以当时陆军学生，皆受满人之监督，其侦探布满于东京，稍有可疑行迹，即为撤革，并没收其家也。

当时介绍余入同盟会者，为英士。而周淡游与苪新九为之保证也。余身入同盟会以后，乃即置（致）力于革命党中，故对于校课即多不注意，只求其维持学期，不致落第为己足以矣。

辛亥年，即为余廿四岁。广州三月廿九日起事，英士以书召余回国。及余接书时，而其事已过。乃趁暑假告假回国，到沪与王季高、姚永金会叙于沪。与陈英士寓中日谋所以推翻满清之法，并与海内外志士结识，于此时为最多。后以假满回日，仍入联队①。

未二月，而武汉起义之报至。余乃约传、群②以告假之名，同出联队，潜回上海。适沪杭尚未发难，而陶成章、王金发正与英士争意气，争首领。余观此情形，大敌当前，革命未成，而有此现象，甚愤陶、王等之不道，殊非革命党员之所应为。当武汉未起义之前，所有一切事务皆英士负责，艰难备尝。及至革命稍有希望，而乃欲争权夺利，此何如事！故余直英士而曲陶也。

余奉英士命入杭，与杭州军界同志谋发难，竭三昼夜之心力，其计始成。发难后一日，各派争权夺利之事纷起。余乃即离杭赴沪，受英士之命，为沪军第五团团长，赴甬组织团部，招募新兵，后又运沪驻防。乃至南京新政府北迁，总理辞大总统之职，余亦以受谤，愤愤而去国，以之日本，再事留学。此余廿五岁之事也。

到日后，专心学习德文，并办《军声》杂志，亟欲赴德留学，以成所志也。是年冬季回国，在沪稍息后，即回家度岁。春季复回沪。适宋钝初被刺事出，乃

---

① 联队，指日本高田野炮兵第十三联队，时蒋介石为该联队士官候补生。
② 传、群，即戴传贤（季陶）、张群。

力谋倒袁，而出洋留德之事，已不成矣。

当时因见英士奇窘，经费不足，余乃将所积三万余金留学费全给英士使用。是夏，李烈钧湖口起义，余仍受英士之命，临时接代陈其蔚团长，在龙华统帅（率）两营之众，以攻击上海兵工厂。郑汝成在海军指挥炮击我军，其猛烈为从来所未有。当时以众寡不敌，而沪上帝国主义者与买办豪绅，皆为袁贼运动，以排挤吾军。余以沪上失败，乃与静江潜入南京，协助柏文蔚。彼不以为重，且见其心态形志亦极不定，故越宿即回上海。而南京不久亦即为张勋所陷落。至此，讨袁失败。余乃仍回东京亡命，从总理之命，加入中华革命党，协助英士，以谋再起。一面尽力读书。《曾文正公全集》即于是年看完也。

民国三年，为余廿七岁。是年，在东京修养力学，觉有进步。自失败至此，已逾二年。世态炎凉，受此刺激，亦复不少。是夏，受总理之命，与丁仁杰同志往东三省哈尔滨，谋黑龙江之起事，亦受人欺。逼留数日，不成，乃回东京。途中得电，欧洲大战已起，乃知革命运动之时机已熟，急谋所以倒袁也。是年，余于军事学研究，觉有心得。举凡士官学校之课程，皆聘日人小室教授而实习之。

民国四年，余随英士之后回国，在沪参英士幕中，计划东南革命起义。吴淞、杭州之役，皆亲历也。及至上海肇和之役，余从英士，亲历南市，深入敌军警戒线，约至工程局附近。以未闻炮声，而侦骑密布，几被执。余与英士乃在江边乘小船，至法租界上岸。以此时船上炮声几息，而敌警魂定，布置更密。如由陆路出来，必遭危害也。及至岸，上法租界。以吾党失败，乃在英士寓中大搜。余尚未入室，故得脱险。及警察搜毕去后，英士之妾恐余在其家，彼被余累，急使英士令余外出，亦不管余之危险与否。余愤甚，乃出，幸未遭险。及余回家，又恐英士之家重被搜查，故急令使者请英士到余家避难。及英士到余家，此心始安，乃与其再筹倒袁之谋。

呜呼，抚今追昔，不知历尽几许辛酸之泪。余生平自友受恩受报者实多，而对人，除对先慈愧疚不能自释者，此外，则别无疚心之事矣。

民国五年之日记，失于民国七年永泰之役。吾之革命工作，以是年为最苦，而亦最多。凡遭横逆与耻辱之事，亦以是年为最甚。是年春，以上海革命运动失败，无可进行，乃即由江阴、杭甬方面进行。而欧事研究会推戴岑春煊为领袖，组织所谓军务院、护国军，以与我中华革命党相抗，处处受其反动。而以江苏钮永建反动尤甚。吾党东南革命，几无一不为其摧残。及至五月十八日，英士竟为袁贼派张宗昌主使被刺身死。呜呼，领袖之亡悲痛，盍甚有极！钮永建亟欲收英士之幕僚为己，言以甘言诱引，其诚不识介石为人也。英士被刺于日人山田纯三郎之家。及余至，则其气已绝。山田急欲将尸抬出，并不许亲友哭泣。余实愤恨无地，且无人取收其尸。余乃即抬至余新民里十一号之住房治丧。人情炎凉，世态浇薄，至此毕见。平时之所谓知交义友，至此皆为不相识之路人。刺激之深，未有甚于此者。丧毕，余奉总理之命，于是夏赴山东潍县为革命军参谋长，佐理居正、许崇智进行军事。为陈中孚所掣肘，且其贪污，不堪共事，故余即到北京辞卸，而赴沪寓。是年研究军事与哲学，皆有极大进步，续英士革命事业自任，总理与诸同志亦日加器重。

余之革命基础，可说立于民国二年讨袁失败之后，而成于民国五年英士亡后，自立自强之时也。当时余先慈尚健在，犹能来沪镶牙医疾，使余得聊奉晨昏省定之职也。

民国六年，为余卅岁。是年为中国加入协约国参加欧战，张勋在北京复辟。总理率海军局域南下建国护法。唐绍仪等为之阻碍，使总理到粤，海军反叛，不能行使职权。是年余在上海居住，未往何处，惟谋划江浙革命，助理总理筹谋进行而已。

一九二九年九月

《自反录》序

自反而缩乎，自反而不缩乎？

追溯前事，辄为神驰。翻阅旧稿，更增愧惶。今兹所存，不及什一。继是以往，事务愈繁，散佚更多。乃托勉庐毛先生[①]为我编次付印，以为朝夕自反之资，

[①] 勉庐毛先生，即毛思诚，为《蒋介石年谱初编》之编者。

亦所以自志其迂陋短拙，不敢自文其过，自暴其气，以忝所生云尔。

中华民国二十年五月五日
蒋中正自序于首都军校东舍

游石仓记①

朝课后记事，批阅公文毕。十时半，由慈庵出发，与经儿、文孙、立夫②往游石仓。

经玄坛殿、太松头，直上龙亭。略憩后，再登数百步，即到石仓。其下有小潭。再进数尺，又一小潭，其水清甘，但甚浅，此即龙潭也。其岩石约有二丈周方，高亦如之，适在中峰之下，离中峰不过数十丈而已。

余在民国十年，与贤甲舅父由葛竹北溪走访石窗，不见石。其地即在北溪之上，适为四明山心（即华盖山）。而与今所游之石仓不同。盖前者为石窗，而今为仓也。

在仓前休息茶点后，乃经桃村坪隐岩下傍，再转达松头徐姓（宅），吃烤番芋③。此为恒祥姑妈家，余亦常想来访，而今始得实现。惜其人已亡矣。

一九四九年二月七日

（选录自《蒋介石年谱初稿》、《蒋介石日记》抄件）

---

① 此篇为蒋之日记，题为编者拟。
② 经儿、文孙、立夫：蒋介石之子蒋经国，孙蒋孝文和陈立夫。
③ 红薯。

卷六

诗联杂著

人们甚少知道蒋介石曾写有文学作品。实际上，他也有过少量的诗、联、歌曲、格言等创作。他的咏景诗均有心理寄托，其咏志联更是人生哲理的总结。

他崇尚王阳明的心学。"穷理于事物始生之处，研几于心意初动之时。"这是典型的哲学语言。

蒋介石终生从事政治军事活动，是标准的入世者，但他的心灵深处，却也有出世的情感流淌。请看他的诗联："听静夜之钟声，唤醒梦中之梦；观澄海之月影，窥见身外之身。""云海云山云面寺，道天道地道中人。"

他为一些名人写的挽联，也有珠玑之作。如他挽胡适联："新文化中旧道德的楷模，旧伦理中新思想的师表。"对胡适思想道德的概括，经常为文化界引述。

蒋介石为夫人画作题款多幅。有一幅题："云写松态，风写松涛。春瞻松色，山羡松高。青松自若，天意为劳。"诗情画意，融为一体。

咏竹

一八九九年就读嵊县葛溪溯源堂作

一望山多竹,能生夏日寒。

述志

一九〇九年留学日本题赠表兄单维则以近照

腾腾杀气满全球,力不如人万事休。

光我神州尽我责,东来志岂在封侯!

穷理研几之联

一九一四年

穷理于事物始生之处,

研几于心意初动之时。

挽陈其美联

一九一六年

天道无知,苦思公十年旧雨;

中原多故,乃坏汝万里长城。

海滨口占韵语一则

一九一九年九月五日于福建鼓浪屿

明月当空,晚潮怒汹,国事混濛,忧思忡忡。安得乘宗悫①之长风,破万里浪以斩蛟龙。

---

① 宗悫为南北朝时南朝刘宋之将领,年少时即曾谓"愿乘长风破万里浪"。

雪窦山口占一绝句
一九二〇年十一月二十三日于溪口雪窦山

雪山名胜擅东南，不到三潭不见奇。
我与林泉盟在夙，功成退隐莫迟迟。

养正气之联
一九二三年一月七日于福建鼓山

养天地正气，
法古今完人。

更衣亭题字
一九二三年一月七日于福建涌泉寺

其介如石

沉潜仁义之联
一九二三年一月二十日于上海

从容乎疆场之上，
沉潜于仁义之中。

福州军幕中所作箴言
一九二三年一月

父母期我，克成完人，小子今日，过恶满身。
曷不痛艾，日新又新，而今而后，庶葆天真。

联语
一九二三年八月十日

国中多荆棘，
世上无知音。

联语

一九二三年八月二十一日

如看人人为君子，

毋宁处处防宵小。

生活生命之联

一九二四年五月八日

生活的目的，在增进人类全体之生活；

生命的意义，在创造宇宙继起之生命。

操心虑患之联

一九二四年夏于广州

居安宜操一心以虑患

处变当坚百忍以图成

联语

一九二五年一月二十五日

毁誉得失了无事，

死生成败总由人。

常平站感吟一绝

一九二五年二月十日于广东东征军次

亲率三千子弟兵，鸱鸮未靖此东征。

艰难革命成孤愤，挥剑长空涕泪横。

吟句

一九二五年二月十日

革命处处辛酸事，

徒使中正泪暗吞。

感言
一九二五年三月二十五日

斩草先要除根，
擒贼先要擒王。

联语
一九二五年三月二十六日

静以幽，
正以治。

连句
一九二五年三月二十八日

肃肃雍雍，绵绵默默，继继续续，
不慌不忙，不吐不茹，沉澹润浑。

挽孙中山联
一九二五年三月二十九日

精神重光日月，
主义鼎立天地。
题字：主义无涯。

挽阵亡壮士联
一九二五年三月二十九日

愧我独生对死者，
继君靖难吊忠魂。

为东征北伐阵亡将士题词

先烈之血,
主义之花。

国民革命军人"四要"

一、要对得起已死的将士;
二、要对得起总理的灵魂;
三、要对得起生我的父母;
四、要对得起痛苦的民众。

题词

礼义廉耻,国之四维。
四维既张,国乃复兴。

题词

知廉耻,辨生死。
负责任,重气节。
北伐时期所书

题词

明礼义,知廉耻。
负责任,守纪律。

挽总理①联

一九二五年三月三十日于广东兴宁

主义扬中外,精灵炳日星。

---

① 孙中山。

横额曰："高明配天，博厚配地。"

挽阵亡将士联

一九二五年三月三十日

讨逆立功先我死，冲锋摧敌尽人惊。

横额题："主义之花""革命结晶""死而荣"

挽廖仲恺联

一九二五年

革命奋精神，血染珠江，薄海同悲我为最；
牺牲为党国，魂昭黄埔，大仇未报负公多。

四十岁生辰感言

一九二六年十月二十一日于江西奉新

德学功业，一无所成，马齿徒增，盛名虚拥。上不克完成总理使命，下未能报答父母深恩，负疚良深，可不自勉乎！（按：是年十月二十一日系农历九月十五日）

吟句

一九二六年十二月三十一日

暗吞三年辛酸泪，造成万世悔恨史。
学生纠纷召自杀，愧我无以慰先师。

重造双十节，建设大中华。

题文岳①手书跋

一九二七年六月三日

于镇江焦山

文手迹日风檐展

书读古道照颜色，

俯今仰者贤愧为。

挽黎元洪联

一九二八年

胡天不遗憖一老，

斯人自彪炳千秋。

挽张作霖联

一九二八年

噩耗惊传，几使山河变色；

兴邦多难，应怜风雨同舟。

出发校阅撰歌二则

一九二八年十一月二十一日于安徽怀远

其一曰：五月三日是国仇，国亡岂许尔优游。亲爱精诚，团结一致，快来共奋斗。革命，革命，牺牲，牺牲，黑铁赤血，求我国家独立、平等与自由；独立、平等，中华民国乃得真自由。

其二曰：北伐虽完志未酬，男儿壮志报国仇。报国复仇在革命，革命未成死不休！

---

① 文岳，指文天祥与岳飞。

谒孔庙有感

一九二八年四月二十二日

庙貌堂堂，古柏青苍。

仰止在兹，至大至刚。

谒三迁① 故里有感

一九二八年四月二十四日

泉流绵绵，三迁故里。

忠仰我母，倍慕断机。

谒汉师子房② 先生神像

一九二八年四月二十九日

为国报仇，仇报身藏。

步趋昔贤，神驰心往。

登子房山又作

一九二八年四月二十九日

瞰望麦浪，春风拂面。

绵绵娓娓，征衣翩翩。

我何人斯，山高马肥。

为之恋恋，先着壮鞭。

邹县四基山谒亚圣③ 孟林

一九二八年四月三十日

柏老山青，登亚圣林。

---

① 三迁，指孟母三迁故事。

② 子房，汉高祖刘邦的著名谋臣张良。

③ 亚圣，即孟子。

仰止宗风，浩气勃兴。

谒亚圣林有感自铭
一九二八年五月一日

惟危惟微，惟精惟一。
至大至刚，不偏不倚。

临池口占
一九二八年五月三日济南

鸢影戾渊底，鱼乐向天潜。
莺声惊征梦，风舞万树飞。

又
一九二九年七月十一日改写

雁影戾渊跃，鱼乐向天潜。
莺声惊征梦，风狂虎猛飞。
于济南省署后花园

报国仇战歌
二首
一九二八年十月二十一日

（一）

五月三日[①]是国仇，国亡岂许你悠游。骄傲懒堕无廉耻，不惧大祸来临头。亲爱精诚，团结一致，共同来奋斗。

革命，革命！牺牲，牺牲！黑铁赤血，求我国家独立、平等又自由。独立，独立！平等，平等！中华民国真自由。

---

① 1928年5月3日，侵占山东济南的日本侵华军部队残酷杀害中国军民，此一事件称"济南惨案"，为中国国耻纪念日。

（二）

北伐虽完志未酬，男儿壮志报国仇。
革命革命报国仇，国仇未报死不休。

集句联语

一九二九年于南京

气节千载一日，
精神万古常新。

挽周西成联

一九二九年

屈指数英雄，使君是边陲健者；
此间留祠墓，父老思阃外将军。

月夜有感

一九二九年八月二日

月光冷，蟋蟀悲。夜气清，孤衾寒。
惟母魂，来照临。我母亡，人母存。
闻钟声，念菩提。既警觉，莫滞凝。
罢罢罢，快快快！何处去，何处来。
报亲恩，还天地。人间事，交人间。

题词训示蒋纬国

一九三〇年代

纬儿识之

努力读书，

为克家子。

父示

题词

读书上体认道理，

日用间磨砺精神。

挽林焕廷联
一九三〇年

一老不愁遗，党史褒崇，应树羊碑留眺首；

万方正多难，元勋凋谢，倍伤鲁殿失灵光。

拟军歌
一九三〇年四月十二日

智仁勇，革命军，革命军人智仁勇。三民主义是军神，战胜敌人，国民革命终吾身。生为革命军，死为革命神。

生为主义，死为主义死亦荣。尸堆壕沟满，血流江河红。前仆后继革命军，百折不回革命军，勇往直前革命军，百战百胜革命军！

爱护人民，捍卫党国。革命军，不顾生死。革命军，舍身成仁。革命军，歼灭叛逆。杀尽敌人，实现主义，完成革命。

惟我革命军，有逆不讨是奇耻，有敌不杀非军人。洗雪奇耻平叛逆，拥护党国杀敌人，真是国民革命军。

改　作
一九三〇年七月十四日

革命军，智仁勇，爱护国民革命军。惟有国民革命军，革命史上最光荣。

革命军，智仁勇；智仁勇，革命军。国民革命终吾身，誓作国民革命军。三民主义是军神，战胜最后五分钟。

别顺逆，革命军，明辨是非，革命军。独操胜算，革命军；料敌如神，革命军；百战百胜，革命军。以一当十，革命军；以少胜多，革命军。

纪律如铁，赏罚严。服从命令，莫凝滞。信仰上官，信部下；信奉主义，信自己。遵守时间，守信义；团结精神，共生死。

一心一德相始终，悲壮烈，庄严灿烂革命军！

挽刘朴忱联

一九三三年

万里去筹边，未入玉门先化鹤；

卅年忧国事，维标铜柱更何人？

纪念武训祠

一九三四年

以行乞之力，而创成德达材之业；

以不学之身，而遗淑人寿世之泽。

挽丘元武联

一九三四年

一言褒贬春秋意，

千古哀荣党国殇。

　　　　　　蒋介石、宋美龄同挽

挽周庆云联

一九三四年

豸冠标亮节，国步多艰天何不愁？

麟笔述徽音，灵光遽圮吾憯斯文。

挽鲁涤平联

一九三五年

遗爱在钱塘，犹见白苏政绩；

大星陨衡岳，长留襃鄂勋名。

挽叶琪联

一九三五年

北定中原，忆当年智勇兼雄，屡以神奇成伟绩；

西临蜀会，冀此日艰危共济，哪堪驰骤失元良。

亲书守则

一九三五年

一、忠勇为爱国之本；

二、孝顺为齐家之本；

三、仁爱为接物之本；

四、信义为立业之本；

五、和平为处世之本；

六、礼节为治事之本；

七、服从为负责之本；

八、勤俭为服务之本；

九、整洁为治身之本；

十、助人为快乐之本；

十一、学问为济世之本；

十二、有恒为成功之本。

挽陈少白联

一九三五年一月

贫贱不移，亮风高节昭党史；

诗书自娱，衡门泌水寄幽情。

游峨眉口占二首

一九三五年七月二十七日

游金顶有感

朝霞映旭日，梵贝伴清风。

雪山千古冷，独照峨眉峰。

自金顶下山回新开寺

步上峨眉顶，强消天下忧。

逢寺思慈母，望儿感独游。

挽胡汉民联

一九三六年

沧海正横流，风雨同舟期共济；

中原谁砥柱，荆榛满地哭元勋。

挽唐有壬联

一九三六年二月

承祖烈志辉吾党，

谋国忠猷惜隽才。

挽蒋介卿①联

一九三七年

人间难得兄弟，岂其行役增忧，竟以参商成永别；

地下倘觑父母，为报余生报国，终扶华夏慰吾亲。

---

① 蒋介卿，蒋介石之兄。

挽郝梦龄联

一九三七年

以身许国，特励精忠，况为生存自由而战；

不恤其家，必摧强虏，足增袍泽民族之光。

挽刘家麒联

一九三七年

御侮竟捐躯，卫国殉为天下重；

糜身能扼敌，裹尸如见九原心。

挽饶国华联

一九三七年

虏骑正披猖，闻鼓鼙而思良将；

上都资捍卫，昌锋镝以建奇勋。

挽朱培德联

一九三七年二月

竭毕生股肱，心莽之劳，委身以事，片语不及私，只留得党史元勋，声名盖世；

值国事震撼，危疑而后，来日大难，万端方待理，更谁共仔肩重任，哀感移时。

祭西安殉难烈士挽联

一九三七年二月

所欲甚于生，别有千秋型世事；

伤情还自慰，无违平昔教忠言。

静夜观潭

一九三七年七月十九日

听静夜之钟声，唤醒梦中之梦；

观澄潭之月影，窥见身外之身。

泉声

一九三七年七月二十日

水上云影闲相照，

林下泉声静自来。

挽刘湘联

一九三八年

板荡认坚贞，心力竭时期尽瘁；

鼓鼙思将帅，封疆危日见才难。

挽陈蕴瑜联

一九三八年

裹革恨无尸，一夕危楼埋碧血；

报国原有典，千秋青史表丹心。

挽李桂丹联

一九三八年

武汉雄踞天下之中，歼敌长空，百万军民仰战绩；

滂沱挥同胞之血泪，丧我良士，九宵风云招英魂。

蒋介石、宋美龄同挽

挽陈怀民联

一九三八年

搏斗太空，非成功即成仁，无负十年教训；
生死常事，唯为国不为己，永怀万古云霄。

挽刘桂五联

一九三八年

绝塞扫狂夷，百战雄师奋越石；
大风思猛士，九边毅魂拟睢阳。

挽郭朝沛联

一九三九年

耄寿喜能跻，忧时何意成千古；
中原终克定，告庙毋忘慰九泉。

贺马相伯寿联

一九三九年四月

天下皆尊一老，
文章独擅千秋。

挽马相伯联

一九三九年十一月

毕生广造人才，化育百年尊绛帐；
临死尚饶敌忾，惊魂万古式黄炎。

挽吴佩孚联

一九三九年十二月

落日黯孤城，百折不回完壮士；

大风思猛士，万方多难惜斯人。

又

三呼渡河，宗泽壮心原未已；

一歌见志，文山正气自常存。

挽宋哲元联

一九四〇年

砥柱峙中流，终仗威棱慑骄虏；

星芒寒五丈，不堪殄瘁痛元良。

挽别廷芳联

一九四〇年

行阵早擎旗，鼙鼓中原思猛将；

修途惊折轴，金戈满地失干城。

挽唐淮源、寸性奇联

一九四一年

百战殊勋著河上，

双忠大节壮中原。

挽戴安澜联

一九四二年

虎头食肉负雄姿，看万里长征，与敌周旋欣不忝；

马革裹尸酬壮志，惜大勋未集，虚予期望痛如何！

纪念张自忠殉国三周年挽词
一九四三年

大仁大义，至勇至忠；
江河万古，国士之风。

大中华歌
一九四五年十月九日于重庆

战胜强权，复兴中华。协和万邦，威振迩遐。完成国民革命，建立平等自由大中华。

民族解放，民权吐葩。民生乐利，自由开花。实现三民主义，建立富强康乐大中华。

五权并立，五族一家。民国万岁，宪政孔嘉。厉行五权宪法，建立统一独立大中华。

挽戴笠将军联
一九四六年三月于南京

雄才冠群英，山河澄清仗汝绩；
奇祸从天降，风云变幻痛予心！

颂甘地挽联
一九四八年

乃圣乃仁，
乃武乃文。

挽金九联
一九四九年

为国家求独立，为民族争自由，伟哉斯人兴灭；

继绝取义成仁，见大节于颠沛，昭正气于千秋。①

宗祠联

一九四九年三月二十一日

江南本姓，同出函亭；

武岭宗派，上接龟山。

又作

一九四九年三月二十二日

溪口宗派，上接三岭；

江南本姓，同出函亭。

蒋介石在三月二十一日日记中对所作宗祠联"自认为得意之作"。次日改作，大致将下联改为上联，上联改作下联。他在日记中写道："因原句'龟山''函亭'之结字，皆为平声，故改也。然已不若原意之佳矣。"

嵌王维诗句联

一九四九年四月十二日

静观明月松间照，

闲听清泉石上流。

蒋介石日记中，在此联下写道："昨晚在妙高台前独坐，闲吟，得一成句，加此四字，更觉表现妙高台之乐居矣。"此联题为编者加。

存心养性

一九四九年四月十五日

无声无臭，惟虚惟微。

---

① 据《蒋介石悼文诔辞密档》书中分析，此联或为别人代笔。

至善至中，寓理帅气。

自制箴言

一九四九年八月十二日

忍心吞气，茹苦饮痛，冒热灭火，耐寒扫雪。
砺节砺行，复仇涤耻，矢志自主，谁能侮我。

联语

一九四九年八月二十六日

　　水心云影闲相照，
　　林下泉声静自来。

六三自箴

一九四九年十月三十一日于台北

虚度六三，受耻招败。毋恼毋怒，莫矜莫慢。
不愧不怍，自足自反。小子何幸，独蒙神爱。
惟危惟艰，自警自觉。复兴中华，再造民国。

六三自箴

一九四九年十一月五日

惟危惟艰，自警自觉。复兴中华，再造民国，六三自箴。今后复苏。
虚度六三，受耻招败。毋恼勿怒，莫矜莫慢，不愧不怍。自足自反。
　　小子何幸，独蒙神爱！

四箴

一九五〇年十月二十五日

　　法天自强箴
　　中和位育，乾阳坤阴。

至诚无息，主宰虚灵。

天地合德，日月合明。

主敬立极，克念作圣。

养天自乐箴

澹泊冲漠，本然自得。

浩浩渊渊，鸢飞鱼跃。

沈游涵泳，活活泼泼。

勿忘勿助，时时体察。

畏天自修箴

不睹不闻，慎独诚意。

战战兢兢，莫现莫显。

研几穷理，体仁集义。

自反守约，克己复礼。

事天自安箴

存心养性，寓理帅气。

尽性知命，物我一体。

不忧不惧，乐道顺天。

无声无臭，于穆不已。

（注：1945年6月，蒋氏有"五箴"之作，赴台后修改如上。）

阿里山祝山观日出
一九五三年

云海云山云面寺，

道天道地道中人。

为夫人题画
一九五三年

（一）

四十二年，夫人为余写一巨帧，即代称觞为乐云：

笔意虽近仲珪，而才气过之。丘壑纵横，自成别趣，殊足珍也。

（二）

癸巳生辰，夫人为余写第二巨帧，并献词：

半壁雄即墨，神州企宝岛。

（三）

癸巳十月三十一日，夫人为余写第三巨帧

风雨重阳后，同舟共济时。

青松开霁色，龙马动云旗。

（四）

中华民国四十二年生辰，夫人为余写第四巨帧

云写松态，风写松涛。春瞻松色，山羡松高。青松自若，天意为劳。

（五）

乙未三月经儿四十晋六生日　父题　母画

雪筠彰清节，

岑翠傲岁寒。

（六）

乙未仲秋，夫人画荷第一幅

风清时觉香来远，

坐对浑忘暑气侵。

（七）

辛亥春，夫人写兰，都二十有四页，辑刊成册，皆为其得心应手之作，诚大涤子有所未及。盖写兰之难，在乎气韵温穆，笔墨浑厚。前贤能兼擅此长者，未易多得。余乃以此而怡悦其清芬，并以此为夫人寿。

一九七一年三月八日

（八）

壬子岁首，夫人写竹，继去春刊出之兰册，皆二十有四页，其清妙相同。夫竹性直节高，而凤且非竹不食。今纤手成竹集册，正待有凤来仪尔。

一九七二年

（九）

癸丑春，夫人继兰、竹二册之后，辑刊其所写山水二十有四页。虽清逸处落笔草草，而灵气浮动，沉厚处则笔墨苍浑，气象宏阔。是乃取径山水，发其内蕴，故机抒（杼）独运，走造化于毫端也。

一九七三年三月十六日

（十）

近三年来，夫人所写兰竹山水，相继成册。甲寅春，再选印花卉二十四页。所喜笔墨沉酣，敷色古艳，质象淳朴自然。此犹之璞玉浑金，光华内敛，神韵自高，非尽力学所可至也。

（以上录自《先总统蒋公思想言论总集》，《蒋介石卢沟桥事变日记》，章大工、必宇真编《蒋介石文墨密档》，宋淑萍、王长生编《蒋介石悼文诔词密档》，以及蒋介石日记）

联语

一九五四年五月

千秋气节久弥著，

万古精神又日新。

题词

纪念孙中山诞辰和中国国民党建党六十周年

一九五四年十一月十二日

匡复中华的起点，

重建民国的基地。

挽康泽联

一九六二年

襄阳当南北要冲,弹尽而莫之济,粮竭而莫之援。十七日中阁部扬州,羸卒孤城,已分百死;

忠烈当党国史乘,劳改而终不变,酷刑而终不屈。二十五载文山土室,丹心正气,独有千秋。

挽胡适之院长

一九六二年三月一日

新文化中旧道德的楷模,

旧伦理中新思想的师表。

挽陈辞修①联

一九六五年三月五日

光复志节已至最后奋斗关头,那堪吊此国殇,果有数耶?

革命事业尚在共同完成阶段,竟忍夺我元辅,岂无天乎!

联语

病中手书②

一九七五年四月一日

蒋经国公布

以国家兴亡为己任,

置个人死生于度外。

---

① 陈诚。

② 此联为蒋介石一生所写的最后一副对联。

慈庵对联

祸及贤慈，当日顽梗悔已晚；
愧为逆子，终身沉痛恨靡涯。

挽谭延闿院长联

中华民国十九年九月于南京

持颠扶危，一片苦心垂党国；
忧时悯世，千秋公论在人寰。

挽天主教雷鸣远神父

中华民国二十九年六月二十四日于重庆

博爱之谓仁，救世精神无愧基督；
威武不能屈，毕生事业尽瘁中华。

阵中必读

抗日战争时期

严守纪律，服从命令。
遵守时间，尽忠职务。
爱护人民，实行主义。
驱除倭寇，完成革命。

题词示经国

中华民国三十六年一月二十二日　春节

书此以示经儿，愿玩索之
分埋全本则知止，
集义养气则有定。

题荣史室联三则

（一）

冬天饮寒水，

黑夜渡断桥。

（二）

忍性吞气，茹苦饮痛；

耐寒扫雪，冒热灭火。

（三）

千秋气节久弥著，

万古精神又日新。

编后记

了解蒋介石的真实面目越来越成为广大读者的阅读兴趣,也成为研究者的重要关注点。虽然有些学者已开始运用解密的蒋氏日记撰写出研究性著作,但是,直接向广大读者提供蒋介石的著述,在中国大陆尚很少见,故而,现尝试编成一册《蒋介石家书日记文墨选录》,呈现于读者之前。

因编者条件的限制,本人难以赴美赴台亲自查阅档案,本书选录的蒋氏著述资料,主要取材于一些史料书刊,包括《先总统蒋公思想言论总集》,《革命文献》,《中华民国重要史料初编·对日抗战时期》之《绪论》、《战时外交》编,《经国先生哀思录》(中国国民党中央党史委员会编),蒋纬国著《我的父亲蒋中正》,《蒋中正总统档案·事略稿本》第12册(周美华编注),《蒋介石年谱初编》(中国第二历史档案馆编),《民国档案》(南京),《传记文学》(台北),《蒋介石家世》(齐鹏飞著)等书刊。在此,谨向本书所从采集的书刊编者致以谢意。

本书编辑过程中承蒙周天度、章文灿先生提供他们在美国抄录的蒋氏部分日记资料。本书从杨天石、刘维开先生的著作和其他蒋氏资料的编辑成果中采集过蒋氏日记、电函资料，并摘取唐华先生一文之一部分。郭兴仁同志帮助我查阅俄罗斯地名。编者在此一并致谢。

编者在此特别感谢王东方同志与团结出版社对此书的策划和编校出版的支持。

编　者

2009 年 10 月 20 日

再版后记

《蒋介石家书日记文墨选录》一书，承蒙团结出版社张阳等同志筹划安排，现在得以增补再版。此际，我不忘感念此书原是由王东方同志邀我编辑的。这次再版，伍容萱同志以其学识和严谨学风，对书稿认真细致地进行校核。我对出版社诸同志深致谢意。

这次增补修订，新补充摘录的蒋氏1949年日记摘录和1949年间宋美龄与蒋介石、蒋经国的来往函电，系录自《蒋经国自述》《蒋总统秘录》《蒋中正的一九四九》等书，特予说明。

本书编者
2023年9月